中国金融变迁研究系列

陈光甫与民国政府关系研究
（1911-1937）

徐昂 著

Study on the Relationship
between Chen Kwang-pu
and the Republican Governments: 1911-1937

上海远东出版社

图书在版编目(CIP)数据

陈光甫与民国政府关系研究:1911—1937 / 徐昂著.
—上海:上海远东出版社,2020
(中国金融变迁研究系列)
ISBN 978-7-5476-1600-0

Ⅰ.①陈… Ⅱ.①徐… Ⅲ.①陈光甫(1881—1976)-人物研究 ②中央政府-关系-银行史-研究-中国-1911—1937 Ⅳ.①K825.34 ②D691.2 ③F832.95

中国版本图书馆 CIP 数据核字(2020)第 090237 号

选题策划 陈占宏
责任编辑 陈占宏
封面设计 李 廉

陈光甫与民国政府关系研究(1911—1937)

徐 昂 著

出 版 上海远东出版社
(200235 中国上海市钦州南路 81 号)
发 行 上海人民出版社发行中心
印 刷 江苏凤凰数码印务有限公司
开 本 710×1000 1/16
印 张 17.5
字 数 343,000
版 次 2020 年 6 月第 1 版
印 次 2021 年 5 月第 2 次印刷
ISBN 978-7-5476-1600-0/F·659
定 价 78.00 元

总 序

金融是经济的血脉，对于维系和促进现代社会经济的运作有着重要作用，与社会的方方面面乃至每个社会成员，有着不可或缺的关系。随着中国经济与整个世界经济的联系日益密切，随着中国金融改革开放的推进，金融诸领域的状况越来越受到各界的关注，对于金融学理、实务和实际运作的研究也得到极大的重视。与此形成巨大反差的是，人们对于中国金融领域的历史变迁却了解不多；专门的研究成果甚少。事实上，中国金融领域的变迁有着悠久的历史和丰富的内容，包括货币、金融机构、金融市场和相应制度的沿革变迁，以及金融与经济增长、工商经济活动和社会生活之间的关系等方面，在世界金融体系的园地中别具一格。在建设有中国特色社会主义市场经济的进程中，经济领域的变革和时代的发展，对中国金融变迁的研究提出了更多的要求。特别是在全球化的背景下，如何从中国社会发展与转型的角度出发，加强对中国金融变迁本身及其与经济社会发展之间的互动关系进行研究，更具有其必要性和急迫性。

金融的本质是货币信用，对于金融市场和金融关系中的当事方，货币是给定的制度规范。近代中国货币制度之落后以及改革币制之必要性，曾是朝野乃至相关中外人士共同关心的话题，但对于币制改革方案的选择却莫衷一是。由于同治末年欧洲各国多采金本位以及国际市场上银价的下跌，尤其是甲午战争后中国偿付赔款外债基本上以金为标准计算，国人主张改币制者日多且主金本位。1901 年《辛丑条约》签订后，庚款偿付中的“镑亏”导致的财政负担迫切需要予以解决，币制改革方案的设计渐趋具体化。而对当时中国货币制度改革拟采行的方案，已经是一个国际性的问题。清末民初，包括中国海关英籍总税务司赫德、美国国会国际汇兑委员会委员精琦、荷兰银行总裁卫斯林都曾提议中国实行金汇兑本位。但是，币制改革“知易行难”。宣统二年清廷颁行的《币制则例》，仍明确了银元本位的取向，对于银两、制钱的支配和主导性地位也没有正面去触动。1914 年颁行的《国币条例》,基本沿用了宣统二年《币制则例》的内容,并付诸实施。值得注意的是,在国人已经意识到银本位币制的诸多不利影响的情况下,清末民初两个币制法规都没有采行外人建议的金本位的主张,而是确定了银元的国币即本位币地位,这对于当时中国金融业经营与市场运作,无疑是稳定因素。同时从中国币制现代化的角度来看,也不能简单归之于保守,相反,在银元与银两、银通货与制钱之间,这两个币制法规都赋予前者合法的地位,从而为国民政府时期完成"废两改元"打下了基础。而1935年废除银本位之后推出的法币政策,实施13年后即被金圆券取代,而同样作为不兑现纸币的金圆券的命运更为短暂,实施不到一年便随着国民党在中国大陆的统治一起彻底崩溃。1949年随着中华人民共和国的成立,由中国人民银行发行的人民币,很快成为中国大陆地区唯一合法的货币。

中国经营性金融机构之发轫,始于本土金融业中的票号钱庄。票号以获取官款存放和汇兑为业务重点,曾经有过较大的发展,但其体制、机制、业务等方面长期缺乏进取变革,随着清末民初的政局和社会变迁,这一行业逐渐式微。钱庄业在第二次鸦片战争前后抓住了中外贸易迅速扩大、口岸金融机构业务急遽发展的历史性机遇,从单纯货币兑换扩大到存款、放款、汇划、签发庄票、贴现等近代意义的业务。但其资本来源与构成、经营与管理等方面,尚未有变革。1897年中国通商银行的设立,成为尔后中国出现新式银行业和相应制度构建的先声。1905年清政府设立了户部银行(1908年改为大清银行),1907年邮传部奏准设立了交通银行。至1911年,历年新设立华资银行有十多家。民国年间,中国本国新式银行业取得了长足的进步。其中尤其以北四行(盐业、金城、大陆、中南)、南三行(上海商业储蓄、浙江兴业、浙江实业)为代表的两大区域性银行群体的崛起,标志着中国商业银行开始成为银行业不可忽视的力量,无论政府财政还是新式工矿商贸交通事业,都对其寄予厚望。而该时期政府银行——中国银行和交通银行,在特权、资力、市场份额等方面有着普通商业银行无法企及的优势,得到来自政府当局的扶持和索求,也甚于一般银行。在相当长的时间里,中交两行为政府财政所"绑架",无法正常开展业务经营。尤其是1916年和1921年的两次挤兑、停兑,不仅使该两行的信誉受到重挫,也使得整个本国新式银行业的现代化进程出现反复。只是因为北洋时期政局动荡,政府财政破产、无法继续控制金融业,在商股主导下的中交两行业务重心转向工商业,业务经营方面才逐步走出困境,重新启动现代转型的步伐。

南京国民政府建立后,1928年全国意义的中央银行在上海正式成立,同年公布的《中国银行条例》和《交通银行条例》,分别将两行定位为国际汇兑和发展实业的特许银行,并且载明这两家银行的总行均设立在上海。其后政府又规定中国农民银行、中央信托局、邮政储汇局、中央造币厂、中央储蓄会等机构设立于上海。上海作为当时全国最大最重要的现代化金融中心,不仅有了占主导地位的四行二局政府金融体系,而且有了基本的制度保障和明确的政策导向。此外,除了南三行之外，北四行以及新华商业银行、中国实业银行等大商业银行的总部都先后集聚于上海，业务重心置于长江中下游进而辐射内地和海外，对外资开放的全国性证券、保险、信托、外汇、票据交换市场的发展，也就成了上述基本制度安排和相应政策实施的题中应有之义，体现了按照现代化和国际化的客观要求，进行金融业布局和相应资源配置的理念。

据统计，1927—1937 年 10 年间，国民政府在币制与钞券发行、银行与金融管制、外汇管理、存放款业务、汇兑储蓄业务、特种与合作金融、综合类等方面，制定颁布了 100 多个法规。从最初公布的中央银行条例、章程，到正式颁行《中央银行法》，可以说在中国首次较全面地确立了中央银行制度，对货币发行、外汇管理和金融市场的有序运作具有重要意义。普通商业银行制度方面，1929 年的《银行注册章程》要求凡开设银行，均需先拟具章程，呈财政部核准；核准之后，方得招募资本；再经验资注册、发给营业执照后，方得开始营业；原有银行合并或增减资本，也需要另行核准注册，并规定“凡开设银行，经营存款、放款、汇兑、贴现等业务，须依本章程注册，凡经营前项之业务不称银行而称公司、庄号或店铺者，均须依本章程办理”，体现了把钱庄、票号、银楼等传统金融机构纳入统一监管的趋向。1931 年颁布的《银行法》共 51 条，则体现了金融业对准入、组织、经营实行规范化的取向。

在近代中国的金融市场上，钱庄业曾长期处于主导地位，在与银行业的关系中处于强势地位；即便在银行业获得长足发展后的很长一个时期里，银钱两业在诸多领域里都起着并重的作用。但在资本来源、组织构成、投资与经营管理等方面，钱庄业难以适应现代化大生产和高度商品化的需要，更处于金融国际化潮流之外，甚至整个钱庄业长期没有明确的法律地位，一度面临除了银行化便只有停歇的处境。但是，经济发展的多样性、不平衡性，即便在上海这样的大都市里也存在着，零星、小额然而持续不断的金融业务既发生在都市内部，更在各都市周边地区中小城镇属于常态，这就是钱庄业得以存续并有一定发展的基础。在本国银行业居于中国金融的主导地位之后，钱庄业在保持与中小工商业和基层社会关系的同时，仍然力图跟上时代的步伐，在资本来源和构成方式、经营管理制度等方面有所进步，使整个行业维持到了 20 世纪 50 年代初期。作为维持城市生活不可缺少的行业、金融业中始终不容忽视的力量，钱庄业体现了中国金融现代化的特定阶段性。至于钱庄业特有的与客户之间的互信关系，钱庄内部雇主、管理层与员工之间稳定的关系，似乎也不能简单地与落后、消极划等号。为了应对市场和社会环境的变迁，钱庄业的业务经营、管理方式，也有调整改革的方面。可以说，无论单个的钱庄还是整个钱庄业的变迁，都有着十分丰富的内容，需要加以研究。

长期以来，外商银行被视为列强侵略中国的工具，与中国本国金融业（尤其是商业行庄）有着不同的性质和作用。如果说金融市场就是货币信用活动的市场，金融机构是这个市场的主体，那么近代以来普遍从事中国本币业务的外商银行，就应当如同华资银行、钱庄等一样，理应是整体意义的上海金融业的组成部分。但另一方面，在中国主权缺失的情况下，外商金融业在享有治外法权和其他特权的同时，在中国法统框架里长时期没有获得明确的“准入”。即便是在外商银行聚集的上海，直到抗战结束后，外商银行才获准加入上海银行公会、成为上海票据交换所的交换银行，为中国银行业所接纳。而外商金融机构在体制、运作和管理方面的先进性，总体上也为华资银行业效法。在中国金融变迁的研究中，对在华外商银行的研究成果，不应当长期付诸阙如。

至于近代中国诸多的金融团体与组织，更是金融变迁研究的题中应有之义。如银行公会、钱业公会等同业团体，其基础是诸多的行庄。行庄业务经营活动一方面形成市场，另一方面直接催生了各自的同业公会；而在金融中心的上海地区，还进一步产生了联合准备委员会(钱业为准备库)、票据交换所、票据承兑所等常设专业组织。而金融同业规范的制订修正、同业之间关系的协调、同业与其他行业的关系处理、与社会的往来，以及与政府之间的联系交涉，则有赖于同业团体。诸如中国交通两行、北四行、南三行这样的大银行，在业务和市场意义上可以被视作近代中国银行业的代表，可是它们对其他同业并不具有制约作用；但是银行公会、钱业公会的决议却不仅对会员银行、钱庄有制约力，还对非会员银行、钱庄有着重大影响力。可以说，认识近代中国某一特定金融行业的基础和前提，就是了解该行业的同业公会；近代中国金融业同业团体的运作，其本质便是金融业同业自律、自我管理能力和现代化取向的集中体现。对于金融变迁进程中同业团体和组织的研究，应当得到学术界更多的关注。

中国金融变迁的研究以金融机构为主体，这本身无可厚非。但是有金融业就有金融市场，除了关于金融机构的研究之外，还应有对近代中国或某一地区的拆借、贴现、内汇、证券、保险、外汇、金银等市场进行单独而深入研究的论著。对于诸多客户而言，金融机构的内部组织、管理与人事是一回事，但金融机构如何开展业务、进行运作，则是更重要的。换言之，正是各类金融市场，把金融机构与客户联系在一起，金融市场的研究实质上是动态地研究金融业，以业务、客户为中心来研究机构。应当看到，与对银行、钱庄的研究相比较，对中国金融市场变迁的研究更显薄弱。这几年，陆续见有证券、保险、信托、外汇市场的研究成果。但总的看来还很不够。中国金融市场与国际金融市场的关系、金融中心地区的各种行情与国内其他地区各自市场行情之间的关系、近代中国金融市场的财政属性与商业属性、金融市场行情与政局动荡之间的关系，等等，都是金融变迁研究的重要对象。

中国金融变迁的研究，还应有对金融制度进行专门研究的成果。尤其是近代中国金融制度的演变，不仅是政府的制度安排问题，还有业内的自律，主要通过金融业同业团体来体现，同时还应注意金融制度在文本上与实际运作的关系，等等。这些方面都有着非常丰富的内容。从时段而言，晚清与民国时期金融制度的研究基础较好，经过整理的史料和可资参考的文献较多，而 1949 年新中国成立后金融制度变迁的研究基础还比较薄弱，某些问题的处理难度较大，应予以更多的关注和支持。

应当看到，中国金融的运作，既与政府财政有特殊的紧要关系，又与生产流通及社会生活领域密切相连，这两方面的关系是研究者不可忽视的。此外，中国不同地区之间的金融关系，华洋、新旧金融机构之间的关系，中外金融市场之间的联系，各主要金融政策和制度，具有代表性的金融思想、观点、主张、理论、学说，金融家及其企业，等等，给有关的学者提供了十分广阔的研究空间。这些方面的研究可以为推进整个中国金融变迁的研究作出更大的贡献。

复旦大学在历史学、经济学、金融学等学科领域上都有着优秀的人才，对于金融学理、实务以及中国货币史、金融史的研究方面有较悠久的传统，在学术界素有影响。复旦大学中国金融史研究中心，就是由复旦大学历史学系、经济学院和金融研究院的有关人士共同发起成立的，旨在打通相关学科，搭建汇聚交流研究信息和研究成果的平台，整合资源，进而在理论、现实和历史之间达到更好沟通，为推动中国金融变迁领域的研究，略尽绵薄之力。本研究系列除了收入专题研究著作之外，还将收入专题论集、专题资料集。我们期待着读者对于已经问世各书稿的意见，期待着诸多学界同行赐稿，共同拓展中国金融变迁的研究领域，逐渐深化研究的层面。

于复旦大学光华楼

目 录

表格目录

绪 论

研究对象和意义

陈光甫是近代中国银行家群体的代表性人物。他与同时代的其他新式银行家一样具有开拓性的企业家精神和现代性的理念(包括民族主义和爱国主义)。① 他成长在一个小商人家庭,经过在社会底层的多年历练,得到清末湖广总督端方的支持赴美留学,从宾夕法尼亚大学沃顿商学院毕业。1911 年他进入江苏银行工作。1915 年因抵制军阀干预行务,离开江苏银行,同时在庄得之的支持下,创办了实际股本只有 10 万银元的上海商业储蓄银行。为了扩张银行事业,他提倡服务社会,培养专业人才,健全信用管理制度。②仅用5 年时间,上海商业储蓄银行的纯收益增长了 100 倍,到 1935 年,股本已经有 500 万元。③最终,这家银行成为中国规模最大的民营商业银行之一。在 1918 年上海银行公会成立后,陈光甫始终是中国银行界的代表人物。④在民国时期历次经济危机中,他作为商业领袖,联

---

① Andrea McElderry. "Robber Barons or National Capitalists: Shanghai Bankers in Republican China," *Republican China*, Vol. XI, November 1985, No. 1, pp. 52 - 67; Andrea McElderry(梅爱莲):《上海银行家:陈光甫》,载张仲礼编:《城市进步、企业发展和中国现代化》,上海社会科学院出版社 1985 年版,第 307—325 页。

② 陈文彬:《社会信用与近代上海银行业的发展—— 以上海商业储蓄银行为中心》,《学术月刊》,2002 年第 11 期,第 54—60 页。

③ 薛念文:《上海商业储蓄银行研究(1915—1937)》,中国文史出版社 2005 年版,第 49 页;中国人民银行上海市分行金融研究所编:《上海商业储蓄银行史料》,上海人民出版社 1990 年版,第 34 页。

④ Pui-tak Lee, "Chinese Financial Entrepreneurship: The Case of K. P. Chen", *Journal of Asian Business*, Vol. 14, No. 1, 1998, pp. 23-40; Marie-Claire Bergère, *The Golden Age of the Chinese Bourgeoisie*, 1911—1937, tr. by Janet Lloyd., Cambridge: Cambridge University Press, 1989, pp. 282-283; 王晶:《上海银行公会研究(1927—1937)》上海人民出版社 2009 年版。

合其他中国资本家做出了有效的应对和补救措施。①正如熊彼特描述现代职业企业家的作用，陈光甫还致力于在中国建立起现代化的银行制度和金融体系。②

陈光甫早年就与孙中山、孔祥熙相识，并不可避免地与蒋介石政权产生联系。他从上海银行界筹集了蒋介石用于北伐的后期经费，并帮助募集、分摊大量公债，使得蒋介石的政权在建立之初免于财力匮乏造成的权力崩溃。③美国学者柯博文指出上海资本家的雄厚实力实际也对南京政府构成了潜在的威胁，而这种威胁最终被政府逐渐瓦解。④另一方面，尽管南京政府通过经济统制的手段压制了私人银行资本，陈光甫等银行家依旧支持蒋介石政权。⑤近些年，中国学者的研究已经改变了过去对资本家负面的论调。⑥ 2000 年以后，吴景平教授得出了相对辩证的结论，认为中国政府与银行家之间的矛盾是 1927 年以后国家现代化过程中的合理现象，双方在经济政策方面互相影响，对抗与妥协并存。⑦陈光甫个人的金融活动更多地依据商业原则，而非依赖与政府的关系。⑧他也曾拒绝了财政部副部长和其他一些政府经济部门的要职。

陈光甫对中国政治的态度需要进一步研究。他多次表示对政治的冷淡态度，却从未掩饰自己对外交事务的热情，尤其是他在中美经济关系中的积极表现。⑨ 1936 年他与美国财政部长亨利・摩根索(Henry Morgenthau)达成了中美两国间第一次战略性经济合作，签署《中美白银协定》。这一成果同时提升了国民政府的法币信用、中国的经济基础和美国在东亚货币问题上的发言权。⑩全面抗战爆发后，陈光甫运用一定的谈判技巧、个人私谊和商业方式获取美国政府的信任，促成

---

① 上海档案馆编:《上海银行家书信集(1918—1949)》，上海辞书出版社 2009 年版，第 125—127 页。

② Cheng Linsun, *Banking in Modern China: Entrepreneurship, Professional Managers and the Development of Chinese Bank*, 1897—1937, Cambridge: Cambridge University Press, 2003, pp. 200—239, 245。后来成为中共财经部门重要成员的资耀华曾是他的下属，在 1949 年以后依旧公开赞赏陈光甫的管理与理念。

③ Parks M. Coble, *The Shanghai Capitalists and the Nationalist Government*, 1927—1937, Cambridge, Mass: Council on East Asian Studies, Harvard University, 1980, pp. 69—77.

④ Ibid, pp. 24—25, 172—187, 205, 268—269.

⑤ Andrea McElderry. "Robber Barons or National Capitalists: Shanghai Bankers in Republican China," *Republican China*, Vol. XI(1985:1), pp. 52—67.

⑥ 早期的研究参见杨培新:《论中国金融资产阶级的封建性》，《近代史研究》，1985 年第 2 期，第 52 页。

⑦ 参见吴景平:《上海金融业与国民政府关系研究(1927—1937)》，上海财经大学出版社 2002 年版；王正华:《1927 年蒋介石与上海金融界的关系》，《近代史研究》，2002 年第 4 期。

⑧ 参见薛念文:《上海商业储蓄银行研究(1915—1937)》，中国文史出版社 2005 年版。

⑨ 参见上海市档案馆编:《陈光甫日记》，上海书店出版社 2002 年版，第 91—104、149—170、158—159 页。

⑩ 郑会欣:《〈中美白银协定〉述评》，载中美关系史丛书编辑委员会编《中美关系史论文集》，重庆出版社 1988 年版，第 248—266 页；仇华飞、张磊:《从白银危机看 1936 年中美货币协议签订的得失》，《史林》，1998 年第 1 期；任东来:《1934—1936 年间中美关系中的白银外交》，《历史研究》，2000 年第 3 期。

此一时期外国对华最早的抗战援助。[①]在中国面临生死存亡的时刻，美国政府给予中国的桐油、滇锡两项借款增强了中国抗战的信心。[②]然而，陈光甫在中美英平准基金委员会的工作受到来自蒋介石政府而非西方同人的巨大压力。[③]尽管如此，现存于美国哥伦比亚大学东亚图书馆等处的原始档案显示，作为商人的陈光甫对战时中国货币稳定与中美关系的发展做出了重要贡献。[④]

本研究所围绕的一个重要议题是：在中国现代经济体系形成的过程中，银行业与政府的关系是如何展开的、变化的。金融部门是国民经济的命脉，金融体制变迁的关键是政府与市场的关系，而银行家的思想、选择与活动是这种关系最具张力的核心、最隐秘的部分、最生动的体现。陈光甫与历届民国政府的关系既是近代中国金融家与国家政权关系的典型，也是近代以来新兴银行资本与近代国家权力关系的典型。具有现代性的银行资本影响了近代中国的社会组织基础、国家财经体制的转变以及国家对外关系的建立与认同。归根到底，中国近代银行资本的发展与社会权力制度的变迁，联系紧密，甚至生死相依。

上述议题在本书中聚焦于银行资本的代表人物——陈光甫——与民国政府的关系。一般而言，研究银行家与政府的关系主要基于资本与权力在国家内部层面的表现。在近代中国，不同的银行家与政治家之间显现出很大的差异性或个性特点。过去的研究在强调近代中国银行家群体共性的同时，在叙述上弱化了银行家们在思想性格、投资理念和政治态度上各自的差异。本书将陈光甫从银行家的身份还原为一个社会个体，首先考察他与不同社会群体的渊源，进而理解他作为银行界代表人物的含义，更具体地理解他在政治关联中的行为与选择。

本研究的另一个尝试在于考察银行家与政府关系的外部延伸。陈光甫在1936年受命赴美进行白银谈判，至抗战初期再次赴美成功争取援助。这固然是中美两国政府一时一地的选择，也体现了中国资本家在对外关系中的积极表现。其背后是中国深刻进入经济全球化的总趋势。从北京民国政府到南京国民政府，国家权力形态几经变迁，以陈光甫为代表的银行家们始终处于中国与世界经济大格局之间。他们经常在严峻复杂的外部压迫下与国内政治进行互动。研究这种国家内、外层面的不同互动，更能够体现出近代金融资本与国家权力关系的特殊性、复杂性和典型性。

---

① 刘筱龄：《抗战时期中美华锡借款的成立与运用》，《国史馆馆刊复刊》，1995年第9期；第51—78页；刘筱龄：《抗战时期中美桐油借款之研究》，《国史馆馆刊复刊》，1993年第14期，第155—182页。

② 张振江、任东来：《陈光甫与中美桐油、滇锡贷款》，《抗日战争研究》，1997年第1期。

③ 宋佩玉：《陈光甫与中英美平准基金委员会》，《社会科学研究》，2006年第4期。

④ Ho Kwong Shing Lawrence：*China's Quest for American Monetary Aid*：*The Role of Chen Guangfu*，1935—1944，doctoral dissertation，University of Hong Kong，2010.

研究现状

目前在数量上,已经有不少学者对于陈光甫一生中的片段和商业领域的部分成就进行了研究。其中,第一类是将陈光甫作为民族资本家代表,研究其生平活动与政治的关系。姚会元在《显赫的银行家——陈光甫》一文中论述了陈光甫在人生旅途中,勤学、求进、办银行、创办旅行社、周旋于政局内外、中美之间,叙述了他成为业绩巨大、名声显赫的银行家的经过。① 谷林的《淡墨痕》(岳麓书社2004年版)较早记载了陈光甫与胡适的关系。梅爱莲(Andrea McElderry)更早的研究认为陈光甫等上海银行家不是所谓的"强盗大亨",而是民族资本家。其另一项研究对陈光甫在社会责任方面表现出的爱国主义、现代思想和民族主义作了分析。②朱芹概述了陈光甫早年旅美时期就与孙中山等人结识,后积极为蒋介石筹措军费,拒绝执行武汉政府的集中现金命令,深得蒋介石的器重和信任。抗日战争爆发,陈光甫以商人身份参与外交,洽谈白银协定、桐油贷款和华锡贷款,为中国抗战作出了突出的贡献;"实际上,他始终是个银行家"。③

南京国民政府与金融业人物的关系历来受到学界的关注。④徐亚玲分析陈光甫与宋子文之间矛盾和冲突的来龙去脉,揭示了民族企业面临的困境,深刻指出,在官僚资本的压榨下,民族企业只有向官僚资本靠拢,对外寻求帝国主义为靠山才能在夹缝中生存。⑤邢建榕、傅国涌、杨天石等人则对陈光甫在解放前夕的政治态度进行了研究。邢建榕认为,在新中国成立前夕,陈光甫的政治态度发生明显变化,即拒绝继续追随国民党,与中共有所接触,但几经犹豫,最后还是选择定居香港。主要原因是由于他与国民党政权关系较为密切,以及意识形态方面强烈的自由主义倾向,使他无法接受新民主主义。陈光甫的这一段经历,在中国金融资产阶级中具有典型意义。⑥傅国涌指出,陈光甫因其在中国金融界的地位及声望,成为国共两党极力争取的对象。虽然陈光甫对国民党政府已经感到失望,但由于长

① 姚会元:《显赫的银行家——陈光甫》,《民国春秋》,1999年第6期,第26—30页。

② Andrea McElderry. "Robber Barons or National Capitalists: Shanghai Bankers in Republican China," *Republican China*, Vol. XI, November 1985, No. 1, pp. 52-67; Andrea McElderry(梅爱莲):《上海银行家:陈光甫》,载张仲礼编:《城市进步、企业发展和中国现代化》,上海社会科学院出版社1985年版,第307—325页。

③ 朱芹:《陈光甫:一个商人的外交》,《世界知识》,2007年第24期,第60—61页。

④ 反映这种普遍关系的研究有:小科布尔:《上海资本家与国民政府(1927—1937)》,中国社会科学出版社1988年版;吴景平:《上海金融业与国民政府关系研究(1927—1937)》,上海财经大学出版社2002年版;王正华:《1927年蒋介石与上海金融界的关系》,《近代史研究》,2002年第4期。

⑤ 徐亚玲:《1927—1937年间陈光甫与宋子文的矛盾》,《民国春秋》,2000年第1期,第39—42页。

⑥ 邢建榕:《徘徊于新旧时代之门:1949年前后的银行家陈光甫》,《上海行政学院学报》,2001年第4期,第59—67页;邢建榕编著:《老上海珍档秘闻》,上海辞书出版社2007年版,第133—145页。

期形成的、难以割舍的联系，以及对陌生的中国共产党缺乏了解，心存疑虑，最终选择离开大陆、定居香港。①杨天石通过研读陈光甫的有关档案，深刻剖析了陈光甫作为一个民营金融资本家与国民党政府微妙复杂的关系，以及对中国共产党心存疑虑，多次拒绝中共盛情邀请的复杂心态，最终未能顺应时代潮流，避走香港，定居台湾，他"若即若离"的政治态度正是民族资产阶级两面性的具体表现。②

第二类是关于陈光甫与金融业关系的研究，主要以陈光甫与上海商业储蓄银行的经营为热点。徐鼎新指出上海商业储蓄银行是一家以经营管理见长的民族资本金融企业，由于经营得法，营业猛进，从一家"不入流"的"小小银行"扩展成为最大的私营银行之一，在国内金融界具有举足轻重的地位。陈光甫被视为旧中国富有企业经营管理经验的民族资本家，也是一个从不满足于现状的资本主义企业改革者。在当时的社会条件下，他把改革放在谋求企业生存和发展的重要地位，善于吸收外国资本主义经营管理的经验，并结合本国国情制定适合上海商业储蓄银行的经营管理制度，这才是他成功的秘诀。③杨培新认为，上海商业储蓄银行业务的发展，"是依靠官办银行中国银行的扶持，才渡过几次难关，取得业务发展的"。④江绍贞则认为，陈光甫是我国近代著名的银行家。他创办的上海商业储蓄银行由一个小银行，一跃成为"南三行"之一，陈光甫因此成为江浙资产阶级的头面人物，为中国近代银行业的发展作出了一定的贡献。陈光甫能取得经营上的成功，除中国银行业在某些特定历史环境中依靠经营政府公债等得到畸形的发展外，在经营管理方面的许多经验，诸如勇于改革创新、提供优质服务、重视人才以及注重调查研究等都是不可忽视的重要原因。⑤ 陈曾年、顾柏荣认为，上海商业储蓄银行的经营成功有诸多因素，中国人民的反帝运动客观上为民族企业的发展提供了广泛的社会基础。陈光甫在行务方面锐意改革，倡导"服务社会""不断改革"的精神，建立了一套比较完善的信息网络，通过调查研究，进行科学经营管理，使该行的业务对象不断扩大，信用得到保障。对各地商情的调查研究，导致各地分行的增多，业务的扩大。对各国银行管理的调查研究，使该行内部的管理制度更趋完善。陈光甫倡导的这种行之有效的经营方法，对我们今天繁荣经济仍有借鉴作用。⑥

史全生、徐亚玲认为，陈光甫服务社会的思想和上海商业储蓄银行服务顾客的举措赢得了顾客；银行信用的树立将上海商业储蓄银行的发展推向新的高峰；在人

---

① 傅国涌：《陈光甫的彷徨》，《报告文学》，2005 年第 3 期，第 66—73 页。

② 杨天石：《海外访史录》，社会科学文献出版社 1998 年版，第 607—651 页。

③ 徐鼎新：《旧中国上海银行的经营管理》，《学术月刊》，1981 年第 9 期，第 23—28 页。

④ 杨培新：《论中国金融资产阶级的封建性》，《近代史研究》，1985 年第 2 期，第 52 页。

⑤ 江绍贞：《略论陈光甫对上海银行的经营管理》，《近代史研究》，1988 年第 5 期，第 170—185 页。

⑥ 陈增年、顾柏荣：《上海商业储蓄银行的信息管理——近代中国银行家陈光甫的经营之道》，《上海经济研究》，1985 年第 4 期，第 63—65 页。

事管理上重视人才的选择和培养;在经营上不断推陈出新,扩大业务范围使上海商业储蓄银行成为全国一流的银行。上海商业储蓄银行的成功与其独特的经营思想和经营艺术是分不开的。① 陈文彬认为,信用是银行业的立行之本。上海商业储蓄银行一贯重视信用建设,一方面,该行不断增强信用意识,通过加强内部职工管理、努力改善服务质量、保证客户资金安全等渠道来提高储户对自己的信任感;另一方面,通过改革信用方式、建立客户信任保障机制、加强内部组织控制等措施,不断健全信用管理制度。通过分析上海商业储蓄银行的成功之道,强化信用意识,完善信用制度是上海商业储蓄银行快速发展的动力与制度保证。②

薛念文评价陈光甫在对上海商业储蓄银行经营管理中,摒弃了一切以有用为标准的功利态度,超越了对短期利益的追求,在金融界掀起一场培育信用的革命,赋予上海商业储蓄银行远大理想和坚定信念,正是由于其超越功利目的的经营使上海商业储蓄银行得到了巨大的发展。③类似地,李培德也认为陈光甫具有现代意识的企业管理和商业精神使得其与其他资本家维系共同的利益,以应对国民政府的金融手段。④

第三类研究围绕陈光甫外交活动,发掘了外文资料中丰富的史料资源。首先,有若干篇专题研究论文讨论了陈光甫参与中美白银协定。仇华飞、张磊认为美国并不想让中国脱离银本位,而中国在完成法币改革的同时,由陈光甫通过中美谈判将法币与欧美货币联系起来。⑤ Everest 也持相近的观点。⑥ 而郑会欣分析了《中美白银协定》的签订,认为陈光甫代表国民政府签订的协议不仅帮助美国在东亚各国的经济博弈中占得主动,也使国民政府能有效地推行法币改革。⑦ 任东来则认为陈光甫利用均势策略获得了美国最终的财政支持,而外汇保证也不等同于失去货

---

① 史全生、徐亚玲:《论银行家陈光甫的经营思想》,《江苏社会科学》,2000 年第 1 期,第 126—130 页。

② 陈文彬:《社会信用与近代上海银行业的发展——以上海商业储蓄银行为中心》,《学术月刊》,2002 年第 11 期,第 54—60 页。

③ 薛念文:《实用理性超越——陈光甫经营管理思想研究》,《同济大学学报(社会科学版)》,2006 年第 4 期,第 119—124 页;薛念文:《抗战时期上海商业储蓄银行述论》,载复旦大学中国金融史研究中心编《中国金融制度变迁研究》,复旦大学出版社 2008 年版,第 99—111 页。

④ 李培德:《论中国金融企业家精神——以陈光甫为例》,《档案与史学》,2000 年第 2 期;Pui-tak Lee. "Chinese Financial Entrepreneurship: The Case of K. P. Chen," *Journal of Asian Business*, Vol. 14, No. 1, 1998, pp. 23-40. 相关提及陈光甫与金融业关系的研究还有不少,比如王晶:《上海银行公会研究(1927—1937)》,上海人民出版社 2009 年版;Marie-Claire Bergère; tr. by Janet Lloyd. *The Golden Age of the Chinese Bourgeoisie*, 1911—1937.Cambridge: Cambridge University Press, 1989, pp. 282-283.

⑤ 仇华飞、张磊:《从白银危机看 1936 年中美货币协议签订的得失》,《史林》, 1998 年第 1 期。

⑥ Allan Seymour Everest: *Morgenthau, the New Deal, and Silver: A Study of Press Politics*, New York: Da Capo Press, Inc., 1973, pp. 116-117.

⑦ 郑会欣:《〈中美白银协定〉述评》,载中美关系史丛书编辑委员会编《中美关系史论文集》,重庆出版社 1988 年版。

币本位的独立。从长远看《中美白银协定》为以后的中美关系的发展奠定了良好的基础。①

其次是关于中美桐油、滇锡借款的研究。张振江、任东来在《陈光甫与中美桐油、滇锡贷款》一文中，结合陈光甫的生平，从其争取贷款的努力入手，分析他的谈判技巧和外交风格，指出他对中国抗战外交的贡献。② 张振江、任东来在《陈光甫：一位被遗忘的外交家》一文中高度评价了陈光甫在抗日战争期间的重大贡献。他们认为，陈光甫在抗日战争期间两度赴美谈判借款，利用自己与美国政府官员的良好私交及其丰富的谈判经验，表现出机智灵活的外交才能，不辱使命，为中国争取到了两笔贷款，鼓舞了中国的抗战士气。③ 易伟新认为，陈光甫在抗日战争的特殊历史时期临危受命，在中美谈判中作为中方首席谈判代表，于 1938 年至 1940 年多方努力，忍辱负重，终不辱使命，使国民政府分别获得了 2 500 万美元和 2 000 万美元的贷款。两笔贷款数目有限，却在相当程度上鼓舞了中国的抗战士气。同时，具有浓厚政治色彩的商业贷款也标志着美国对日政策的改变。④ 此外，刘筱龄利用中国台湾地区所藏国民政府原始档案细致研究了两次借款谈判的过程。⑤

另一些研究是关于陈光甫在平准基金委员会的工作。宋佩玉分析了陈光甫在平准基金会成立、运作与结束各阶段中的作用及复杂心态，揭示他参与中美英平准基金会的工作对战时中国的货币制度、外汇政策和市场运作的影响。⑥ 此外，刘达永、白涛、桑逢康等对抗战时期陈光甫赴美谈判及其对抗战的贡献也有所涉及。⑦ 香港大学的何光诚(HO)以较丰富的美国所藏档案重新梳理了 1935 年至 1944 年间陈光甫为寻求美国支持法币政策及稳定平准基金所做的努力。结论是陈光甫取得了诸多成果，但是中美间的国际货币合作关系终以失败告终。⑧

最后一类是对陈光甫及其银行事业相对整体的研究。

姚崧龄所著《陈光甫的一生》，对陈光甫一生的活动，尤其是其经营的上海商业储蓄银行进行了较为详细的论述，也陈述了其一生经历的重要事件。虽然姚崧龄本人熟悉陈光甫等金融家的生平事迹，由于该书成书较早，受研究条件和材料所

---

① 任东来：《1934—1936 年间中美关系中的白银外交》，《历史研究》，2000 年第 3 期。

② 张振江、任东来：《陈光甫与中美桐油、滇锡贷款》，《抗日战争研究》，1997 年第 1 期，第 87—100 页。

③ 张振江、任东来：《陈光甫：一位被遗忘的外交家》，《读书》，1999 年第 12 期，第 30—37 页。

④ 易伟新：《抗日战争时期的陈光甫》，《云梦学刊》，2003 年第 3 期，第 49—52 页。

⑤ 刘筱龄：《抗战时期中美华锡借款的成立与运用》，《国史馆馆刊复刊》，1995 年第 9 期，第 51—78 页；刘筱龄：《抗战时期中美桐油借款之研究》，《国史馆馆刊复刊》，1993 年第 14 期，第 155—182 页。

⑥ 宋佩玉：《陈光甫与中英美平准基金委员会》，《社会科学研究》，2006 年第 4 期，第 154—159 页。

⑦ 刘达永：《中美〈钨砂借款合约〉的由来》，《四川师范大学学报(社会科学版)》，1995 年第 1 期，第 122—129 页；白涛：《中美〈桐油借款合约〉与美国对华政策的初始变化》，《贵州师范大学学报(社会科学版)》，1998 年第 4 期，第 42—46 页；桑逢康：《胡适的学者外交》，《传记文学》，2007 年第 6 期，第 88—99 页。

⑧ Ho Kwong Shing Lawrence: *China's Quest for American Monetary Aid: The Role of Chen Guangfu*, 1935—1944, doctoral dissertation, University of Hong Kong, 2010.

限,不能算作严格意义上的学术研究。① 孙晓村主编的《陈光甫与上海银行》,主要介绍了上海商业储蓄银行的发展过程,以及经营管理等方面的内容,文中所辑录的文章,基本上由原上海商业储蓄银行业务骨干所写,提供了不少有价值的信息。只是此书所辑内容,既不能作为最原始的资料,也不能全面地反映陈光甫的一生。②薛念文的《上海商业储蓄银行研究(1915—1937)》对上海商业储蓄银行的创立、发展进行了论述,分析了上海商业储蓄银行的领券与储蓄存款、放款、投资等,并以专题的形式研究了1915年到1937年间陈光甫的金融活动和相关理念,是目前对该行最完整的研究。③陈光甫对旅游等事业的贡献也得到不少关注。④郑炎与蒋慧合著的《陈光甫传稿》是目前国内研究陈光甫最为完整的一部学术著作,对于了解陈光甫一生的梗概有很大的价值。作者对史实有着较为全面的分析,并着重参考了哥伦比亚大学所藏陈光甫口述资料。⑤

主要史料和方法

本书运用的基本史料包括陈光甫的个人专辑资料、上海商业储蓄银行的档案资料和当时银行自出版的史料,如《上海商业储蓄银行史料》《陈光甫日记》《上海银行家书信集》等资料;还包括已刊的财政金融类史料,如《旧中国公债史资料1894—1949》《交通银行史料》。另外还使用了上海市档案馆所藏上海商业储蓄银行全宗中的部分案卷以及部分上海银行公会全宗的案卷;台湾"国史馆"所藏蒋介石档案和阎锡山史料;台湾"中央研究院"胡适档案馆所藏胡适档案;台湾国民党党史馆所藏1927年前后的档案资料;美国斯坦福大学胡佛研究所所藏蒋介石日记;另参考了美国哥伦比亚大学C.V. Starr东亚图书馆所藏陈光甫档案小部分1937年以前的档案。

本研究从近代中国的"内"与"外"两个层面(即国内社会经济和国际事务两方面)来研究银行家陈光甫与民国历届政府(1911—1937)的关系。所谓"内在"层面

---

① 姚崧龄:《陈光甫的一生》,台湾:传记文学出版社1984年版。

② 孙晓村主编:《陈光甫与上海银行》,中国文史出版社1991年版。

③ 薛念文:《上海商业储蓄银行研究(1915—1937)》,中国文史出版社2005年版。

④ 薛念文:《陈光甫与教育事业》,《民国春秋》,2001年第3期,第40—41页;孙慧:《中国旅行社的过去和现在》,《档案与史学》,2003年第2期,第22—26页;范永林:《上海商业储蓄银行与中国旅行社》,《中国金融》,2003年第21期,第60页;尹亚伟:《陈光甫创办中国旅行社》,《民国春秋》,2000年第5期,第39—42页;张书廷:《陈光甫首创中国旅行社》,《文史杂志》,1994年第5期,第1—11页;张俐俐:《近代中国第一家旅行社述论》,《中国经济史研究》,1998年第1期,第123—134页;崔普权:《老北京的旅游业》,《北京档案》,2005年第6期,第46—47页;邢建榕:《〈陈光甫日记〉及其史料价值》,《档案与史学》,2001年第4期,第72—77页。

⑤ 郑炎、蒋慧:《陈光甫传稿》,湖南师范大学出版社2009年版。

是将银行家及其商业活动置于近代中国的经济、社会变迁中去理解。研究超出银行家在金融领域的活动，涉及陈光甫在工商业、农业、中央地方财政、政府经济管理、经济外交等多方面的作用，对以往的研究进行多视角的拓展。其次，将银行家在中国对外关系中的活跃表现和特殊地位，作为不可缺少的叙述层面，构成“外部”延展，尝试在中国不断迈入全球化的背景下去理解近代政商关系。

总的来说，本书利用已刊及未刊的海内外一手史料，主要使用历史学的文献考辨与史料分析方法，努力还原陈光甫的心路历程。在此基础上，分析银行家个人与事业的发展与中华民国前二十六年的政治变迁、国家经济政策之间的联系。最终，以银行家为视角，探寻近代银行业与政府关系的演进特征与动因。

研究内容

本书主要分为五章。其中第一至第三章依照时间线索，在叙述陈光甫的思想主张、事业拓展和社会活动的同时，展现陈光甫在各个政权阶段的政治联系、政策参与及其在重大事件和对外关系中的作用。第四、第五章则聚焦南京国民政府的金融体制和币制改革领域，以专题形式探索陈光甫作为银行家群体的代表与国民政府的妥协与合作。

第一章从陈光甫早年生活经历出发，追溯其在清末官派留美前后的经历，讨论陈光甫早年工作与留学生涯对日后产生的影响，进而分析上海商业储蓄银行的创办与近代新型社会群体形成的联系。在此基础上探讨陈光甫与北京中央政府、地方政府、铁路部门和国民党人的不同关系。最后考证陈光甫在北洋时期国民外交领域的活动。

第二章首先分析陈光甫与蒋介石在“四·一二”事变前后的互动，继而探讨在二次北伐、中原大战、宁汉对峙与“一·二八”抗战前后不同时期陈光甫与南京国民政府的关系，尤其包括他最初疏离南京政府的立场。同时初步考察陈光甫参加国际劳工大会和国际商会会议的事迹。

第三章从探讨陈光甫对统制经济的认同出发，讨论其主持棉业统制委员会和投入农村金融建设的缘由和过程，并归纳陈光甫与中央、地方财政问题的关联。这个过程中，陈光甫与国民政府关系的转变具有丰富的社会含义。此章最后考察他在经贸外交领域的贡献与局限。

第四章从国家金融制度的建立、银行业为主体的金融体系、国家对金融业的控制三个方面，考察陈光甫与国民政府在金融业整体变迁过程中的互动。在银行业对政府威权从抗争到顺从的同时，南京政府在金融法制、风险治理与经济环境方面的建树也得到了金融业的支持。本章从行业发展的角度，尽量展现银行家个体、工商群体、银行机构与国家政府间复杂的关系。

第五章从陈光甫、上海商业储蓄银行与国民政府币制改革进程的密切关系，理解南京政府在金融制度变迁中日渐重要的主导作用。政府不仅拥有凌驾于市场之上的权力，足以改变行业结构，同时还将权力施展于市场自身无力改变的经济基础，积极的政策干预也促进了政商间的合作。这种合作的正面案例莫过于1936年陈光甫与美国财政部成功签订的中美白银协定，这次成功的谈判为中国的币制改革取得重要保障。

从辛亥革命到抗日战争的全面爆发，中华民国时期民间银行资本与政府的关系由疏渐密。这种关系体现在每一个银行家个体上的差别也很明显。银行家与民国政商关系的发展受到每个重要参与者个人经历与思想观念的影响，更受制于中国政治经济体制变迁与政府政策的具体运行。这种关系同时包含了疏远与紧密的不同层次，在不同社会领域展现出复杂的状态。陈光甫与民国政府的关系是个体与国家命运的联系。他身后所代表的银行资本与国家的关系则是近代中国生产力与生产关系在各自演进的过程中，相互矛盾、调和与发展的生动过程。

第一章

陈光甫与1927年以前的中国政府

第一节　旧王朝的新青年

从报关行学徒到官派留学生

1882年12月17日(农历十一月初八),陈光甫生于中国江苏镇江的小商人家庭。[①]从年龄看,他比孔祥熙年少1岁,年长蒋介石6岁,年长胡适10岁,分别年长日后的好友张嘉璈8岁、贝祖诒11岁。到了12岁那年,其父陈仲衡因经商不利,改就汉口祥源报关行的职务。陈光甫即随父亲离开镇江而赴汉口,在祥源洋行做学徒。[②]祥源洋行是一所报关行,兼营进出口业务。自12岁至19岁,陈光甫在中国早期埠际贸易活动中学习成长。当时的报关业缺乏成熟的制度管理,舞弊丛生。在外国资本主义的侵入之下,中国商业环境的落后让年轻的陈光甫深有感触。[③]各式商业投机行为给汉口带来种种市场风潮,陈光甫日后想起仍旧历历在目。[④]直到1919年,上海商业储蓄银行在汉口开设分理处,华界氛围依旧如此,"比时因同业尚墨守陈规,沿以均用中国旧式账簿。是月中比十四日开始与本埠钱庄往来"。[⑤] 与陈光甫

---

① 上海市档案馆编:《陈光甫日记》,1929年3月8日,上海书店出版社,2002年版,第94页。

② 上海商业储蓄银行编:《陈光甫先生传略》,台北:上海商业储蓄银行,1977年版,第1页。

③ 宋春舫等编著:《上海商业储蓄银行二十年史初稿》(1934年5月),上海市档案馆藏,档号:Q275-1-170。

④ 《廿七年二月廿三日陈先生在行务会议致词摘录》,上海商业储蓄银行编印:《陈光甫先生言论集》(1949年1月),第195页。

⑤ 上海商业储蓄银行汉口分行编印:《汉行史概》(1934年),上海市档案馆藏,档号:Q275-1-175。

熟稔的宋春舫记述这一段经验时,称他"当时因所受之刺激极深,便发生了一种志愿,将来如办一种事业,必以力矫此弊为目标。上海商业储蓄银行得有今日之局面,皆由办事认真、丝毫无弊中得来,此为一毫不可掩的事实"。①

汉口的早年生活直接影响了陈光甫日后在新式商业领域的创业。这一阶段陈光甫的学徒生活并不富裕,养成了吃苦耐劳的朴素性情。对他而言,"吾人一生能得温饱,已属幸事,安可妄生他念,此大家应共同觉悟者也"。他曾回忆:"遵严命以清晨铁厂放汽声为起床之标准,此种印象,深镌脑中。"后来,商业上获得巨大成功的陈光甫经常每日五六点起床工作,他强调:"忠实质璞,为立身之基础,奸巧侥幸终归于失败。银行一事是为耐劳守苦者终身之职业,但绝非吾人投机发财之地。"②他经常批评投机经营,认为一味追逐财富是不可取的。他后来向上海商业储蓄银行的重要助手伍克家抱怨:"我行用人中有入行后即受环境之恶势力麻醉(或谓中国人一生皆受此麻醉),不度德不量力,一心先要穿好的,吃好的,弄几个钱自己独立,别人有什么好处我也要同等待遇。此犹其小焉者耳。还有一般带遗传性的癖气,做事不肯研究,不肯用心,视行中生意之盈亏,犹夫秦人视越人之肥瘠,漠不关怀,对于行中一切之事不思过问。他们的宗旨是做一日和尚撞一日钟,浸成为木偶式之行员。"他认为更危险的是"藉本行之地位发自己之财,藉本行之势力扩充自己之势力"。他甚至向他人批评曾经自己的镇江同乡和属下唐寿民,"从兄二十年,由江苏银行月入十数元起,至每月收入八千余元,到汉后竟急急要东做生意,西做生意。若说其有意害我,则我不敢信,但是他为何要如此做法？为何还不知足？此无他,乃受镇江环境式之麻醉也"。③

对于远离家乡的陈光甫来说,少年时的成长主要依靠自身的勤奋与努力。在上海商业储蓄银行的行史叙述中,陈的"办事认真、丝毫无弊"也是银行成功的最主要原因。④日后,他将认真负责的态度上升为一种商业理念:"本行之设,非专为牟利计也,其主要宗旨在为社会服务,凡关于顾客方面有一分便利可图者,无不尽力求之,一面对于国内工商业,则充量辅助,对于外商银行在华之势力,则谋有以消削之,是亦救国之道也。"⑤这也是社会服务精神成为现代银行业共识之际,陈光甫的企业依然能成为典范的原因之一。而他的努力在其青年时期即得到了汉口著名买办景维行和地方要员端方的赏识。前者成了他的岳父,后者则为他日后出洋考察,提供了便利和资金支持。

19世纪末的汉口仍未摆脱中国传统城市的商业氛围,但新的气象已经出现。

---

① 宋春舫等编著:《上海商业储蓄银行二十年史初稿》(1934年5月),上海市档案馆藏,档号:Q275-1-170。

② 《十六年下期发告同人书》,《陈光甫先生言论集》,第7页。

③ 《陈光甫复伍克家函》(1928年),《陈光甫日记》,第32-33页。

④ 宋春舫等编著:《上海商业储蓄银行二十年史初稿》(1934年5月),上海市档案馆藏,档号:Q275-1-170。

⑤ 《十六年下期发告同人书》,《陈光甫先生言论集》,第7页。

湖广总督张之洞在汉口与武昌一带发展的近代化工业很快吸引了陈光甫。陈光甫一生数度旅居汉口，对张之洞治下的汉口格外称赞："张之洞为两湖总督之时，官拨资本设纱厂、麻布厂、丝厂、革厂、铁厂，练兵，设学堂，今日见之有如此之伟大魄力，可以推为先知先觉。"①学徒时期的陈光甫几乎每个清晨都是在铁厂的放气声中醒来的。在庚子之乱前后，外人纷纷在汉口开辟或拓展租界，不断开辟马路，铺设路灯，新式的思想随着西方的器物慢慢传入。

1901年陈光甫自学考入邮局，并在邮局认识了他日后的得力助手杨敦甫。当时邮务司为汉口江汉关税务司兼任，邮局上级管理员有2名英国人，2名葡萄牙人。平日陈光甫就已见到西方人"对待华人常有无理压迫"。在邮局期间，他觉得"外人待华人，其侮慢已达极点，在邮局中，华人与洋人之待遇，亦极不公允。因日与外人接近之故，此种激刺，深入脑筋，久而不灭"。不过，陈光甫自强的性格让这种屈辱变成了动力："余在当日即感想外人在租界之种种设备，何以不能自己建设，乃激动出国留学之决心，期求新知识与新思想，以尽服务社会之责任与使命。"他的自学能力又让他很快意识到"外人管理的方法，实胜于吾人万倍"。②

出身商界底层的陈光甫后来自述："西洋实业文明初次大量输入中国，中国士人类亦只有实业救国之理想，而无研究实业之学术，或即有其学术而亦鲜有实创其理想与学术之本领。当此之时，同人于银行方面，首先应用一部分西洋学术，实创而成我行。如此居风气之先，以新组织、新办法适应社会一种基本需要，本行遂取得社会人士之公认与拥护。"③或许陈光甫年轻时的想法并未有如此成熟，但中国二千年的重农抑商的传统与士农工商的社会层级观念未有改变陈光甫继续从商的想法。当时赴海外留学者，修商科的留学生并不占多数，次于文学法政门类，更次于工程机械专业。多数的留学生学成归国以后还面临着能否学有所用的问题。故而有人评价陈光甫："陈先生在美国，学的是商科，回到中国，自进江苏银行，以至现在，二十余年，始终和银行界未曾一日脱离关系，即是和商界，始终没有脱离过关系，以其所学，用之于世。从这点看来，陈先生不但是一个成功者，而且是成功者中间的一个幸运儿。"④

1901年，端方升任湖北巡抚，随即兴办六十余所新式学堂并派出留学生。1902年，端方代理湖广总督，之后调任湖南巡抚。在此期间，端方继续鼓励出洋

---

① 《陈光甫致伍克家函》(1928年1月18日)，《陈光甫日记》，第10页。

② 《副经理杨敦甫逝世》，《申报》，1935年5月5日，第13版；宋春舫等编著：《上海商业储蓄银行二十年史初稿》(1934年5月)，上海市档案馆藏，档号：Q275-1-170；《二十年一月十八日陈先生在汉口普海春与本行第一区武汉同人茶话会致词》，《陈光甫先生言论集》，第40页。

③ 《三十五年二月在纽约拟定之育才建议》，《陈光甫先生言论集》，第219页。

④ 宋春舫等编著：《上海商业储蓄银行二十年史初稿》(1934年5月)，上海市档案馆藏，档号：Q275-1-170。

留学。[1] 1904 年美国圣路易斯举办国际博览会,陈光甫因有与外人相处的经验,作为赴美参加博览会的办事员,并于博览会结束之后留美学习。[2] 1906 年进入宾夕法尼亚大学沃顿商学院(The Wharton school of the University of Pennsylvania),1909 年获商业学士学位毕业。多年以后,陈光甫通过中美文化学会(The Sino-American Cultural Association)向美国民众广播,其中谈道:“在宾夕法尼亚大学沃顿商学院,我得到了那些在之后三十多年里最满意的私人友谊和商业伙伴。我非常钦佩美国的商业效率与生活方式,经常梦想着中美之间关于未来的理想能有合作的巨大可能。”[3]

经理官办江苏银行

1909 年陈光甫回国之后,在圣路易斯国际览博会期间认识的陈祺为南洋劝业会的筹备委员,他推荐陈光甫参加筹备工作。1910 年,陈光甫被委派为南洋劝业会外事科科长,负责招待外国来宾,并照料所陈列的各国出品之展览馆。[4] 南洋劝业会还未结束,江苏抚台程德全预约陈光甫到苏州工作,陈光甫即就裕苏官钱局改为江苏兴业银行,与唐寿民两人在南京南洋大旅社商量草拟上苏抚程德全的条陈。南洋劝业会结束后,陈光甫到了苏州的江苏财政公所办事,得到“清理江苏财政局”总办应德闳的器重。唐寿民回忆自己“每天看宫门抄,有一天看到苏抚程德全奏请就裕苏官钱局改为江苏兴业银行一折,宣统皇帝批‘留中’,计划遂成泡影”。[5]

辛亥革命后,陈光甫改任江苏省财政司副司长,江苏都督程德全很快将裕苏官钱局改为江苏银行,财政司司长应季中为该行监督,副司长陈光甫为副监督。在陈光甫的建议下,江苏银行将总行迁至上海,陈氏担任经理。陈光甫管理下的江苏银行有着小心谨慎的经营风格。他对发行钞票极为认真,“每张钞票用特种墨水亲笔签字,并每月在《申报》《新闻报》《时报》将发行额、准备额公布”。1913 年,江苏政局出现变动,陈光甫即将总数三五百万元的钞票全部收回,呈报停止发行。[6] 在他

---

① 《清史稿·卷四百六十九·列传二百五十六》载端方如下:“二十八年,摄湖广总督。三十年,调江苏,摄两江总督。寻调湖南。颛志兴学,资遣出洋学生甚众。逾岁,召入觐。擢闽浙总督,未之官,诏赴东西各国考政治。既还,成欧美政治要义,献上,议改立宪自此始。三十二年,移督两江,设学堂,办警察,造兵舰,练陆军,定长江巡缉章程,声闻益著。”

② 姚崧龄:《陈光甫的一生》,台北:传记文学出版社,1984 年版,第 4—5 页。

③ “Official Listening Post of Board of Information of Republic of China”(1942 年 5 月 6 日,残件),台湾中央研究院,胡适档案馆藏,档号:HS-JDSHSE-0485-012。

④ 姚崧龄:《陈光甫的一生》,台北:传记文学出版社,1984 年版,第 9 页。

⑤ 姚崧龄:《陈光甫的一生》,台北:传记文学出版社,1984 年版,第 9—10 页;中国人民银行上海市分行金融研究所编:《上海商业储蓄银行史料》,第 5 页。

⑥ 《上海商业储蓄银行史料》,第 240 页。

经理任期，江苏银行“规模初具、声誉即大著”。①二次革命之后，庄蕴宽、韩国钧继任江苏都督和省长。好景不长，二次革命失败，张勋出任江苏都督，指令江苏省银行查报存户姓名，陈光甫断然拒绝，被迫辞职。②在江苏银行任内，陈光甫对于“官僚化的银行观念”表达出完全的不赞同，他认为中国的官办银行随政局变动，并不能长久，如要辟一个新局面，势必要从“银行完全商业化”七字做起。③

在江苏银行任内，陈光甫借助政府银行的职位也积累了不少行业经验。第一，由于当时的华资银行业仍不占金融业主流，大量地方财政事务仍需与钱庄接洽，这使陈光甫与传统金融业有所接触。1915年上海商业储蓄银行开办以后，力量薄弱，既不能仿效钱庄做往来信用放款，抵押放款又不通行，只能以吸收存款为主要业务。于是，陈光甫只能依靠不少原有钱庄人员开展业务，“利用钱庄过去经验与钱庄竞争”。又比如，他聘请余大钱庄宋云生先后任营业主任和往来部经理，逐步开展工商业往来户放款，“首先减低票贴，后来将票贴全免，减少欠拆利息，以与钱庄竞争”。上海商业储蓄银行早期在无锡和常州试做堆栈押款，在外埠开设分支行，“多由当地绅士任经理，并由钱业出身的人担任业务，这样既可以利用当地有势力的人物，又可以采用钱庄经营方法的优点来开展业务”。④

第二，陈光甫与江浙实业界建立了初步的联系。1912年11月13日，南通大生纱厂开股东大会，江苏省都督程德全特派江苏银行的陈光甫为官股代表，陈光甫因此结识了实业界巨头张謇。实际上，江苏银行董事会本身也有不少其他外商银行的买办。⑤第三，从辛亥前后到二次革命，陈光甫在相对安全的江苏银行任上，目睹了上海金融界的种种风波。陈光甫既接触了上海的工商业群体，又看到了洋行对华资金融界的倾轧、政府对于金融界的种种盘剥以及弃之不顾。这些经历都影响到陈光甫以及银行家群体对金融制度、银行与政府间关系的理解。⑥

待人处世与经营之道

在国内商界多年的磨炼和在美国的广泛游历塑造了陈光甫的思想与性格。这些性格特点对于陈光甫日后的投资事业以及与历届中央政府的关系有着很大的影响。

---

① 《江苏银行行长更替》，《申报》，1925年10月9日，第15版。

② 中国人民银行上海市分行金融研究所编：《上海商业储蓄银行史料》，第5页；姚崧龄：《张公权先生年谱初编（上册）》，北京：社会科学文献出版社，2014年版，第18页。

③ 宋春舫等编著：《上海商业储蓄银行二十年史初稿》（1934年5月），上海市档案馆藏，档号：Q275-1-170。

④ 中国人民银行上海市分行金融研究所编：《上海商业储蓄银行史料》，第82页。

⑤ 《专电》，《申报》，1912年11月13日，第2版。

⑥ 《二十二年七月五日陈先生在管理会议致词摘录》，《陈光甫先生言论集》，第138页。

首先,从小的谋生经历使陈光甫懂得自力更生,也养成其谨小慎微、小心持重的性格。他曾于上海商业储蓄银行行务会议上提及在汉口的早年生活:“汉口经过四五次之风潮,初时汉口仅有两条大街,每年发生火灾,事后即重复兴建,从无任其荒废之处。”①这样的儿时记忆使其既懂得凡事易变,多做预备,在各种环境中如年少时一般坚忍经营下去。

作为商人,他曾说:“不会做经理之人,所放之款倒账多,存款利息亦大。”他批评不理性地多做生意:“凡欲推广一事,因有他念掺杂其间,或要对方与我多做生意”,“结果必是吃亏多,得益处甚少,如常州商业银行、淮海银行、常州纱厂、通燧火柴公司等”。熟人借钱吃亏多,得益处甚少。此种人皆半官半商之辈。又比如他认为:“办银行系一事功,不可另动他念,如组织进出口公司,如汉运,如购地造栈房,以其可以推广银行营业,结果终是吃亏。故吾人做事要纯一纯单,万万不可多杂念、多忌想。”虽然陈光甫自己常常参与公益,在其联合创办的同德医学校发生法律纠纷后,就告诫上海商业储蓄银行的亲信伍克家“公益事不可做”。②陈光甫甚至批评身为镇江同乡的金融业同仁:“镇江派四行为领袖,谨惕者少,思借地位而营私者多,故不甚为社会所推重。”③

从效果看,这些看似过于稳重的思想实际上并没有限制日后陈光甫的商业成功,反而帮助其在一次次市场危机中幸存。1931年初,陈光甫提醒上海商业储蓄银行各级:“中美两国金融界所发生之事变尚多,在中国南北各大埠有数家银行或发生提款之事故,或发生挤兑之风潮,及本埠数家钱庄以投机而倒闭;在美国全年竟倒闭银行达一千余家之多。今仅将前举两行特别提出者,即欲吾人举一概百,了然于经营银行一有失措,即不能免受潮流之激流及谣言之祸患,然则吾人能不触目心惊引为殷鉴,而随时随地谨慎将事者乎。”④当年,“九·一八”事变伊始,上海商业储蓄银行即遭遇极大挤兑风波。

危机过去之后,陈光甫仍告诫同仁:“我们这几年来办银行,也是同这种情形一样,时局好就向前进,时局坏就向后退,因为我们有继续不断的努力,今天本行方站得住。前几年已料到今日的大难,所以预先将盈余存积起来以备抵当,今年的风波可算厉害,但是诸位不要认错以为风波已经过去,就本人眼光看去,前途还有更大的风波,我们应当大家起来共同努力奋斗。”他的意思是要不断适应新的环境,同时及早做好充分准备,应对更大的危机。⑤

第二,他小心谨慎的经商风格包含了对商场旧习的拒绝,并担心官场的影响。

---

① 《廿七年二月廿三日陈先生在行务会议致词摘录》,《陈光甫先生言论集》,第195页。
② 《陈光甫致伍克家函》,《陈光甫日记》,第34页。
③ 《陈光甫日记》,1928年1月10日,第4页。
④ 中国人民银行上海市分行金融研究所编:《上海商业储蓄银行史料》,第329页。
⑤ 《二十年十二月三十日总经理处会议陈先生谈话摘录》,《陈光甫先生言论集》,第74页。

他批评汉口的金融业,“均是靠银行吃饭,银行行长当然受人家拍马屁,自己要用,只要开口,钱庄即送来,明日钱庄放款到期,你不敢不转期”。①他曾通函上海商业储蓄银行全行:“不可投机,不可接近官场,不可造成呆滞放款。”他说:“山西票号为我国旧式银行之起源,当其盈也,实握全国金融之枢纽,而其败也,则竟一蹶而不可收拾”,“自民国成立以来,年有政变,而新式银行之转入于政变漩涡者,一起一伏,又不知凡几,而亦无需明举也,则吾人尤有不闻谈虎而色变者乎”。②

陈光甫评论下属唐寿民:“寿民还有好恭维、要做镇江帮领袖之毛病,拼命的要将行中之钱拿去做面子,结果乾丰润、乾巽裕二家即欠六七万元。在职之时不知节省,家用、外用非分的扩张,以致不安于位。在行领俸之时,即要去勾结宋子文,故外间谣传已派为厘金总局长等语。”③

陈光甫对于中国的政府有些长期负面的观察。他总结清末以来,“(经济上的)麻醉病,若看不明白,不设法疗治,势必至吾行与清末光绪年间张文襄公办实业及南通张四先生之实业计划同归于失败耳。明乎此点,则吾弟函内所论各节,可以推到根本之原因矣。总之,千言万语,国人无适当之教育,政府固然弄不好,即纱厂、铁路、银行、市政、航业、农业、水利等等,永远皆弄不好”。④比起政治,他更看重商业的力量:“吾在江苏银行为总经理,时人皆称经理为买办,而称吾为大班,此种称谓亦不足为奇。近来高唱打倒买办阶级者,亦殊可不必,自一八四二年以来,其中亦赖有买办能与大班合作而成就今日繁荣之市面。余希望造成中国之金融机关,倘能办有成效,他人继起仿行,群策群力,未尝不可成功。”⑤

陈光甫的第三个特点是不断学习新知。这是他成为商业领域佼佼者的重要原因。

陈光甫与胡适的最早交往就起源于他对《新青年》的阅读。他向陶孟和盛赞《新青年》,以为新青年将有极大势力于吾国之思想。他每期必读,并极力称赞《新青年》。而陶孟和则转告胡适,称陈为“上海商业储蓄银行总理乃今之留学生成绩佳者”。⑥之后,两人便很快相识。陈光甫常常阅读英文报刊,他经常与人分享《字林西报》上的所见。⑦不仅如此,他常从外文报刊中思考经济问题。他大段摘抄报刊。比如他引用《字林西报》上关于国家与银行关系的演讲,还能总结出各种观点:“全文大旨如此,我们应发深省,也有四点:(一)英国的银行,其历史、组织、业务经

① 《陈光甫日记》,第37—38页。

② 中国人民银行上海市分行金融研究所编:《上海商业储蓄银行史料》,第329页。

③ 《陈光甫日记》,第37—38页。

④ 《陈光甫复伍克家函》(1928年),《陈光甫日记》,第33页。

⑤ 《二十一年十月二十二日总经理处会议陈先生介绍宋春舫先生到会致词》,《陈光甫先生言论集》,第115页。

⑥ 《陶孟和致胡适函》(1919年3月16日),台湾中央研究院,胡适档案馆藏,档号:HS-JDSHSC-1679-002。

⑦ 《张孝若致胡适函》(1929年9月1日),台湾中央研究院,胡适档案馆藏,档号:HS-JDSHSC-1228-009。

营，远在我国之上，一般民众，还要发生误解，何况本行，究是新进，并且设在民众程度较低之社会中，应如何奋发有为，努力服务，使民众对于本行，有相当认识，而表示其同情。(二)银行既是存户的银行，而非经理董事股东的银行，那末本行对这一万万元以上的存款，应如何稳健运用，方不负所托。(三)银行果能自信替国家社会去谋福利，虽也偶有责难，偶或误解，其用心必有大白之一日。所以本行应把吸收来的资金，在安全条件之下，致力辅助工商业，辅助农村经济，辅助平民阶级，把实在的成绩，表白于民众之前。(四)银行地位越高，其受人之嫉妒，也更利〔厉〕害，本行当谨慎小心，不使他人有隙可乘。"①在与行员开会致辞的时候，也常见其引用新书刊的内容。②

陈光甫还特别强调在现实中汲取信息，还经常在全国各地考察经济情况。他曾举例："旅行考察可以多得经验，余往香港，殊不觉其地位之重要，迨一至昆明，见其金融消息与各货币价格及各种货价，均以香港为标准，始知香港地位之极为重要。余常向分行经理谈及每年必须旅行一个月，出外游览，无论欲往何处，均听自由，本行供给旅费，借以放宽目光，增加知识。"③ 1925 年，在游历四川以后，他将自己的实地调查和择地搜集的信息汇总，包括四川全省人口、气候、物产、交通、实业、币制、学校、旅馆，各处名胜之距离，游览之路径无不详载，并将游客食宿、轮船价目

---

① 《国家与银行》，《陈光甫先生言论集》，第 123 页。

② 比如"昨日鄙人得一西文书籍，名为《银行管理各种问题说明》，为新出版者，对于银行业之事务，条分缕析，朗若列眉，不但以法律为准绳，且列举种种实际考察研究之法。譬如一公司，已与某银行往来十五年，逐年皆有盈余，而第十六年中，忽无余利，银行副经理以为此家不能再与往来，而总经理则谓彼与本行往来已十五年之久，从无拖欠，今无故与彼断绝往来，于人情友谊，皆为不合，遂仍与照常往来，二年之后，此公司营业，忽告失败，而究其所以失败之由，乃为出品堆积，机器加增，供过于求，销路停滞，其实非战之罪，不过亦为屈服环境者之一，而银行已不能不受其影响，此种论调，颇为精警。现已交业务科详加研究，将设法介绍与同人。

纽约有一著名银行今已倒闭，其倒闭之原因，为同时合并银行三家，即以现金购入之是也。此三家合并之银行，表面上虽不亏蚀，而其现金，则已皆为股票债券所吸收，平时尚可支持，而一经世界经济恐慌，股票债券，一律下降，遂致宣告清理，此无他，无非当局者未经严密之研究，致于失败。是书为最新出之银行界读物，对于种种银行应有之研究，靡不分门别类，列表说明，而对于成本之计算，管理之方法，以及董事及总经理负责之问题，亦皆有精警透辟之解释，实为吾行同人所应有之智识。

今日鄙人报告诸君之用意，即为希望同人研究，管理部份〔分〕应切实研究业务上之进行，及如何始能稳妥之方法，业务部门应研究精诚服务，对于营业酬对，丝毫不可忽略。能为本行多盈一文，即为本行多积一分实力。至于定期存款之略见减少，此实不成问题，但希望自今年起，万不能再放倒帐，亦断不可再有舞弊之事，请各营业员再三注意，并望各经理主任惩前毖后，一致加以严密之防闲。

最后尚有报告者，现在世界各国之现金，皆有不敷周转之患，不仅中国为然，且亦不仅上海一埠为然。各国之政府及公司，暨社会间之各个人，无不同具此种困难。故本行上期虽有盈余，决不可恃，惟现金最为宝贵，吾人一方应厚集现金，以备非常，一方应力图节约，以省开支，同时并应全体努力，以求发展。所有盈余，备作应付环境之压迫。换言之，厚集现金，即抵制压迫之武器也。"(《二十一年一月二十日行务会议陈先生致词摘要》，《陈光甫先生言论集》，第 81 页)

③ 《廿二年四月廿六日陈先生在管理会议致词摘录》，《陈光甫先生言论集》，第 131 页。

表与各种图片、地图等悉为登录，汇编成册。① 1927年，上海商业储蓄银行创立《旅行杂志》，聘请《申报》编辑赵君豪和画家张振宇分任主编与美术编辑，成为民国时期最为知名的旅游专业刊物，上面不仅收录各地风土人情，还多次刊载陈光甫的游历文字。

陈光甫对知识的探求已近乎一种生活方式。他曾在乡村游玩，在日记中写道："吾人由城市来，觉有市城气，身体、思想、见识皆不能与居山居乡之生活相拍合，盖居山居乡亦须预备学问，方能享受宇宙天然之乐趣（Enjoy Nature）。譬如钱庄跑街的晓得市面状况，或办银行的晓得各种银行家所应知道的学问，如经济学、中外历史地理、法律、中外汇兑、心理学、组织法、管理学、世界政治以及各种实业常识，方可领略一切益处。推至居山居乡的人应当晓得天文学、气候学、农林学、植物学，此四种乃根本的学问，犹入中学须由小学做起。既有学问，尚须性情能与天然环境（Nature）接近，如闻鸟声而喜，听松涛之声而乐，能登山，能走路，能耐寒暑，能受劳苦。吾人有此训练而后可作山居，可作乡居，否则不过游历而已。"②他在旅途中与胡适通信，不仅告知一路风景见闻，还述及途中翻阅，并与西人谈论胡适的著作。③

陈光甫将科学知识作为银行家的基本素养："今日之银行家，殊不易为，直须上通天文，下知地理，而尚须中得人和。譬如汉行之业务，押款亦居大宗，受押之货物，棉花粮食，种种皆有，吾人既承做此种押款，即应留意出产之是否丰盈，出产之丰歉，全在天时，雨量之调匀，凉燠之适合，均于收获有关，且一岁之天时，直接关系于收成之全局，间接关系于市面之情形，吾人默察天时，即可预料市面之荣枯，金融之状况，此应上通天文者一也。各省产品区域不齐，农业工业，各归其类，某货为甲地所专产，某物为乙地之需要，某货专供本地之求，某货可以畅销外埠，在国外有无销路，运输上能否便利，俱不能不加以研求，由此可以规定业务上之方针，不致漫无抉择，而货物市价之涨跌，尤当随时注意，俾得临时酌定押款折扣之准绳，此应下知地理者二也。各商肆之贸易情形，各个人之经济状况，以及历来之信用如何，目下之现况如何，固不能不切实调查，而对外之联络感情，应付困难，尤非深得人和不办，此应中得人和者三也。故今日之银行家，确非具有知识，不能胜任愉快。"④他还如此要求上海商业储蓄银行的员工，比如："储蓄部之同人，则可以研究储蓄之法律，与社会对于储蓄之趋势，及英、法、德、日各国之储蓄情形，旁及应用储蓄资金之方法，地产证券之涨落情形。"⑤

陈光甫对知识的孜孜以求，反映出他财经专业素养的不断提高不仅仅依靠留

---

① 《上海银行新编"游川须知"》，《申报》，1925年2月1日，第15版。
② 《陈光甫日记》，1928年1月24日，第13—14页。
③ 《陈光甫致胡适函》（1929年3月31日），台湾中央研究院，胡适档案馆藏，档号：HS-JDSHSC-1284-001。
④ 《二十一年四月二十八日陈先生与同人聚餐谈话摘录》，《陈光甫先生言论集》，第101页。
⑤ 《二十年七月三十日陈先生与行员聚餐谈话》，《陈光甫先生言论集》，第61页。

学期间所学,以至于平时在银行与行员聚餐谈话经常就各种经济问题滔滔不绝,信手拈来。①其次,陈光甫对凡事有一种较真与韧劲,并伴随专业上的自信——在经济领域,陈光甫自信于对于经济问题的理解和判断。另外,对于世界范围内讯息的了解,使得陈光甫对中国的经济问题,形成一种优势性的前瞻眼光。

在上海市档案馆上海商业储蓄银行的案卷中保存着成百上千册该行对各个经济行业连续不断的调查报告。即便刊登在《字林西报》上的、著名的汇丰银行股东会记录,也未必有如下几则上海商业储蓄银行营业报告上的分析这般包罗万象,蔚为大观:

“市面状况

本期适当甲子更新之年,商民初抱无限乐观,然就事实上言之,则工商业虽较往年不无稍有转机,而市面之沉闷则依然如故。诚以战祸酷烈,各国之元气未复,政局纠纷,我国之财力已敝,商务之振兴发达,固非一时可到之境。兹特将国外、国内之经济情况,折要列述如左:

国外之部

---

① 比如:“国外汇兑处之同人,第一应研究各种货币兑换之计算方法,第二应研究各种关于国际汇兑之法律与习惯,第三应研究票据之单行法律。各国兑换之间,有其一定计算方法,均应熟悉,不致错误。国际间贸易,国度不同,习惯即异,非先知各该有关法律与习惯,不能办事。但此种研究,均非读书不可,中文书籍殊鲜此等著述,更宜求之于英文。苟研究有得,为国外汇兑处之杰出人才,他日擢升主任经理,自在意中。……办银行者,第一在于信用,但须全体同人通力合作,以重信用,仅以鄙人一人之信用对人,亦无所裨,其尤要者,对待顾客,总须以千百万分之和气出之,如应客不能诚恳谦和,致彼心怀不满,另向他行往来,则亦可认为破坏信用。换而言之,所以欲注意信用者,特以求顾客之向我也。若顾客认为慢待,从此不来,则岂非破坏信用耶?

以吾国圜法言之,时代变迁,圜法亦随之而变,以前所通用者,仅为有眼之钱,除银两鹰洋外,辅币仅此一种,嗣乃通行一角及五分之银币,继又铸造银元铜元与二角辅币以为兑换之调剂,今则关金推行,银元将渐受淘汰,再进一步,金本位亦渐将实行,此种变迁,实为时势潮流所趋使。所以吾人亦当推陈出新,以求立足于千变万化之新潮中。今日有眼之钱,不能适用,亦如旧时脑筋之不合于近代潮流。环境变更,思想亦当随之而变,苟执而不变,此之谓不达时务,以前票号之归于淘汰,皆由于此。

诸君来本行任事,应当自求出路,不宜以现在之地位为止境。诸君方在青年,尚无室家之累,将来授室之后,负担较重,收入不敷,即有生活困难之虑,倘仍不设法自求出路,势必屡易职业,终于困难,彼时追悔,亦复何及。自求出路为何,即以读书为根本,读书可以直接增加知识,增加学问,而间接即可以提高地位,他日本行扩充进展,水涨船高,诸君地位,自必随之增长。若以为无暇读书,听其悠忽,则非但地位不能提高,即现在之地位,亦且有人取代,本行实无术足以相助。鄙人在办公时亦无暇读书,但平时已养成一种习惯,夜间非读书不能入寐,昧爽即起,仍须读书自遣,并以余力阅看关于行务之稿件,诸君如仿行之,不久即可养成此项习惯。

收解部中,亦有可以研究者,如徐州与天津之票不同,常州与蚌埠之票亦不同,常州专为贴票性质,而蚌埠则兼有押汇性质,本行广州分行之营业为押汇,然只有上海做押汇至广州,而并无广州做押汇至上海,又广州何以不出棉花纱布,各种情形,均可研究,倘购商业地理一册观之,亦可明了各处出产输运,以及贩卖销路之情形,未尝不可于此中发生兴味也。”(《二十年九月十七日陈先生与行员聚餐谈话》,《陈光甫先生言论集》)

德国赔款问题虽经专家委员会精细研究，拟有具体办法，并由赔款委员会及协约各国议决采用，世称'道氏计划'，但言之匪艰，行之维艰，将来执行此项计划，或难免种种阻碍，而在短少期间内，欲于欧洲经济上收获实际之效果，尤恐与事理相反。

英国自工党政府成立以来，对于欧洲和平及其原状之恢复尚能尽力，其实行停止新加坡之军备即可引为明证，一方面又复注意国内工业及海外贸易之发展，以救济其人民之失业问题，最近国务会议虽欲以关税保护政策代自由贸易政策而终未实行，商业上幸免紊乱现象。

美国对于欧洲战后情形颇尽扶助之义，观其借放德、法巨款维持货币之低落，即可见其一班〔斑〕，国内工业大半均有进步，惟纺织业之出货虽曾恢复战前量数，然因销路不旺，后又退减。

日本经地震之后力谋经济之恢复，在美国发行美金一万五千万元之公债，在英国发行二千五百万磅之公债，均已先后告成，同时又努力于出口货之增加，其惨澹〔淡〕经营之毅力殊堪惊异，但震灾太巨，财政上之恐慌仍时有所闻，弥补损失恐非一时所能办到。"①

又如：

"市面状况

本期商情在初夏之间，以为时局和缓，交通无碍，秋收在望，各业总可较为起色，不意江浙战谣骤起，人心因之恐慌。发行钞票银行受钞票挤兑风潮，纷纷收买现洋以充准备，厘价随之大涨，银根紧急。迨战祸实现，交通梗阻，汇兑不通，各处金融之纹〔紊〕乱，可谓达于极点。究其原因，虽属战事影响之波及，而内地现金本极枯竭，平时钱业所收存款，均作营业基金，放与商家办货，库无准备，一有风潮，危险立致，亦属一大原因。其补救方法端在改革币制，速定中央银行办法，否则商业固属发达无期，而现有之商业皆将日趋于危险之途矣。

制造业：本期面粉厂因美国麦季年成减色，面粉价格甚高，不能来华，故华商面粉厂尚能获利。纱厂本期已有转机希望，盖年来纱厂纷立，营业竞争颇剧，自去年受市面影响后，停止者甚多，本期从事整理归并，开工者只四十余万纱锭，出货减少，存底又枯，而营业竞争亦渐入轨道，故其事业逐渐统一，其营业亦不致亏本。今年江浙战事，各业影响之所及在于运输，而纱布销场均远在千里以外，如东三省等处并不受战事影响，故尚畅旺。惟各处币制纹〔紊〕乱，汇水上不无吃亏，幸去秋银折甚低，厂家所付利息较为划廉，此绌彼盈，藉可挹注。总观实业情形，殊可乐观也。

---

① 《上海商业储蓄银行第十八期报告》(1924 年 10 月)，档号：Q275-1-288。

进口货:去秋江浙战事发生后,商业中最受影响者,厥惟进口货,以严格立论,几无营业可言。疋头、呢绒等货,市情较上期约跌去百分之十,盖战事影响所及,内地不能畅销,堆货涌积,存底甚多,市价因之低落,但外洋定货价仍是昂贵,故业此者大都有亏无盈。查市面疋头、呢绒等货,英货占十成之八,法货占十成之二,然英货八成之中仅有二成可以获利,二成平平,其余四成则须亏折,法货则所占二成均利获利,因其成本较轻耳。钢铁、冰铁及洋钉等小五金贸易受极大打击,实为前所未有,不但营业损失甚巨,即市面衰落亦较欧战时代为甚,在江浙战争期内,行情跌落至百分之十与百分之十五左右。此盖因前年日本地震后急需建筑材料,一般商家预料此后行情必涨,纷向外洋定货,迨后供过于求,市面货物堆积如山,本地情况不佳,需要愈减,外洋市价更趋低落,平时日本所需铁钉每向本埠购往,此时反在本埠以贱价卖出,致出品价值低于原料,而钢铁营业愈为减色矣。考市面所需大小五金,比国货占有七成之多,英货占一成半,美货占一成,若德货仅占十分之〇五而已。

出口货:去年蚕汛虽好而茧价仍贵,厂经一类初则销路呆滞,及江浙战起,锡、常各厂停工,丝价又日趋低落,虽于初冬稍为提高,美国销路起色,然只限于中身厂经,故通盘计算,仍是亏多盈少。灰经收成虽较去年为丰,销路尚畅,然成本仍贵,营此业者亦难获利,其市价之高涨,因美国去路之畅旺,在初冬竟由每担四百九十两而涨至五百七十两。余若四川黄丝,出货虽多,而进价甚贵,兼之川省军队遍地,卡局纷立,捐税繁重,约自产地至重庆装船,每担捐税须达六七十元,然进价虽贵而市价日见低落,则营此业者之亏折自可知矣。

国外之部:欧洲自协约各国采用道氏计划后,情势较趋和缓,经济渐就舒裕。欧洲各国中有数国对于币制,已经着手整理恢复金本位制度,惟英国金磅仍较低落,若此后不能涨至其标准价格,终觉不能十分稳固耳。至工商业已渐有起色,农产则仍未丰收。美国国外贸易出口增多,进口减少,收付相抵,多收约一千兆元。”①

通过及时了解国内外经济信息,陈光甫往往对经济问题有着长远思考。他从晚清开始就呼吁中国加强对美国出口桐油的外贸交易。在1932年,国内遭全球经济危机波及尚未明显之时,他就提出:“现在外棉价格甚低,比国棉尚为便宜,外麦亦然。洋米洋麦,均为供给中国人之食品。吾国产品现可行销国外者,惟有桐油。而华丝之在国外,竟无销路。内地既乏产品可以运输,即已濒于大难临头之境。”②敏锐的商业眼光使得他在20世纪30年代已经开始为抗战时期的物资贸易问题做

① 《上海商业储蓄银行第十九期报告》(1925年4月),档号:Q275-1-288。

② 《二十一年一月六日行务会议陈先生致词摘录》,《陈光甫先生言论集》,第77页。

好了调查准备工作。

在他看来，银行机构应有预判未来经济局势的职责："鄙人发起星期四聚餐之宗旨，已向同人屡屡言之，一方面固以互求认识，一方面亦以鄙人责任太重，欲藉此聚餐，以引起同人之同情心，冀收通力合作之功，分担责任。将来五年或十年中，政治上既有演变，而财政经济，亦必有极大之变迁，彼时我行如能立足，即可以经济政策救国，一方运用多数存款，分贷于各种企业，俾小工厂之资本不充者，得以扩大其营业，增加其生产，产额既增，获利较巨，厂主之生活问题，可以藉此解决，而其附属之职员工人，生计亦不致恐慌，直接维持人民之生活，间接促进社会之进步；一方发展国际贸易，抵制外人经济压迫，对内对外，均有莫大之关系。"①

由于陈光甫对于自身和所经营银行的高要求，形成了他在投资事业中果决与执著的品性。陈光甫所谓的"服务社会"，绝非社会慈善式的公益，也非一般资本家贴金式的广告口号，而是一种专业自信。1929年陈光甫与旅行社同人聚餐，有一段话说："追忆昔年某友质以旅行社亏蚀，曷不停止营业，余答以天地间事物有重于金钱者，好感是也。能得一人之好感，远胜于得一人之金钱，今旅行社，博得社会人士无量数之好感，其盈余为何如。"而陈光甫用来取得社会认同的正是其企业的专业水准和职业精神。中国旅行社曾经一度连续每月巨额亏本。经董事会议决，由上海商业储蓄银行方面坚持予以贴补，旅行社坚持作赔本买卖，还扩大代办邮政电报。上海商业储蓄银行1923年成立旅行部，直到1933年左右中国旅行社才扭亏为盈，甚至在全面抗战的1937年至1942年，资本从50万元增为100万元。②陈光甫在1935年非常自豪地说，因为实行"服务社会"四个字，所以做了许多普通银行家没有做过的事。

这种对专业化的追求也成为危机意识的来源。这种危机意识也因社会连年动荡的局势愈发强烈。他时常提醒自己不能疏懒。陈光甫曾说："凡一银行初开办时，如人在青年时代，有勇猛精进之心，迨开办多年，金融界已有相当之基础，社会上已有稳固之信用，即如人到中年，经验较深，眼光较确，对于进展事务，能权衡利害，稳健进行，不复如青年时代之一往直前，倘在此不存勉励之心，转抱骄矜之意，则如老年人之精神颓敝，只求敷衍，不尚事功，此之谓血枯症，是银行之大忌。"③他不断要求经营技术的改进："放款之稳健与存款之增展，息息相关。今后欲求本行信誉之巩固，对于放款技术之改善，亟宜悉心研究。"④他还与管理层谈话："谈到训练人才方面，我行在十八年中历聘外人为顾问，又屡次派人往国外考察研究，无不

① 《二十年七月三十日陈先生与行员聚餐谈话》，《陈光甫先生言论集》，第61页。

② 上海商业储蓄银行总经理处编：《本行环境之回顾与前瞻》(1935年12月)，上海市档案馆藏，档号：Q275-1-347。

③ 《十九年九月十八日陈先生与同人聚餐谈话录》，《陈光甫先生言论集》，第19页。

④ 中国人民银行上海市分行金融研究所编：《上海商业储蓄银行史料》，第874页。

努力进行。故希望同人在同业竞争状况之下,勿失去我行固有之地位,须时时吸收新方法以事改革。以往之努力固从未间断,今后仍须继续进行。当知今日环境之逼迫,较十年前更增加至一百二十分,不可不以全副精神应付。”①这种危机意识后来成为上海商业储蓄银行管理层的普遍状态。1928 年还是长沙办事处主任的伍克家写信给陈光甫称:“因察本行现状已逐渐陷入老大苟安之境,人才缺乏,朝气日就湮灭,对于本行特殊之使命,了解者不多,服膺者更少,中上级行员受社会环境及衣食住之束缚,大都非孳孳为自身利益忙,即意态消沉,据位素餐,以此人马何能打仗?窃恐地盘愈大,统治愈难,危机亦愈多,即无时局之纠纷,亦应竭力收敛,从事于整理训练。”②陈光甫特意将此函附入个人日记。

陈光甫自述:“人生在社会有一真正快乐之事,此非饱食暖衣,亦非消遥无事,即为快乐,并非有钱有势即为快乐,是树一目标,创一事业,达到目的地及成功,为最快乐。此种快乐从艰危困苦中得来,尤为永久,尤为有纪念价值。”从陈光甫一生的努力与经营中,看出“艰危困苦”为易,看出“真正快乐”则难。虽然他可以平静轻松地说“快乐”之道,但是却还不忘加一句“前我行经十五年之经营,虽负有薄誉,亦不过比较上成功,以与外人银行业相比,相距犹远,用告同人及时奋勉,兼以自励”。③

1915 年,陈光甫开始创办自己的“小小银行”时,已过而立之年。他少时以来的拼搏奋斗使他对社会与世界有着深刻理解,不易为环境所屈服,在商业上积极进取,充满自信。他的“文胆”宋春舫说他“平日表面上是很镇静,而实际上却是一富于情感、心气高傲的人”。但在乱世的经历中,他又谨慎小心,警惕政治,颇多忧患,“知事之不可为而不为”。④

第二节 上海商业储蓄银行的创办及其社会基础

创办上海商业储蓄银行

1915 年 4 月 17 日,陈光甫与庄得之、李铭等人创立上海商业储蓄银行,6 月 3 日正式开张,起始资本只有 10 万元。到了 1927 年陈光甫已是上海银行公会的副会长,而上海商业储蓄银行则已成为国内第四大商业银行。上海商业储蓄银行的

① 《二十一年九月二十一日陈先生在总经理处会议谈话》,《陈光甫先生言论集》,第 113 页。

② 《伍克家致陈光甫函》(1928 年 3 月 6 日),《陈光甫日记》,第 31 页。

③ 《十九年十二月二十六日陈先生在天津与同人聚餐谈话》,《陈光甫先生言论集》,第 30—31 页。

④ 宋春舫等编著:《上海商业储蓄银行二十年史初稿》(1934 年 5 月),上海市档案馆藏,档号:Q275-1-170。

各类存款已从 1915 年底的 57 万元增至 3 244 万元，放款从 51 万元增至 1 919 万元，平均年盈利率达到 20%以上，1921 年的资本额就已增为 250 万元。从 1915 年至 1921 年底，银行实收资本扩大至 250 万元；而根据已有的统计数据计算，从 1921 年至 1926 年，全国重要银行实收资本增长 1.20 倍，公积金增长 1.58 倍，上海商业储蓄银行公积金及盈余滚存，增长 1.86 倍。1926 年全国重要银行平均每一元资本产生公积金及盈余 0.35 元，资本盈利率 34.69%，上海商业储蓄银行的资本盈利率为 24.40%，盈利能力的增速要高于国内重要银行平均水平。①

与上海商业储蓄银行巨大成功相应的是，在 1914 年以后中国民族资本工商业发展的“黄金时期”，中国涌现出一批逐渐崭露头角的民族企业家。他们成功的一大原因被归纳为“企业家精神”。不过，另一方面，中国自身社会动荡与世界贸易的衰退势必造成了大量失败的企业投资，这也是在中国社会经济转型过程中不可避免的现象。

民国初年，风气转移，士农工商的层级观念逐渐淡薄，社会创办企业的热情普遍高涨。但是很多实业者“有侥幸心，无企业心”，资本薄弱，运用又不得当，“侥幸之心理，弥漫于全国，独立之风气销，自助之精神绝”。②趋利心并非企业家精神：“一二巨子，有资财者，则恃其资财，无资财者，则凭其优越之地位，皇皇焉日捕捉投机事业，以冀安然而获巨富，不劳力而获巨酬。驯至一般商人，亦日夜孜孜，讲求猎取戈获之道。人人存一大利在后之念，故起居酬酢，日就奢华，事事怀一侥幸可得之心，故道德信义，日渐坠落。由是欺诈行为，攘夺手段，赌博举动，遂传染于商业社会。”③以蓬勃一时的棉纱业与面粉业而言，“原料甚形缺乏，成本又高，制成熟货，反受外货压逼，销场不畅，存积颇巨，加之政治不宁，兵事愈烈，每次战事甫停，匪患即乘之而起，受灾之处既多，购买能力锐减。上年秋收歉薄，春间粮米告荒，各省铜币滥铸，钱价骤失常位，百货飞腾，影响生计非浅，出口货除丝茧畅销有利可获外，其他发展者不啻凤毛麟角矣”。④经济的落后与匮乏并非依靠简单的增加供给能弥补，20 世纪 20 年代上海商业储蓄银行的营业报告经常显示新兴的工商企业受制于灾荒、战乱和货币紊乱造成的国内经济环境。

与留美学生联谊

从上海商业储蓄银行开始，陈光甫的商业成功不仅依靠自身的“企业家精神”，还依靠中国新兴的社会群体。这些紧密相连的新群体分别共享着相似的社会理

---

① 中国人民银行上海市分行金融研究所编：《上海商业储蓄银行史料》，第 34、45 页。

② 《侥幸心与企业心》，《东方杂志》第 11 卷第 3 号。

③ 《消极之兴业谈》，《东方杂志》第 12 卷第 7 号。

④ 《上海商业储蓄银行第十四期报告(1922 年 9 月)》，上海市档案馆藏，档号：Q275-1-288。

念,投入共同的社会公共事业。这些群体直至 1949 年仍然活跃于社会事务层面,更重要的是具有相对于政府的独立性。陈光甫参与这些群体的最初途径是留美学生群体。

1912 年 3 月 11 日,寰球中国学生会在上海成立。该会由曾在美国留学的归国留学生所组织,专以联络交谊为宗旨,当时亦称留美学生会。该会第一次集会由 30 余人参加,公推徐善祥为临时主席,与会者均表示"诸同学归国后诚当联络交谊,故此会不可不急行组织"。陈光甫参与其中,并担任寰球中国学生会的筹款员。①该会之后举行了多次活动,召集新会员,到了 1915 年 6 月该会已有相当的规模,陈光甫亦参与其中。为了继续扩大组织,以伍廷芳、唐绍仪和朱少屏为"征求团"团长,分各组征集行动,其中陈光甫参与的一组就包括有韩玉麐、徐纫荪、穆藕初、刘鸿生、赵晋卿、宋汉章等人。这些活跃的社会新群体构成了陈光甫在上海早期社交圈的主体。

表 1-1 寰球中国学生会第五次征求团成员②

甲队长朱少屏,队员钟桂丹、杨筱堂、周锡三、钱新之、章元善、过探先、吴和士等
乙队长郭仲良,队员哀礼敦、黄少岩、王志仁、许树屏、夏霆轩、毕静谦、李松泉、周寄梅
丙队长钟紫垣,队员陈焕之、古达程、曹锡庚、陈永枢、梁望秋、唐观翼、沈叔玉、张燃生
丁队长李登辉,队员罗泮辉、林翥青、朱紫湘、杨德钧、王正廷、周越然、李启、余日章等
戊队长杨心一,队员俞凤宾、王宠惠、朱榜生、欧阳刚、张鹤隐、吴樵茗、周邦俊、朱贡三
己队长韩玉麐,队员徐纫荪、陈光甫、穆藕初、刘鸿生、姜品良、赵晋卿、宋汉章、萧智吉

可见当时的留美学生会不仅包含了留美归国的王正廷、王宠惠等后来的国民党人,也包括穆藕初、刘鸿生等实业人物,亦有当时中国基督教运动的领袖余日章、李登辉、韩玉麐等人。实际上这一群体已经包含了留日学生钱新之、未有留学经历的金融界翘楚宋汉章。其中即便名声稍逊者,如曹锡庚也毕业于上海圣约翰大学,不久成为天津银行家卞白眉所聘家庭教师;又如留日学生朱少屏自 1916 年担任寰球中国学生会总干事长达 20 年,在 1912 年他曾是孙中山的秘书,参与过反袁运动。

1916 年 9 月 1 日,寰球中国学生会在上海尚贤堂开会欢送北京清华学校出洋学生,并欢迎游学回国留学生,陈光甫与后来一直熟识的余日章、朱成章、韩玉麐、邝富灼、唐露园及沪宁铁路局长钟文耀、美国驻沪总领事暨盲童学校校长傅步兰

---

① 《留美同学会成立》,《申报》,1912 年 3 月 11 日,第 7 版。

② 《寰球中国学生会第五次征求会员》,《申报》,1915 年 6 月 3 日,第 10 版。

(George Brown Fryer)等前往欢迎,会上众人提出:“查近年游学归国者每次约在百人以上,大抵出洋求学之士意在得一学士硕士博士文凭即为满足,不知美国尚有无文凭之学科,其用较有文凭者更广,学成返国即可经营其事,利益甚大吾国。”① 该团体以征求新会员和社会资助为竞争,每个成员都参与其中。至 1917 年底,“会长唐露园、李登辉二君征得分数一增二倍,一增一倍,朱少屏君一人征得一千二百十四元,仍列第一名。张叔良、张鹤隐二人比去年皆增一倍有奇。此外如钱新之一人有二百七十元余,如宋汉章、任传榜、钟文耀、韩玉麟、吴和士、周越然、沈叔玉、林翥青、郭仲良、曹雪赓、陈光甫、邹秉文等诸人均甚出力。会长余日章虽因公离申,然事前一切布置皆出余君之手”。② 1919 年,新的工商业界名流聂管臣、张謇、顾馨一,金融业名流徐寄庼、朱博泉,社会名流袁履登、蔡廷干、蒋作宾、陆徵祥、倪新初都加入其中,上海商业储蓄银行的董事唐露园、吴蕴斋,以及经理人朱成章和杨介眉也是该会成员。③

1923 年,寰球中国学生会再次选举董事,票数从多到少如下:李登辉、许秋槑、宋汉章、方椒伯、朱少屏、杨小川、吴和士、钟紫垣、陈光甫、吴蕴斋、邵仲辉、杨筱堂、王一亭、袁履登、萨桐荪等十五人,其余为陈汉明、唐伯耆、韩玉麐、沈叔玉、严直方、沈桐叔、谢芝亭、郭仲良、厉树雄、席德懋、韩希琦、李观森君等为候选董事。从中可见陈光甫、吴蕴斋、席德懋等金融业人士在留学生群体中地位的提升。④是年七月,许秋颿为正会长,朱少屏为总干事,陈光甫任该会会计董事,负责财务事宜。⑤陈光甫在生活中与留学生群体的关系也是紧密的,他们甚至有共同的娱乐方式。⑥胡适还记载陈光甫都是与留学生们一同去舞厅娱乐。⑦

不仅陈光甫成为留学生团体的财务管理者,一些清末留学生的代表还受邀参与上海商业储蓄银行的事务。1915 年 4 月 17 日上海商业储蓄银行召开第一次董事会,推举庄得之先生为总董事,陈光甫先生为办事董事兼总经理。同时,董事会议决礼聘留美学生会重要创始人唐露园为本行名誉董事,以资赞助,月送车马费洋 100 元,等到唐氏由美返沪即行致送。1921 年,唐露园逝世,庄得之在董事会上讲:“唐露园先生逝世后,本行对于外人及留学生关系失一大助,亟应设法弥补。”虽为

---

① 《再志赴美留学之壮行》,《申报》,1916 年 9 月 3 日,第 10 版。

② 《寰球学生会征求会员之结果》,《申报》,1917 年 12 月 16 日,第 10 版。

③ 《申报》,《学生会大宴会预志(三)》,1919 年 3 月 29 日,第 11 版。

④ 《寰球学生会新董事揭晓》,《申报》,1923 年 5 月 21 日,第 18 版。

⑤ 《寰球学生会之第十八年》,《申报》,1923 年 7 月 19 日,第 14 版。

⑥ 《扶轮社纪念会盛况》,《申报》,1931 年 2 月 13 日,第 14 版。

⑦ 比如:“九点与新六〔徐振飞〕到百乐门 (Paramormt),主人为陈光甫、刘鸿生、王晓籁,请的客有宋春舫、夏小芳、秦通理、黎锦晖,女客为蝴蝶女士、徐来女士(锦晖之妻)、王洁女士(秦夫人)、谈雪卿女士、张蕴芳女士、张素珍女士。我不会跳舞,看他们跳舞。”(曹伯言整理:《胡适日记全集》第 7 册,台北:联经出版事业公司,2004 年版,第 53—54 页。)

名誉董事,但可见唐对上海商业储蓄银行的早期发展是有重要作用的。①

另外寰球中国学生会不断为促进中美贸易、提升中美经济关系而谋划。最迟在1917年,该会发起了中美商务委员的例行宴会。1917年7月,寰球中国学生会宴请北京美国公使馆商务委员阿瑙尔特,到会者有余日章、钟文耀、唐露园、曹雪赓、陈光甫、欧阳骏民、张季鸾、朱成章、韩玉麐、朱少屏等十五人。阿瑙尔特演说称:“中美两国情谊最睦,但美国有少数人尚不能详知中国内情,急宜使之详知。中国之丝、茶、棉向为出口大宗,近来日渐衰败急,宜用全力振兴,现在旧金山及仙鸭铁耳已设有专门研究敦睦中美人民情谊增进中美商务之会,甚望上海方面亦发起此种组织。”寰球中国学生会还筹划发起一次专门讨论。②不久,美商道楼轮船公司特宴请基督教青年会、寰球中国学生会和上海总商会成员诸君于南京路口汇中西饭店,余日章、唐露园、曹锡庚、郭泰祺、宋汉章、陈光甫、李云书、朱成章、韩玉麐等人参加。会上沈仲礼演说“中国商人之信用”。时值北方府院之争白热化,余日章演说道:“今日中国之争系合法与非法之争,是与非之争,公与私之争,总之为真共和而战也。”③

1918年3月26日,驻华美国公使芮恩施由小吕宋抵沪,由上海总商会、基督教青年会、寰球中国学生会、游美学生会等团体在基督教青年会开会欢迎。中方称赞芮恩施为中国好友。芮恩施则演说关于中国教育问题,上海总商会代表则演说中美两国之友谊。寰球中国学生会穆藕初、朱少屏、唐露园、陈光甫和朱成章等参加。④

加入基督教青年会

由于当时留美学生中不少人参与了青年基督教运动,陈光甫很快被接纳进基督教青年会的群体之中。20世纪初,基督教青年会(Y. M. C. A.)在中国的发展非常迅速,在最初十几年的时间内,北京、上海、汉口、广东都已经有了设施完备的会馆场所,这些设施价值共计100万美元左右。⑤一个有力的社会组织需要经费的维持。王正廷是基督教青年会的领导之一,他清楚地认识到每一个地方分会组织都必须要有能力从它的成员那儿得到会员费用与捐助,不允许从其他社区获得资金;

---

① 中国人民银行上海市分行金融研究所编:《上海商业储蓄银行史料》,第46页。
② 《欢迎美国商务委员之宴会》,《申报》,1917年8月1日,第10版。
③ 《中美士商之交际》,《申报》,1917年8月4日,第10版。
④ 《美国公使抵沪》,《申报》,1918年3月27日,第10版。
⑤ 服部龙二编:《王正廷回忆录》,"Chapter IV Glimpses of American Life",(日本)中央大学出版部,2008年版。

同时参与管理的成员必须足够的能干。[①]从这个意义上说，陈光甫能够为基督教青年会提供个人捐款和会计上的专业帮助，而群体中的其他人也都同样拥有一定的财富和社会动员能力。这样的社会群体会很快形成社会影响力，并有助于成员个人的事业。

陈光甫在1913年江苏银行监督任上就开始参加公教会的活动，不过当时只是出席上海公教会的重要典礼。一同参加公教会祈祷大会的还有代表南、北市商会的顾馨一和虞洽卿，及时任外交总长陆徵祥。[②] 1914年青年会的邝富灼、王宠惠、李登辉等人筹划远东运动会，陈光甫则负责入场票券的售卖工作，共事的重要商人还有宋汉章、聂云台和穆藕初。[③]

自此以后，有证据显示陈光甫对青年会进行过资金资助。为了帮助中国成立独立的基督教女青年会(Y. W. C. A.)，陈光甫与其他许多商人都进行了捐助。1921年，陈光甫作为女青年会征求大会的赞助人与青年会的C. W. Alkinson、T. E.Doremus、Perav Fowler、E. S. Little、朱葆三和王正廷等人共筹款15 000元，为在上海女青年会事业的三处机关提供经费。这笔款项还包括了中华卫生教育会的费用。[④] 1922年陈光甫再次为女青年会募集16 000元。女青年会有时还会邀请陈光甫参加叙餐会，陈述女青年会每年募捐之必要，而且范围往往很广："(一)体育方面，设有女青年会体育师范学校。开办以来，卒业者已有数十人之多，大半现在各女校任教务，其成绩亦为社会所称许。(二)牯岭之西谷，设有暑假休憩所。专为女学生、女教员、或女干事、或有职业之女子等所办。成立以来，颇为女界所欢迎。(三)每年举行冬夏学生联修会，藉以联络各女生之感情并交换智识。(四)今秋起，拟在本埠特为西国女子设一国际女青年会，以期有助于本埠西国女界。至于上海女青年会之事业，最著者为昆山路十一号半之寄宿舍，盖上海为一商埠，来往女子甚多。女子大概不愿寄宿旅馆，故女青年会之寄宿舍，诚能辅助旅行女子不少。"[⑤]行事低调的陈光甫夫人景韵芳也会出席一些青年会的活动。[⑥]最晚在1924年，陈光甫已经成为女青年会的会计主任，而此时盛竹书、史量才等工商界人士也加入进青年会的活动。[⑦]同年，青年会发给陈光甫一块金牌以示奖励。[⑧] 1925年青年会组

① 服部龙二编：《王正廷回忆录》，"Chapter XX Social Services"，(日本)中央大学出版部，2008年版。

② 《再纪天主堂举行祈祷之详情》，《申报》，1913年4月30日，第10版。

③ 《远东运动大会续选干事》，《申报》，1914年6月20日，第10版；《远东运动会之职员》，《申报》，1921年5月30日，第18版。

④ 《女青年会之事业与征求大会》，《申报》，1921年10月10日，第14版。

⑤ 《女青年会叙餐会纪》，《申报》，1922年9月30日，第15版。

⑥ 《上海妇女会同乐会纪》，《申报》，1923年2月27日，第14版。

⑦ 《女青年会消息征求会今日行开幕礼》，《申报》，1924年4月23日，第15版。

⑧ 《团体近闻》，《申报》，1924年6月9日，第22版。

织美国学生团体来上海访问参观,陈光甫欣然接见。[①] 1926 年青年会筹备在法租界建立新的会所,陈光甫与余日章特地在上海银行公会宴请建筑法租界新会所的中外执行委员。[②] 1926 年北伐前夕,更多的社会人士,如颜惠卿、费吴生、朱葆三、傅筱庵、钱新之等人,加入青年会的募捐活动中。[③]

陈光甫通过参与青年会的事务扩大了自己的社会交往,也有助于上海商业储蓄银行的发展。上海商业储蓄银行总董庄得之曾与青年会的成员共同成立中国红十字会,1912 年起一度担任红十字会理事长。据最早的股东之一王晓籁口述,后来庄得之承担的原始股本 25 000 元中,有 20 000 元是红十字会的款项,后来引起过纠纷,由庄得之弥补了事。参与红十字会的基督教青年会成员唐露园和金邦平等很快投资上海商业储蓄银行,并成为银行监察人。另一位成员台湾富商林尔锵在 1916 年一人入股达 17 900 元,而陈光甫此时自身所投股本金也不过 5 000 元。[④]其他青年会重要成员曹雪赓、郭秉文等至 1919 年均已入股上海商业储蓄银行,青年会总干事余日章则从 1925 年开始成为上海商业储蓄银行的董事。[⑤]

1929 年,陈光甫不满足于上海商业储蓄银行为了训练行员而设立的实习学校,将其改为银行传习所,用来培养专门银行人才。传习所为学员提供了跨过普通商科学校进入银行实习的机会。不过"凡关于教材的选择、教员的聘任、学生的录取,'兵在精而不在多',皆取极端严格主义"。为此,陈光甫聘请青年会成员、上海商业储蓄银行的高管朱成章为董事,主持校务的是青年会总干事余日章的弟弟余日宣,另外邀请青年会支柱邝富灼为学员教授英语。[⑥]此外,如夏筱芳(即夏鹏)在 1916 年 2 月向上海商业储蓄银行投入 1 万元的股本,后来不仅是上海商业储蓄银行的董事,也成为陈光甫在抗战战时中美外交事务的帮手。夏鹏与陈光甫在战时创办"标准公司"(Criterion Corporation),担任董事长,介入美国物资借款的事务。这些青年会成员与陈光甫的良好关系一直持续到二战以后。[⑦]

另一方面,陈光甫与青年会成员积极推动上海禁止鸦片运动。1919 年,中外禁烟人士在上海召集会议,陈光甫随青年会唐露园、曹雪赓等人参加,还参与了此

---

① 《美国学生团今日访商界领袖》,《申报》,1925 年 7 月 22 日,第 15 版。

② 《青年会筹建法租界新会所》,《申报》,1926 年 3 月 5 日,第 14 版。

③ 《青年会募捐大会之职员》,《申报》,1926 年 5 月 15 日,第 14 版。

④ 中国人民银行上海市分行金融研究所编:《上海商业储蓄银行史料》,第 25、51 页。1922 年,陈光甫当选为红十字会常议会议员。(《红十字会选举常议会议员揭晓》,《申报》,1922 年 7 月 4 日,第 15 版。)

⑤ 中国人民银行上海市分行金融研究所编:《上海商业储蓄银行史料》,第 52 页。

⑥ 宋春舫等:《上海商业储蓄银行二十年史初稿》(1934 年 5 月),上海市档案馆藏,档号:Q275-1-170。

⑦ 中国人民银行上海市分行金融研究所编:《上海商业储蓄银行史料》,第 38 页;曹伯言整理,《胡适日记全集》(第 8 册),第 3、16—20 页。

前的查验待销烟土事宜。① 1925 年 9 月 11 日，中华国民拒毒会在上海青年会成立，年会上，李登辉当选为正会长，陈光甫当选为 12 名特约会员之一，并成为该会会计。②之后几年里，陈光甫一直担任拒毒会的经济委员和干事，负责提供预决算，而拒毒会的往来资金有时是很大的。旅美华商李国钦曾一次就向纽约华商募集一千至二千美元，以充费用。拒毒会曾议决“本会经济保管支用办法由会计陈光甫、总干事钟可托共同签字负责”。实际上，拒毒运动和禁烟会的资金常常由上海商业储蓄银行以陈光甫的名义代收。③

不过，上海商业储蓄银行在业务上也难免卷入烟土贸易之嫌。1923 年汉口分行致电总行：“得悉云南每年有大宗烟土销售于洪江、重庆、贵阳等处，其中银洋转汇等事，均由富滇银行经手。查此项交易频年来为数颇巨，且有利益可沾，敝处极欲兜揽。”最终经由总行与富滇银行的商议，后者同意将由汉口往上海的烟土销售汇款交由上海商业储蓄银行经手。④

另一个例子是陈光甫对于教会学校的投入。1918 年，上海商业储蓄银行在圣约翰大学设立梵王渡办事处，又称为储蓄处。⑤之后又与其他大学陆续接洽，定期派人前往办理收付及汇兑事务。1919 年在南京的金陵大学内设立鼓楼办事处，又渐次于金陵女子文理学院、东吴大学、燕京大学等教会学校设立办事处。这些办事处在学校的主要业务是代收学费。由于各地洋厘涨落不定，埠际调拨不能平衡，汇费相差颇巨。银行顾及学生负担，给予优待，免费承汇学费。银行视为效劳文化事业，不惜稍受损失的做法。同时上海商业储蓄银行在金陵大学、东吴大学及其他大学设立奖学金。⑥尽管在 1921 年的行员舞弊事件使金陵大学办事处亏空收束，两年后，上海商业储蓄银行在南京添设北门桥办事处，作为“城内办事处”，“是地学校林立，谋学界存支之便利”。⑦在 1920 年，陈光甫与唐绍仪、朱葆三、宋汉章、温宗尧、穆藕初、郭标、邝富灼、曹锡赓、聂云台等为了上海著名的中西女塾增建校舍，进行了募捐。⑧到 1917 年为止，青年会在中国的分支已经超过 500 处，甚至扩展至日本、朝鲜与南洋。这一新的社会群体与中国其他社会事业的发展形成了一个良性

① 《禁烟会在礼查开会》，《申报》，1919 年 7 月 4 日，第 11 版；《查验存土之第一日》，《申报》，1919 年 1 月 9 日，第 10 版。

② 《国民拒毒会年会之第二日》，《申报》，1925 年 9 月 14 日，第 13 版；《国民拒毒会年会之尾声》，《申报》，1925 年 9 月 15 日，第 14 版。

③ 《拒毒会常务委员会开会纪》，《申报》，1925 年 9 月 29 日，第 15 版；《国民拒毒会常务委员会纪》，《申报》，1925 年 11 月 22 日，第 14 版；《拒毒会二届年会第二日纪》，《申报》，1926 年 10 月 23 日，第 14 版；《万国禁烟会大会纪事》，《申报》，1919 年 1 月 16 日，第 14 版。

④ 中国人民银行上海市分行金融研究所编：《上海商业储蓄银行史料》，第 131 页。

⑤ 《上海商业储蓄银行第六期报告(1918 年 7 月)》，上海市档案馆藏，档号：Q275-1-288。

⑥ 上海商业储蓄银行编印：《本行生长之由来》(1949 年 2 月)，上海市档案馆藏，档号：Q275-1-173。

⑦ 上海商业储蓄银行总经理处编：《行史资料：本行大事记》，上海市档案馆藏，档号：Q275-1-168。

⑧ 《申报》，《中西女塾欢迎会纪事》，1920 年 2 月 26 日，第 10 版。

的、互相促进的关系。①基督教青年会会员又与工商实业界、金融界及政治界人士有各种交集。陈光甫通过参与和支持基督教青年会扩大了交际网络,而上海商业储蓄银行也在创立初期快速拓展了社会资源和社会影响力。

获得工商、金融界支持

与留学生群体的交往还直接帮助了陈光甫在金融界的成长。张嘉璈后来记述在1915年1月的金融界交往:"上海金融界,每年新正例有春宴。参加人物多为外商银行之华经理,通称'买办',钱庄经理俗称'档首',及新设银行之经副理。我系新进,对于与宴各人,非所素稔。周旋其间,颇感孤寂。嗣见同席有一青年,询知系浙江地方实业银行之副经理李君馥荪,浙江绍兴人,日本山口高等商业学校毕业。交谈之后,深为投分,与之订交,竟成终身同志。嗣由李君而结识浙江兴业银行之常务董事蒋君抑卮,与该行之董事长叶君揆初。蒋君浙江杭县人,家资富饶,生性通敏,虽未尝领受新式银行教育,对于银行经营,善能迎接潮流。叶君亦浙江杭县人,进士出身,虽未留学国外,固尝博览译著,富有欧美日本财经知识。曾参东三省总督赵尔巽幕府,历任奉天财政清理处总办等要职,洵属融贯新旧、富有学识之人物。"②此时,他还没有提及陈光甫。

直至是年3月,张嘉璈通过当时的革命派人士杨廷栋认识了陈光甫。张嘉璈曾留学于日本庆应大学,其兄长张君劢曾在日本东京高等商业学校(今早稻田大学)求学,而吴县人杨廷栋则与其兄为同校同学。同在日本东京高等商业学校的还有无锡人杨荫杭,杨荫杭后来又成了陈光甫在宾夕法尼亚大学的同学,友谊深厚。③张嘉璈此时已是中国银行上海分行副经理,早年的经历使他得到浙江都督府和财政界的支持,曾赴杭州协助杭州分行洽商接收浙省国库事宜。1914年张嘉璈得到中国银行总裁汤睿的赏识,他回忆:"汤先生邀我加入中国银行,希望我能运用新的学识与技术,将上海分行营业及管理加以改进,使之日趋现代化。不独可以为其他分行树立模范,且足以与列强在上海所设资力雄厚、历史悠久之银行相竞争。我本人亦以个性不宜于政治活动,而对于发展国民经济,则素抱宏愿。故欣然接受,于岁底赴沪就职。"④

张嘉璈记录了与陈光甫最早的接触:"接谈之后,彼此倾倒。时陈君组织一转运公司,极愿推动中国、交通两银行发展铁路押汇业务。因特向北京总行推介,于

① 服部龙二编:《王正廷回忆录》,"Chapter XX Social Services",(日本)中央大学出版部,2008年版。
② 《张公权先生年谱初编(上册)》,第18页。
③ 《张公权先生年谱初编(上册)》,第6、18页。
④ 《张公权先生年谱初编(上册)》,第14—16页。

五月中旬，发表其为中行顾问。"[1] 7月，新一代的银行家群体张嘉璈、陈光甫、李铭（即李馥荪，时为浙江地方实业银行上海分行经理）等人为谋上海银行同业团结起见，发起上海各银行正、副经理聚餐会。由陈光甫在宁波路的上海商业储蓄银行内，"预备午餐，于聚餐时，彼此交换有关金融消息，并发表意见。最初参加者为中国、交通、浙江兴业、浙江地方实业、上海商业、新华储蓄及盐业等七家。上海银行公会之成立，实胚胎于此。此外如中国通商、四明、中华商业储蓄、江苏省银行等，虽未尝参加聚餐会，然因此无形中受新思潮之浸润，每遇同业共同问题，常能采取一致步骤，合作解决"。[2]

上海商业储蓄银行最初仅有七名股东。在第一次股东会上，只有庄得之、陈光甫、李铭、王晓赉（时萧山通惠公纱厂上海办事处主任）四人出席，其余三人分别由王晓赉、李铭代表。在最初10万元资本中，庄得之认缴22 500元，陈光甫认缴较少，其5 000元的股本金中可能还有一些借自董事长庄得之，而李铭则认缴了18 000元。通过张嘉璈的关系，浙江都督朱瑞的家属认缴7 500元，后增加为23 000元。而上海商业储蓄银行成立后，张嘉璈与李铭均竭力协助经营。张与中国银行上海分行经理宋汉章商量，由该行开立同业往来账户，"存入五万元，日久未动。两行遂成关系密切之友行，咸以服务社会、发展国民经济为职志，在银行界居于领导地位"。另有一说，张嘉璈存入7万元。无论如何，陈光甫在上海商业储蓄银行以及上海商业储蓄银行在上海经济界的地位都离不开银行同业的支持，尤其是新一代成长起来的银行家们。[3]

在上海商业储蓄银行资本不断积累的过程中，上海工商界也开始支持陈光甫的事业。董事长庄得之原先就有一些实业资本，王晓籁、楼景晖以及由张嘉璈介绍的海宁徐申如都自初始就支持陈光甫。前文已述及，陈在江苏银行就职时期就认识了重要的民族实业资本家荣宗敬和张謇。到1919年，上海商业储蓄银行的资本额增至100万元，此时以荣宗敬为代表的申新、福新集团和以张謇为代表的大生集团两大民族资本集团投入银行资本分别为20万元和15万元。这次投资使得上海商业储蓄银行的股本构成发生很大变化。荣氏企业此时已拥有4家纱厂、12家面粉厂，张謇拥有3家纱厂，产业广及面粉、垦殖、运输等，两者都积累了很多资本。两大工商业集团的投入占到上海商业储蓄银行资本额的20%和15%，银行总股本的49.7%来自工商业资本家的投资。实业资本的群体占据董事会的半壁江山。此时金融业投资数降为了10.2%，官僚政客的投资比例为8.1%，其他买办投资占7.5%。虽然大生集团几年后由于产业困难退出了董事会，这次股本的扩充显然再

---

① 《张公权先生年谱初编（上册）》，第18页。

② 《张公权先生年谱初编（上册）》，第19页。

③ 中国人民银行上海市分行金融研究所编：《上海商业储蓄银行史料》，前言第1页；《张公权先生年谱初编（上册）》，第19页。

次提升了上海商业储蓄银行的实力。①

上海经济界对陈光甫与上海商业储蓄银行支持蕴含了重要的意义。陈光甫的成功是个人的必然还是上海经济发展的必然？上海商业储蓄银行没有像许多小银行一样投资失败，而是不断成长，不仅受益于陈光甫的个人因素。构成这种资本支持的因素会影响到上海经济界与日后国民政府的关系。

第一，上海商业储蓄银行是经济界试图独立于政府以外的一次投资试验，也是新的社会群体对自身经济权利的表达。初创的上海商业储蓄银行不同于后来“北四行”中的盐业、金城、大陆银行，银行股东中并无军政要员，也没有有力的政治背景。上海商业储蓄银行主要得到上海经济界广泛的支持，开业之日也主要由上海商会会长周金箴、中国银行沪行经理宋汉章等商界人士出席致辞。② 从卞白眉的日记和其他材料看，陈光甫还经常在政治中心的北京和天津一带活动，上海商业储蓄银行在天津的办事处也很早设立。不过，从上海商业储蓄银行的股本和经营来看，政治官僚参与始终很少。

从附表二来看，北京政府时期的上海商业储蓄银行的股权相对比较平均，每一个重要股东的实际投入都是有限的，没有占据特别优势的股东持股情况。虽然股东类型的划分可以是多样的，工商业和金融业的资本在总体上占据优势，买办也有不少。这些行业的多数重要人物都在上海商业储蓄银行有所参股。上海商业储蓄银行的股权投资对于上海富裕的新兴社会人群而言是完全开放性的。因此陈光甫与上海商业储蓄银行在一定意义上代表了整个上海经济界的利益，而非局部的群体。如果加上其他各类社会新群体的投资，上海商业储蓄银行即成为民初以来新式社会群体的资本代表。因此上海商业储蓄银行的资本增长背后，不是个别股东和投资者的数量增加，而是社会获益群体的扩大。经济权益的自由开放也与新群体的权益诉求与重塑中国社会的理念有关。

第二，上海商业储蓄银行是由金融业、工商业共同支持，并协助上海经济各界发展的银行机构。

上海商业储蓄银行成立之初，陈光甫就说：“一国工商业之发展，全恃金融机关为之枢纽。我国百业凋敝，其故由于金融机关之阻滞不灵，此次欧战，已得极好之教训：凡一国国民，苟无远识大志，即无可以立足之地。我国实业，今在幼稚时代，欲培植之，启发之，必当先有完善之金融机关。本行宗旨，注重储蓄，并欲扶翼中交两行，而为其辅助机关。既承惠临，乞赐教言，以匡不逮。”③上海商业储蓄银行解释自身的命名：“所以标明‘商业储蓄’字，是在确定本行经营业务的范围，以示别于

① 中国人民银行上海市分行金融研究所编：《上海商业储蓄银行史料》，第 29、38—40 页。

② 中国人民银行上海市分行金融研究所编：《上海商业储蓄银行史料》，第 8 页。

③ 《本行开幕时陈先生向来宾致词摘略》(1915 年 6 月 2 日)，《陈光甫先生言论集》，第 5 页。

农业银行、工业银行、土地银行等等，因为将经营范围确定以后，才能对于业务有正确的方针，全力以赴庶不致顾此失彼。”当时，上海是我国对外贸易的中心口岸，也逐渐成为商业中心、金融中心和工业中心。金融界与工商界愿意支持陈光甫，即是出于“上海还是很少有自设的新式金融机关，可以帮助工商业运用资金的周转，而一般民众的储积，亦很少有安全存放的地方”。资本市场的需求决定了利润率的趋势，从而决定资本的流向。①

第一次世界大战爆发后，中国对外贸易的弱势与窘境并未由于外国经济侵略的减弱而改变。这主要还是由于中国缺乏大量资金维持周转，高利率的信用借款方式又增加了投资和生产资料购买的成本，本土制造业难敌“舶来品”。上海商业储蓄银行就认为：“外国银行供给洋商用款，取利不过六七厘，衡以钱庄银拆，再加欠息坐盘，有时高至二分一厘。如此情形，我新式金融业欲求吾国工商业之勃兴，必须能以聚集大量周转资金，有雄厚力量可以供应，更须设法改变固有之对人信用制度，使存款之保障安全。”②

上海商业储蓄银行受到重要实业企业支持，自然对这些企业有所助力。1919年，上海商业储蓄银行仅对大生三厂的借款就高达200万元。从该行企业放款的分类统计中可以看出，上海商业储蓄银行主要以纺织与面粉工业为贷款对象，贷款额超过所有企业贷款总量的91%，其中又以荣宗敬和张謇的企业为压倒性地位。③

上海商业储蓄银行几近专注于商业性质的业务，其他大型银行较少投入的储蓄事业反成为上海商业储蓄银行的重要存款来源。1917年，上海商业储蓄银行聘请贝哉安为苏州分行经理，其时苏州已有中、交、江苏三家银行，而商办银行只有上海商业储蓄银行一家。苏行注重于商品抵押，与各企业皆有往来；由于重视服务性的储蓄业务，存款也从数万元而增为200余万元。④ 1921年底，贝家的贝哉安和贝淞荪分别以5 000元资金成为上海商业储蓄银行的股东。⑤ 1918年，上海商业储蓄银行设储蓄专部与商业部划分开来。⑥ 1920年，上海商业储蓄银行在天津设立了办事处，但极少在天津参与公债事务，更专注于一般社会存放款。到1925年以后，仅凭存放款项就已有100万元左右。⑦

第三，上海商业储蓄银行的成功使陈光甫与工商业能够进一步合作投资，并参

---

① 中国人民银行上海市分行金融研究所编：《上海商业储蓄银行史料》，第9页。

② 上海商业储蓄银行编印：《本行生长之由来》(1949年2月)，上海市档案馆藏，档号：Q275-1-173。

③ 中国人民银行上海市分行金融研究所编：《上海商业储蓄银行史料》，第155、162—163页。

④ 宋春舫等：《上海商业储蓄银行二十年史初稿》(1934年5月)，第四章，上海市档案馆藏，档号：Q275-1-170。

⑤ 《上海商业储蓄银行史料》，第37页。

⑥ 《上海商业储蓄银行史料》，第110页。

⑦ 宋春舫等：《上海商业储蓄银行二十年史初稿》(1934年5月)，第四章，上海市档案馆藏，档号：Q275-1-170。

与地方社会的建设。

1915年上海数家银行成立上海公栈,“一则开吾国银行界联络之先声,一则得稳确放款之途径”,于金融界和银行营业方面均有裨益,“是以均附列其间”。公栈此后追随各行之后,“合力以图银行业之发展”。①1919年5月,公栈事业并入上海银行公会,改组为有限公司,至1920年12月,盈利就达14 514两银。②

1919年上海工商界曾再次尝试筹备一个专以辅助工业之发达或改良为目的的银行。该行如同用“商业储蓄”划定经营范围一样,定名为“中华劝工银行”,主要为各种实业公司提供以产品或工厂机械为抵押的银行业务。工商界拟定资本100万元,实际已筹得25万元,发起人有穆藕初、聂云台、黄任之、徐静仁、荣宗敬、荣德生、余日章、蒋梦麟、胡适之、马寅初、郭秉文、陶知行、劳敬修、史良才、曹雪赓、穆抒斋、韩玉麐、楼恂如、瞿兑之等。其中包括上海主要的实业家和一些留学生,许多人都已是上海商业储蓄银行的董事。同时宋汉章、陈光甫、钱新之、李铭、盛竹书、林康侯、朱成章、秦润卿等金融业者联名赞成此案,并由中国、交通、上海、浙江实业、江苏银行代收新股本。③同年,陈光甫也与宋汉章、祝兰舫联合青年会成立发起“国民储金会”的团体。④

1921年,上海银行公会和钱业公会发起承募通泰盐垦五公司债票500万元,分两期招募,5年还清,每千元得分红田12亩。银团选定盛竹书、钱新之、陈光甫等9人为董事,主持银团一切事务。⑤1924年陈光甫帮助妇女界创办上海女子商业储蓄银行,担任董事,而该行总经理则是原上海商业储蓄银行的优秀职员严叔和女士。这家银行的发展也非常迅速。至20世纪30年代,该行每元资本可吸纳16.7元,效率排名上海业第五,仅次于中国、交通、上海和四明银行。⑥ 此外,陈光甫还通过个人与工商界的联合投资,成为浦东和兴钢铁厂、龙潭水泥厂、华丰纺织公司和大华保险公司等的企业董事。⑦

在此过程中,陈光甫、钱新之等人开始参与到上海的社会建设中。陈与唐绍仪、聂云台、朱葆三、邝富灼等人创立沪东公社,为杨树浦一带大量工人进行教育普及。⑧他又与宋汉章、穆藕初、吴寄尘、史量才等成立中华职业教育社,捐资设立职

---

① 《上海商业储蓄银行第一期报告(1916年1月)》,上海市档案馆藏,档号:Q275-1-288。

② 《上海商业储蓄银行史料》,第73页。

③ 《中华劝工银行招股简章》,《申报》,1919年10月4日,第11版。

④ 《组织中之国民储金会》,《申报》,1919年8月7日,第10版。

⑤ 《经募盐垦公司债票银团消息》,《申报》,1921年8月9日,第14版。

⑥ 《女子银行董事会纪》,《申报》,1926年3月29日,第14版;《女子商业银行开幕》,《申报》,1924年5月28日,第14版;《上海商业储蓄银行史料》,第402页。

⑦ 《和兴钢铁厂股东会纪》,《申报》,1922年4月14日,第15版;《龙潭水泥厂参观纪》,《申报》,1924年3月31日,第14版;《华丰纺织公司创立会纪》,《申报》,1920年8月2日,第10版。

⑧ 《沪东公社之内容》,《申报》,1918年1月11日,第10版。

业学校。中华职业学校董事会还仿照西方经验，发行了5万元的债券，年息8厘，5年还讫。[①] 1920年，中国北方遭遇灾害，陈光甫等上海16家银行家宴请沪上中外银行买办、经理筹议募赈办法，联合钱业、银行业、面粉业、铁业等筹集100万元，商议以工代赈方法。[②] 1921年，陈光甫与中外人士(尤其是银行家)联合成立上海联合急募赈款大会理事部。[③] 1924年，陈光甫等银行家又当选为上海救济妇孺会董事。[④]

第四，群体利益的共同化与组织化使经济界与其他社会新群体整合成独立于政府以外的社会力量。

行业群体利益的共同化体现在上海商业储蓄银行经常与其他同业机构分享经营业务。比如上海商业储蓄银行并不为扩张国内汇兑业务广设分支机构，而是在各地主要委托中国银行的分支代理转解，在东北地区则主要委托交通银行代理。[⑤] 尤其是1918年唐寿民进入上海商业储蓄银行后，派人往各地调查银两平色及货币状况，编成《国内汇兑要览》作参考，同时通过凭借与中行各地分行经副理的私人关系，代为介绍，亦避免业务上的抵触。唐寿民的社交能力使他很快与交通银行方面也达成奉天、九江等地委托收解协议。[⑥] 1922年12月，上海商业储蓄银行还委托商务印书馆在西安、太原、云南、贵阳代理解款，西安以当地议平银1 000两为限，其他地区以银元1 000元为限。[⑦]

在发行业务方面，尽管中国银行的一些分行并不愿意提供领券，陈光甫借助1916年“停兑令”事件中对中国银行的支持，以及与张嘉璈、卞白眉的私谊，争取到了中国银行的领券。自1921年至1924年向中国银行分4次借得钞券450万元。这既使借用中国银行之力增加了银行的流动现金，也以自身信用促进了中行的钞信。[⑧]同时，陈光甫与其他商业银行也保持团结，多有互通往来，或互相设定透支数额的办法，与浙江兴业、浙江实业和大陆银行往来均不计票力。[⑨] 1921年，上海商业储蓄银行增资为250万元，同时认购中国银行新股。[⑩] 1923年，上海商业储蓄银

---

① 《中华职业学校募金团通告第九号》，《申报》，1918年10月14日，第11版；《中华职业教育社通讯》，《申报》，1920年7月8日，第11版；《中华职业学校发行债券纪闻》，《申报》，1920年10月26日，第11版。

② 《各方面之筹赈声》，《申报》，1920年9月24日，第10版。

③ 《急募赈款会理事部成立再纪》，《申报》，1921年2月28日，第10版。

④ 《救济妇孺会改选董事揭晓》，《申报》，1924年1月8日，第14版。

⑤ 《上海商业储蓄银行史料》，第124—127页。

⑥ 《上海商业储蓄银行史料》，第75—76页。

⑦ 《上海商业储蓄银行史料》，第121页。商务印书馆董事长夏筱芳后来也成为上海银行的董事。

⑧ 《上海商业储蓄银行史料》，第241—244、250页。

⑨ 《上海商业储蓄银行史料》，第76—81页。

⑩ 宋春舫等：《上海商业储蓄银行二十年史初稿》(1934年5月)，《大事记》，上海市档案馆藏，档号：Q275-1-170。

行认购浙江地方实业银行及国民商业储蓄银行部分股份。① 1926 年,上海与浙江兴业银行达成巨额领券的协议。②中国主要银行之间的利益关联不断加强。

利益群体组织化的典型是陈光甫参与创立上海银行公会。1915 年,中国、交通、浙江兴业、浙江实业、上海、盐业、中孚等 7 家银行发起筹组"上海银行公会",会址即借用上海商业储蓄银行的地方。1916 年,北京政府对中、交两行钞票下达"停兑令",各处面临严重挤兑风险,人心惶惶。为了维护上海地区金融的安定,陈光甫与李铭、蒋抑卮等商业银行的银行家全力支持中国银行上海分行拒绝执行停兑令。此举维护了上海地区的金融安定,其后各家银行还对民族工商企业积极放款,稳定经济。

1918 年上海银行公会正式成立,后又有聚兴诚、中华、四明、广东、新华、金城等 6 家银行加入。13 家银行推选中国银行上海分行经理宋汉章为银行公会会长,陈光甫为副会长。上海商业储蓄银行作为各界共同投资的成果,在金融业和工商业中的地位也随之进一步提高。③ 1920 年全国银行公会大会在沪开会集议,上海银行公会推盛竹书、宋汉章、钱新之、陈光甫、李铭和孙景西 6 名代表参加。④ 1921 年 5 月,陈光甫赴天津参加全国银行公会第二次联合会议。会议期间,全国银行公会联合会主席卞白眉多次与陈光甫"晤谈",陈光甫利用其专业知识和个人影响,积极推动各类提案的通过。⑤经审议,该会向政府提出确定发行制度案、请废两为元案、银行运带钞票请免收运费案、请颁布票据法案、设立票据交换所案、提议改铸旧币案、拟请改定银行则例案、拟请修改各埠银行公会章程案、请设征信所案、请统一会计科目名词案、支票贴用印花请部缓行案等十余件提案。⑥

1924 年,上海商业储蓄银行建议银行公会筹设票据交换所,"以为在会各银行收解划帐及对于钱庄划帐之总机关"。⑦同年,陈光甫再次被选为银行公会 9 名董事之一。⑧ 1925 年,陈光甫又发起筹办上海商业储蓄银行俱乐部,其目的在于"不限于银行界,无论工商学等界,凡照章由会员介绍,均可为会员。故实际上,实为上

① 宋春舫等:《上海商业储蓄银行二十年史初稿》(1934 年 5 月),《大事记》,上海市档案馆藏,档号:Q275-1-170。

② 《上海商业储蓄银行史料》,第 256—257 页。

③ 《上海商业储蓄银行史料》,第 3 页。

④ 《全国银行公会大会预志(二)》,《申报》,1920 年 12 月 4 日,第 10 版。

⑤ 中国人民政治协商会议天津市委员会文史资料委员会、中国银行股份有限公司天津市分行合编:《卞白眉日记》第一卷,天津古籍出版社 2008 年版,第 143—144 页。

⑥ 各地银行公会均举代表与会,杭州为俞寿沧,济南为马惠阶、汪楞伯、于耀西,蚌埠为刘苕石、程先举、卢宠之,汉口为钱琴西、王毅灵、陈如翔,上海为钱新之、陈光甫、倪远甫、李铭、林康侯,北京为周作民、罗雁峯、胡伯午、岳幹斋、卓君庸、王奎元,天津为林熙生、谈丹岩、卞白眉、王璧侯、张鸿卿、王兰生、王郅卿,公推卞白眉为主席。(《全国银行公会在津开会记》,《申报》,1921 年 5 月 7 日,第 8 版。)

⑦ 《上海商业储蓄银行史料》,第 88 页。

⑧ 《银行公会昨日改选》,《申报》,1924 年 9 月 16 日,第 10 版。

海华人大规模之集合所”。一年后会员达300余人，并常借场地给留美同学会、拒毒会、工程协会及男女青年会等举行大型活动。①

1926年，上海银行业又设立同业联合会。7月银行公会会所落成，时任寰球中国学生会的会长、北京政府驻沪交涉员许秋飒发表演讲：“对内言，则银行界与中央政治与社会安宁，在在有密切之关系，如上海造币厂关系币制统一，又非银界协助不可；就对外言，则舍联合外，不足以抗外资之侵略。此间四行有联合设公库之举，余最钦服其办法。若合全埠各银行而设一公库，则其势力之雄厚又为何如。然吾人之目的不仅在维持本国金融，尤在与外国势力相颉颃也。溯银行业之在中国，三十年前犹在草创，辛苦经营，以有今日，未来发展，尤无限量，今日公会会所之成，即所以树联合之基。”②

1926年9月银行公会改选，盛竹书当选正会长，陈光甫当选副会长。陈光甫以职务不能兼顾辞谢，另推金城银行吴蕴斋为副会长。1927年2月上海银行公会全体会员会议，参照京汉两地银行公会成例，取消会长制，采用委员制度，推举了陈光甫在内的委员8人。③

1927年之前，陈光甫作为上海商业储蓄银行的职业经理人，他的成功是中国各个新兴社会群体扩张、互相支持与资源整合的结果。上海商业储蓄银行不仅是陈光甫等个别私人资本的投资成果，而是各种新兴社会资源的共同集合。这些新群体未必构成了新的社会阶层，至少成为了一种新的社会力量。作为一种以民主、平等为内部自治原则的社会势力，这种变革的力量并未局限于上海的经济领域，还对中国社会的走向产生影响。

第三节　与民国北京政府的疏离

远离政府财经事务

陈光甫早年参加圣路易斯世界博览会和南洋劝业会都与清政府有关，他的赴美留学也得到过清代地方大员端方的支持。民国初年，他所经理的江苏银行亦是地方政府的财政机构。唐寿民回忆陈还担任过江苏省财政司副司长，他的上司程

① 《上海银行俱乐部年会纪》，《申报》，1926年3月29日，第13版。

② 《银行公会会所落成开幕志盛》，《申报》，1926年2月18日，第13版。

③ 《上海银行公会改选纪》，《申报》，1926年9月2日，第14版；《银行公会改选后余闻》，《申报》，1926年9月18日，第14版；《上海银行公会采用委员制》，《申报》，1927年2月28日，第10版。

德全和应季中后来对上海商业储蓄银行有过投资。①然而,陈光甫将江苏银行总行从苏州迁至上海,并对政府和政治的干预日趋回避。他对自己银行事业的商业性质十分坚持:"银行欲顾客登门,必须走入社会,与人接近,方有效果。自我行创立以来,可以获利之机会太多,当时结交政府,揽做借款,明明为华商银行,而借款必订成外币之合同,或为英镑,或为美金,或为日金、法郎,再以外币化合规元或行化以谋利益,然我行则坚抱一贯政策,不做此项政府借款,一意将本行送入社会,接近群众,俾我行基础能筑于群众之上。"②

上文述及陈光甫支持中国银行抵制1916年政府之"停兑令",后来又参与银行公会督促政府完善金融制度的活动。此外,他和上海商业储蓄银行都与当时的中央政府有过更直接的接触。他对北京政府的超脱态度既受到新兴的社会群体与经济力量的影响,也是在与北京民国政府的交往中形成的。

早在1915年北京政府率先考虑吸纳全国的民间商业实力,8月中国银行发布招募商股章程,拟募集商股500万元,并派人向华侨募集,年底共收236万余元。③9月财政总长向总统请示:"苟无运输及保险机关互相为用,则凡实业上之各种出产及一切设施仍或不无缺点,而成效即未易骤斯,惟运输保险两种业务民间既未能筹集巨款积极进行,国家又复因财政困难,势难另办,似不如即由民国实业银行酌量附设,以期营业,互相维系,于银行、实业两有裨益处。"财政部拟定资本2 000万元,官商股各半,推定钱新之、陈光甫、李铭等8人分任筹备员及协赞员以事进行,银行筹备处章程如下:

"第一条 本处为筹办民国实业银行而设由本银行创办人组织之。

第二条 本银行创办人由公股认股机关推举五员,商股认股团体推举四员,共九员。凡重要事件由创办人开会共同议决办理。

第三条 本处由创办人公推正主任一员,副主任二员,凡本处日行事务由正、副主任裁决处理。

上列正主任一员由公股创办人中推出,副主任两员由公股创办人中推出一员,商股创办人中推出一员充任。

第四条 本处对外事宜均由正主任主持,凡股款收据及会计出入皆由正主任签字盖章,俾归划一。

第五条 本处得酌量事务之繁简,任用筹办员若干员、办事员若干员襄理各项事务。

---

① 中国人民银行上海市分行金融研究所编:《上海商业储蓄银行史料》,第5、42页。

② 《二十一年十月二十二日总经理处会议陈先生介绍宋春舫先生到会致词》,《陈光甫先生言论集》,第116页。

③ 《张公权先生年谱初稿》(上册),第20页。

第六条　本处筹备事务分股务、行务、庶务三项由筹办员商承正副主任办理,其办理细则另定之。

第七条　本处得延聘实业专家若干员为协赞员藉策进行而资补助。

第八条　本处所需筹备经费由公股股款内先行垫支到入本银行开办经费之帐。

第九条　本处俟本银行股款招齐,董事局会成立后即行改组。

附则　第十条　本章程详准财政部后实行,如有应修改之处,由创办人开会议决办理,仍应详准财政部后实行。"①

从章程看,资本官商各半,但管理上仍然强调重政府权力,实际为一国家银行。不过财政部又规定官股 1 000 万元中先作预备的 200 万元需要中国银行先垫付。财政部有意延揽上海的新一代银行家,然而陈光甫等人未必愿意参与。这一计划最后不了了之。不久,北京政界又发起成立通惠公司,各派决定由孙多森担任总裁。通惠公司计划在南方投资,一为收买南浔铁路,二为出资 60 万元成立中孚银行,当时有意请陈光甫出任行长。不过陈并未答应,最后由阜丰面粉厂经理,也是上海商业储蓄银行的投资人孙景西出任。②北京政府的计划未能成功,但当时政界的重要官员梁士诒和梁启超都先后南来,参股上海商业储蓄银行,前者担任过财政部次长和国务总理,后者出任过财政总长一职。③

历届北京民国政府后来虽以"北洋政府"自成一系,然而其纷乱的政治环境是由中国大部分的南北军阀、新旧政客乃至一些知识精英共同造成。袁世凯去世以后,实际权力之轮替从无间断。北洋财政的衰败也直接影响到中国经济的总体发展,波及近代中国企业与银行的发展。政府财政与现实经济生活的关系尤其体现在公债问题上。据上海商业储蓄银行统计,自 1911 年至 1921 年底,各种债票发行者共42 310万元,进入市场流通的有 30 163 万元有余。各种公债作为有价证券,价格的涨落均随抵押品的确实与否及国家财政状况而波动。"政府不注重于裁兵减政及整理税源,而专以发行公债为筹款之不二法门,以至市面债票供过于求,涨落不定。整理六厘价格,六月底与十二月底比较,低落百分之廿三。金融公债低落百分之十五。"④

当时北京、天津的银行业都与政府财政紧密联系。从具有国家银行性质的中国、交通银行到"北四行"(金城、中南、大陆、盐业银行),政界与商界形成了互相投

① 《民国实业银行之筹备》,《申报》,1915 年 9 月 15 日,第 6 版。

② 《筹备中之五银行》,《申报》,1916 年 1 月 29 日,第 10 版。中孚银行总行在天津,1931 年总行迁至上海,当时上海有中孚分行,经理为孙景西,阜丰面粉厂本身就是孙多森的产业,孙景西是孙多森之侄。

③ 《上海商业储蓄银行史料》,第 41 页。

④ 《上海商业储蓄银行第十三期报告(1922 年 3 月)》,上海市档案馆藏,档号:Q275-1-288。

资的局面。陈光甫与京、津地区的银行家有不少联络。上海商业储蓄银行不仅与中国银行联系紧密，且与几家商业银行关系融洽。上海商业储蓄银行与大陆银行达成不计票力的往来办法，互开银洋两户，互有银洋1万元以内的随时支用额度。在1920年以前，金城银行与上海商业储蓄银行更代理天津、北京一切的收解事件，上海商业储蓄银行则为其收解上海款项，透支额度为3万元。陈光甫亦为中南银行的成立代收股款，与盐业银行合作放款。①1920年上海商业储蓄银行在天津成立分理处，不过陈光甫对财政借款并无太多兴趣，这与政治中心动荡的时局有很大关系。

1916年"停兑令"风波以后，中国银行与政府的关系逐渐有所分离，1917年张嘉璈在北京任中行副总裁。之后几年的皖系政府时期，由府院之争引发的督军团问题和次年外交危机引发的社会风潮直至1920年皖系军阀军事失败后才有所收歇。1919年上海商界确实有意投资大陆银行，但是由于"北方政局不稳，且贵行股东均系督军尤觉不稳"，陈光甫也建议"暂缓进行"。② 上海商业储蓄银行的经营报告即认为银行分支机构本身也不适应北方的政治环境，这与陈光甫对经理人的选派有关。天津分行建立后主要利用天津水陆交通的枢纽地位从事商业往来，有利可图；而"京、津为旧官僚荟集之所，恶习难除，是以存款难以多增"。至1926年下期的押款179 000元以股票、公债为大宗，且以公司股票更多。至于北京分理处，由于北京更非商务中心，主要为协助津行及谋汇兑旅行的业务。"按京城多政界阔人，以其生性，喜将刮来之巨款，均在外国银行为护符，所以华商银行在彼均无十分进步，至营业上无货栈押款可做，以是难以发展。"③

筹划公债借款的两次失利

到了1921年，直奉联合执政看似平稳，上海金融界与北京政府出现一丝合作的希望。是年春，交通部因京汉、京绥、津浦、沪杭甬四条铁路缺乏车辆，拟发行八厘短期公债600万元。当时订定办法，先由各银行组织银团，垫款购车，然后限期发行债票，由四路摊派准备金，偿还本息，并公布购车公债条例。1922年1月15日，由22家银行合组而成的银团，与交通部正式签订合同。上海商业储蓄银行先与淮海实业银行合借20万元；又与中国银行北京分行合借12万元，其后此12万全数改归上海商业储蓄银行承借。购车公债原定于9月1日发行，3年内本利结清，银行团垫款总计约570余万元。随后，京汉、沪杭甬机车36辆，为比利时的商业公司竞得，京绥机车15辆，为三井洋行竞得，京绥、津浦、沪杭甬货车240辆，为

---

① 中国人民银行上海市分行金融研究所编:《上海商业储蓄银行史料》,第78—82页。

② 《上海商业储蓄银行史料》,第81页。

③ 《上海商业储蓄银行史料》,第273—274页。

协隆洋行竞得。银团会同交通部委员及各路局长，与各洋行签订合同，先付车价四分之一，约合 240 万元。

然而此后，各路局不愿偿还原本公债本息的准备金。津浦、京汉、京绥勉强受了 30 余万元，沪杭甬则以未得洋账房同意为辞，置而不理，交去车辆，却照数承收，并未退回。银行团屡次交涉无果，又不得不按合同筹款垫付。第一次直奉战争以后，交通部有将各路车辆，改由陇海路承购的计划，但陇海亦无确切答复。各洋行催付款项，交通部又无统驭能力，银行团只能与各路分头接洽。1923 年，各路勉强与银行团改定合同，变垫款为各路借款，分期摊还积欠，并取消发行债券之议。事实上，上海商业储蓄银行一家的垫款由于随后时局动荡，一直积欠了十余年尚未偿清。①

此次银行团是中国金融史上第一次由本土银行联合向政府借款，起始的 22 家银行包含了全国的主要银行。各银行或以借款购车利息较厚，亦有保障，且涉及洋商利益，一旦政府贻误偿还，可倚赖外交压力解决。然而结果令人失望，交通部无法掌控各路局。交通部的无能使得债市在一开始就受到打击，“发行以来，时局常有不靖，市面金融艰涩，应募者甚为寥寥，合之京、津、沪、汉四大埠，实际售出者不过三万元之微，大宗债票仍存本团各银行”。② 债券的信用代表着政府的信用，连交通银行北京分行都不愿继续垫款，筹划此次组团的张嘉璈干脆辞职，俨然一出闹剧。③

就在购车借款发起的同时，上海银行公会方面为推行健全的货币制度和废两改元的主张，向北京政府提出合作建立上海造币厂。1920 年前后各省的造币厂基本都处于有利则铸，无利停铸的境况，市场洋厘飞涨，中外人士都表示要真正统一中国国币。1921 年 3 月 11 日，上海造币厂银团成立，陈光甫当选为 8 名董事之一。④ 上海银行公会的提议是比较完备的：会员银行十六家发起认募上海造币厂特种国库券，库券总额为 250 万元，年息 9 厘，由财部按月从盐余项下拨还 7 万元，分 38 期还清。盛竹书、宋汉章、钱新之为银团代表，与币制局签订借款合同。陈光甫也曾为此事来往沪、津之间，确保借款的顺利，上海商业储蓄银行亦从中承担 12 万元。由于英美进出口商行为投标争夺订购造币厂机器与中方发生龃龉。钱新之、陈光甫、张嘉璈等遂将一部分订单交与华商李国钦的华昌贸易公司，并由银行团的主要银行承做押汇，上海商业储蓄银行承做了 15 万美元。由于北京政局的变化，政府却借口预算经费，不敷应用，久不成立造币厂，又复商请银团继续垫借 245

---

① 宋春舫等：《上海商业储蓄银行二十年史初稿》(1934 年 5 月)，第五章，上海市档案馆藏，档号：Q275-1-170；《上海商业储蓄银行史料》，第 169—170 页。

② 《上海商业储蓄银行史料》，第 167 页。

③ 《上海商业储蓄银行史料》，第 165、169 页。

④ 《上海商业储蓄银行史料》，第 176 页。

万元。银团以无相当偿付本利基金,拒绝续借。于是此次银团与购车借款几乎一样,中途搁浅。银行团先支付华昌公司之款,更无结果。①

两次银行团的尝试均告失败。银行团固然趋之以较高年息和政府的折扣,打好了如意算盘。银行界甚至已经成立了造币厂理事会,一边还期盼:"造币厂开工后,所有盈余除开支外,须分期拨存银团指定之银行存储,每半年结算一次,作为展期盐余还本以前之还本款项。"②上海商业储蓄银行也一度有过乐观的估计:"本期内适有上海造币厂之借款及交通部铁路车辆借款之提议,本行为发起银行之一,此种借款均有实在抵押品,又与金融及交通事业息息相关,当随各银行之后,视力之所及而提倡之想,亦为股东所乐闻也。年来银行事业发展,已渐由小资本而趣入大资本之规模。"③事实证明,"大资本"的规模只是一厢情愿。

银行界与政府的一纸协定具成空文,无论是交通部还是财政部都无法履行协议的义务。从结果看,银行界同时对政府主动进行两次投资具有一定的盲目性,对自身经济以外的力量缺乏估计。陈光甫的上海商业储蓄银行尽管实力有限,也在其中投入精力和资金甚多。上海商业储蓄银行第一次参与巨额公债,却深陷两次投资发行债券的负面影响:"证券买卖一事,亦为从前所无,每逢月底交割,必须现洋结账,银底干枯,于商务懋迁已形竭蹶,而又加此新需要,必至供不敷求,结果则出于套期贷款一途,九、十月间套期利息常在四五分之间,长此以往,各业必受其害。"④两笔借款的偿还搁置给了陈光甫深刻的教训。1928 年,银行界共同投资的大中公司近与交通部拟订合同,"将比国赔款之一部份作为抵押,向有关系之各银行借款三百万,并由公司代向比国购买车辆为津浦铁路之用"。各方都以为此次生意或可带来 60 万元的收益。唯有陈光甫反对,他提醒贝淞荪和其他股东:"各洋行对于政府购办材料,视为大利所在,特派要员驻京,专事应酬,其中颇多不名誉之事。彼北洋军阀之终趋败亡,未始非受此辈之诱惑。"他不仅看到北京政府的病症与教训,还注意到介入洋行与政府的借款最易牺牲本国银行的利益。他说:"弟年来受感触甚多,皆因主张与一般人不同调,致多生误会。"可见两次银团垫借的失利对谨慎行事的他影响之深。⑤

迫于地方军阀的摊派与战乱

在整个北京民国政府时期,陈光甫与中央政府总体上保持距离,而他对军阀控

① 《上海商业储蓄银行史料》,第 174—183 页。
② 《上海商业储蓄银行史料》,第 182 页;《沪造币厂组织理事会》,《申报》,1924 年 5 月 4 日,第 13 版。
③ 《上海商业储蓄银行第十二期报告(1921 年 8 月)》,上海市档案馆藏,档号:Q275-1-288。
④ 《上海商业储蓄银行第十三期报告(1922 年 3 月)》,上海市档案馆藏,档号:Q275-1-288。
⑤ 《陈光甫致贝祖诒函》(1928 年 9 月 15 日)、《陈光甫致大中公司股东函》,《陈光甫日记》,第 54—56 页。

制下的地方政府也并不积极。相反，地方政府或军阀总是企图拉拢和利用经济界的力量。以江苏省都督齐爕元任内为例：1920年底，江苏财政负债已达370万元，江苏财政厅厅长严孟繁在上海交通银行分请金融界宋汉章、钱新之、盛竹书、陈光甫等19人开茶话会。省政府为度过年关，发行省公债400万元，财政厅拟将武进、常熟、吴县、吴江冬漕收入作抵，借债160万元，期订4个月。①次年，齐爕元授意江苏财政厅长与实业厅长又以筹赈名义设立江苏振务处上海筹振分会，以聂云台、顾馨一、黄任之、史量才、陈光甫、庄得之、荣宗敬等为干事。②齐爕元还与省长韩国钧拉拢陈光甫、穆抒斋等人加入江苏教实联合会。③不过，陈光甫并未积极回应。当时江苏省财厅积欠上海公共租界纳税华人会两年的经费计24 000元，陈光甫反而还提出要以公函催领，得到一致赞成。④

银行机构难以像银行家个人那样灵活，在军阀混战的年代，陈光甫经营下的上海商业储蓄银行难以避免地方战乱和军阀的直接影响。上海商业储蓄银行各地分支经常遭受战乱影响，济南分行还报告"无如连年内乱频闻，军事借款继续而起，处此威权之下，犹不敢不认，长此以往难以为继，仍以暂时收闭为上策"。⑤ 从上海商业储蓄银行本行的统计看，该行只承担了非常少的政府军政贷款，这与其经营方针和自身实力都有关系。⑥ 根据相关记载，以分行实际出款为基本原则，以下初步统计了上海商业储蓄银行自1924年至1926年部分省区的军政摊派情况如下：

表1-2　1924—1926年部分省区的军政摊派分类合计

分行名	地方经济名义借款(洋元)	地方军事名义的借款(洋元)
苏行	4 781.05	—
常行	7 000	1 000
镇行	7 700	982.5
宁行	11 475	650
杭行	21 055	100
通行	1 000	819.66
蚌处	2 500	2 200
临处	240	58.53

① 《严财厅长来沪商借冬漕补志》，《申报》，1920年12月1日，第10版。

② 《江苏赈务处之预备会》，《申报》，1921年9月25日，第10版。

③ 《江苏教实联合会开会纪》，《申报》，1923年4月13日，第10版。

④ 《纳税华人会理事会纪》，《申报》，1925年11月24日，第13版。

⑤ 《上海商业储蓄银行史料》，第272页。

⑥ 《上海商业储蓄银行史料》，第193页。

(续表)

分行名	地方经济名义借款(洋元)	地方军事名义的借款(洋元)
湘处	4 039	322
汉行	78 930.32	—
天津	7 152	—
烟行	1 215	1 500
鲁处	17 952	323

附注:1. 湘处亦承担广东国民政府 2 万元摊派,由印花税票借款项下转来,以盐税花名作抵,受押中央银行钞票 4 050 元售出后亏 767.47 元;

2. 汉行于 1926 年 9 月另借给蒋介石 15 000 元,以中央银行钞票票面 22 500 元作抵;同年 10 月,武汉国民政府财政委员会借款 2 万元,以汉口房租一个月水电加捐、二成铁路收入作抵,随收随还。(资料出处:《上海商业储蓄银行史料》,第 187—192 页。)

军阀战争的环境还造成间接影响,商业投资受到抑制,正常交通和贸易被破坏,等等。上海商业储蓄银行曾有记录:"各省军用浩繁,多数资财均消费于购置军备之用,而正项商务实业反无资以利周转","交通梗阻,土货拥滞内地,难于输出售卖,而汇去办货之款,则一时不得周转"。[①] 1925 年,"本期内沿沪宁路各站分行均受战事影响,停止营业几达二月,在此时期汇兑不通,金融颇难活动,迨五卅风潮起后,沪埠更无营业可言"。[②]

汉口分行的记载体现出各地战乱对全国经济的牵连:"民国十二年四月改组成立汉口分行,而恰值川战发生及对日问题,金融呆滞,息涨厘跌,环境颇难应付,幸汉市镇静,是年岁末存放各款尚有增加。民十三政局转显安定,入夏虽经大水,交秋市面正看好,突江浙战事爆发,沪埠银根紧缩,汉亦随之,加以铜元官票充斥市面,现银几至绝迹,以致是年七月表现空前之恐慌,商钱两会乃主持发行不兑现之流通券,以资周转,故各行庄所出之支票、庄票,均只兑换流通券,不付现款,各外商对此当然不能信任收受。"[③]紧接着,1925 年,"汉口承兵乱之后,各业凋敝,又因钱码改为洋码,厘价高涨。重以江浙直奉之战,人心益觉不安"。1926 年,"国民革命军又由粤,而湘,而鄂,进展甚速,汉口情势,又不免于紧张。汉行虽不能大量放款,而存款之数,反超过三百万元"。[④] 上海商业储蓄银行总行也有类似报告:"江浙战谣骤起,人心因之恐慌。发行钞票银行受钞票挤兑风潮,纷纷收买现洋以充准备,厘价随之大涨,银根紧急。迨战祸实现,交通梗阻,汇兑不通,各处金融之紊乱,可

---

① 《上海商业储蓄银行第十七期报告(1924 年 4 月)》,上海市档案馆藏,档号:Q275-1-288。

② 《上海商业储蓄银行第二十期报告(1925 年 8 月)》,上海市档案馆藏,档号:Q275-1-288。

③ 上海商业储蓄银行汉口分行编印:《汉行史概》(1934 年),上海市档案馆藏,档号:Q275-1-175。

④ 宋春舫等:《上海商业储蓄银行二十年史初稿》(1934 年 5 月),第四章,上海市档案馆藏,档号:Q275-1-170。

谓达于极点。究其原因,虽属战事影响之波及,而内地现金本极枯竭,平时钱业所收存款,均作营业基金,放与商家办货,库无准备,一有风潮,危险立致,亦属一大原因。"①

与铁路部门的合作

从创立到1927年,上海商业储蓄银行与政府唯一紧密的联系就是铁路交通部门,这是由陈光甫的经营方针决定的。上海商业储蓄银行曾总括成立后的十年业务:"在此十年中,总行内因事务愈繁,分工愈细,先后增设部分,如国外汇兑处、信托部、保管信件部、旅行部、行员部等,外则应营业上之需要,沿沪宁津浦线先后设立分行分理处,又就通杭汉湘等地分设,全行同人增至三百余。"②可见上海商业储蓄银行是沿着重要铁路干线扩张的。其实,铁路沿线的贸易对于上海商业储蓄银行提倡押汇业务十分有利。比如,"惟押汇放款稍为扩充,特设分理处于蚌埠,因该埠为南北各货汇萃之区,押汇生涯易期发展,爰循转运公司之请,特设机关于该埠以策进行"。③上海商业储蓄银行的资本远不如中、交两行,依铁路沿线扩展不仅易于招揽生意,更能节省成本。

朱成章是上海商业储蓄银行实现这一方针的关键人物。他毕业于圣约翰大学,获得美国耶鲁大学法学学士。归国后,即任川汉铁路英文秘书长,后充沪宁、沪杭甬两路外务科长。陈光甫于1917年邀聘朱为银行副经理兼储蓄处经理。1923年,陈光甫与朱成章协议创办了旅行社的事业,上海商业储蓄银行设立旅行部,由朱负责经营。旅行部的首要业务就是"代售国有各路联运车票及国内外各大商埠船票"。此外旅行部"添售牲口车票,专备乘客携带猎犬、鸟、猫等时所应用,并闻该行除在上海、杭州两处业已先后设立旅行部"。其后旅行部在北京、天津、汉口、青岛、济南的推广均是沿铁路开设。④旅行社陆续与长江南北洋及外国轮船公司订立了代办客票合同,不久更推广至京绥、京汉及津浦各路,在外埠分行添设分部。⑤1924年,旅行业务逐渐发达,旅行部即由本行内迁出。1926年,旅行部依靠铁路开通沪杭旅行专线,客票售罄,沪杭铁路华人总管亦附挂花车,随同视察。⑥可见旅行部业务的开展对于上海商业储蓄银行的早期拓展非常重要。

另一个重要中间人物是唐寿民。他早年任职于津浦铁路南段,1914年进南京

① 《上海商业储蓄银行第十九期报告(1925年4月)》,上海市档案馆藏,档号:Q275-1-288。
② 《十六年下期发告同人书》,《陈光甫先生言论集》,第5页。
③ 《上海商业储蓄银行第六期报告(1918年7月)》,上海市档案馆藏,档号:Q275-1-288。
④ 《上海银行旅行部近况》,《申报》,1923年12月11日,第15版。
⑤ 《上海商业储蓄银行史料》,第828页。
⑥ 《游杭专车今日出发》,《申报》,1926年4月1日,第14版。

中国银行任下关分行经理。下关是南北交通要道,唐因此结识了各地银行经理。在他进入上海商业储蓄银行后即担任了铁路沪北站附近界路分行的经理,很快因"资劳卓著"被提为总行副经理。①与铁路部门的联络推动上海商业储蓄银行进一步沿线拓展业务。1917年,银行添设南京下关办事处承做沪宁路货运押汇;随后又把铁路押汇推广到津浦路,并在临淮关和蚌埠的铁路转运公司内设立办事处,办理押汇、汇兑与贴票事务。② 1923年设立界路分行,"面对北站,适当沪杭、京沪两路之冲,沪北向无金融机关,以界行为首创"。③开幕当天,沪宁铁路局长还亲自前往祝贺。④当时沪宁、沪杭甬铁路管理局局长钟文耀在1919年即参股上海商业储蓄银行1 000元。他是晚清第一批留美幼童之一,也是青年会和实业界比较活跃的人物。当时与交通部相关的上海电报局和南京邮政局,都有官员入股上海商业储蓄银行。曾任交通部技正技监的铁路工程专家罗国瑞1921年入股2万元,同时继唐露园之后被聘为上海商业储蓄银行的名誉董事(后也担任银行的监察人)。⑤

与国民党人的交往

不少研究已经涉及银行家与南京国民政府的关系(参见绪论),但银行家们在北伐战争前与南方革命党的联系却犹如草蛇灰线。唐寿民回忆陈光甫在南洋劝业会工作时就认识了不少同盟会员,接触了"反满"宣传和革命思想。⑥在清末民初的历史条件下,国民党的相关群体代表了一种新的社会思潮和革新力量。早在1904年圣路易斯万国博览会上,陈光甫就认识了孙中山。在上海商业储蓄银行创立之初,孙中山等人就已经是股东,孙中山委托孔祥熙送来股本金1万元,而宋子文的母亲也入股5 000元。⑦这两笔款额在当时也有力地支持了"小小银行"。从1916年底开始,孔祥熙就成为上海商业储蓄银行的重要董事,直至1927年成为常议董事。从1919年董事会的选举情况来看,孔祥熙已是得票排名第四的董事,仅次于陈光甫。⑧同时孔祥熙的夫人宋霭龄也与陈光甫共事于急募赈款会的经济部。⑨

陈光甫与国民党人的交往同样以新式社会群体的人际网络为基础。欧柏林大

---

① 《上海商业储蓄银行史料》,第55、74页。

② 《上海商业储蓄银行史料》,前言第4页。

③ 宋春舫等:《上海商业储蓄银行二十年史初稿》(1934年5月),第四章,上海市档案馆藏,档号:Q275-1-170。

④ 《上海银行界路分行新开幕》,《申报》,1923年11月3日,第17版。

⑤ 《上海商业储蓄银行史料》,第41—42、46页;《上海银行股东会纪》,《申报》,1934年4月30日,第10版。

⑥ 《上海商业储蓄银行史料》,第5页。

⑦ 《上海商业储蓄银行史料》,第43、44页。

⑧ 《商业储蓄银行股东会纪》,《申报》,1919年5月6日,第10版。

⑨ 《急募赈款会理事部成立再纪》,《申报》,1921年2月28日,第10版。

学毕业的孔祥熙只是其中之一，其早年的政治立场也比较隐蔽。当时另有两位与陈光甫关系密切的留美学生直接促进了国民党人在上海的活动。其一是上海重要的社会领袖余日章，自1925年起他成为上海商业储蓄银行的董事。他毕业于哈佛大学，后来是上海中国基督教青年会总干事、华盛顿会议的中国国民代表和上海工部局的华董之一。余日章早年在武昌与革命团体日知会有交往，辛亥革命后又做过黎元洪的秘书与外交助手。他不仅是孙中山的热情追随者，后来还是蒋介石与宋美龄的证婚人。

1919年8月留学生群体成立，基督教青年会等8大团体召开美国大学同学会，欢送当年赴美学生陈长桐等人。当时同学会邀请了孙中山出席。①同月，上海又成立“中华欧美同学会”，除了青年会的余日章、唐露园、陈光甫、邝富灼、李登辉、牛惠森、牛惠霖等人以外，吴稚晖、张继、伍朝枢、宋子文等日后重要的国民党成员，席德懋、黄汉梁、蔡增基、张福运等倾向国民党者均加入进来。大会组织歌唱各毕业院校校歌，留法学生张继、吴稚晖等还唱法国国歌。大会先由主席唐绍仪演说，警语“欧美回国学生不要专存做官发财思想”。继由孙中山演说，“大致谓欧美留学生系学问最深、人格最高之人，应负维护国家之责。今日之政权已落于武人、政客、顽固党之手，国家已陷于极危险之地位。诸君当有担负国家大事之觉悟”。原有欧美同学会以曹云祥为上海总干事，李登辉为正会长，席德懋为会计，此次经改选蔡元培为会长，余日章为副会长，陈光甫为会计。余日章作演讲说：欧美同学应注意的四点是利益愈大即责任愈重、须有牺牲个人以为国家之精神、须培养领袖人才、须从事建设。②

同年年底，余日章等联合商界聂云台、穆藕初、史量才、宋汉章、陈光甫等人宴请美国资本团代表、美国驻沪领事以及美国国务院秘书，同时亦请来孙中山和孔祥熙出席。余日章说：“中国南北不统一，实则南北人民本来一致，所不统一者，军阀与人民交哄而已”，而“中美邦交之厚非仅政府之意，实全国人民公意”。美方代表则表示：“北京政府固有可令人注意之处，不若南方社会之发展能力与其充满之精神，尤足令人了解人民之真意。”③

孙中山作为中华民国“国父”的形象深入人心，已超越了其作为国民党领袖的形象。同样，辛亥革命“创立民国”的社会意义在当时也绝非等同于国民党和一些派别日后的自我书写。1924年上海各界为纪念辛亥革命先驱之一赵声，筹资在赵声故乡镇江建立烈士祠像和纪念公园，革命派人士李根源、褚辅成、章士钊、李钟钰、谢持、杨永泰、张群、于右任、冷遹等邀请陈光甫、吴寄尘加入帮助。陈光甫加入

---

① 《美国大学同学会欢送赴美学生》，《申报》，1919年8月9日，第10版。

② 《中华欧美同学会成立记》，《申报》，1919年8月31日，第10版。

③ 《国民外交盛会纪事》，《申报》，1919年12月27日，第10版。

筹备委员会,担任会计,并以上海商业储蓄银行为之招募捐款。① 1927年初,沪上各界领袖联合海外人士组织"太平洋国交讨论会"(亦称太平洋国际关系讨论会),陈光甫等人还特地邀请孙中山夫人宋庆龄担任名誉主席。②

另一个与陈光甫关系密切的留学生是国民党人王正廷。王正廷在辛亥革命以前就已加入同盟会,后赴美留学,获耶鲁大学博士学位。早在成为"革命外交"的风云人物之前,他已经代表南方国民党参加巴黎和会和山东问题的对外交涉。在社会事业方面,王正廷先后担任中华基督教青年会总干事、中国红十字会会长和全国道路协会会长。1920年,王正廷作为巴黎和会中国代表回国,在上海受到热烈欢迎,也包括他的好友孔祥熙与陈光甫的宴请。在欢迎宴会上,王正廷向各界呼吁:"西洋人能为主义牺牲,而不为个人牺牲,中国则少为主义牺牲之人。须知中国乃国民全体之中国,主权属于国民。我之主张,如国民以为善者,则行之,否则去之可也。"③

王正廷同样入股了上海商业储蓄银行,只是以家属姓名登记。④同时王正廷也开始向工商业投资,他的计划得到了陈光甫、钱新之和李铭三人支持。1920年,华丰纺织公司成立,从股东会的选举结果看,陈光甫对该纺织工业最为支持。⑤两年后,中国棉贵纱贱,纺织行业开始萧条,华丰纱厂开锭很少,成本较巨,而且股本不足,原有工商界股东聂云台等开始撤资。陈光甫等人认为工厂并未亏损,且有盈利,坚持了自己的股份,并同意缓发股利。由于银行界的维持,王正廷亦成为董事会中得票最高者。⑥王正廷的此项投资进一步提升了他在上海的社会地位,此后以华丰纺织公司总董身份当选公共租界纳税华人会理事。⑦

王正廷也支持银行家们的事业。他在留学期间,就与小吕宋(今菲律宾)的侨商和银行界同学熟识,南洋华侨也多支持国民党人。⑧王正廷与钱新之两家联姻,并为银行界与南洋华商建立联系。陈光甫与薛敏老等南洋银行家由此结识。1920年,上海成立"中国与南洋协会",韩无闷(并代表黄奕住)、丘心荣、黄任之、沈信卿(另代表王正廷)、史量才、侯德广、余日章、陈光甫、穆藕初、钱新之等26人成为该会理事。华侨代表在成立会上提倡中国与南洋之联谊,并呼吁国人帮助华侨的海

---

① 《募捐建造赵声祠像之集议》,《申报》,1924年4月23日,第13版。
② 《太平洋国交讨论会近讯》,《申报》,1927年2月16日,第13版。
③ 《各公团欢宴王专使纪》,《申报》,1920年1月28日,第10版。
④ 《上海商业储蓄银行史料》,第26页。
⑤ 《华丰纺织公司创立会纪》,《申报》,1920年8月2日,第10版。
⑥ 《华丰纺织公司三届股东会纪》,《申报》,1923年8月11日,第14版。
⑦ 《纳税华人会选举理事揭晓》,《申报》,1926年7月12日,第14版。
⑧ 服部龙二编:《王正廷回忆录》,"Chapter IV Glimpses of American Life",(日本)中央大学出版部,2008年版。

外维权。[1] 1921 年，菲律宾当局与华侨发生矛盾，当地银行界薛敏老等到上海拜访王正廷、余日章和陈光甫商议对策，上海商界决定联合青年会、寰球中国学生会等团体向北京外交部、美国各界要人请为华侨援助。外交部派出交涉员，拟在上海与美国政府人士协商赴菲调查，上海各界表示乐为赞助。[2] 1925 年，菲律宾上议院议长盖氏途经上海，陈光甫、朱成章、余日章召集上海各公团欢迎，陈光甫亲自安排在上海银行公会招待。[3] 同时，王正廷也受到当时南方革命政权，尤其是奉化同乡蒋介石的尊敬。1928 年济南惨案发生后，黄郛辞去外交部长，蒋介石即推荐王正廷负责外交，还不惜与党内元老张静江发生争执。[4]

在 1920 年代前后，陈光甫与国民党人有了进一步的接触。不过，这些接触对他的政治观念的影响程度尚难精确考证。仅以北方政权与南方革命党人的相比，他会倾向于后者。孙中山作为民国国父的形象影响深远。1926 年，国民党上海特别市党部执行委员会秘密成立，杨杏佛被选为执行委员，主持策应北伐军的工作。他以纪念孙中山的名义向陈光甫借款。陈光甫从上海商业储蓄银行出借 1 000 元外，还向浙江兴业银行和上海银行公会其他成员募集了 3 000 元。[5]陈光甫日后政治立场的选择与上海各类新型精英群体的社会认同，也与这些群体中许多人的事业与利益相关。在国民革命军进入上海之前，陈光甫已与北洋政府保持距离。1927 年 3 月 4 日，前任交通银行董事长梁士诒曾致函邀请陈光甫出任交通银行总行经理，结果被陈光甫谢绝。[6]

第四节　在国民外交中争取利权

“国民外交”是指以民间交往推动国家间关系的互动，常常伴随互访会谈、签订协议、民间贸易、文化交流等形式。国民外交一般以增进两国人民或社会团体的联谊为目的，扶助推动正常的外交关系。而在政府威信渐弱、国外势力侵略，尤其是国家无法维护本国主权和人民利益的情况下，“国民外交”可能呈现出与他国抗争的状态。民国北京政府时期的中国外交虽然危机重重，实际也取得了一些进步，在抵制

---

① 《中南临会筹备会成立纪》，《申报》，1920 年 6 月 26 日，第 10 版。
② 《各社会协助华侨抗争簿记案》，《申报》，1921 年 4 月 12 日，第 10 版。
③ 《今日会议招待斐岛盖议长》，《申报》，1925 年 12 月 23 日，第 14 版。
④ 《蒋介石先生年谱长编》第二册，第 255、263 页。
⑤ “上海银行公会委员会会议记录”(1926 年 3 月 26 日)，上海市档案馆藏，档号：S173-1-10。
⑥ 《交通银行史料(第一卷)》，中国金融出版社，1995 年版，第 124 页；薛念文：《上海商业储蓄银行研究(1915—1927)》，中国文史出版社，第 66—67 页。

外国强权、参与国际事务和与各国修订新约方面都做出了许多努力。不过,北京政府无力控制国内纷乱的社会舆论。在新兴的"国民外交"中,以留学生群体、新式工商业为代表的社会群体也承担起与民族、国家利益相符的社会责任,对中外关系的正面发展有所推进。留学归来的陈光甫同样参与其中,尤其在中外经济关系中发挥作用。

加深中美精英交往

作为留美学生,陈光甫平日始终关注美国的发展。一战期间,他与王正廷等人还共同发起过对美国红十字会战地事业的赞助,目的"使欧美各国知我国民对于友邦所受之苦痛,急急然欲有所为以拯救之,人道邦交并获其美誉"。[①]一战以后,美国商界对中国市场开始产生兴趣,政府内主要以商务部参赞安立德(Julean Arnold)倡导了加强对华投资的理念。这种情况下,中美两国经济界的关系在1920年前后趋于升温。

1920年以前中美经济界的交流在上节已经有所述及。1919年,西雅图扶轮社(Rotary Club)的前社长罗杰·皮内欧(Roger D. Pinneo)访问远东,与在华美侨筹建上海扶轮社。扶轮社只招募品学、经验俱佳,并能共同努力创行公益事业之人,且规定每一行业一般只选一人。时任上海商务印书馆英文部主任的邝富灼(1869—1938)是上海扶轮社早期重要社员,同时也是上海商业储蓄银行实习学校的英语教员。1921年王正廷代表纺织业、陈光甫作为银行家最先入社。后又有牛惠生、朱博泉、顾维钧、穆湘玥、许建屏等入社。[②]

到了1920年,为推进这种跨国籍的交流,上海中外人士共同发起中华上海太平洋会,第一届董事部成员有栢思德、凯末尔、陈光甫、钟文耀、费吴生、邝富灼、康普、李登辉、李德立、骆惠廉、密达登、聂其杰、雷文、唐绍仪、唐露园、王正廷、王阁臣、伍廷芳、杨小川、任传榜。该会提倡以下宗旨:

> "(甲)联络华人与太平洋沿岸各国人民之感情。
>
> (乙)布扬中国各处名胜,鼓吹修建道路并筹划种种方法使各名胜地交通便利。
>
> (丙)创办游历招待机关。
>
> (丁)联络他处太平洋会或协会以求扩充本会之宗旨。
>
> (戊)设法联络太平洋沿岸各国人民,凡遇有公众问题得互相交换意见。
>
> (已)募集各种款项以利会务之进行。"[③]

---

① 《介绍美国红十字会赞成员启》,《申报》,1918年5月17日,第11版。

② 刘本森:《近代上海商业精英与扶轮社》,《苏州科技学院学报》,2012年第5期,第65—66页。

③ 《中华上海太平洋会会纲》,《申报》,1920年7月16日,第11版。

1920年美国议员团为促进新银行团事务与中美经济关系访华，抵达上海后，由王正廷作为上海基督教青年会主席，召集所有重要成员接待，余日章、陈光甫等一并出席。此次美国议员团包括“前美公使芮恩施博士及夫人、驻京美使馆商务参赞安立德、美议员团代表施德灵君、美国驻沪总领事克银汉、美副领事纱约及其他美议员数十人”。此次招待会还有孔宋霭龄、宋美龄等许多女宾共同出席。①在拉门德访华以后，因中美合办懋业银行之事，美国商会、美国人联合会和远东美国律师公会三团体由史蒂芬(Frederick W. Stevens)率领来华，中西人士宴请来宾，上海总商会会长聂云台、上海银行公会宋汉章与陈光甫等一同出席。② 1922年，美国商务参赞安立德(Julean Arnold)与美国驻沪商务委员吴益德(Lansing W. Houi)再次访华，设宴于联华总会，邀请中美商界等领袖叙餐，安立德提及中美邦交亲挚的形势，倡导中美间互助互利，他还向与会外宾详细说明中国的重要企、事业，比如商务印书馆、华昌贸易公司、上海商业储蓄银行以及丝业、铁路的发展等。③

1922年，上海太平洋会董事会决议由陈光甫继任钱新之为该会会计。④ 1924年9月，经孟禄各方协商，陈光甫与施肇基、顾维钧被推为退还庚子赔款事宜委员会9位华人委员之一。⑤ 1925年夏，主要在中美两国商界、知识界的共同努力下，一个国际性的太平洋国际关系讨论会成立，该组织“冀以个人之感情，为国交之基础”。⑥ 在檀香山的第一次会议上，集合太平洋沿岸各国之领袖百余人，对于国际一切事宜，公开讨论，交换意见。中国代表陈立廷、温世珍等十余人回国后，以开会情形编为专书，报告国人。1926年，太平洋国际关系讨论会总干事戴维思访问上海，与中国成员商议积极开展会务。中国会员余日章、赵晋卿、陈光甫等人在银行俱乐部设宴招待。⑦

陈光甫还参与了同其他国家的国民外交。1920年，法国前总理班乐卫(Paul Painlevé)来华，中法实业银行副行长先行宴请其到沪随同人员法国通儒院通信员及巴黎大学法科教授马单，及法国国家路矿总工程师那达。同时还邀请在沪法国商务参赞、法国副总领事、法国工部局学校校长等人，华人方面则包括宋汉章、陈光甫、席立功、李馥生、孙景西、张溥泉等人。来访外宾表示：“目下中国武人干政，殊非前途之福。所可喜者，一般商界人士办事有充分之精神，将来必能刷新政局之陋习也。即如当欧战进行之际，法国政局之操持，莫不惟商人是赖，商业足救国，洵不

① 《美议员团到沪续纪》,《申报》,1920年8月7日,第10版。

② 《美银行团代表史蒂芬抵沪纪》,《申报》,1920年12月24日,第10版。

③ 《中美人士欢宴纪》,《申报》,1922年3月21日,第14版。

④ 《联太平洋会董事会纪议决本月十六日开年会》,《申报》,1922年9月6日,第13版。

⑤ 《联太平洋会董事会纪议决本月十六日开年会》,《申报》,1922年9月6日,第13版。

⑥ 该组织英文名为 Institute of the Pacific Relations,又称:太平洋国际学会、太平洋关系学会、太平洋问题调查会等。

⑦ 《太平洋国交讨论会总干事莅沪》,《申报》,1926年5月14日,第13版。

诬也。”法方还表达了对中国森林砍伐、财政支配名不副实、行政人员素质问题的关切,呼吁中法从合资兴办实业着手,援助中国建设。①

呼吁收回关税担保存放权

1920年,北洋政府重组内国公债局,海关总税务司安格联充任董事。1921年财政部因公债偿还问题,成立清理内债基金处,由安格联兼行管理。1922年,俄奥两国庚子赔款停付,海关总税务司再次试图染指,国内对海关管理关税一直存在不满。早在1919年以前,沈联芳、杨信之、刘柏生、顾馨一、陈光甫、钱新之等人就成立上海国际税法平等会。1919年该会派出施省之、荣月泉代表中国赴欧洲访问。②到了1921年10月,上海各公团及全国商教联席会议公推余日章、蒋梦麟赴美访问,宣传中国民意。不少国人希望两人能向美国表达中国商贸受到关税条约束缚之意。蒋梦麟表示:“外交基础实在内政,而内政基础,则在财政。现在政府方面滥借外债,不惜饮鸩以止渴,财政紊乱达于极点。故外人有监督财政之说。”蒋氏认为补救方法在于国民自动监督财政,银行业为国民经济的代表,应当作为国民监督和财政的委托人,这样外交或有希望。③

当时的金融界与许多留学生精英比较清醒地认识到,海关税务司对中国关税及其他公债担保税项的控制,本质上仍是中国政府理财无能、列强伺机侵占的结果。在此背景下,陈光甫发表了著名的《关税问题意见书》。在《意见书》中,陈光甫详细讨论了关税存放和汇丰结价问题。他对关税存放问题的分析共分甲、乙、丙、丁、戊、己、庚、辛、壬九项。甲、乙、丙、丁四项款主要认为关税自由存放,原本可以用于维持市面,调剂金融,但“自归税务司管理,权不我操,影响国计民生甚巨”。接着他又论述汇丰、德华、道胜三家外商银行接存关款的临时办法,认为外国在辛亥革命期间乘乱要求为最初起因。第一次世界大战以后关税统一存入汇丰银行,而“汇丰运用此款,皆以英商利益为前提,吾国金融情形,大都漠视不问。即有商请资助,不特抵押品选择甚苛,并须英商堆栈、英商保险,且该行收存关款,虽系备付外债之用,万一到期,遇有特别事故,凡持有债票者,仍须向吾政府取偿”。陈光甫分析了关税抵借外债各合同,认为规定担保付息还本的办法,并没有约定解交经理银行。因此汇丰每年获得9 000余万元关税的收入并无法律根据,有损中国利益,中国有理由取消此一特权。他倡议尽快另筹存放办法,提出:“上海海关内专设库,名曰中国关税保管库,用钥匙两副,归政府委托上海关监督及税务司会同保管。所有

① 《欢宴法前总理随员纪》,《申报》,1920年8月14日,第10版。
② 《税法平等会饯送赴欧代表》,《申报》,1919年2月21日,第10版。
③ 《欢送国民代表出发记盛》,《申报》,1921年10月16日,第14版。

各关税款统解该库保存，俟届续还或付息时，照数提解。国内公债本息款项亦按期划拨经理机关，发给妥订保管专章，除指定用途外，不得丝毫移用。惟遇上海银根紧急银拆高至四钱以上时，准由上海总商会、银行公会、钱业公会斟酌情形，负责领出若干，或借或押放给，非特利息不得过周息七厘，以两天为期。如须转期，须经同意，俟风潮平定，即行收回，设有疏虞，由总商会共同负责。”

关于汇丰结价问题，当时外债还款常常因合同被迫以外币为单位，汇丰银行特意通过控制结价，“一任当日挂牌行市，面行市权操诸彼”。陈光甫以最近五年的行市计算得出，汇丰从中获利 1 128 714 两，这一收入实际由中国自己的关税承担。他提出中国政府应“于每月初将本月份交款日期及收款银行，通知上海银行公会，报告交款日期市场上汇价。如价格与收款银行结价较亏，提出抗议，咨照上海中外各银行报告真正行市，择其最低者直接汇交各债权国，不予经手”。总体而言，陈光甫坚持认为从各协定法条来看，中国政府有权自行管理关税存款，而监督上的问题应由中国的银行机构帮助完成。

在关税存放问题上，陈光甫的观点也代表了中国本土华资银行业的利益。此时，“上海金融调剂得宜，则国内大小商埠，咸受其益；反之，则一发牵而全身动，大小商埠莫不受其影响”。不仅如此，这笔担保税款与银行业以外的中国工商业也关系紧密，中国工商业又缺乏资金，往往捉襟见肘。1922 年起，上海银行公会作为银行业自发组织的机构，每年储存 40 万两现金，专为维持市面之用。这对于银行业来说，已是竭力之举，而本就资历雄厚的外商银行确坐享中国财政的收益。中国银行业接管关税，不仅符合法理，还符合亟待发展的民族工商业利益。

最重要的，陈光甫纸面上讲中外利权之争，实际暗含了对中国政府丧失国家财权的不满。他很清楚北京政府在此问题上难有作为：“吾政府之负有维持工商业责任者，于政费尚兴仰屋之嗟，对此亦唯有徒唤奈何。”①陈光甫的这些立场得到上海商界的支持和赞同，上海总商会将其观点分呈段祺瑞、外交部、财政部、农工各部，并供关税会议委员会采择施行。② 1926 年，上海各行业召开联席会议，推举上海市商会、银钱两业公会组织关税公库促成会。最后经济界公推盐业银行倪远甫、中孚银行孙景西、上海商业储蓄银行陈光甫、浙江银行李铭、兴业银行徐新六、新华银行黄民导、汇业银行林康侯为促成会代表，负责研究建立关税公库，转移存放问题。③正如陈光甫的预料，北洋政府自顾不暇，根本无力与列强进行有力的交涉。至 1926 年海关总税务司安格联到上海，上海各界推举陈光甫与宋汉章前往商洽公债保管基金及设立公库二事。后由宋汉章和盛竹书在中国银行宴请安格联，出席者

① 《陈光甫之关税问题意见书原文》，《申报》，1925 年 11 月 23 日，第 13 版。
② 中国人民银行上海市分行金融研究所编：《上海商业储蓄银行史料》，第 94 页。
③ 《银行公会推出公库促成会代表》，《申报》，1926 年 3 月 12 日，第 13 版。

还有上海税务司梅乐和、虞洽卿、陈光甫、吴蕴斋等人。经长期间之讨论,双方议定原有内外债整理基金的保管,照旧由安总税务司办理;而公库问题,安格联需要另行妥筹办法,与北京政府接洽。当时银行界领袖也表示关税问题看似由外籍税务司管理,本质仍属中国政府之责任。①

支持山东"赎路"运动

1918年9月28日,中华民国驻日公使章宗祥与日本兴业银行副总裁小野英二郎在东京秘密签订济顺、高徐两条铁路的预备合同。草约认准自山东高密至江苏徐州铁路以及山东济南至今河北邢台之铁路及建设所需一切费用,由日本兴业银行、台湾银行及朝鲜银行发行金币公债。此合约单从经济的角度上讲,尚属合理,但以两条重要铁路的"一切财产并其收入为本借款之担保作为担保"。以段祺瑞政府的信用能力,此举只是换得日方资助,毫无还款希望,两条交通命脉势必葬送。而日本将借此把势力从山东扩张到河北与江苏,将实现连"二十一条"都未有的利益,故而双方签约的过程极其隐秘。正式文本泄露后,山东本省随即掀起反对政府、要求赎回铁路合同的风潮。

当时山东省内筹款困难,上海商界做出响应。祝兰舫、宋汉章、田汝霖、盛竹书、劳敬修、陈光甫等12人临时发起储金赎约救国同志会。该"救国同志会"发出启事:"近闻鲁省请愿团声明筹款代赎高徐、济顺铁路借款合同,并认负担该款全额之半,余归各省分担。近日政府宣称,该路只订草约,此时向赎尚有商量之余地。鲁省欲争青岛而以赎回路约为第一步办法最为切要。同人等不自量力,窃愿附该团之后,聊尽职志,以冀共襄厥成。按该路借款为日币二千万元,每元约合吾国币五六角,共合中币一千二百万元,除鲁省已认半数外,自余一半拟从沪埠着手,以为之倡。兹先发起同志会征求各界同志入会,分任劝募赎约储金,指定银行为收款机关,以一元为起点,推而至于十百千万多多益善,少少无妨,随人能力志愿不加强迫,银行收款后给予收据,次日五厘起息。储有成数即要求政府实行赎约,并以该约原订一切权利让予本会为交换品。"该会实际已预先行动,向各业筹集10万元,只是合同所借本利太高,最终难以有所助成。②

到了1922年2月4日,中日两国华盛顿会议签订《解决山东悬案条约》及《附约》,胶济铁路由中国赎回,但中国政府财政困难,中国民间掀起集资赎路的呼声,再一次演化成一场收回利权的"赎路"运动。陈光甫与银行家们在这次事件中继续做了切实的努力。

---

① 《中交两行昨宴安格联》,《申报》,1926年2月23日,第13版。

② 《发起储金赎约救国同志会启》,《申报》,1919年7月14日,第11版。

1922年3月7日，上海总商会、上海银行公会和江苏省教育会发起组织上海筹赎胶济铁路办事处。每团体各推代表三人组织委员会，上海总商会推定秦润卿、穆藕初、钱新之，银行公会推定盛竹书、宋汉章、陈光甫，省教育会推定黄任之、沈信卿、贾季英三人。三团体代表公推余日章为办事处主任，李道南（美国伊利诺伊州大学商学毕业）为总书记，余君本为国民代表赴美国筹集款项。公众舆论对于此次筹赎胶济路办法十分拥护，认为筹款大有希望。4月1日，赎路办事处正式成立，陈光甫与其他委员开始着手全国筹款。①

4月2日，赎路办事处召集本埠各华商银行，开会讨论，虽然产生了相关办法章程，但为了吸取1919年的教训，决定向全国发起倡议。之后筹赎胶济铁路委员会连日积极进行，一面报告上海方面情形，一面邀集全国赎路机关代表，互通声气，准备设立统一领导的总机关。②而盛竹书、陈光甫、宋汉章三人又呼吁于4月全国银行公会联合会时，交由全国银行界进行讨论。虽目前未见有全国银行公会联合会之相关决议，但陈光甫确实向上海银行公会与全国银行公会联合会提出了这一问题。③

在“五卅”运动中交涉利权

在20世纪20年代，陈光甫在上海已有相当的社会地位，并开始参与租界（尤其是纳税华人会）事务。公共租界纳税华人会本就是中国商界联合其他群体与租界外国当局抗争的结果。1919年巴黎和会召开之际，原来全由外国人组成的公共租界纳税人会议通过增税法案，此举引起华人群体的反增捐风潮，同时上海华人各个群体提出解决华人代表问题。最终英国驻沪总领事在与上海总商会的谈判中作出妥协，外方最终同意设立2名华人顾问作为华人参与租界市政的过渡。次年租界纳税人会议通过了设立华人顾问委员会的议案。1920年10月14日，公共租界纳税华人会召开首次会议。华人会选举理事部成员，共计理事27人，候补理事15人。11月9日，理事部推举宋汉章、谢永森、穆藕初、余日章、陈光甫五人担任工部局华人顾问。1922年6月3日，纳税华人理事会再次改选工部局华人顾问，宋汉章、陈光甫、穆藕初、谢永森连任，余日章与许建屏同票。④ 从此至1926年7月，凡是纳税市民都可参加纳税华人会的投票，现场往往络绎不绝。其时，陈光甫多次当

① 《上海筹赎胶济路办事处成立记》，《申报》，1922年3月7日，第14版；《赎路办事处正式成立》，《申报》，1922年4月1日，第14版。办事处主任为余日章，委员为秦润卿、钱新之、穆藕初、黄任之、沈信卿、贾季英、盛竹书、陈光甫、宋汉章、史量才、劳敬修。

② 《赎路委员会通函各省》，《申报》，1922年4月8日，第13版。

③ 《发起赎路总机关之建议》，《申报》，1922年4月14日，第13版。

④ 《民国十一年上海大事纪（四）》，《申报》，1922年12月29日，第13版。

选理事，而且上海商业储蓄银行还负责纳税华人会经费存款的收储，这些也反映了上海商业储蓄银行得到地方工商界的公认。①

不过，1925 年的“五卅”惨案成了上海地方政治格局的转折点。“五卅”惨案发生后，纳税华人会迭经召集全体理事，开会讨论，为配合北京政府特派员到沪，积极进行交涉。6 月 6 日，上海及青岛日资纱厂的工人罢工又再次遭到血腥镇压。纳税华人会连续召开理事会，汇集各项提案，分别讨论，除仍会同总商会各路商界联合会积极办理外，并公推陈光甫与林炎夫二人为办理“五卅”专员。陈光甫负责推定调查员调查此案经过及群众死伤情形，一面准备材料预备与特派员接洽。② 6 月 11 日，英国水兵在汉口枪杀中国人，中外矛盾进一步恶化，全国“反帝”形势风起云涌。

在此情形下，纳税华人会务日臻繁重，特议定由各理事分股办事，陈光甫与虞洽卿、宋汉章、王正廷等人被指派为交际员，并为汉口惨案发电给汉口总商会并转各团体：“沪案未了，汉埠又惨毙多命，痛心曷极，两地同罹悲境，乞共相策应，一致严重应付，并请代慰伤亡。”同时致电汉口胡交涉员，表示“暴力频加，国何以堪，务乞严重交涉，此间并当一体协争”。最后致电湖北都督萧耀南，要求其：“对外交涉、同当勉持镇定，严重应付，对内民气，尤应善事维护。”③此时，上海的社会领袖们既同情并严重关切事态的恶化，同时也表达了政府对稳定社会局势的期望。

北京特派员蔡廷干、曾宗鉴一到上海，纳税华人会代表陈光甫与林炎夫就前往拜访，表示应当“迅即交涉”，“现在民愤已极，万不能稍事延宕，且此事务须在上海交涉，可不移京交涉，致悮事机。”菲律宾华侨商人李清泉等人也迅速表达愤慨，并汇款申洋 1 万元给上海商业储蓄银行，用以援助罢业工人。④

“五卅”的案件交涉旷日持久，纳税华人会的理事们拖累不堪。至 1926 年 2 月，纳税华人会 19 日召开谈话会，选举虞洽卿、许建屏、陈光甫、邬志豪又作为代表，赴北京督促五卅交涉，作为“五卅”惨案的证人。⑤代表民意与经济维护的稳定是沪界领袖们的天平两端。上海工商界同时开始积极提倡国货，提出“塞漏卮，挽利权，实足助长国内实业，进展经济实力，消极的抵制劣货、亦足为侵侮本国者之打击”。随着“提倡国货会”的成立，陈光甫等十五人被推举为国货会委员。⑥

奇特的是，在上海的学生运动开始消退、部分华界商店开始复业之时，纳税华

① 《纳税华人会选举行理事揭晓》,《申报》,1926 年 7 月 12 日,第 13 版;《纳税华人会昨日之两会议》,《申报》,1926 年 5 月 8 日,第 13 版。

② 《公共租界罢市之第七日》,《申报》,1925 年 6 月 8 日,第 13—14 版。

③ 《各界援助汉口惨案之昨闻》,《申报》,1925 年 6 月 16 日,第 16 版。

④ 《蔡曾抵沪后之南京路惨案》,《申报》,1925 年 6 月 9 日,第 9—10 版。

⑤ 《纳税华人会开会纪》,《申报》,1926 年 2 月 20 日,第 13 版。

⑥ 《关于沪惨案之昨讯》,《申报》,1925 年 6 月 29 日,第 9—10 版,第 13—15 版。

人会的态度却继续强硬，与总工会的罢工活动互为照应。对于民族主义者来说，列强与工部局方面态度恶劣或是义愤的主因，而一向“在商言商”的商界也开始表达出与租界当局的对立。1926年3月19日，工部局总董及全体董事宴请上海经济界高层，陈光甫目睹了这场会面如何变成一场中外双方的口水之争。上海总商会会长虞洽卿说到，中国人想要有“国际间与种族间之了解友谊及合作”，而上海的问题“实含有国家的与国际的性质”。他说眼下问题“必先注意于取消不平等条约之全国运动，而后用解决全国问题之方法解决之”。他认为工部局对于整件事没有明白的表示，握有租界全权，却不作任何改善，造成了“惨酷经验，尚历历在目”。他还暗示工部局的行为是对种族平等和主权独立的不尊重。而工部局总董则反唇相讥，说“外人视法律为神圣，华人则视为便利之具”，进而否认自身责任，表示总巡捕和相关人员的辞职只是工部局同情的表示。总董表示工部局已决定华人将可以成为工部局董事，会审公廨的问题也可以商量；但是工人罢工绝非经济问题，而是受人策划，提醒总商会方面不要“小事作为大事、无所怨苦而以为怨苦在焉”，否则外方不能再容忍。双方还就是否交出北京政府处理发生了分歧。①

纳税华人会还继续致力于增加工部局华人董事席位，推动洋泾浜章程的修订。理事们根据纳税义务与参政权利应平等的原则，一致主张华董人数应以纳税额之多寡为比例。②华人会用行动表示不能像过去那样“格于形势，未果定议”，租界华人的地位问题大可不必经由工部局允许。纳税华人会独自组织“修改洋泾浜章程委员会”，邀请陈光甫、吴蕴斋等担任委员，并公开致函各位委员：“五卅惨案遭受巨大牺牲，惩往知来，非谋根本解决，难期平等之实现。爰经理事会一致议决，先行组织修改洋泾浜北首租地章程委员会，征集意见，从事进行。”③同时华人会就公共租界开放公园问题进行了长时间的讨论，又选出虞洽卿、陈光甫、余日章、吴蕴斋、冯炳南、秦润卿、王晓籁七人负责推动。④

“五卅”一案的交涉不断僵持下去。1926年3月，纳税华人会会同各路商界总联合会推选出赴京请愿解决沪案的代表虞洽卿、陈光甫、许建屏、邬志豪、俞国珍、蒋梦芸六人均以政局不靖，表示不能立即北上。商界总联合会非常清楚“因各路商店之罢市损失，数逾千万”，商界在受到重大损失的情况下，继续强硬立场，并以此作为要求政府备案，情愿索赔。⑤ 1926年4月纳税华人会提议由各国派遣司法委

---

① 《工部局昨晚宴请领袖绅商》，《申报》，1926年3月19日，第13版。

② 《商总联会昨晚之两会议》，《申报》，1926年4月30日，第13版；《纳税华人会开会纪》，《申报》，1926年4月16日，第13版。

③ 《纳税华人会要讯》，《申报》，1926年4月17日，第13日。

④ 《纳税华人会开会纪》，《申报》，1926年4月16日，第13版。

⑤ 《商总会呈报罢市损失之拟议》，《申报》，1926年3月5日，第13版。

员会来沪调查，陈光甫又被推举负责招待司法委员，为北京方面的调查提供协助。①

陈光甫在长达一年多"五卅"风波中鲜有独立的言论，与整个纳税华人会和总商会的行动一致。但在表面一贯的冷静和低调之下，其内心深处的情感却十分的微妙。"五卅"惨案造成的一系列社会风潮对陈光甫的事业也造成了影响。仅上海一地，市面罢市就达数月，上海商业储蓄银行"更无营业可言"。上海商业储蓄银行南京分行由于浙江的战争和上海的混乱，押汇业务一度减少；而长沙地区由于抵制外货运动的开展，汇款大减。②损失千万元的工商业或许还能依靠国货运动挽回些许损失，但破坏正常的市场秩序绝非"在商言商"的理性逻辑，尤以商业贸易为业务中心的上海商业储蓄银行更是根本无利可图。

谨言慎行的陈光甫还是流露出了对社会运动持续不断的不满。1925 年 9 月，陈光甫同沈叔玉、唐绍仪、刘鸿生等作为董事会委员，参加了主要由日本在华商业领袖主导的"中日联谊会"。据说当时有中日 100 多位知名人士参与了"中日联谊会"。该会的缘起宗旨在当时由于时局紧张，很可能因《申报》史量才的考虑延迟了两个月发表，兹录于下：

> "此次南京路五卅事件，已引起中国全国人民之公愤，因有抵制之风潮，此可谓中国四万万人民真觉悟，亦东亚和平确定之机会。中日两国，兄弟之邦，关系密切。近来因两国外交上之关系，颇生恶感，殊深不幸。其实中日两国同文同种，唇齿相辅，不能独存。是以中日两国必须诚意觉悟，互相提携。同人等有鉴于此，特发起此会，藉以交换意见，一致努力，同谋共存共荣。"③

除了陈光甫以外，钱新之、宋汉章、李铭等许多银行家乃至青年会的领袖都逐渐从"五卅"运动的各类联名中退出了。陈光甫希望中外双方能相安无事，解决争端；但他也很清楚他的银行事业不仅依靠银行业或是政府债券，而是工商业甚至更广泛社会群体支持的结果，因此他只得维持着一种平静。由于陈光甫与吴蕴斋在"五卅"运动中依旧配合纳税华人会的工作，1926 年末，两人分别成为名誉理事和副理事长。④

从晚清到民国，陈光甫与政府的关系由密到疏。他早年的学徒经历和官派留学生涯都对其性格和思想的发展产生影响。陈光甫后来说："余以为欲往外国读书

---

① 《纳税华人会开会纪》，《申报》，1926 年 4 月 16 日，第 13 版。

② 《上海商业储蓄银行史料》，第 270、278 页；《上海商业储蓄银行第二十期报告(1925 年 8 月)》，上海市档案馆藏，档号：Q275-1-288。

③ 《中日联谊会成立》，《申报》，1925 年 9 月 17 日，第 13 版；《中日联谊会董事会纪》，《申报》，1926 年 5 月 22 日，第 14 版。

④ 《纳税华人会消息并志》，《申报》，1927 年 1 月 20 日。

者，必先在中国曾读书而办过事者，倘未读书而不具经验，即往外国，求学亦无所用。”[①]对他而言，这一阶段的中国政治毫无建树。他曾感慨：“三十年来所产出者，皆政客、破靴党，教育机关摧残无遗，实业皆成破产，如张文襄公仍在世上，必定气死。”[②]他认为自己的事业与“如何适应社会之需要而不可分离”。[③] 谨慎稳重的性格也是他能够保持“在商言商”，不主动靠近政府。[④]

陈光甫的商业成功最开始依靠留学生群体，继而进入更广泛的上海各类新兴社会群体。他与这些群体建立了深厚的利益关联和理念共识。随着群体实力壮大，陈光甫尝试与经济界一起推动政府的正面作为。当他积极筹备两次银行团之时，还曾希望胡适能够代表实业界“劝南方政府不要与北政府捣乱，为日本所乘”。[⑤] 但投资的失败造成了他对北京政府的失望。

陈光甫参与的“国民外交”都与商业利益攸关，很少受到北洋政府的干预，但能对国家外交发挥的作用也有限。这一情形与南京国民政府时期并不一样。陈光甫在关税存款和山东铁路问题上，表现出的经济民族主义代表了整个华商资本和社会整体的利益。当“五卅”运动涨至高潮，他的商业利益受损，感到不满，但选择与工商界的行动保持基本一致。身处其中，他应该已经感受到革命的浪潮正远远地向华洋杂处之地涌来。

---

① 《廿二年六月廿八日陈先生在管理会议致词摘录》，《陈光甫先生言论集》，第 136 页。

② 《陈光甫致伍克家函》(1928 年 3 月 18 日)，《陈光甫日记》，第 10 页。

③ 《上海商业储蓄银行史料》，第 58 页。

④ 《上海商业储蓄银行史料》，第 329、330 页。

⑤ 曹伯言整理，《胡适日记全集》第 3 册，台北：联经出版事业公司，2004 年版，第 277—278 页。

第二章 陈光甫与南京国民政府初期统治(1927—1932)

第一节　陈光甫与南京国民政府的建立

与蒋介石的互相试探

1926年6月4日，国民党中央执行委员会临时全体会议任命蒋介石为国民革命军总司令，令其速行出师北伐。5日，广东国民政府特任蒋介石为国民革命军总司令，开始率军北伐。自中华民国成立以来，最大规模的一场内战就此开始。内战双方都需要大规模的军费支撑。1926年9月初，北伐军攻克武汉，至20日，蒋介石电告国民党中央常务委员会代理主席张静江、国民政府代理主席谭延闿北伐军已攻入江西，但“此间财政困难已极，公债券及大洋票，请速全数寄来，可作有计划之使用，以零星解来，随到随用，愈弄愈拙也”。①是月底，已经有第一、二、三、六、十四军“分文无着”，“总部只存万元”。②此时国民政府只能用广州发行的中央银行钞票救济前线。至1927年初，两湖地区最重要的中国银行各分支已纷纷收束停业，其纸币难以兑现。③

北洋政府财政窘迫，南方革命政权筹款乏力，此时外部的资金支持将极大影响战争的走向。对于双方而言，中国社会连年动荡，尚有

---

① 吕芳上主编：《蒋中正先生年谱长编》第一册，台北：国史馆、国立中正纪念堂管理处、财团法人中正文教基金会，2014年版，第515—516页。

② 《蒋中正先生年谱长编》第一册，第526页。

③ 《蒋中正先生年谱长编》第一册，第606页。

能力提供军费的只有金融业,其中上海银行业最具实力。①以蒋介石本人的立场,未必很乐意求助于银行界。其早年在上海就表达了对商人的厌恶:

"政客、武人、官僚之外,商人之狡猾势利,尤为可恶。资本扫除殆尽,则家无乐别自由之道,绅耆阶级之不打破,则平民无伸张权力之理,为平民之障碍者,不在官僚与武人,实在资本家与绅耆,扞格其间,以致一切权力,不能伸张,一切意思不能自由,而政客、议员各为民意代表,实则媒介于绅耆、官僚之间,凡有罪恶皆以此种虫贼所造成者也,吾以为革新社会,资本家与绅耆二者之中等阶级须先扫除廓清,至于武人与官僚为尤难。"②

在蒋介石的日记中,常常有对上海商人的抱怨:"为富不仁,复欲害人,居心毒极!沪上商人行为卑陋至此者,见不一见,亦无足怪。"③蒋介石与陈光甫相似,"敢于"批评自己的同乡:"宁绍房间污移,规则窳败,使人闷恨。中国商人非用强迫整顿不可,人类性恶,世界以中国为最,中国以上海、北京为最。宁波人性卑鄙,沪、甬几无我立足之地。"④中国商人之"利禄之心""狡猾之谋"是蒋介石在北伐以前对上海商业界的真实印象。这种厌恶或是蒋介石长久的心理状态,对其而言,亲手掌控经济命脉成为巩固现实权力的必然途径。

一方面,蒋介石试图控制南方政权的财政。1926年底,他指示宋子文设法维持军费,并批准撤去驻财政部的党代表。同时,他催促中央银行在武汉、南昌、长沙各地建立兑换所:"目前挽救,惟有在武汉设立中央分行,与南昌、长沙设兑换所之一法。盖银行为金融之枢纽,信用为倾格之保障,但使长沙建立分行,而以三省收入现金为准备,自能操纵自然,应付裕如绝不致危及广州总行根本。"⑤不过,此前宋子文在国民党内的地位从未受制于蒋介石,而在党权体制下,更无理由以政府财长身份服从军事统帅的控制。

另一方面蒋介石试图按插自己的亲信负责军费的筹集。俞飞鹏、周骏彦、孙鹤皋等人都是蒋介石在青少年时就认识的同乡。⑥当蒋介石独自在上海过年,思念家人时,正是周佩箴等人同他一起度过。⑦由于他们对蒋介石的忠诚与蒋介石的信

① 参见朱荫贵:《两次世界大战间的中国银行业》,《中国社会科学》,2002年第6期;唐传泗、黄汉民:《试论1927年以前的中国银行业》,载《中国近代经济史研究资料》第4辑,上海社会科学院出版社,1985年版。

② 《蒋中正先生年谱长编》第一册,第104页。

③ 《蒋中正先生年谱长编》第一册,第128页。

④ 《蒋中正先生年谱长编》第一册,第174页。

⑤ 《蒋中正先生年谱长编》第一册,第599页。

⑥ 《蒋中正先生年谱长编》第一册,第19—20、120页。

⑦ 《蒋中正先生年谱长编》第一册,第79页。

任,这些人在整个北伐过程中逐步成为替蒋介石处理军需问题的重要助手。①在助手们苦于解决经费来源问题之际,蒋介石对一般商人阶层仍存在不信任,曾发布公告:"如再有奸商不明大义,从中操纵,希图短折,或拒绝不收,一经查出,定当从严惩办,决不姑宽。"②

11 月 7 日北伐军三克南昌后,为稳固地盘,蒋介石决定用重金收买敌方军官,急需大笔金钱。国民革命军的军费原本以广州中央银行的钞票为主,但中央银行分支机构很少;同时,北伐军辖内原有的中国银行分支机构一律收束,中央银行纸币因无处兑现,流通困难。③在这一情形下,蒋介石尝试向上海金融界探听意愿。在此之前,上海全浙公会、南京商会和上海各路商界总联合会分别致电蒋介石,恳求与孙传芳和谈,但蒋介石绝不同意。④

此时的金融界正在观察南北局势的变化。于是在 1926 年底产生了金融界密商支持武汉政府发行公债的计划。12 月,在武汉临时联席会议还未决定整理武汉财政、金融公债方案之前,银行界就得知了大致的发行计划和数额。这一计划的文本目前见之于陈光甫致汉口唐寿民的信件。陈光甫谨慎地以第三人称的方式叙述张嘉璈约谈浙江兴业银行的蒋抑卮和李铭,以及汉口方面其他银行的经理,并达成共识。众人赞同武汉政府维持新旧债券的计划,而此时的北洋政府已经无法维持债券。同时,银行业同人赞成陈光甫几年前的向北京政府提出的方案,即通过政府自建保管基金,为今后接收海关收入存款作准备,同时武汉政权须予以折扣,提高债券年息 4 厘为 6 厘,并独立基金的账户或存放,保证担保的有效。银行界托人将建议转由孔祥熙交给宋子文后,陈光甫另函将同样的计划转唐寿民于孔祥熙。陈光甫特意不提及对前政权所发债券的整理事宜;显然,立足未稳的革命政权更容易接受这样的条件。⑤ 1927 年 1 月 1 日武汉政府公布的《整理金融公债条理》采纳了银行界建议的一部分,公债没有给予过低的折扣,而以年息 8 厘的债券抵借银行界愿意提供的现金数量,同时对担保品作了明确说明。⑥

1927 年 1 月 24 日,蒋介石在浙江的亲信陈其采报告,认为陈光甫适合担任"上海财政之选",可以择机委任。同日蒋的亲信孙鹤皋来信称:"陈(其采)主任业已返沪面洽数次,筹款一层已由其负责办理,大约步骤,历详公函。然上海一处饷源颇钜,须先事布置。陈主任推荐之陈光甫确是有力分子,当南京未下以前,至如何组

① 《蒋中正先生年谱长编》第一册,第 302、337、487、563、573 页。
② 《蒋中正先生年谱长编》第一册,第 590 页。
③ 《蒋中正先生年谱长编》第一册,第 606 页。
④ 《蒋中正先生年谱长编》第一册,第 44、528 页。
⑤ 中国人民银行上海市分行金融研究所:《上海商业储蓄银行史料》,第 291—292 页。
⑥ 《旧中国公债史资料》,第 139—140 页。

织,如何划分,还祈酌量名称为盼。”①蒋介石获悉后,25 日就写信给陈光甫和钱永铭二人,称:“新之、光甫二位先生大鉴:时切想望,未接道范为歉。沪上来友,皆称诸公主张公道,扶持党义。岁寒松柏,尤为感佩!尚抵随时指示,贯彻初衷。如有公暇,能来浔汉一游聊舒积愫。”②

1927 年 2 月,孔祥熙继宋子文为广东省财政厅长,孔曾于 1927 年 2 月间函约陈光甫去广东,并专门托贝淞荪向陈光甫面告南方的情况。陈光甫没有前往广东,但是月初,陈、钱二人秘密见到了蒋派来的黄郛和徐桴,通过黄、徐二人借给了蒋 50 万元。③

蒋介石与武汉国民党人的关系在 1927 年开始发生危机。由“迁都武汉之争”开始,国民党内部逐渐演变成以蒋介石为首的南昌阵营与以鲍罗廷、徐谦等人为核心的武汉阵营之间的权力斗争。双方的矛盾到了 2 月已经公开化,17 日国民党中央联席会议制定“反革命条例”,矛头直指蒋介石。蒋介石对宋子文的军费催饷也越发不满:“前方饷项已经断绝,如再不速解 百五十万元来此济急,视为以后即断绝关系也。”他甚至认为宋子文“有意为难,薪饷不发”。④随着国民党内矛盾逐渐公开,陈光甫并没有进一步支持任何一方,而是冷静观察。

与蒋介石阵营的联手

蒋介石与武汉的对立日趋严重。3 月 7 日,中国国民党中央执行委员会任命何应钦、白崇禧、张曙时、汪守华四同志为上海政治分会委员。⑤蒋介石“对于政治分会人员,大生疑问”。⑥ 3 月 15 日,国民党二届三中全会决议统一财政,由财政部长兼江浙财政处长。⑦与之对应的是,蒋介石电南昌陈果夫嘱任命虞洽卿、钱新之、陈光甫、陈其采为上海财政委员会委员,陈其采为委员会主席。⑧双方同时试图争夺上海的财权。3 月 19 日,武汉方面下令,“凡各军队各行政机关所有收支款项均应存放中央银行,不得与其他银行来往,违者应以违抗命令论。” ⑨ 1927 年 3 月 21 日东路军克复上海。当日,蒋介石致电宋子文:“上海分行应即开设,有否筹备,所

---

① 《孙鹤皋致蒋介石函》(1927 年 1 月 24 日),台北“国史馆”藏,蒋介石档案,档号:002-080200-00016-034。
② 引自朱镇华:《蒋介石到南京后谁最先资助他》,《浙江金融》,1986 年第 12 期,第 70 页。
③ 《上海商业储蓄银行史料》,第 8 页。
④ 《蒋中正先生年谱长编》第二册,第 18、45 页。
⑤ 《国民党中执会致何应钦等函》(1927 年 3 月 7 日),中国国民党党史馆藏,汉口档案,档号:汉 2667。
⑥ 《钮永建致吴稚晖函》(1927 年 3 月 15 日),中国国民党党史馆藏,吴稚晖档案,档号:稚 08945。
⑦ 吴景平:《宋子文政治生涯编年》,福建人民出版社,1998 年版,第 49 页。
⑧ 《蒋介石致陈果夫函》(1927 年 3 月),台北“国史馆”藏,蒋介石档案,档号:002-090106-00006-123。
⑨ 《国民党中执会致国民政府函》(1927 年 3 月 19 日),中国国民党党史馆藏,汉口档案,档号:汉 8181。

有现款以集中上海为要,沪行长可由庸之兄兼任,或樵峰(俞鹏飞)专任。”①

1927年3月22日,上海召开上海市民代表会第二次会议,推举临时市政府委员十九名(白崇禧、钮永建、杨杏佛、罗亦农、汪寿华、虞洽卿、陈光甫、王晓籁、郑毓秀、林钧、谢福生、侯绍裘、王景云、王汉良、李泊之、何洛、丁晓先、陆文韶、顾顺章)。大会宣布市民欢迎北伐军之日期,提出“消灭直鲁军阀”“废除一切不平等条约”“集会结社罢工言论自由”“打倒一切反动派”“民众政权万岁”“上海市政府万岁”“拥护国民政府”等口号。② 23日,国民党中央执行委员会承认了上海市民代表会为上海市民正式代表机关,并对选出的候选人进行组织指定。③

此时的上海临时市政府同样承认蒋介石的权力。24日,市政府同时通报国民革命军总司令部委任陈其采、虞洽卿、陈光甫、钱新之为上海财政委员,以及武汉中央政府任命宋子文为江浙财政处长的任命。王晓籁、虞洽卿和陈光甫被推为上海市临时财政委员,陈光甫与虞洽卿两人成了武汉方面与蒋介石都承认的地方代表。④ 26日,上海特别市临时市政府发布两条施政原则:“一、凡久受压迫之痛苦,必力求解除,工商学各界所提关于自身利益及社会公共之要求,力谋实现;二、革命工作不容稍停,上海市民应承受国民党之监督指导,努力进行。”⑤

就在此时,陈光甫突然向上海市政府委员杨杏佛递交辞呈:“鄙人忝列商界,对于政治素无经验。况当此时局更新,百事待举之际,尤赖富有政治思想而兼有干练之才,方可胜任。”⑥由于新政权的过激措施,陈光甫对新政府的退出是必然的。在3月之前,上海“新组职工团体,正式宣布成立者约一百十余处,而银行业不与焉,未见报载者亦不与焉”。而3月23日下午,上海商业储蓄银行忽然组织了工会,定名为上海商业储蓄银行职工会,提出“以谋劳资双方利益,国家社会个人的幸福为前提”,分设总务、教育等十三部,推举干事,遣派代表,向银行职工总会接洽。次日,上海银行公会召集各行决议应对方法:“一、行员有所要求,各银行应共同筹商解决;二、各银行各自劝告行员,如组织工会,应自动的组织,不必加入总工会;三、各银行应将以前所受硬摊军事借款等等,尽量宣布,以后遇事公开,俾咸晓然于各行之力量及痛苦。”25日,银行业职工总会致贺陈光甫当选市政府委员。⑦ 4月8日,上海银行界同业50家成立上海银行业联合会,并发表相对调和的声明:“各行亦应互相提携,通力合作,以发展社会生利事业,俾生产日增,投资者、企业者、劳力

---

① 《蒋中正先生年谱长编》第二册,第40页。

② 《第二次市民代表会议详纪》,《申报》,1927年3月23日,第9版。

③ 《中执会致蒋总司令》(1927年3月23日),中国国民党党史馆藏,汉口档案,档号:汉5055.2。

④ 《临时市政府昨开执行委员会》,《申报》,1927年3月24日,第9版。

⑤ 《临时市政府之两布告》,《申报》,1927年3月26日,第9版。

⑥ 《陈光甫辞市政府委员》,《申报》,1927年3月26日,第11版。

⑦ 《各职工会消息》,《申报》,1927年3月25日,第12版。

者,各得相当之报酬。"同时上海华商银行各职工工会复制了汉口工会的方法,成立了"上海银行业职工总会",提出加薪事宜,并致信各银行将"派员指导,组织工会"。[①]银行界的工会运动的蓬勃开展,上海俨然将成第二个汉口。陈光甫作为银行业的领袖与商界的代表,处于工会与银行的直接对立中。作为工商界金融利益的代理人,他用辞职表达了对股东利益的支持立场。

同时,钮永建与虞洽卿也提出辞职。27日,市政府第二次执行委员会审议了三人的辞呈,议准钮永建和陈光甫辞职,由主席王晓籁接洽虞洽卿,如辞意坚决,亦准辞职。[②]如此迅速的决议反映出陈光甫与政府委员会关系的淡薄,对虞洽卿的挽留或是出于其"五卅"时期与工人运动领袖的关系。陈光甫很清楚自身的基石并不是工人运动的革命群体。与参与"五卅"运动一样,此次退出中共占主导的政府也是出于其对自身社会群体利益的判断。

陈光甫等人退出上海政府以后,上海市政实际由共产党人控制,而社会工潮日益加重。蒋介石26日即到上海,而上海时局已近似武汉,若不能控制上海,军队首先会失去经费来源,自己政治上也再无有筹码。他于29日致信上海市政府:"查上海市之政治建设,实为当今要图。欲谋市政之建设,在此军事期内,一切行政处处与军事政治统系攸关,若不审慎于先,难免纠纷于后。中正为完成政治统系及确定市政制度计,已另电中央熟商办法,务望暂缓办公。"在白崇禧与杨杏佛都缺席的情况下,上海方面宣布:"我们一方面受民众热烈的托付,一方面受国民政府的承认,我们以革命的精神、民众的意旨来做我们的工作,我们在革命的战线、是不容推却的。"上海临时市政府一面派王晓籁等与蒋、白会晤,一面以"请求批准组织法,并明定本政府与将总司令权限之划分"。双方针锋相对。

蒋介石已经处于非常危险的情境。对他而言,不仅上海的新政权已经受到武汉的承认,4月1日蒋介石还遭武汉政府免除国民革命军总司令一职。他与武汉分裂之心基本已决,说道:"为本党计,非与之分裂不可也。"[③]事实是在这之前他已经做好了夺取上海权力的决心。3月30日,蒋介石再次感慨军费紧张,"今日下午会客后,往访宋部长子文,叹曰:军事财政亦难。政治难,党务更难。以一身兼备数难,如何其不疲耶"。[④]4月1日他发布了江苏兼上海财政委员15人的名单,并任命陈光甫为主任。[⑤]在此之前,他已经致函上海银行公会说明所有关于财政问题之前由白崇禧负责筹措,现在改由"财政委员"通盘筹划。他说:"特派该委员会陈主任,

---

① 宋春舫等:《上海商业储蓄银行二十年史初稿》(1934年5月),上海市档案馆藏,档号:Q275-1-170。

② 《市政府昨开二次执行委员会》,《申报》,1927年3月7日,第10版。

③ 《蒋中正先生年谱长编》第二册,第48页。国民党方面的官方叙述也认为4月2日是蒋介石决心在上海和南京发动所谓"清党"的日子。

④ 《蒋中正先生年谱长编》第二册,第150页。

⑤ 中国人民银行上海市分行金融研究所:《上海商业储蓄银行史料》,第292页。

亲赴贵会商议办法,尚希慨予接洽,鼎力协助。至此项垫款,自当指定的款,尽先拨还,以期公家与金融界双方兼顾,以收互助之效。"①此函反映出蒋介石意识到从银行界筹措经费需借助银行家的力量,名义上是托付财政筹措的权力,实际是将银行家吸纳进蒋所掌控的权力机构。信中对垫款的偿还做了"尽先拨还"的承诺,可见双方此前已经达成了某种借款约定。

4月8日,武汉方面又决定将中央党部与国民政府迁往南京,以便"适应革命势力之新发展及应付目前革命之需要"。②在此时刻,蒋介石公开发表了一个声明:"江浙地方,现经克复。所有江浙财政事宜,应即交由财政部接收整理,以期统一。"③从宁汉关系的角度看,这是蒋介石对武汉方面或者宋子文释放的障眼法。实际上,这一声明距"四·一二"事变的发生不过5日,蒋夺取上海的决心和计划已定。在对共产党人残酷的镇压以后,4月25日,南京国民政府颁发布告,所有江苏(包括上海)财政事宜才正式由江苏兼上海财政委员会负责办理。④地方局势稍稳,陈光甫开始为蒋介石向银行界筹措垫款。

应对战乱与武汉政府

从上海商业储蓄银行的债务情况同样可以推测,陈光甫对于北伐本身并无过多好感。自北伐始,南北方银行家对北伐军的态度存有一些差异。与北方的张嘉璈、吴鼎昌等人相比,上海陈光甫、宋汉章的立场更为谨慎。⑤原因也是显而易见的,北伐战争对南方的金融机构已经产生影响:第一章的表1-2包含了至1926年底上海商业储蓄银行各分行向南方政权的军政借款,其中在湖南一省,武汉国民政府对上海商业储蓄银行2万元的借款远高于之前的军阀政府。1926年9月蒋介石到汉口即用中央银行钞票抵借15 000元,10月国民政府财政委员会又以汉口当地收入抵借2万元。

1927年春,山东省当局借口时局骤变,勒借款项,上海商业储蓄银行济南分行只能"毅然停业,甚至撤销行屋,以避其锋"。4月,北伐军将进抵达长江,军阀抗拒,时局严重,上海商业储蓄银行将杭州分行、济南分理处、长沙办事处以及烟台、镇江两处分支先后停办。6月,北京分行也被迫停办。在苏南地区,"南北两军在当地轮流驻扎,给养浩繁,勒借款项甚多",无锡、苏州、常州等较早设立的分支机构

---

① 《上海商业储蓄银行史料》,第293页。

② 吴景平:《宋子文评传》,福建人民出版社,1998年版,第56页。

③ 吴景平:《宋子文政治生涯编年》,福建人民出版社,1998年版,第51页。

④ 吴景平:《宋子文政治生涯编年》,福建人民出版社,1998年版,第54页。

⑤ 甚至中国银行的分行经理都先后穿梭于国民政府内部。(《蒋中正先生年谱长编》第二册,第39页;《上海商业储蓄银行史料》,第292页。)

均被迫收束,或宣告停业。①实际上,上海商业储蓄银行"一方面受军阀勒借之苦痛,一方面遭战事与工潮之影响",最后除了总行外,只有宁、汉、津、通四处分支还能勉强营业。②上海商业储蓄银行业务版图收缩严重,有的分支从此一蹶不振。

作为武汉国民政府所在地的汉口是陈光甫早年成长和营生的地区,也是上海商业储蓄银行发展中的战略要地。汉口是长江要埠,川、陕、湘各省进出口货品以该处为转运总枢纽,银行为进行推广营业,于5月间特设分理处,专办航路押汇以及汇兑等营业。③ 到1926年底,汉口分行的放款占全行放款量的11%,仅次于上海总行和国外汇兑处,而存款则仅次于总行,远远超过其他地区的分支机构。④

1927年初,汉口成立了银行行员工(公)会。不久工会致函各银行经(副)理要求加薪,"现时生活程度继长增高,几有一日千里之势,各会员处此环境,痛苦万状,若不亟谋改善方法,则自身与家庭即有失却生存能力之危险"。武汉国民党中央临时联席会虽然不允许银行业罢工,但支持工会与银行界谈判,最终签订改良待遇及加薪条件共19条。⑤同时,汇丰银行汉口分行停业,并停止付款,当时汉口总商会希望政府交涉,蒋介石答复政府可以交涉,但希望各界将汇丰存款提存中央银行,加强政府财政基础。⑥此时,蒋介石意识到可以借助民族主义的手段帮助华资银行,从而掌握货币资源的转移。

4月15日武汉政府下达了《现金集中条例》,禁止现银流通与出口,封锁了大部分的外部经济往来,造成金融恐慌,上海商业储蓄银行也有20余万元左右现金被封存。另一方面,蒋介石依靠军队和青帮,以维持上海的工商秩序为筹码,催促陈光甫能出面筹钱。"四·一二"事件第二天,蒋介石就亲电陈光甫,"请于最短期内筹款,以济急需",要求陈氏"尽国民之天职"。⑦

在商言商,陈光甫的上海商业储蓄银行照常营业,一方面接受来自国外支援武汉政府的存款,一方面以优惠汇率接受武汉地区外商汇沪款项,帮助恢复售货。刘大钧回忆许多在汉口做生意的朋友说起汉口封锁现金的恐慌时期,金融完全停顿,各家银行都停业,只有上海商业储蓄银行和工商业关系密切,独自维持市面,竭力帮助存户提款。上海商业储蓄银行对于现金封锁以前的各户存款,一概用现金照

---

① 宋春舫等:《上海商业储蓄银行二十年史初稿》(1934年5月),上海市档案馆藏,档号:Q275-1-170;上海商业储蓄银行编:《行史资料:本行大事记》,上海市档案馆藏,档号:Q275-1-168。

② 《十六年下期发告同人书》,《陈光甫日记言论集》。

③ 《上海商业储蓄银行第八期报告》(1919年7月),上海市档案馆藏,档号:Q275-1-288。

④ 中国人民银行上海市分行金融研究所:《上海商业储蓄银行史料》,第109、192页。

⑤ 《国民党中执会暨国府联席会议致汉口银行行员公会函》(1927年1月17日),中国国民党党史馆藏,五部档案,档号:部4805.1。

⑥ 《蒋中正先生年谱长编》第二册,第10页。

⑦ 引自王正华:《1927年蒋介石与上海金融界的关系》,《近代史研究》,2002年第4期,第94页。

付,“丝毫不想从中渔利”。①

主持江苏兼上海财政委员会

面对已经控制了上海的蒋介石,陈光甫表示合作,愿意出任江苏兼上海财政委员会的工作。他回复蒋氏:“实以北伐之功未竟,聊尽国民一份责任”。虽然陈光甫拒绝了财政部次长一职,蒋介石欣然表示会给予多方的支持。②首先,蒋介石分别致函银行公会、钱业公会和成立伊始的上海商业联合会,称“所有关于财政问题,应统由该委员会通盘筹画”,“兹特派该委员会陈主任,亲赴贵会商议办法,尚希概予接洽,鼎力协助”。③ 蒋介石将筹款的任务主要托付给了由陈光甫所在的“苏沪财委会”,而非原先的国民革命军军需处。蒋授意陈光甫首先筹款 1 000 万元,陈不负所望,在上海局势稳定以前就筹集了第一笔 300 万元,“由银行公会各会员行垫借二百万元,钱业公会各会员钱庄垫借一百万元,其利息均定为月息七厘”。吴景平教授解读,合同虽然对垫款清偿的期限未作规定,但允许作为债权方的银钱业公会直接介入属于“国税”的抵押品监收和本息的偿付,显然是对上海金融业的最大让步。④

陈光甫并不想成为蒋介石的筹款工具,曾以银行董事会责成其专注行务为由不赴任。蒋介石于是一面疏通其他金融家劝在镇江躲避的陈光甫就任,一面为陈光甫树立声势。4 月 18 日南京国民政府成立,20 日蒋介石亲自宣布“江苏兼上海财政委员会”正式成立并代表国民党中央党部训词,陈光甫为主任委员。蒋介石还要求陈光甫担任财政部次长、江苏财政厅长,陈言“彷徨莫知所措”,说自己“忝居商界,未谙计政”,力辞不就。⑤

第三,蒋介石希望尽早募集到 1 000 万元借款,并对信赖的国民党元老张静江吐露“财政委员会筹款延缓,且不得法”(4 月 23 日)。他对陈光甫的工作依旧给予正面的支持,指示“苏沪财委会”,可负责收回苏沪地区的各项征收机关,并及时通告前线击溃敌军,“俘获甚多”的战况。很快,4 月 25 日,“苏沪财委会”与银钱两业公会的代表正式签署了续垫借款 300 万元合同。蒋介石表示满意,以国民革命军总司令的名义布告:“案照中央政治会议决议,江苏及上海财政完全由江苏兼上海

---

① 《上海银行昨日之盛会》,《申报》,1928 年 11 月 19 日,第 13—14 版。

② 《上海商业储蓄银行史料》,第 399 页;上海商业储蓄银行总经理处编:《行史资料:本行大事记》,上海市档案馆藏,档号:Q275-1-168。

③ 《上海商业储蓄银行史料》,第 293 页。

④ 吴景平:《上海金融业与国民政府关系研究(1927—1937)》,上海财经大学出版社 2002 年版,第 53 页。

⑤ 《陈光甫致蒋介石函》(1927 年 4 月 23 日),上海市档案馆编:《上海银行家书信集》,上海辞书出版社 2009 年版,第 45 页。

财政委员会负责办理;嗣后无论任何机关、团体,对于财务上一切用人行政事宜,概不得加以干涉;其对外一切契约行为,并由该委员会负责办理。”①

此外,陈光甫在南京当局与上海银钱两公会之间斡旋协商,确定了江海关二五附税国库券基金委员会,“苏沪财委会”于5月1日发行3 000万元库券。这笔国债的担保品由政府与商界共同组织委员会保管,该二五库券基金会自1927年到1932年4月改组,总共发行了超过10亿元的公债。同年7月11日,财政部聘陈光甫为高等顾问;8月2日,蒋介石任命陈为劝募盐余库券委员会委员。②

宁汉分裂后,双方竞相争取冯玉祥的支持,蒋介石不仅要维持正常的军队开支,还要花钱收买其他军队。南京国民政府发行的江海关二五附税库券尚不及募集,5月3日蒋介石强求中国银行先行垫借1 000万元,并于两日内转解南京。这顿时造成了蒋与金融业的紧张关系。③

上海的金融界对蒋介石的态度本就有所不一。中国银行方面的宋汉章、张嘉璈等人本就在1918年对抗北洋政府“停兑令”事件中树立了中国银行的名声。两人一方面请陈光甫斡旋,一方面宋汉章则于5月13日复函蒋介石,称上海中行在银钱两业公会两次垫款600万元中已担任120万元,此次愿意再垫款200万元,已大大超过各地其他分行向国民革命军的垫借额,表示无力为继。而蒋介石关心的是军政开支的充足,20日电令“苏沪财委会”的政府代表俞飞鹏,“此等商人毫无信义可言,何必客气”。④

陈光甫见到了这一电文,其中还要求中国银行必须两日各缴200万元,倘若只交200万元,财委会亦不予接收。23日财委会又收到蒋介石21日电,蒋要求在24日前筹足500万元解宁。陈光甫当即与俞飞鹏发生争辩,他说:“军事与财政本属休戚相关,北伐军费固关重要,但市面金融亦应维持。倘挤逼过紧,市面一旦发生变动,则任何方面均属不利。”⑤很明显,他认为蒋介石太不顾及金融界,于是站在了中行一边,希望能兼顾双方的利益,圆满解决。

蒋介石并不妥协,致电陈光甫,声称中国银行汉口分行支持武汉政府的货币,“如为法言,不谓其阻碍革命,亦有意附逆而不可。请诸公从严交涉,万勿以私忌公,限本月内收足一千万元,千祈勿徇私情”。⑥ 前一句以政治罪名威胁中行,后一句则暗示陈光甫不要替宋汉章说话。

陈光甫自然明白蒋介石的意思,不能继续强调中国银行的垫款已占上海金融

---

① 《上海银行家书信集》,上海辞书出版社2009年版,第45页。

② 《上海商业储蓄银行史料》,第306页。

③ 上海市档案馆编:《一九二七年的上海商业联合会》,上海人民出版社1983年版,第95—96页。

④ 《上海商业储蓄银行史料》,第293页。

⑤ 《中华民国史档案资料汇编》,第五辑第一编,财政经济(一),第27—28页。

⑥ 《蒋介石致陈光甫等电》(1927年5月),台北“国史馆”藏,蒋介石档案,档号:002-010100-00008-066。

业之首,但他也清楚其作为金融业领袖的社会责任。经过深思熟虑,他致函提醒蒋介石:中行若连发行准备金都提垫出来,会酿成挤兑风潮和金融恐慌,影响以后的其他借款,最终损害蒋介石的军事前途;同时上海作为远东金融中心,若因政府军需而导致金融失序,外国势力必对南京当局有所顾虑。[①] 6 月 4 日陈光甫又致电蒋介石,辞去苏沪财委会主任一职。

此举至少让蒋介石知道了此事对于金融业并非简单的利益增减问题。为了能够使陈光甫继续在财委会正常工作,他选择让亲信来表达妥协。政府代表俞飞鹏迅速表态:"中行以市面金融关系,确有为难之处,但前方需款孔急,尚宜筹划两全之策。"[②]张静江则向陈光甫致意,在中行垫款一事上"当不使吾兄独为其难"。蒋介石复电陈光甫,恢复 1927 年初的恭敬之态:"中正到沪后,军事得步步进展,全赖诸公擘画之功。吾公主席财会,尤著贤力。方今大军渡江,后方接济更属紧要,千祈勉任艰巨,捍卫国家,匡襄不逮,勿萌退志,无任企祷。"[③]次日,蒋再次致电陈光甫,挽劝打消辞意:"财政困难,责任甚重,军政党务之命脉,全在于此,非贤劳决不能胜任,且非吾兄亦决不能著信集事也。"[④]

陈光甫的本意即是代表上海金融业的基本利益,无意与南京政府较出胜负。6 月 7 日陈光甫继续主持苏沪财委会,表示对于 5 月底筹解的差额"日内解出",并托钱永铭携 10 万元给南京的蒋介石表示遵命。11 日,陈光甫又亲自赴宁谒蒋。蒋介石与金融界的第一次争执得以平息。到了 1927 年 8 月,蒋介石迫于时局第一次下野,陈光甫募集二五库券的重任也暂告结束。学者邢建榕从上海市档案馆所藏的陈光甫个人档案中找到了其真实想法:"立国之初不可如此。如以军人事行之,不经政府通过,等如军阀之行为,令人寒心。"[⑤]

第二节　二次北伐到中原大战期间的陈光甫

向新政府诤言

在北伐和宁汉分裂的过程中,陈光甫接到上海商业储蓄银行汉口分行的报告:

---

① 《一九二七年的上海商业联合会》,第 109—110 页。

② 《中华民国史档案资料汇编》,第五辑第一编,财政经济(一),第 36 页。

③ 《蒋介石致陈光甫电》(1927 年 6 月 6 日),《档案与历史》,1987 年第 1 期,第 68 页。

④ 《一九二七年的上海商业联合会》,第 110 页。

⑤ 邢建榕:《"四·一二"前后的陈光甫与蒋介石》,《史林》,1988 年第 1 期,第 96 页。

"自去岁共产政府倒后,汉上生意缩小三分之二,故凡做生意,皆有若干资金勉强周转,不必以重利用钱庄之钱。"①为此陈光甫离开上海与南京,亲自到汉口整理有关行务。他在汉口接触到了李宗仁、白崇禧等武汉方面的国民党官员。在陈光甫到达汉口之前,当地市场债务总额达3 000万元,又为钞券跌落,偿还价格无标准,整个金融市场的债务不能履行,危及大半的金融机构。当时白崇禧召见银钱业和商会要人,即促磋商整理债务方法。② 但是汉口的商界和银行界对于如何整顿意见不一。陈光甫刚到汉口,白崇禧很快找到他,要求帮忙筹款解决地方金融停滞问题。③其实,陈光甫此次到武汉不仅为了复兴汉口分行的事情,正有处理当地银行钞券贬值之目的。虽然上海商业储蓄银行不发行自己的钞票,但是却领用以中国银行纸钞为主的钞票。此时中国银行的钞票市价大跌,他写信同李铭商量,希望李能说服中国银行总行方面张嘉璈同意发行公债,收回汉钞。④陈光甫还在汉口认识了白志鹍,他对汉口政府印象良好:"不扰百姓,处处体谅,人民爱戴,因之汉口商业日见发展。"⑤

1928年4月9日,陈光甫与李宗仁见面。他记录下第一次见李宗仁的印象:"李君年约四十左右,广西口音,中等身材,面上略有风尘气,而一见即知为爽直之人,言词举动之间,颇思为人民谋幸福,而毫无军阀态度,可称为革命之代表者。"李宗仁向陈光甫请教中、交钞票贬值一事,陈光甫说自己只是回汉口处理先父遗留的商务手续。至于金融问题,陈光甫说道,中、交货币信用已经破坏,上海商业储蓄银行虽然信用良好,但旧账皆因钞票不能兑现。政府要解决问题必须自行发行债券,收回钞票。陈光甫还告诉李宗仁与白志鹍,不能听任市场:"若要成功,第一先须与人民立信,区区之数千万元之担任,且不需现金,将来武汉事业何止数千万元。"⑥陈光甫对此事的立场很清楚,中、交钞票信用如果不能自己维持,应当由政府通过发行公债维持;从商人的角度来看,即便发行公债,承募方也一定以中国、交通等大银行为主。武汉方面的问题最终得以解决,政府由中国银行发行长期低息公债收回自己的钞券。这一结果使陈光甫对李宗仁的印象极好。⑦

陈光甫在汉口时期还完成了其《两湖应兴应革诸项》一文,文中他全面地对如何建设两湖地区提出政治、经济、司法等方面的看法:财政公开,公布政府预算及真实开支,尽量免除细捐杂税;政府整理钱币,借公债用以建设,以"信用治国";实行

---

① 《陈光甫致杨介眉等函》(1928年),《陈光甫日记》,第34页。
② 《武汉商场债务问题》,《申报》,1928年1月26日,第4版。
③ 《陈光甫日记》,1928年1月21日,第12页。
④ 《陈光甫日记》,1928年2月8日,第22—23页。
⑤ 《陈光甫日记》,1928年4月9日,第16页。
⑥ 《陈光甫日记》,1928年4月9日,第16页。
⑦ 《陈光甫日记》,1928年10月16日,第68页。

减政,裁撤冗余机关,"为民兴利除弊";由专业人士而非"政客"修订税则,免除重征。他比较担心司法部门手续繁杂,不能公正,"现在财政困难,固然不能谈到增加薪俸,倘再积欠生活之费,而更责以廉洁,似乎难矣"。他还提出治理水涝、官有事业招商开办、奖励开采矿产等方案。①从行文看,他很有可能将这些意见传递给了当时国民党武汉政治分会,表现出他对地方建设事业的积极态度。

此时,南京的政权重新回到蒋介石手中。当蒋的嫡系军队正在向北京推进之时,中央政府大体由张静江、吴稚晖等元老分控权力中心,宋子文也得到重用。战事与重建的开支使得南京方面的财政形势依然很严峻。陈光甫在汉口处理商务问题之时,宋子文和蒋介石纷纷来电,要求陈光甫回到南京。消息灵通的陈光甫觉察到蒋介石集团内部的问题已经出现,他记载:"中行因发行关系,子文不肯放手,因恐为渠之政敌取去筹款,失其能力。"在南京,中国银行要改组,张嘉璈提出孔祥熙,张静江则提出钱新之,宋子文则想自己担任。争执不下,各方想到了陈光甫。②

陈光甫的态度让人意外。在二次北伐即将胜利之际,他并不看好蒋介石的政权。他在 1927 年就认为蒋政权的建设计划和政府内部问题严重:"今后蒋介石之政府能否成立,乃在为人民做一二件事(孙到江浙一事未办,以致失败),如完成粤汉铁路、整理淮河流域。此二事如即日着手,十年后生产可加增之无量倍也。"然而,国民政府此时无暇顾及两项事情,陈不免感到失望:

"蒋之政府成立时间虽尚早,不觉已有七层(成)张作霖之办法;(一)不顾商情,硬向中国银行提款一千万元;(二)以党为本位,只知代国民党谋天下,并不以天下为公;(三)引用一般半无政府党之信徒扰乱政治。闻李石曾要办劳动大学,内设劳工、劳农等科,还要开一个劳动银行。此种人从来就未做过一件事,此种大学无非鼓吹破坏纪律等事耳。财政等事,古、钱毫无权柄,全凭张静江,此人为半残废之人,令其主张财政,则前途可想而知矣。如照此办法,不出二三年,江浙又要出事矣。"③

到了 1928 年 8 月,南京政府的地位似已完全确立,陈光甫在日记中继续批评南京政府:"国民党前对北京政府所取反对之态度,因不满意政界人物之故,今南京政府人物仍抱做官主义,国民党渐将以前对北京之态度对待南京。"④他从国民党二届五中全会的情形判断国民党出现内争的迹象。他指示上海商业储蓄银行在汉口需要谨慎:"现在青黄不接,本无所谓扩充二字,不过要看政局而定。"⑤

---

① 《两湖应兴应革诸项》,《陈光甫日记》,第 43 页。
② 《陈光甫日记》,1928 年 5 月,第 26 页。
③ 《陈光甫日记》,1927 年 6 月 11 日,第 57 页。
④ 《陈光甫日记》,1928 年 8 月 3 日,第 50 页。
⑤ 《陈光甫日记》,1928 年 8 月 15 日。

另一方面,政府财政的巨大支出与政策上的变化也是陈光甫不满的主要原因。他说:“自革命军占有南京以来,用钱如泥沙,不惜物力。财部仰承意旨,在沪筹款,其唯一之方法在搜寻新税,不顾民生。”他认为南京政府的新债还旧,只会陷银行界于循环式的陷阱。他不满政府政策变卦:“以前所订之办法,现时皆可为民众利益起见,用革命手段废除之,但银行家懵懵不明此潮流之所趋,以为照前此所得之利益,一经财部承认,即可永远不变,是亦大惑矣。”①他看到:“民国以来,政局每经一次之变更,则苛捐杂税亦随之而增加,人民原冀从政治改革得以解除倒悬,不料经一番之牺牲,多一重之痛苦,无怪乎怨声载道,失望愈深。”② 事实上,陈光甫的观察是正确的,1928 年初开始蒋介石与以张静江为代表的党内元老关系恶化,元老们与宋子文的争执也开始不断出现。蒋介石一派内部的党争削弱了蒋介石的实力。另外,蒋介石自己也表露出一些急躁。1927 年底,蒋再次上台,他就对商界说道:“希望各省商会注意两点:一、商业不能脱离政治;二、商业之发展,须与农工各行联合。”③直接表明了其以政治控制商业的意图。

尽管陈光甫对政府财政缺乏信心,对于部分国民党官僚嗤之以鼻,他与蒋介石和宋子文二人的个人关系大致还算融洽。而蒋、宋二人是此届国民政府中最重要的两个成员。江苏兼上海财政委员会收束后,蒋介石仍然看重陈光甫的能力和观点。1928 年 6 月 6 日,蒋致信在汉口的陈光甫:“北伐将成,回首去年,财政之协助多由我兄之创造,现在诸事待商,万望即日莅宁俯赐教益,但绝不能难事相强也。”④ 1928 年 8 月 3 日众人等候进谒蒋介石时,蒋请陈光甫先入见。陈告诉蒋介石人民对于南京比对于北洋政府“信仰更好”,但“上海商人对南京政府不信任”,并举例三件事,希望蒋介石能体谅商人心理。陈光甫还直言,南京政府不应大兴土木,动用巨款修建首都;此外还应尽快导淮入海。当蒋问到中国银行总裁的人选,陈避而不谈,进言统一货币之事。陈在日记中写道:“蒋表示谈未畅快,希望另日再约晤谈。”⑤ 10 月 24 日,蒋再电陈光甫赴南京一叙。⑥是年,蒋介石还电令上海银行公会,停止与中共往来,“解其吸现封存滥发纸币之困”。⑦

在陈光甫的日记中,宋子文的性格与他总是不够相投。1928 年 10 月,银行界与武汉李宗仁、白崇禧方面谈妥了收回汉钞的问题,但宋子文因统一财政受阻,拒绝在此问题上与武汉方面合作。宋说银行界如果借款给武汉,待全国财政统一,政

---

① 《陈光甫日记》,1928 年 8 月 3 日,第 50—51 页。
② 《两湖应兴应革诸项》,《陈光甫日记》,第 40—41 页。
③ 《蒋中正先生年谱长编》第二册,第 163 页。
④ 《蒋介石致陈光甫函》(1928 年 6 月 6 日),台北“国史馆”藏,蒋介石档案,档号:002-080200-00034-010。
⑤ 《陈光甫日记》,1928 年 8 月 3 日,第 50 页。
⑥ 《蒋介石致陈光甫电》(1928 年 10 月 24 日),台北“国史馆”藏,蒋介石档案,档号:002-010100-00015-084。
⑦ 《蒋介石致上海银行公会电》(1928 年),台北“国史馆”藏,蒋介石档案,档号:002-090300-00017-006。

府将不予承认。在银行家眼中，这是以政治干预金融市场已达成的定论，未免有失“体谅”。[①] 在陈光甫看来，宋子文此时常因外界反对，而显露出消极态度，比如中国银行准备金的公开问题。[②]不过后来，陈曾经向宋子文建议订定筹还汉钞办法以及兑现700余万元南京中央辅币券来建立政府信用，宋很快接受了他的建议，分别发行4 500万元和700万元公债收回汉钞。[③]

1928年10月5日，中央银行成立。宋子文邀请包括陈光甫在内的工商界的重要人士参与中央银行，担任常务理事。[④] 陈光甫对此有所抵触，曾希望联合其他人一同辞职。他认为:“今日中国要紧之事，在裁兵、取消杂税。今日当局为此不急之务，既不能统一币制，又不整理江西、山东、直隶、奉天各省钞，此行与人民有何益处?”[⑤] 8日，中央银行筹备处举行监理事联席会议。陈光甫在会上问宋子文此时组织中央银行的用意为何。宋子文回答，“大旨不外调济金融，福利民众”。大会通过了章程，还加入由陈光甫和钱新之担任银行审查工作。此时，陈光甫又说:“章程固极重要，而究竟是死板文字”，他提出中央银行要格外注意四点，第一点是“政府办银行极难得良好之结果，诚以政治变化难测，将来主席他去，中央银行又将陷入风雨飘摇之中”。[⑥] 15日，陈光甫向宋子文上了一份篇幅颇长的建议书，主要两点:(一)中央银行与政治关系，必须划分清明，俾能实行其最重要之使命，即维持国内金融，以免时受政潮之影响是也;(二)发行必须公开，酌采上海中国银行发行公开之办法，至发行局局长一席，为求彻底公开计，可以不由副总裁兼任之。他还提出中央银行的五个职能:维持超然地位，脱离政治关系;发行兑换券受地方法团监督，以固信用;厘定本位货币，废两用元;集中现款以调剂金融;辅助普通银行而不与竞争业务。这两点反映出陈光甫实际很重视中央银行的成立，但基于他对南京政权的认识，对于成立的条件与时机十分谨慎。[⑦]

从后来央行的发展来看，陈光甫对中央银行的考虑有合理性，但对宋子文执掌中央银行动机的担忧是多余的。到了11月1日，蒋介石到上海出席中央银行开幕典礼并致词，讲道:“三数年后其必可大有助于政治建设，中央银行为全民之银行，亦即为国家银行，故中央政府财经之基础在此，而政治建设之基础亦在此，实有赖此，望各界与以扶持。”[⑧]此番话语已经表露出中央银行要有利于政治建设的意图，其他党政要员的发言更是如此。蔡元培说，过去北洋财政被金融界所操控，现在中

① 《陈光甫日记》,1928年10月2日,第59页。
② 《陈光甫致杨介眉》(1928年10月16日),《陈光甫日记》,第69页。
③ 《陈光甫日记》,1928年10月2日,第60页。
④ 《国府会议纪要》,《申报》,1928年10月6日,第4版。
⑤ 《陈光甫日记》,1928年10月2日,第60页。
⑥ 《陈光甫日记》,1928年10月8日,第61页。
⑦ 《陈光甫致财政部长宋子文先生函》(1928年10月15日),《陈光甫日记》,第62—63页。
⑧ 《蒋中正先生年谱长编》第二册,第71页。

央银行则可防止弊病,有利于"平均地权、节制资本",也有利于解决经济问题。吴稚晖则说,欧美各国无不有赖于国家银行,可以发达建设事业,也可"左右金融事业"。而只有宋子文说,中央银行关系国民政府的信用问题,并应与财政部划清界限,"中央银行握全国最高之金融权,其地位自应超然立于政治以外,方为合理"。建立中央银行其目的有三:一为全国统一之币制,二为统一全国之金库,三为调剂国内之金融。宋子文对中央银行独立于财政,不直接干涉市场的主张其实和陈光甫是一致的。①在年底"东北易帜"以前,宋子文还批准了将原有北洋政府时期未能偿清的 1921 年上海造币厂银团借款未了债额划入裁兵还旧借款,以麦粉特税作押,了却了陈光甫的一桩心事。②

被迫接受政府公债的摊派

到了 1928 年,公债收入已经成为南京政府财政抵支的重要组成,尤其成了应付巨额军费的首选方案。当公债不及出售时,军政急用支出只能用公债券直接支付。③ 1928 年 6 月 29 日　蒋介石拟定"军事善后意见书""兵额应以国家财政负担之经费",④ 1928 年 7 月 5 日,同意发行裁兵公债。1928 年 7 月 15 日,蒋介石宴请冯玉祥、阎锡山、李宗仁、李济琛等并演讲:"实现三民主义是我们应尽的天职,北伐完成,实行善后裁兵,绝非凭个人所臆断,而是依据国家局势和财政情况而提出的。"⑤ 但很快南京政府发现裁兵意味着更大的一笔临时开支。

表 2-1　1928—1931 年国民政府财政收支亏短数及占实支总额的比重

(单位:元)

年　度	实支总额(百万元)	债款收入除外的实收数(百万元)	亏短数	
			数额(百万元)	占实支总额的比重(%)
1928 年	412.6	332.5	80.1	19.4
1929 年	539.0	438.1	100.9	18.7
1930 年	714.4	497.8	216.6	30.3
1931 年	683.0	553.0	130.0	19.0

资料来源:杨荫溥:《民国财政史》,北京:中国财政经济出版社,1985 年版,第 43 页。

① 《中央银行昨日开幕》,《申报》,1928 年 11 月 2 日,第 14—15 版。
② 《上海商业储蓄银行史料》,第 183—185 页。
③ 《蒋中正先生年谱长编》第二册,第 224 页。
④ 《蒋中正先生年谱长编》第二册,第 282 页。
⑤ 《蒋中正先生年谱长编》第二册,第 291 页。

据不完全统计,1928年至1931年间,仅财政部以公债向上海商业储蓄银行一家押款的情况,每年都有:1928年10月中央银行成立的同时,财政部拨发"民十七年"金融短期公债;仅仅过了1个月财政部就向11家银行押借该项金融短期公债1 050万元,押款840万元,押品按8折,期限6个月,月息8厘,其中上海商业储蓄银行承担押借20万元,另中国、交通银行分别多达400万元和150万元;1929年9月,上海商业储蓄银行又承借财政部20万元编遣库券,押款10万元,押品按5折,期限3个月,月息9厘;1930年9月,财政部向上海商业储蓄银行虹口分行押借"民十九年"关税库券70万元,押款35万元,同时外交部也以同一项关税库券50万元向虹口分行押款25万元;1931年8月,上海商业储蓄银行承借财政部"民二十年"盐税短期库券100万元,押款50万元。①

1929年10月,南京方面组织整理内外债委员会,由谭延闿任委员会委员长,会商宋子文,分别委聘张福运、邹琳等为专门委员,聘李馥孙、张嘉璈、卢涧泉、陈光甫、吴达铨、周作民、胡笔江等银行家为评议委员,并派曾镕浦兼充秘书长。② 12月南京市公债监督用途委员会推举常委陈光甫为总务股长,由其募得款项,分存中央、中国、江苏、交通、中南、上海六银行。③然而,这两次任命都是政府在陈光甫不在国内的情况下安排进行的。

1930年4月,建设委员会发行电气事业长短期公债400万元,作为偿还首都戚墅堰两厂旧债及扩充两厂机器之用。建设委员会委员长张静江以基金保管委员会亟须成立,故即聘定李石曾、钱新之为该会代表。23日,由李石曾在计划庚款委员会会所内召集基金保管委员会第一次会议,当场推定林康侯为主任委员并通过关于存放基金及公债与基金手续数种要案。会后,李石曾还约集陈光甫、张嘉璈、唐寿民、叶扶霄、陈蔗青等十余人,由秘书长报告公债内容及建委会电气事业现况,与将来计划并该项公债之担保品等甚详。钱新之和陈光甫等定日内再行集会,决定承销该项公债办法。④陈光甫还长期担任"民国七年"六厘公债、奥国赔款担保二四库券、国民政府财政部军需公债、国民政府财政部善后短期公债、"民国十八年"振灾公债、"民国十九年"关税公债六种公债抽签还本工作的监视员,配合公债司正常的还本付息工作。这些公债在银行公会统一抽签,有时涉及还本利数目一次就高达800多万元。⑤ 1930年末,江苏省政府会议又聘任陈光甫为建设公债监督用途委

---

① 参见蒋立场:《上海银行业与国民政府内债研究(1927—1937)》,上海远东出版社,2012年版,第68—69页。

② 《内外债整委会之委员》,《申报》,1929年10月12日,第10版。

③ 《京市公债监督用途会》,《申报》,1929年12月6日,第6版。

④ 《建委会电气公债基金保管委员会成立》,《申报》,1930年4月24日,第14版。

⑤ 《六种公债昨日抽签还本》,《申报》,1930年12月2日,第9版。

员会委员。①

表 2-2 1931 年上海 10 家银行有价证券投资额统计

(单位:元)

行名	有价证券投资额	行名	有价证券投资额
中国银行	72 024 497.88	盐业银行	7 865 800.17
交通银行	19 499 905.25	大陆银行	5 596 971.56
浙江实业银行	9 909 086.68	上海商业储蓄银行	5 431 493.68
金城银行	9 599 272.21	中国实业银行	4 846 342.68
浙江兴业银行	7 937 985.23	农工银行	3 363 513.97

资料来源:部分转引自蒋立场:《上海银行业与国民政府内债研究(1927—1937)》,上海远东出版社,2012年版,第 79 页。

从表 2-2 可见,在实力较强的银行中,上海商业储蓄银行投资的有价证券(以公债为主)相对数量非常少;如果以有价证券与存款比来衡量,有价证券的投资比重更少。这反映了陈光甫与其他银行家不同的经营理念。当时,公债投资的高收益是银行界的共识。时任浙江实业银行董事长李铭担任江海关二五附税国库券基金保管委员会主任委员,浙江实业银行参与公债投资很积极,仅次于中国、交通两行。陈光甫评价道:"馥荪宗旨不在扩充,省开支,全年不过十七八万元,专做几个老主顾,公债票有机会之时购进或卖出,一年可赚四五十万元,毫不吃力。"②但是,陈光甫始终认为中国的公债不足以保障客户资金的安全,他认为:"关于储蓄之款,余意当以之购买外国最稳妥之公债,以保障储户之利益,且吾国终有改为金本位之一日,我行资本宜逐渐金化,俾改金本位后,可有备无恐。"③

蒋介石还是希望陈光甫能购买更多的公债。此时的蒋介石已经建立了受检于自己的财政行政系统,随时可向江、浙、皖等省份的财政厅长直接发令。但他需要更多的资金,这就要指望陈光甫这样的银行家。在中原大战前后,蒋介石都曾召见过陈光甫。④此时,陈氏对于投资公债和监督保管都缺乏动力,1930 年末张嘉璈等人在上海银行公会成立全国内债债团,他也并未过问。他远离实际政治的商业态度使得蒋介石在财政问题上更多地诉求与张嘉璈等人。⑤

① 《江苏省政府会议》,《申报》,1930 年 11 月 15 日,第 10 版。

② 《陈光甫致杨介眉》(1928 年 10 月 16 日),《陈光甫日记》,第 70 页。

③ 《陈光甫日记》,1930 年 12 月 13 日,第 110 页。

④ 《蒋主席抵沪后行动》,1930 年 4 月 3 日,第 13 版;《蒋主席夫妇昨回籍》,《申报》,1930 年 10 月 25 日,第 13 版。

⑤ 如 1930 年 10 月 14 日的"蒋介石日记":"子文种种为难,令人难堪,愤激之至。下午约张公权来,谈财政善后事宜,预定六个月筹备六千万元为善后经费也。"(《蒋中正先生年谱长编》第三册,第 281 页。)

在新军阀混战中专注行务

全国的政治局势很快证明了陈光甫投资策略的正确性。到了1930年中原大战,公债的发行规模已然成为一种中央战胜各路新军阀的武器。7月,蒋介石命文官长古应芬转商财政办法,“或发行公债,或发行军用票”,数额在一次3 000万元。[①]刚过一个月,行政院又分令各省政府摊募本年关税短期库券250万元。蒋电告苏、浙、鄂、皖各省主席:“明知民力凋敝,省库空虚,第值此军事将了之际,中央与地方休戚与共,惟觉通力合作,以期勉渡难关,无论如何,务希竭力设法,照额募解。”次日又致电钱新之等人:“前方军事告乏,全恃新发行之库券,为唯一之来源,请即设法筹募足额,以应急需。”[②]蒋介石还以公债流通作为收买地方势力的手段。他任命杨虎城为陕西省政府主席,并由胡汉民转告:“已妥筹五千万元财政部发行公债提案”,只需在中央会议上提出即可。[③]中原大战末期,蒋曾一次从公债提2 000万元拨发欠饷,进行军队收束工作。[④]

表2-3 1928—1931年间国民政府发行公债情形统计

(单位:元)

年 份	发行债券种类	债 额
1928年	6	150 000 000
1929年	6	198 000 000
1930年	4	174 000 000
1931年	7	466 000 000
合计	23	988 000 000

资料来源:千家驹:《旧中国发行公债史的研究》,《历史研究》,1955年第2期,第120、121页。

公债在全国的推广是蒋介石在军事上节节胜利的关键之一,事实上两者也相辅相成。这意味着当公债的证券价值与政治局势紧密关联,银行作为债权人就要做好牺牲利益的准备。实际上,上海的银行界常常被迫为公债的折现买单。由于全国政治并未真正统一,中央发行的债票在地方会受到阻碍。1929年蒋介石为收回粤海关岁入,答应免除广东方面对中央负担的财政分摊,同时答应每月拨给广东

① 《蒋中正先生年谱长编》第三册,第184页。
② 《蒋中正先生年谱长编》第三册,第221页。
③ 《蒋中正先生年谱长编》第三册,第285页。
④ 《蒋中正先生年谱长编》第三册,第296页。

善后公债 50 万元。① 由于广东市面难以推广公债券，蒋介石只得致电李济深："粤省于善后公债一时不易出售，当令财部设法代售，电汇四十万元，以济需要。"②在军事前线，南京政府更是需要巨额公债兑成现金，银行业首当其冲。蒋介石已经能够感受到公债票在市场不断贬值，1929 年底，张学良告诉蒋介石："中央补助之公债三百万元，领出后至沪营销，即贬价，且无法销售，顷已电请换发现款。东北军需万分拮据，但从未向中央启齿，今债券既无法变现，中央似应改发现款。"③可见即便公债流到外省，仍然会回到市价更高的江浙金融市场。但军事上的优势是蒋介石的首要考虑，他只得电令宋子文直接在上海分次兑现后再汇出。④此时的南京政府其实未曾拖延偿债，而是不断地通过新债扩大财政开支，但陈光甫并不愿意卷入其中。1930 年 6 月，中原大战进入白热化，蒋再次派人向银行界要款。陈光甫的冷眼旁观引起蒋的不满，他给宋子文发电："上海银行陈光甫屡次不肯加入银团，以致各行有所藉口，此次筹款关系尤巨。请兄汇电光甫请其承认巨额。"在巨大的军费压力下，蒋指定上海商业储蓄银行必须认募 100 万元才行。⑤之后将介石亲自发电上海商业储蓄银行，财政部亦施加压力，上海商业储蓄银行几经交涉以半价折扣，承领了"民国十九年"关税库券 70 万元，押款 35 万元。⑥

此时的陈光甫反而更专心致力于上海商业储蓄银行的经营。自 1929 年始，上海商业储蓄银行的分支机构快速扩展开来，1930 年几乎每月都有一家新分支机构成立。⑦ 1928 年，陈光甫就告诫行内："熟人借钱吃亏多，得益处甚少。此种人皆半官半商之辈。"⑧陈光甫明显抵触与政府财政的联系，但并不介意与政府部门建立正常商业往来。在首都南京，上海商业储蓄银行依托"军教机关林立"，"添设大行宫办事处，为期不到两月，存款达二十余万元。翌年，增至九十余万元，放款亦有六十余万元。区经理处亦自下关迁入，改为分行，存款骤增至二百余万元。"⑨陈光甫在日记中记下："南京除原有下关分行，城北、城南两办事处，及中央大学办事处外，新设大行宫办事处，及铁道部办事处，外交部方面，亦在接洽之中。"⑩

在武汉，上海商业储蓄银行为武汉大学专设办事处，代省府、建设厅、公安局、

---

① 《蒋中正先生年谱长编》第二册，第 365 页。
② 《蒋中正先生年谱长编》第二册，第 372 页。
③ 《蒋中正先生年谱长编》第二册，第 570 页。
④ 《蒋中正先生年谱长编》第二册，第 572 页。
⑤ 《蒋介石致宋子文电》(1930 年 8 月 29 日)，台北"国史馆"藏，蒋介石档案，档号:002-080200-00049-021。
⑥ 参见蒋立场:《上海银行业与国民政府内债研究(1927—1937)》，上海远东出版社，2012 年版，第 70 页。
⑦ 上海商业储蓄银行编:《行史资料:本行大事记》，上海市档案馆藏，档号:Q275-1-168。
⑧ 《陈光甫日记》，1928 年 3 月 6 日，第 34 页。
⑨ 宋春舫等:《上海商业储蓄银行二十年史初稿》(1934 年 5 月)，第四章，上海市档案馆藏，档号:Q275-1-170。
⑩ 《陈光甫日记》，1930 年 12 月 26 日，第 123 页。

武汉大学高级中学等机关发给薪工;代各大学校机关收纳学费,并为武昌公安局及汉阳公安局全体警士办理强迫储蓄。[①] 1927 年时,北京分行停办,到了 1931 年再次开办北平分行,以金仲藩为经理,当年就吸收存款 120 余万元,放款达四五十万元。[②]事实上,到了阎锡山参与到中原大战的时候,上海商业储蓄银行的北方分支已经承揽起一些北方的军费划拨。[③] 1929 年,由于分支机构次第开设,为营业及管理上便利起见,上海商业储蓄银行开始采行分区制度,先定湘、鄂、豫、赣为第一区,由董事兼副总经理杨介眉先生负责。行务方面,一向亲历亲为的陈光甫向亲信下放了部分管理权力。一方面可见其当时行务繁忙,难以顾及;另一方面也反映出上海商业储蓄银行置身北方混战之外,加快自身的商业实力。[④]由于陈光甫专心于银行事务,1928 年下半年起上海存款迅速增加,1930 年达到 8 978 万元(比 1926 年的 3 244 万元增加 1.8 倍),已居于私营银行的首位。[⑤]陈光甫在应付公债事务的同时,把主要精力放在商业性质的业务上。上海商业储蓄银行已被认为是"银行界中最稳健、最进步,譬如办理储蓄、国外汇兑、中国旅行社都是由上海银行首先提倡。"[⑥]

第三节 "一·二八"事变前后的陈光甫与国民政府

支持孔祥熙的工商业计划

南京国民政府建立以后,孔祥熙在国民政府内的地位逐渐上升。1928 年 3 月孔祥熙被加推为国民党中央政治会议委员。随着蒋介石与元老们的疏离及对孔、宋在实际政治中的重用,1931 年 6 月孔祥熙成为中执会委员。至 1929 年底,孔已经是国民党中政会委员。孔在工商部任内,作了一些鼓励工商业发展,推进国际贸易的工作,比如设计工商访问局及商品检验局、设置驻外商务专员、出席国际商会

① 上海商业储蓄银行武昌分行编印:《上海银行武昌分行行史》(1934 年),上海市档案馆藏,档号:Q275-1-175。

② 宋春舫等:《上海商业储蓄银行二十年史初稿》(1934 年 5 月),第四章,上海市档案馆藏,档号:Q275-1-170。

③ 《太原何成浚致北平行营张心柏二电》(1929 年 12 月),台北"国史馆"藏,阎锡山史料,档号:116-010103-0035-059。

④ 《上海商业储蓄银行史料》,第 786 页。

⑤ 《上海商业储蓄银行史料》,前言第 10—11 页。

⑥ 《上海银行昨日之盛会》,《申报》,1928 年 11 月 19 日,第 13—14 版。

和国际生丝会议等等。而留美学生孔祥熙作为上海商业储蓄银行初创时期的股东和董事之一,与陈光甫一直有所交往。①孔祥熙与上海商业储蓄银行的管理层也均有私谊。1930年孔祥熙还请原上海商业储蓄银行副经理、中国旅行社社长朱成章出任中国国货银行总经理。②后来,朱成章和上海商业储蓄银行副经理杨敦甫先后去世后,孔祥熙都亲自前往追悼会并致悼词。③ 1930年前后陈光甫与孔祥熙的关系进一步密切。

1928年,工商部筹划一次全国性的国货展览会。在陈光甫等人的帮助下,孔祥熙仅花了两个月的时间就筹办了北洋政府一直未能办成的国货展览会。10月,工商部借由上海市社会局聘定钱新之、王延松、秦润卿等11人,担任临时筹备委员,社会局征求虞洽卿、陈光甫、林康侯、王一亭等50人为中华国货股份有限公司发起人,一面召集发起人会议,一面登报公告。④陈光甫从清末参与博览会工作起,对国货事业就相当熟悉,并认为是银行与商界建立业务往来的重要纽带。他写信告诉副经理杨介眉:"(一)今后关税自主,对于外洋进口之货税率较前为重,此乃吾国工商业发展之时,分行职务在认识各工业机关,并设法与之发生关系。(二)借此机会使本行与工商业格外接近。查本行设立以来,生意中人往来者不过半数,本行立场在商界,并不靠官场或投资于公债票,如既在商场,岂可不与商人接近?今有此机会,实乃千载难遇。(三)标明本行服务社会之宗旨,将吾人心中之服务精神,用最鲜明方法表示及贡献与到会之人士。"⑤

中华国货展览会筹备委员会继续向工商界征集登记,该会编印出版了纪念特刊,蒋介石、孔祥熙、张定璠、虞洽卿、钱新之、陈光甫、冯少山、马寅初等都撰文题序。胡适为该纪念刊题词道:"提倡国货要从工商业独立做起,实业家如有廉洁的精神、伟大的气魄、科学的方法、国货可立足于世界。"⑥1928年11月,中华国货展览会开幕不到一周,参观者就达30万人次,媒体称为"中国空前之盛况"。上海政府鼎力支持展览会的进行,淞沪警备司令熊式辉等人也亲自到场。陈光甫也亲自到场宣传,他特地前往展览会上中华书局售品处购买印刷精良的《古今名人墨迹大观》和一具雅式木箱,并向媒体称赞为"艺林珍品,爱不忍释"。⑦陈光甫还每

---

① 1919年孔祥熙是上海银行向财政部注册时的7名署名股东之一。(《上海商业储蓄银行史料》,第6、10、26、29页。)

② 《上海商业储蓄银行史料》,第56页。

③ 《各团体昨追悼朱成章》,《申报》,1931年2月9日,第11版;《杨敦甫君追悼会记》,《申报》,1935年6月11日,第9版。

④ 《中华国货公司发起人会议》,《申报》,1928年10月4日,第14版。

⑤ 《陈光甫致杨介眉》(1928年10月16日),《陈光甫日记》,第68页。

⑥ 《中华国货展览会催请登记》,《申报》,1928年9月16日,第14版;《中华国货展览会》,《申报》,1928年12月15日,第13—14日。

⑦ 《中华国货展览会(八)》,《申报》,1928年11月9日,第13版。

日在展览会上策划各类产业或是各省地方工商特产的特别宣传。①不仅如此,上海商业储蓄银行也参加了在上海举办的中华国货展览会,在展览会上设立临时分行。

陈光甫在晚清时参访和协办展览会的经验得到发挥。他懂得抓住参加国货展览会的机会,加强媒体对上海商业储蓄银行的宣传。《申报》赞誉各家厂商公司和来宾,"因得该行之服务,众咸称便。该行内所陈设之图表,既富有美术观念,复含有社会教育之意味。近日该行将开办以来营业之状况制成统计表,极为精细,尤足见该行对于社会主张公开之精神"。他还租借了国货展览会大厅,邀请展览会的所有委员、职员、出席展会的各公司厂家代表、各界名人、新闻记者,举行庆祝国货展览聚餐会。上海商业储蓄银行从庄得之到杨敦甫、朱成章等管理层一同参与,工商部长孔祥熙亲自到场。在上海商业储蓄银行董事长庄得之看来,上海工商界这次500余人的聚会是北伐成功后,上海工商界的第一盛事。他表示上海商业储蓄银行有能力帮助全国工商业的联合,服务工商。事实上,上海商业储蓄银行愿意投入成本,通过联系工商界来赚取较少的盈利,原因在于该行本就是工商界众人投资的金融机构。上海商业储蓄银行在聚餐会上发表宣言:"本行不啻为人民金融机关之小组织,而本行之天职,在以全力始终保护受托之资金与存款。但国人辄有不察以为银行之资金与存款均为银行之私产,可以任意挪借者。孰知此种误会影响至巨,盖银行既为社会之金融机关,其生存全恃各界之信用与了解,否则不能履行银行应尽之责任。"宣言还称上海商业储蓄银行的股息将继续不会超过"一分",完全以保障人民金融安全为宗旨。

工商部长孔祥熙很满意陈光甫对展览会的支持和筹划。他说,"政府不过立于提倡地位,费钱有限,全靠大众努力,社会辅助,方才有此良好成绩,可称满意"。他夸赞陈光甫在各界都尚存观望之时,第一个到展览会租借场所,花费四五千两特意筹备分行,这才吸引了大众的注意。孔祥熙表示作为上海商业储蓄银行的发起人之一,一直钦佩陈光甫"不但有学问,有智识有眼光,并且他还有一大志愿,就是营业不以谋利为目的,而以辅助工商,谋其发展为目的"。在扶助工商业方面,孔祥熙说:"环顾国人自立银行中,要推上海银行最能负此责任。"他鼓励在场的工商业代表,都与上海商业储蓄银行更为接近,携手合作。马寅初也称赞上海商业储蓄银行服务工商业的宗旨,他说:"我们今天要根本救国,就必定要发展自己的工商业,使我们自己的才能制造以抵制外货,自己的商人能推销国货,直接运售,以免外人剥削,但二者都非有银行辅助不可。"②

1928年,菲律宾举办远东商品展览会邀请太平洋地区各国参加。孔祥熙在上

---

① 《中华国货展览会》,《申报》,1928年11月26日,第16版。

② 《上海银行昨日之盛会》,《申报》,1928年11月19日,第13—14版。

海总商会召集远东商品展览筹备委员会,再次请陈光甫、郑韶觉、穆藕初、林康侯、冯少山等人商议,并由陈光甫、冯少山与菲律宾华侨蒋敏志、李清泉、薛敏老等人联络接洽,由孔祥熙提交经由行政会议通过。①工商部为将国货推往远东商品展览会,还在上海成立筹备处。②陈光甫的好友、上海商业储蓄银行股东薛敏老告诉陈光甫,菲律宾每年需要大量的火柴、牙刷等品物,扇子和布匹也很受当地华侨欢迎。陈将薛所提各类物品转告工商部,继由工商部推定荣宗敬、陈光甫、欧伟国、朱成章、陈万运、黄汉梁、赵晋卿 7 人为筹备处常务委员,以荣宗敬的申新纺织公司为事务所进行召集准备事宜。③ 12 月,菲律宾侨商代表团访问上海,并参观国货展览会,陈光甫与朱成章宴请各侨商代表和孔祥熙等工商部官员,讨论中国厂商参加菲律宾展会之事。④ 1928 年,工商部在杭州又举办西湖博览会,上海商业储蓄银行继续在展会上设置临时办事处。⑤

陈光甫帮助孔祥熙成功举办国货展览会后,工商部也“帮助”陈光甫实现了一个心愿。陈光甫很早就计划以贷款接管国民制糖公司。1926 年,中华国民制糖公司由于资金短缺,工厂经营上出现危机。⑥ 原本就是公司股东的陈光甫与吴蕴斋(金城银行)、马骋三君等提议联合出资贷款 100 万元给公司,其中上海商业储蓄银行承担 10 万元,银团提出由上海商业储蓄银行另承做该公司港口押汇 100 万元,公司所有地基房产道契均由上海商业储蓄银行执管,有关权柄单需用上海商业储蓄银行名义。⑦经该公司股东维持会一再考虑,最终致函陈光甫拒绝此项借款。⑧到了 1930 年该公司几近停业。工商部当即下令公司“克期结束”,“并函聘陈光甫为公司筹备复业主任,迅筹进行”。⑨

1930 年,中国工商管理协会在陈光甫的银行俱乐部举行第一次理事会议,理事刘鸿生、徐寄庼、赵晋卿、杨杏佛、荣宗敬、潘序伦等出席,孔祥熙亲自出任该会理事长,史悠明任干事长。该会下设经营、人事、理财、会计、事务、厂务、推销、设计各工作小组。陈光甫与荣宗敬、徐新六、李铭等被分于推销一组。该管理协会之后经常由国民政府出资资助。⑩

---

① 《中华国货展览会》,《申报》,1928 年 11 月 26 日,第 16 版;《筹备菲岛展览会》,《申报》,1928 年 11 月 29 日,第 4 版。

② 《工商部筹备参加远东商品展览会》,《申报》,1928 年 11 月 30 日,第 9 版。

③ 《中华国货展览会》,《申报》,1928 年 12 月 2 日,第 14 版。

④ 《中华国货展览会》,《申报》,1928 年 12 月 15 日,第 13—14 日。

⑤ 宋春舫等:《上海商业储蓄银行二十年史初稿》(1934 年 5 月),《大事记》,上海市档案馆藏,档号:Q275-1-170。

⑥ 《国民制糖公司股东会纪》,《申报》,1926 年 10 月 3 日,第 10 版。

⑦ 《中华国民制糖公司借款案之调查》,《申报》,1927 年 1 月 12 日,第 9—10 版。

⑧ 《制糖公司股东维持会之两函》,《申报》,1927 年 1 月 16 日,第 14 版。

⑨ 《首都纪闻》,《申报》,1930 年 4 月 8 日,第 7 版。

⑩ 《中国工商管理协会推定各组专门委员》,《申报》,1930 年 7 月 15 日,第 13 版。

1930年10月，工商部召集全国重要银行经理和工商业人士举行全国工商会议。会上最重要的议程是对各行业业规做出规定，必须经政府主管部分核准，不能强迫非行会会员遵守，而且规程不能只有利于部分企业的扩张。同时会议上提出了“促进劳资合作案”，大会提出要保护劳工，但根本上“不得不先从救济实业入手”，来提升企业效益，减少企业相对成本。为此国民政府规定最低工资和工人红利成数；征收纯利益税，规定级数，按额递增，举办劳工福利事业，促进劳资合作。会议还提出奖励民营基本工业案、救济丝茶火柴面粉卷烟丝织等主要工业案以及切实使用国货等案。①

这次会议的另外一个成果是通过决议，成立中国国际贸易协会。经过两个月的筹备，贸易协会筹备委员陈光甫和张嘉璈分函国内重要工商业家及华侨商业领袖，邀请参加在上海银行公会举行的成立大会。协会成立当日，②除了南洋侨商胡文虎等10余人未能出席外，共到会有张嘉璈、陈光甫、郑洪年、穆藕初、刘鸿生、徐寄庼等42人，孔祥熙担任主席。孔祥熙说，中国国际贸易协会是为了发展海外直接贸易而成立，应向美国国际贸易协会(Foreign Trade Council)学习，促进贸易进步；而振兴国际贸易既有赖于政府之提倡，也需要商人自身之努力。是日，协会讨论了中国加入国际商会的必要性，通过了专门委员会组织规程。会议上进行了票选理事，按得票排名分别为张嘉璈、陈光甫、邹秉文、刘鸿生、任嗣达、林康侯、穆藕初、寿景伟等17人。③2月，在中国国际贸易协会第一次理事会议在银行俱乐部进行，陈光甫当选为协会的理事长，理事任嗣达任总干事。会议又公推陈光甫和郭秉文担任国际商会中国委员会正、副会长，并拟派郭秉文与贝淞荪出席纽约召开的第六届国际商会大会。④

当时中国的国际贸易历年入超，且无论输入输出，均由洋商一手中间包办。国内的交货和海外商情都由洋商掌握，常受损失。因此，中国国际贸易协会把介绍直接贸易作为协会工作的第一步：“凡国外洋商欲在中国采办货物探询情形，或寻觅交易商家及华商之出口货物欲在国外寻觅市场者，该会均可设法介绍，使能直接往来，以免少数洋行之垄断。”⑤1931年底，实业部部长孔祥熙筹划，将工商访问局改组为国际贸易局，聘郭秉文为局长，同时还聘请张嘉璈、陈光甫、林康侯等人为顾问，帮助设计国际贸易局的一切进行计划。⑥

① 《出席工商会议会员昨今联袂晋京》，《申报》，1930年10月31日，第9版。
② 《中国国际贸易协会明日成立》，《申报》，1931年1月16日，第16版。
③ 《中国国际贸易协会昨开成立大会》，《申报》，1931年1月18日，第13版。
④ 《国际贸易协会理事会常务陈光甫等当选》，《申报》，1931年2月8日，第14版。
⑤ 《中国国际贸易协会注重介绍直接贸易》，《申报》，1931年5月1日，第14版。
⑥ 《国际贸易局成立经过》，《申报》，1931年12月18日，第11版。

进一步联合工商界

1930 年 12 月,中原大战结束不久,陈光甫又一次对上海商业储蓄银行的各地业务进行视察。① 1931 年上半年,陈光甫仍然汲汲于银行的事务,上海商业储蓄银行存款已经能纳 1 亿元的存款,6 月总行迁入新址,陈光甫为此特别高兴。②是年,上海商业储蓄银行的资本从 250 万元增加为 500 万元。与此同时,1931 年的国民政府财政继续不容乐观,仅 1 月就要支出军费 1 000 万元,政费 300 万元,收入放面各银行借款 800 万元,海关关余 60 万元,印花税 20 万元,另计已付关余 170 万元,财政缺口还有 250 万元。政府财政窘迫,即便曾是上海商业储蓄银行国外汇兑处的主任黄汉樑一度代表政府财政方面向陈光甫劝募,银行业的借款始终难以满足政府的亏空。此笔借款以银行界共计 600 万元,其中中、中、交三行 400 万元,北四行、上海、兴业、四明、中国实业银行每家 20 万元。这一数目已经远高出当时银行业的承受能力。③

在政府财政的隐患变成真正的危机之前,银行业还面临着其他压力。国民政府的党治原则正不断向社会各层渗透。作为国民党意识形态的一部分,各类社会团体的集会就必须先向国民党党旗、中华民国国旗和总理遗像鞠躬行礼,常常需要恭读总理遗嘱。④政府对商界团体的整顿在所难免。1927 年底,蒋介石已经告诉商会团体"商业不能脱离政治"。⑤ 1929 年 5 月国民党中常会决议停止各类商人团体的办公,派虞洽卿等 34 人分别整理上海各商人团体。原来的上海总商会、商民协会、沪南商会和闸北商会等纷纷表示听从整理。国民党中央在与虞洽卿、叶惠钧、王晓籁、秦润卿、王延松、陈布雷和叶琢堂 7 人初步接洽后,由上海市市长张群宴请 34 名委员,银行界代表包括徐寄庼、贝淞孙、胡笔江和陈光甫。⑥ 10 日,上海特别市商人团体整理委员会("商整会")在钱业公会举行谈话会,陈光甫因已出国并未出席,而请贝淞荪代表。会上,有代表表示,商人组织大纲作为法规,决非中央短期内所能颁布,多开谈话会并没有用,上海总商会大门应即日开放。虞洽卿则说商会不宜开放,而应请中央速颁大纲。张群显然同意虞洽卿的意见,表示要中央尽快颁布组织大纲。⑦显然所谓的"商整会"只是南京政府用来统一商界论调的工具。陈光

---

① 《陈光甫日记》,1930 年 12 月 7 日,第 106 页。

② 《陈光甫日记》,1931 年 6 月 11 日、6 月 22 日(补遗),第 146 页。

③ 《陈光甫日记》,1931 年 1 月 22 日,第 145—146 页。

④ 《拒毒会今日开年会》,《申报》,1927 年 10 月 22 日,第 14 版;《中国国际贸易协会昨开成立大会》,《申报》,1931 年 1 月 18 日,第 13 版。

⑤ 《蒋中正先生年谱长编》第二册,第 163 页。

⑥ 《商人团体整理进行》,《申报》,1929 年 5 月 5 日,第 13 版。

⑦ 《商整会二次谈话会》,《申报》,1929 年 5 月 11 日,第 13 版。

甫虽然不在国内,政府方面仍想借助其名望,拟提其为“公断委员会委员”。①

至1929年8月,国民政府颁布《商会法》及其实施细则。根据新的《商会法》,上海银行公会需要按照《工商业同业公会法》进行改组,并隶属于上海市商会。当时看来,上海银行公会即是要由“商整会”负责改组。② 银行公会方面,1930年6月,上海市商会成立。国民党中央坚持以商会统一控制各类工商团体,上海银行公会在僵持了一年后,最终被迫接受改组。1931年7月,银行业同业公会获得上海市社会局的许可证,即改组为“上海市银行业同业公会”,由发起人徐寄庼、陈光甫等7名发起人积极筹备。③ 10月1日,改组后的上海银行业同业公会有24家会员银行,共64名代表,但在执行委员与候补执行委员中并没有陈光甫,而是庄得之代表上海商业储蓄银行成为候补委员。④

在国民党整顿工商团体之际,陈光甫与工商业的联合更进一步。他认为国内政治环境太不安宁,不利于工商界之发展,金融业更无保障可言。尽管如此,他预计“将来国内工商业,必有相当进展,欲达到本行之重要使命,非从本身增加实力入手不可”。⑤荣宗敬曾埋怨加入上海商业储蓄银行后,股息太小,放款给企业的利息却很大。陈光甫特地为之解释,“银行向取稳健主义”,“受时局影响,不欲冒险”。第一章中已述及1920年以来,上海商业储蓄银行有一半以上的资金借贷给了荣宗敬与张謇的事业,陈光甫对于这些放款,往往“复任其长欠不动”。⑥此外,1927年以后,陈光甫另又投资中国内衣织布厂,添置机器,扩充厂屋。⑦ 1931年水灾之后,上海商业储蓄银行的主要经营区域——长江流域受灾严重。由于银行平时资金准备充足,陈光甫继续保持了对工商业的维持。在武昌分行一处,上海商业储蓄银行承做震寰纱厂、慎昌恒煤焦厂等押款,“连同其他各项,押款总数,达七八十万元之谱,此为最高记录”,该分行存款也“扶摇直上”,超过200万元。⑧

上海地方上的其他势力也开始参与工商业的活动中来。到1931年,黄金荣、杜月笙等欲与工商界联合建立“中央国术馆”,提出:“振灾为救一时之急,国术则为根本救济之方,须国家强盛非先强民众不可。”陈光甫与钱新之、胡笔江等银行家亦

① 《商整会三次全体会议纪》,《申报》,1929年6月19日,第14版。

② 吴景平:《上海金融业与国民政府关系研究(1927—1937)》,上海财经大学出版社,2002年版,第341—342页。

③ 《银行公会着手改组》,《申报》,1931年7月25日,第16版。

④ 《上海市银行业同业公会登记表》,上海市档案馆藏,档号:S173-1-64。

⑤ 宋春舫等:《上海商业储蓄银行二十年史初稿》(1934年5月),第四章,上海市档案馆藏,档号:Q275-1-170。

⑥ 《致华栋臣函》,《陈光甫日记》,1928年2月22日,第29—30页。

⑦ 《中国内衣织布厂股东会》,《申报》,1930年9月30日,第12版。

⑧ 宋春舫等:《上海商业储蓄银行二十年史初稿》(1934年5月),第四章,上海市档案馆藏,档号:Q275-1-170。

加入该组织，成为执行委员。[①]不久，杜月笙通过陈光甫的同乡杨管北替人谋求上海商业储蓄银行的工作，陈很爽快地答应了下来。[②]

1931年7月，日本在吉林挑唆中朝民族矛盾，制造“万宝山事件”，造成大量朝鲜华侨被杀。上海社会各界迅即开展反日援侨运动。其中上海工商界举行了反日援侨委员会，通电全国商会自动对日经济绝交、停购日货，并呼吁国内外商会筹集款项救济旅鲜华侨。未曾到会的陈光甫被选为该组织的经济委员会委员。上海商业储蓄银行也成为募集各界捐款的收款机构。[③]对于提倡促进贸易的银行家们来说，陈光甫等人只能站在反日运动的立场给予有限的支持。22日，反日援侨会召开第一次经济委员会，徐寄庼、张嘉璈、秦润卿、钱新之、王延松、陈光甫和奚玉书7人议决登报通告募集救济金案，制定各项收款手续，并决定轮流担任主席。该委员会发布第一号募金通告：“此次日人唆使韩民惨杀侨胞，焚毁商号，遂使全韩侨胞死亡流离，惨酷万状，耗音传来，令人发指”，“务希全国同胞、爱国志士慷慨解囊，纾难救生”。[④]

陈光甫还参与了上海特别市市民联合会的地区分会，当时在社会局控制下的各处市民联合会发起运动：根据市民联合会通知，遵照反日会议案进行；分发标语，普遍宣传；会员商行号应自动地抵制日货；希望会员各行号连环查禁日货；会员各商行号日货登记；各会员商店被检查日货办法。[⑤]“九·一八”事变之后，反日援侨委员会演变成为“抗日救国会”。陈光甫仍然作为经济委员会的一员，“抗日救国会”还通知上海市商会向各同业公会分等级劝募抗日救国会经常费。[⑥]其实陈光甫内心反对“抵制日货”的行动：“日货封存不能销售者，上海约有5 000万元，内地约有3 000万元，此种日货皆已结价付款，封存之后，银根搁浅，存有日货之商店，金融遂难周转，因之金融之血脉又因封存日货而停滞。”[⑦]虽然陈光甫在反日的社会运动中没有太多积极的表现，但在公开场合，他仍与工商界站在一起。同“五卅”运动时期一样，陈光甫小心翼翼地维持着他与工商业的联系和共同立场。

1931年夏，全国共16省遭受大范围水灾，在社会局的指导之下，上海成立上海筹募各省水灾急赈会，陈光甫成为筹备处成员之一。急赈会成员还联名发表通

---

① 《中央国术馆昨开筹募基金委员会》，《申报》，1931年7月31日，第13版。

② 章君榖：《杜月笙传(九)》，《传记文学》，1967年第64号。

③ 《昨日举行反日援侨会议》，《申报》，1931年7月18日，第13版；《反日援侨会正式公布处置日货办法》，《申报》，1931年7月19日，第13版。

④ 《反日援侨会进行筹募救济金》，《申报》，1931年7月22日，第13版。

⑤ 《市联会区分会消息》，《申报》，1931年7月27日，第12版。

⑥ 《抗日救国运动昨闻》，《申报》，1931年10月6日，第13版。

⑦ 中国人民银行上海市分行金融研究所编：《上海商业储蓄银行史料》，第339页。

告:“各省水灾,关系社会,非常重大,救济万难刻缓”,请求各界援助。[①]此后江苏省政府也成立赈灾机构,陈光甫亦参与其中,参加相关会议。陈光甫还单独为镇江捐款5 000元,其后又与庄得之共捐款5万元。[②]陈光甫又出任国民政府救济水灾委员会委员,分担会计稽核工作。救济水灾委员会委员长宋子文发表谈话说,救灾需要提供大量食物住处及药品,还要准备好以工代赈事宜。他说政府已经承担6 000万元费用,其中5 000万元用于赊买粮食,但总共需要1万万元救灾,必须依靠社会各界帮忙才能渡过。[③]此后,陈光甫还参与筹备了豫皖鄂灾区临时义赈会。[④]

在赈灾过程中,上海商业储蓄银行为筹集款项,由董事会开会决定从该年捐益账内捐助水灾振款5万元,并由全体行员捐助月薪的四成,约合洋25 000元。在董事会上陈光甫汇报了水灾灾情,董事会全体赞成从股利中提取25 000元,合成10万之数,分别散放国府水灾救济委员会25 000元、湖北水灾急赈会25 000元、江苏水灾义赈会12 000元、首都水灾急赈会3 000元、安徽水灾全省赈济会6 000元、江西水灾6 000元、蚌埠芜湖安庆水灾6 000元、湖南长沙水灾2 000元、广东水灾2 000元、河南开封郑州陕州等地2 000元,筹募各省水灾会捐款10 000元,甘肃旱灾捐款1 000元。[⑤]

在自然灾害造成的破坏之下,还有人为造成的灾难景象。由于蒋介石政府始终推行所谓“剿匪”行动,造成各地灾情更加恶劣。江西水灾急赈委员会向上海方面报道:“继以兵灾、灾区蔓延六十县、而重大灾区达四十余县、沿鄱阳各县、尽被淹没。”[⑥]陈光甫为此连同闻兰亭、王一亭等十几人由中国银行汇款10万元至江西,并讨论天气渐寒,准备制衣放赈等事宜。从陈光甫参与社会救灾事业的过程中可见,银行家们与工商业在社会事务方面继续保持合作,同时政府领导和参与社会救济的作用也已经十分显著。社会各界并不排斥政府在公益领域的主导作用,上海水灾急赈会一面推动各省水灾急赈事务,一面由该会委员长许世英到南京向中央请款赈灾,并请发赈灾公债1 000万元。[⑦]但很快,政局与政府财政的不稳定再次造成了陈光甫与国民政府的紧张关系。

---

① 《筹备各省水灾急赈会》,《申报》,1931年8月1日,第13版;《筹募各省水灾急赈会明日成立大会》,《申报》,1931年8月5日,第13版。

② 《苏省赈务会议纪》,《申报》,1931年8月2日,第14版;《全国救灾运动》,《申报》,1931年9月7日,第4版;《各地赈灾运动》,《申报》,1931年9月11日,第4版。

③ 《各界赈灾昨讯》,《申报》,1931年8月24日,第13版;《各省灾振昨讯》,《申报》,1931年8月26日,第13—14版。

④ 《筹募豫皖鄂灾区临时义赈会成立》,《申报》,1932年10月15日,第13版。

⑤ 《各界筹募灾赈昨讯》,《申报》,1931年8月23日,第17—18版。

⑥ 《救济灾民消息》,《申报》,1931年10月14日,第15版。

⑦ 《筹备各省水灾急振会》,《申报》,1931年8月1日,第13版。

力阻宁粤对峙

1931 年 9 月 18 日，日军挑起事变，进而侵占东北三省。“九·一八”事变的爆发对于经济界的影响是巨大的。宏观而论，东三省每年的出口额约占全国总额 1/3，从内地输入东三省的货物，总值约 7 000 万两，从东三省输入内地的，约 14 000 余万两。①不过，正当全国面临战争威胁，群情沸腾之际，南京政府内部的矛盾却愈演愈烈，濒临崩溃。1931 年 2 月，蒋介石与胡汉民因“约法之争”矛盾激化。28 日，蒋在汤山扣留胡汉民，造成了南京政权的再次分裂，从此分别以蒋和胡为代表的宁粤双方势不两立。5 月，汪精卫、孙科等在广州成立国民政府公开反蒋。到了“九·一八”事变前夕，蒋介石就有意再次下野，谋求双方和议。②粤方也提出了要蒋下野的要求，但在具体谈判中，双方立场“相距太远”。③蒋介石释放胡汉民后，国民党并未能一致考虑对日举措，党争加剧。④ 10 月底，粤方提出中央党政制度改革的各种方案，胡汉民公开表示对和谈表示悲观。粤方的总体目的已经十分明显：“准备不放蒋走，但亦不与决裂，用各种工夫将来逼蒋不得不走，并不令其死灰复燃。”⑤但是此时日本正在继续侵略东北，并积极策动溥仪跳梁，粤方逼迫蒋介石下野的言论结果引起平津震动，金融市场受到影响，人心惶惶。⑥

在这种危急情况下，银行业面对政治的波及必须要维护自身利益。银行业同业公会召集了执行委员临时紧急会议，议决对时局发表重要宣言，并对财政方针有所建议。其中，宣言指出南京国民政府成立之时，“全国人民无不认为破坏之日告终，建设之期并始，举凡党国措施罔不竭诚拥护，以期政治之稳固，藉谋经济之发展。”但事实上，在五年时间里，国民党各系战乱不断，连自身都无法“保持完整”，致使国内经济困难不堪，民不聊生，日本又入侵东北。银行业表示国民党的执政成绩无法与各界期望匹配，“实不能不感觉无穷之悲愤”；而宁粤双方的谈判对于全国统一已经“时不再至”。银行业要求宁粤双方“无论任何条件，双方皆应立即互让，克期合作，万不得已，则亦宜立由双方推定第三者，本互让精神迅予调处，双方尤皆应承受其调处，以期统一于必成”。宣言还提醒国民党，国民党的训政之权全在于国

① 宋春舫等:《上海商业储蓄银行二十年史初稿》(1934 年 5 月)，第七章，上海市档案馆藏，档号:Q275-1-170。

② 《蒋中正先生年谱长编》第三册，第 424、507 页。

③ 《蒋中正先生年谱长编》第三册，第 510 页。

④ 《蒋中正先生年谱长编》第三册，第 530—531 页。

⑤ 《傅佑民致阎锡山电》(1931 年 11 月 1 日)，台北“国史馆”藏，阎锡山史料，档号:116-010101-0100-057；《胡汉民负责谈话》，《申报》，1931 年 11 月 4 日，第 9 版。

⑥ 《阎秉璋致阎锡山电》(1931 年 11 月 1 日到)，台北“国史馆”藏，阎锡山史料，档号:116-010101-0100-061。

民的赋予,如果此次不能统一,“嗣后社会之经济能力决不能应政府之需要,实属毫无疑义,无论任何人当局,想均无以善其后也”。①

同时,上海银行业同业公会还拟定四条建议:一、早日实现和平统一;二、“和议成立后,政府应立即召集财政委员会,议定军政费预算,照全国经济会议议决议案,以1 900余万元为度”;三、1 900余万元的预算中,除去每月的收入抵充,公债弥补不足之数不得超过现金1 200万元。如果超过,应再核减预算;四、此后政府发行公债,应全数交由财政委员会和基金保管委员会共同保管,“以期债票市面渐臻安定”;并且此项保管公债每日售出之数,以1 200万元为限。11月5日,银行业公推陈光甫、张嘉璈、吴鼎昌、李铭分别访问宁粤两方在沪代表。陈光甫4人先与汪精卫会谈,汪精卫将和谈阻滞的责任推于宁方。粤方表示不同意召开四全大会来讨论政府改组,而且南京环境不安全,暂时尚无更积极的方案。陈光甫一行又与胡汉民相谈,继而又将上海市银行业同业公会所议决的宣言及建议的财政方针交给汪精卫。银行界还要求汪精卫“如和平不幸破裂,请双方将真象公布,以便由第三者出而调解。”粤方表示赞同,汪精卫并迅即将延迟的双方第六次预备会改为正式会谈。②

通过此次访晤,上海银行业向国民党及全国表达了鲜明的政治立场,即和谈不能成功,社会经济就难支持,银行业就不会像过去那样支持国民党的政权。陈光甫等人在5日的行动非常有效。6日,宁粤代表第六次会谈决议“设立财政委员会,以行政院长兼主席”,并规定“财政委员会”由政府授权施行整理财政、审核预算、审核公债之发行、稽核报销和公布收支账目等权力。财政委员会将由政府、银行界、工商业、经济学者、其他专家各相等人数组成。会谈还决定:“为防止内战起见,中央及地方之财政收入所供军费,应以国防及剿匪为限”;“财政委员会得拒绝关于内战之一切负担”。③7日,第7次会谈情况明显好转,“(一)京粤双方以合作精神分开第四次全国代表大会。甲、开会时发表通电表示本党统一;乙、一切提案均交四届中央执行委员会在南京开第一次会议时处理;丙、中央委员候选人由双方协商;丁、由四届第一次会议改组国民政府。(二)蒋主席下野电及粤府取消电无须发表。(三)政治纠纷均由中执会解决。(四)推代表向双方报告。(五)通电各界及各党部报告经过。”国民党内部的转机连同银行业的表态迅速传遍全国。④

11月10日,上海各同业公会发表宣言,拥护和平统一。此后,国民党方面的

---

① 中国人民银行上海市分行金融研究所编:《上海商业储蓄银行史料》,第310页。

② 中国人民银行上海市分行金融研究所编:《上海商业储蓄银行史料》,第310页;《前晚之谈话会》,《申报》,1931年11月6日,第13版。

③ 《下午六次会议》,《申报》,1931年11月7日,第13版。

④ 《阎秉璋电阎锡山》(1931年11月6日到达),台北“国史馆”藏,阎锡山史料,档号:116-010101-0100-082。

内争稍显缓和,四全大会正式召开,宁粤双方开始实质性的权力重组。虽然广州方面仍然反对蒋介石,但各派系皆不敢有违全国统一的原则。15日,财政委员会召集第一次会议,通过国难紧缩时期临时预算,将政府军政费支出缩减为1 800万元,规定不超过400万元的党政费,除每月不敷之数由公债抵补外,不再另发公债,以提高债价。关于已发各公债库券,财委会表示:"国民政府发行之公债库券信用素著,现在预算又经紧缩,信用必更加坚固,政府必负责始终保持。"①

蒋介石也表示出一致对外的姿态。他派励志社总干事黄仁霖到沪,邀请各界领袖赴京谈话,银行界包括陈光甫、徐新六和林康侯等。8日上午,蒋介石在励志社招待他们,对于东北问题详细讨论。晚上蒋在总司令部设宴款待,席间又谈及改良币制、发展交通和舆论公开各事,"蒋氏以诚恳之态度表示接受"。② 12月9日国民政府特别外交委员会委员长戴季陶、副委员长宋子文急电包括陈光甫在内的上海教育界、新闻界和经济界等49人赴南京商议时局。③ 12月17日孙科到达南京,不久宋子文、孔祥熙等人辞职,蒋介石继而下野。从"九·一八"事变到年底的3个月时间里,国民党忙于党争,忙于对中共的"清剿",对东北问题毫无实质性措施。孙科政府成立后,中央政府更是缺乏各派支持,无可奈何。

原上海商业储蓄银行国外汇兑部主任黄汉樑成为孙科政府的财政部长,他招待上海金融界领袖,报告新政府"开诚布公"的施政方针,尤其以财政公开为根本原则,希望得到金融界支持。他恳切地说,作为原来金融界一员,深知金融界的苦衷,"实以现在外交紧迫,国难临头,只有政府与金融界唯诚相与,大家唯力是视,同心协作,互相扶助之一法"。黄汉樑提出政府进行民主预、决算;力行节俭,控制国家经费;更新整理税制,科学管理财政。他还向银行界表示:"国债信用关系金融命脉,亦关国际观听,各债基金,自常切实维护,使金融得所保障债信益臻巩固。至中央银行为全国金融总枢,尤当保持其独立之地位,所以谋金融之安全,亦即所以固财政之基础也。"张嘉璈、钱新之和林康侯等人继而演说表示愿意与政府合作,共济时艰。④

但是孙科在政府职能的各个方面都无力建树。早在"九·一八"事变前夕,国民政府原拟发行1 000万元公债,但立法院在孙科的指示下擅将赈灾公债债额增至8 000万元。蒋介石对此也很不满:"立法院自动通过赈灾公债八千万元,并不求政府同意,内无法纪,徒买民心,革命至此殊堪浩叹,而独怪自身之无能力也。"⑤ 1931年12月底,南京政府又传出政府将公债本息部分延期还款的提议。这一计

① 《中华民国史档案资料汇编》,第五辑第一编,财政经济(一),第50页。
② 《上海商业储蓄银行史料》,第307—308页。
③ 《特外委会电请各界领袖赴京》,《申报》,1931年12月9日,第9版。
④ 《财长黄汉梁招待沪金融界》,《申报》,1932年1月7日,第17版。
⑤ 《蒋中正先生年谱长编》第三册,第496页。

划明显违背了国民党中央不久前对金融界的承诺,打破了最后合作的基石。经济界遂发起"中华民国内国公库券持票人会"(简称"持票人会")。在上海金融业的号召下,全国商界一致反对孙科政府停付本息,声势浩大。①

对于陈光甫而言,上海商业储蓄银行也一度处于危急时期。"九·一八"之后,恰逢长江流域遭遇水灾,由于谣言引起针对上海商业储蓄银行的大规模提存风潮。由于上海商业储蓄银行准备相对充足,坚持给予存户提现。但风潮随着中日紧张形势而加剧,南京分行甚至也遭波及,情形更较上海为严重。此种情形下,上海商业储蓄银行被迫延长办公时间,连星期日和中秋节都不曾停业,存户才渐渐平静下去。② 1931 年的全国大水灾给上海商业储蓄银行带来巨大冲击,但对上海商业储蓄银行影响最深的还是社会环境:"二十年之大水,九江竟成泽国,浔行在事前早已预防,无甚损失,可谓不幸中之大幸。浔行自开办以来,匪患迄无宁日,农村经济之衰落,更甚于他处,发展本非易事,今有存款一百十余万,放款数量略同,无非从不断的奋斗中得来。"③

1932 年年初,陈光甫对国民党政府的信心更弱了,他日记中写道:"统计今日政府所发公债总数,约九万万元,每年应付之本息,达二万万之多,财政上既无办法,万一有变,我行须损失二三百万元,此指国外国内公债全体而言。"他在行务会议上说:"外患日深,东三省已为日人所有,倘再进兵至平津一带,则秩序更形扰乱,商业愈见凋零。物价跌至百分之七十,公债跌至十分之四,经营各业者,势必受亏,本行放款之未能收回者,数不在少,今日已为旧历十一月二十九日,各营业员务须努力催收,在此二十天中,全数收回为要。"④ 上海商业储蓄银行极力的紧缩业务,同时还加入了内债持票人会,参与抗议政府,反对停付公债,指责政府"自害害民,自杀杀民之妄举"。⑤陈光甫还要忙于说服上海商业储蓄银行股东,坚持维持低利的股息分红来保障银行有足够的资金应对风险的发生。他为上海商业储蓄银行各项事务制定预备措施,并拟提高公积金准备。他做好准备,"当此前途荆棘之时,不能不先顾本身之基础"。⑥

蒋介石坐视孙科政府在内外交困中走向终点。蒋意识到如果长江流域经济界

---

① 参见吴景平:《上海金融业与国民政府关系研究(1927—1937)》,第 130—148 页。

② 宋春舫等:《上海商业储蓄银行二十年史初稿》(1934 年 5 月),第五章,上海市档案馆藏,档号:Q275-1-170。

③ 宋春舫等:《上海商业储蓄银行二十年史初稿》(1934 年 5 月),第四章,上海市档案馆藏,档号:Q275-1-170。

④ 《二十一年一月六日行务会议陈先生致词摘录》,上海商业储蓄银行编印:《陈光甫先生言论集》,1949 年版,第 76—77 页。

⑤ 《截留国税与停付债券本息声中各团体之力争》,《银行周报》,第 16 卷第 1 号,1931 年 1 月 19 日。

⑥ 《截留国税与停付债券本息声中各团体之力争》,《银行周报》,第 16 卷第 1 号,1931 年 1 月 19 日。

对国民党的支持被孙科任意摧毁,自身也很难"继起收拾"。①于是,他一边派张继、何应钦与汪、胡谋求和解,一边指挥吴铁城与银行界保持联系。1月23日黄汉樑再次来沪与银行业洽谈,希望能得到800万元借款的支持,陈光甫再次参与其中。此次会面持续两个小时,黄与新任财政次长林康侯再次表示会整理维持财政;中央会下令各省不准截留税款;公债也会得到政府维持等。林康侯另外表示如果各省不截留税收,公债便可设法整理。25日,财政部长黄汉梁再次与张嘉璈、陈光甫、徐寄庼、李铭等人讨论两小时。财政部还拟定中国、交通、中央三家银行各担任400万元、上海商业银行共担任200万元、交易所及钱业公会各担任100万元,共成1 600万元的两月垫款;同时计划财政委员会组织一常设机构在上海。只是连财政部次长也承认这远远超出上海银行界所能承担之数。②孙科政府到了25日已然无法维持,孙辞职赴沪。③三天之后,蒋介石与汪精卫在南京联手执政,"一·二八"淞沪抗战同日爆发。

对南京政府的失望与批评

"一·二八"战事给上海造成了至少19 400万元左右的损失,可谓"全国精华之所在,大部分给日人毁灭"。④上海银行业的日常业务受到很大影响,疲于预防严重挤兑的出现。作为一个稳重成熟的商人,陈光甫在日记中写道:"本行之进退,余确有自知之把握。"⑤不过由于战争,市面形势仍然紧张,江海关的收入大幅减少,更影响到了南京政府的财政。南京方面在这种情况下由复任财政部长的宋子文与二五库券基金保管委员会代表李铭、上海银行公会代表张嘉璈、上海市商会代表王晓籁、钱业代表秦润卿、持票人会代表杜月笙、张啸林等协商整理公债事宜,意图通过发行新债,延长还本期限,酌量减少利息来调和政府与经济界的利益分歧,弥补已经产生的裂痕。2月初,南京政府开始恢复对各省的国税征收。赈灾公债也开始如期抽签还本。这些使得银行界再次看到政府兑现承诺的希望,同时蒋介石与江浙经济界重要人物确实有着更紧密的联系。⑥

公债整理极大减轻了国民政府的财政负担,陈光甫个人参与财政事宜的商议,但其个人事业并未卷入其中。上海商业储蓄银行相对于中国、交通银行这样政府

---

① 《蒋中正先生年谱长编》第三册,第590页。

② 《黄财长等昨在沪讨论财委会组织问题》,《申报》,1932年1月25日,第9版。

③ 《黄汉梁来沪》,《申报》,1932年1月23日,第13版。

④ 宋春舫等:《上海商业储蓄银行二十年史初稿》(1934年5月),第七章,上海市档案馆藏,档号:Q275-1-170。

⑤ 《陈光甫日记》,1932年5月10日,第169页。

⑥ 参见吴景平:《上海金融业与国民政府关系研究(1927—1937)》,第169—188页。

控制的银行,资金规模小很多,对公债的投资更少。1932 年国民政府整理公债前,南京国民政府财政部已发行了总额达 10.04 亿元的 25 种债券,其中库券 14 种,发行额为 6.83 亿元;公债占 11 种,发行 3.21 亿元。当时政府财政支出中的用于偿还公债的比重,由 1927 年度的 14. 8%增至 1931 年的 39.5%。①然而,上海商业储蓄银行投资的有价证券只占全国 29 家重要银行同类投资额的 3%不到。此前较高的两个年份分别是 1927 年的 4.48%和 1931 年的 4.27%,陈光甫对公债投资几乎没有特别的兴趣。②他还批评政府:“市面现金为国家所吸收而拮窘,重以内外多事,公债价格大落,使怀有公债者之财产及信用因之大减,遂致金融界各具戒心,金融乃因戒备停滞而紧迫。”③或许因为陈光甫对政府公债的回避,1931 年 11 月国民党中执会组织的“财政委员会”吸纳了其他银行界的重要人物,并没有包括陈光甫在内。④

1931 年 11 月陈光甫总结了全国各地的社会情势,意识到中国的外交内政已经难有宁静的可能。⑤ 1932 年初他指出全国如水灾、外患、内乱等恐慌,“尚属急性病,疗治得宜,即可恢复元气。”但政府所发内外债才是“慢性”之疾,“疗治更难”。他统计政府已所发外债内债总数为 9 亿元,每年须付本息达 2 亿元之多,一旦有变,上海商业储蓄银行就要损失二三百万元。他也指出公债市场给上海商业储蓄银行带来负面影响:“现在公债价格,日低一日,市面银根既紧,存款因之减少,而本行之收入,亦受影响,各部份讵能再生弊窦,亟应研究防止之方,杜绝将来之弊,此消极之办法也。”⑥

不久后的行务会议上,陈光甫再次指出上海商业储蓄银行的经营受到四种不利因素的影响:政府借款、地方军政借款、商人破产和行员舞弊。他说购买政府公债与银行是否爱国本质上并无关联,政府不应该靠借债度日,而银行应该先为存款者负责。他认为国民政府“往往用其威力,强迫银行屈服,不顾银行本身之责任”。地方政府的强行摊派也时有发生:“鄙人曾到四川,见川省之预征田赋,强迫借款,曾对人云,将来此种情形,蔓延东渐,必将复见于他省。湘鄂皖赣,皆在其中,迄今相距十年,竟不幸而言中矣。”公债成了一些地方财政赤字的工具。为应对经济环境的恶化,陈光甫还将上海商业储蓄银行 1932 年的预算开支从 240 万削减至 200 万,从中可以推理出他对此一时期国民政府执政绩效的评价。⑦

---

① 《中华民国史档案资料汇编》,第五辑第一编,财政经济(一),第 239 页。
② 《上海商业储蓄银行史料》,第 703 页。
③ 《上海商业储蓄银行史料》,第 339 页。
④ 《蒋中正先生年谱长编》第三册,第 552 页。
⑤ 《上海商业储蓄银行史料》,第 339 页。
⑥ 《二十一年一月六日行务会议陈先生致词摘录》,《陈光甫先生言论集》,第 78—79 页。
⑦ 《二十一年一月二十日行务会议陈先生致词摘要》,《陈光甫先生言论集》,第 79 页。

此时的陈光甫已经看到了中国外部的经济环境发生的转变。他判断中国的对外贸易条件将很快恶化:“吾国产品现可行销国外者,惟有桐油。而华丝之在国外,竟无销路。内地既乏产品可以运输,即已濒于大难临头之境。去年白银进口,较前岁减至百分之五十六,既无产品可以出口,又安能望银之进口耶?但此种现象造成,其误不在今日,而在于往昔之措施不善。”① 陈光甫认为金融界已经逐渐采取“紧缩主义”:“我行苟不于此时紧缩自己之资财,即悉以散之市上,杯水车薪,亦不能救市面之恐慌,而身将何以对付存户。故紧缩以自保自救,为此时唯一之途径。”②

由于陈光甫的充分准备,上海商业储蓄银行受到战争的影响要比一般市场受到的冲击小很多。各银行分支平日就做好了紧缩准备,应对得当,“互相策应,得以输送不匮”。到了4月,上海的各个分支也已经基本恢复营业。③ 2月2日,上海银行银钱业决议全体合组公库,维持金融之流通。同时征得外商银行的合作,暂时拒收华人存款。此银行界全体合组成立的公库,系各银行“将所有财产及一切有价证券一律交存公库,由各行共同保管,凡顾客提存者,一概无限制照付”。2月4日银钱两业率先开市,在此之前各家银行都打开银行后门应对提存事宜。之后,银行业制订联合准备及拆放公约各项章程,预定联合准备总额5 000万两,并设立联合准备抵押品保管委员会和抵押品评价委员会。④

2月初,行政院副院长、财政部长宋子文奉令继续担任中央银行总裁,前副总裁陈行同时复职。宋在财政部与中央银行的人事安排尽悉恢复到1931年的状态。政府照旧派定理宋子文、陈行、叶琢堂、王宝崙、唐寿民、钱永铭、陈光甫、荣宗敬、周宗良,并指定宋子文、陈行、叶琢堂、王宝崙、唐寿民为常务理事。⑤银行家们反对中央银行总裁再次由财政部长兼任,其中陈光甫最为突出。他支持上海银行界自行联合,成立准备库,应对时局。3月1日上海26家银行再次修正联合准备委员会办法,规定:各成员银行以财产缴存委员会作为准备财产,并随时照认,十足缴存;各成员银行“以所缴财产为担保向委员会按财产估价七折,领取各项单证”,其中公单四成、公库证二成、抵押证四成;“委员会对于公单负见票即付之责,公库证得为发行钞票银行之保证准备,抵押证得为委员银行间借款之抵押品”;“委员会平时应付公单基金则由委员会另行筹足”。联合准备会会设置执行委员11人,陈光甫当选,

---

① 《二十一年一月六日行务会议陈先生致词摘录》,《陈光甫先生言论集》,第77页。

② 《上海商业储蓄银行史料》,第339页。

③ 宋春舫等:《上海商业储蓄银行二十年史初稿》(1934年5月),第四章,上海市档案馆藏,档号:Q275-1-170;上海商业储蓄银行编:《行史资料:本行大事记》,上海市档案馆藏,档号:Q275-1-168。

④ 《上海商业储蓄银行史料》,第345—346页。

⑤ 洪葭管:《中央银行史料》上卷,中国金融出版社2005年版,第42页。

并聘请外人作为评价专家。①

同时陈光甫开始联络贝淞荪、李铭、张嘉璈等,表示要一起辞去中央银行的职务。他要李铭等人提防宋子文对于中国银行采取不利措施。不过其他三人的态度比较温和,李铭与宋子文关系一直较好。张嘉璈则希望既能用辞职表达不满,之后还可以慢慢复职。陈光甫非常无奈,由于宋子文与银行业都诚意希望他能出任中央银行理事,最后辞职之事便不了了之。②另外陈光甫还认为蒋、宋本来不主张抵抗日军,均是“民气使然”。他参与政府与商界的各种集会,感受到社会仍然恐慌,缺乏主张。他批评“为保全身家、事业、身(生)命,及要维持假面具而延长领袖资格”。③

3 月间,社会各界对国民党的统治已经非常失望。党内外都出现各种解除党禁的呼声。国民党中央对此非常重视,商议应策。④持票人会向政府提出:完全公开财政,由各团体参加财政委员会;“在收入范围内确定概算,不得稍有逾越”;政府不得为内战及政费向各商业团体举债。⑤地方维持会也开始在政治上渐形活跃。上海市民地方维持会“一·二八”抗战时期上海实业界及银行界领袖为维持地方秩序,调剂金融,救济难民为目的,分组筹备而成。陈光甫与史量才、黄炎培等人都是发起人。⑥ 2 月 1 日,地方维持会正式成立,各成员当即捐款 2 万元救济灾民。⑦维持会的秘书长黄炎培等人迅即发表的“废党”等政治主张惊动了国民党中央。⑧汪精卫在 3 月下旬在中政会上提出国民党要秘密制定原则,共同应对上海各界的反对。他还说:“我们召集国难会议的原意是希望他们以国难为精神推诚相见,讨论救国之道的,可是现在反党的空气很弥漫了。”⑨

4 月初,在国难会议即将召开之前,陈光甫与上海地方各界 54 人向行政院长汪精卫与国民政府主席林森提出口头要求,并用书面形式要求政府答复:一、“对日作正当之防卫,抵抗到底,以期收复东北失地,肃清淞沪敌踪”;二、“从速结束党治,实施民治,于六个月内制定民治主义宪法,实行宪政”;三、“在宪政政府未成立以前,立即集中人才,不分党派,组织国难政府”;四、“国难会议仍在南京举行”;五、“在国难会议开会前,宣布各党并存,自由活动”;六、自 5 月 1 日起,“停止由国库及

---

① 《银行联合准备》,《申报》,1932 年 3 月 1 日,第 2 版。

② 《陈光甫日记》,1932 年 3 月,第 151—152、156 页。

③ 《陈光甫日记》,1932 年 3 月 17 日,第 154 页。

④ 《蒋中正先生年谱长编》第三册,第 643 页。

⑤ 洪葭管:《中央银行史料》上卷,中国金融出版社 2005 年版,第 177 页。

⑥ 《上海商业储蓄银行史料》,第 344 页。

⑦ 《上海地方维持会即日成立》,《申报》,1932 年 2 月 1 日,第 6 版。

⑧ 《蒋中正先生年谱长编》第三册,第 643—644 页。

⑨ 《中国国民党中央执行委员会政治会议第 304 次会议速记录》(1932 年 3 月 21 日),国民党党史馆档案,档号:政 00.1/127。

公款支给之党费”。次日,汪精卫即用书面答复,认为国难会议系根据国民党中执会决定,应由政府决定时间地点,且“以讨论御侮救灾绥靖为范围”。继而引发社会不满,银行界徐新六、胡笔江、李铭等表示不再参与国难会议。①

5月5日,淞沪停战协定签署,上海恢复了和平的环境,公债整理也逐渐付诸实施。此时陈光甫对于有价证券的投资依然缺乏信任:“就去岁国内外金融变迁之过程,各项有价证券均不足为准备之后盾。盖金融紧迫之时候,证券物价低落为必然之趋势,虽贬价亦少有适量之受主,倘转押亦不免仰人之鼻息,故恒以求人不若求己之志愿。今后惟有多积现金为唯一之准备。”②当时,地方维持会反对政府的论调也很高。5月宋子文与法国订购飞机,但维持会大多数人反对,认为这是用于政府内战。陈光甫记载当时“因恨政府,每次开会,会员故意唱高调,使政府难堪”。十九路军的蒋光鼐与蔡廷锴辞职后,上海地方维持会又多主张质问政府。陈光甫说当时主要有公开反对政府一派(比如穆藕初、黄炎培等人)、暗中反对政府一派和支持宋子文一派,总体上除了一些买办,都是反政府的立场。这显然也包括了他自己。③地方维持会到了6月进行了闭会,继而成立了上海地方协会,史量才任会长。④与银行家们的态度相比,工商界与国民政府间的政治立场颇为对立,陈光甫的立场显然与前者相近。

第四节 从奉命赴欧到接待李顿调查团

奉命参加国际劳工大会

1929年2月13日,陈光甫坐船离开上海赴欧洲访问。同船的有吴忠信,陈光甫记录:“渠因鉴于政局复杂,不欲卷入漩涡,故有此行。”⑤半途,陈光甫突然接到政府的任命。原来,1929年国际劳工大会原定于日内瓦召开,根据大会规定:“每一同盟国应派代表四人,计政府二人,劳资两方各派一人。”是年,由中华民国全国商会联会公推陈光甫君担任资方代表,经由工商部加以委任,派遣赴会。⑥中国政

---

① 《国难会议上海会员会昨开第四次会员大会》,《申报》,1932年4月2日,第1版。
② 《陈光甫日记》,1932年5月10日,第170页。
③ 《陈光甫日记》,1932年5月3日,第160—161页。
④ 《市民地方维持会昨举行闭会礼》,《申报》,1932年6月4日,第13版。
⑤ 《陈光甫日记》,1929年2月13日,第92页。
⑥ 《函知推派劳工大会代表》,《申报》,1929年4月10日,第4版。

府同时拟选参加国际劳工会议的还有资方代表冯少山和政府驻英代办陈维城。[①] 4月20日,作为委员国之一,国民政府为增进在国际声望与地位,考虑再三,由工商部决定以驻英代办陈维城、工商部劳工司长朱懋澄充任政府代表,并以工商部科长富纲侯充任顾问兼秘书,夏奇峰为顾问,而劳工代表一时难以决定。[②] 4月23日,先行出发的陈光甫来到日内瓦,晚上访问了国际劳工局首任局长法国人多玛(Albert Thomas),多玛一年前曾到过中国。陈光甫记录:"作为法国人,面孔像天主教士,又像一欧洲大陆资本家。因有会议,未及多谈。劳工局局址沿日内瓦之内门湖,风景绝佳。局屋宏敞,陈设精致,好似英美大公司之房屋。闻云多玛每年薪水十二万瑞士法郎,合华六万元,每月五千元,皆由国际联盟各会员国担任。秘书之薪水亦有二万法郎,合华一万元。考其工作,除调查资料外,对于工人之潮流无方法可以对付也。"[③] 24日国民政府终于决定由广州建设厅长马超俊代表劳工一方参加大会,并对所有代表正式任命。[④]

国际劳工大会系国际劳工组织的例会,每年至少开会一次。各会员团须派政府代表2人、雇主代表与劳工代表各1人、各方专门顾问若干人参加。代表团对各种议案先行小组讨论,将其结果报告大会最终取决。国际劳工组织当时有56个会员国。此届大会,有50个国家遣派代表及顾问出席,计有政府代表81人,顾问89人;雇主代表37人,顾问72人;劳工代表36人,顾问71人。大会选举德国政府代表前劳工部长勃郎斯当选为大会主席,智利政府代表当选为提案审查委员会主席。中国代表朱懋澄当选为代表顾问资格审查委员会主席,所有顾问的资格必须经审查委员会通过,才能通过。当时曾经有人指出中国代表团中的劳工代表马朝俊其实是政府官员,不能代表工人。恰好朱懋澄担任资格审查委员会主席从中调解,得以疏通。当然,每届大会其他各国国家代表团也常常会就代表资格发生争议。[⑤]中国的代表在途中就已经收到了大会的主要讨论事项,并打算代表中国提出反对外商在华虐待劳工、反对外国雇主强迫侨工增加工作时间、反对限制侨工人身自由、要求各国撤废在华领事裁判权等议题。[⑥]

5月30日,第十二届国际劳工大会正式召开。新任大会主席勃郎斯演讲称:"各国劳工事业,应由救济政策而入于预防政策,故于推行劳工法,注重工场检查,工人保险。及工人居住问题外,尤应注重公共卫生保护童女工及鼓励组织工场,委

---

① 《国劳会议出席人选》,《申报》,1929年4月13日,第7版。

② 《国民政府公报》第147号,1929年4月22日,第3页。

③ 《陈光甫日记》,1929年4月23日,第99页。

④ 《命令》,《申报》,1929年4月24日,第3版。

⑤ 《国际劳工大会中国代表团昨返国》,《申报》,1929年8月10日,第13版。

⑥ 《出席劳工会议代表过哈》,《申报》,1929年5月13日,第9版。

员会因此皆为预防疾病失业及劳资纠纷之事务。”①中方代表团也在会议第一天就提交了裁撤外国工厂享有领事裁判权的议案。②

此次大会共收到12件提案,其中3件由中国代表提出。3件提案在审查时都遇到了质疑,尤其是中方代表提出的“以外人在华工厂应服从中国政府执行劳工法”一案遭到最多反对,经过代表团各方疏通,出席辩驳,才使3个方案得以提交大会。③各议案提出后,陈光甫作为中国代表与法国、比利时、丹麦、捷克代表共5人组成资方审查委员会,先行审议。中方的提案分别是:一、“各国人民在他国领土内享有治外法权者,应遵守所在国颁布之工厂法”;二、“各国对于本国工人与有色人种工人待遇,应一律平等”;三、“各国招募侨工应得侨工之本国政府同意”。

在五人委员会审议之时,中方的第二提案议决交国际劳工局行政院处置,第三提案得到全体一致赞成。但第一提案由于涉及在租界内中国的《工厂法》,各国代表态度或主张撤销,或不置可否。陈光甫于是在委员会中表达中方观点。他先撇清该议案的政治色彩,说道,中国提出此议案是为表达各国国内劳工的行政制度应当一致,并非强调租界内劳工状况比界外恶劣。他进而解释租界内部分雇主制订了良好的工作章程,但租界内的劳工法规不能由每个雇主自由订立,同时应全国一律。他还指出:“目前中国人民之精神,已非二十年前或十年前之比,外国雇主或外国当局在租界内所订法规,无论如何完全,不能得中国人民之欢迎”;中国希望能够改良劳资关系既是对劳工,也是为社会整体,还符合外商的利益;中国的法案恰恰为了改变长久以来外商因治外法权问题造成的不良印象,“使中国工界脱离政治作用”;从长远来看,外商在中国的发展离不开与中国及中国人民的互相信任。④此时作为列席观察的德国代表提出容纳中国议案,各国遂表示暂且保留提案。⑤

此次劳工会议程包含四个重要问题的讨论:防止工业危险、预防商船装卸货物危险、强制劳动问题和职店员工作时间问题。首先,关于防止工业危险,大会通过两项意见:一是,加强研究,确定防范原则;二是,规定防止动力机危险之责任。该议案主要是为了界定动力机械事故中雇主和装备方的责任。其次,在讨论防止商船卸装货物的危险问题上,各国就内河商船装卸货物的危险是否应取公约程序发生激烈争执。中国代表表示中国内河航驶权由外人享有,内河商船多由外资企业负责装卸,故坚持用公约方式仲裁内河商船问题。这一主张得到各国劳工代表的支持,最后得到大会的通过。第三,中国代表团在讨论“强制劳动问题”时,认为此

---

① 《国际劳工大会中国代表团昨返国》,《申报》,1929年8月10日,第13版。

② 《国际劳工会议开幕》,《申报》,1929年6月1日,第10版。

③ 《国际劳工大会中国代表团昨返国》,《申报》,1929年8月10日,第13版。

④ 《上海商业储蓄银行史料》,第317—318页。

⑤ 《上海商业储蓄银行史料》,第316—317页;《国际劳工大会中国提案》,《申报》,1929年6月27日,第14版。

一问题源自“各帝国主义”的殖民地政策,表示“强制劳动有背人道主义,主张立即废除”。而西方国家支持“强制劳动”,与会国之间发生巨大争执,会议最终未形成定论。①

最后,关于讨论店职员工作时间问题,据代表团回国后报告:会议上雇主方面,始终反对讨论,认为工人八小时工作制尚难普及,职店员工更难规定,但“劳工主张甚力”,主张职店员享有八小时制的权益。中国代表团内部也有一些细小的分歧。陈光甫认为中国各地情况不同,各产业社会生产率不同,且仍旧以手工业为主,与欧洲情况更有差别。大会最后只能推迟至下一年讨论决定。“纱厂连年失(蚀)本,损失甚大,若再减少工作时间,以致出产缩小,必致破产。”陈光甫的观点得到中国劳工代表马超俊的支持。不过,中方政府代表朱懋澄认为国民政府已经通过了《工厂法》的原则,正由立法院审查。朱还提出“印度十年前已经规定每星期六十小时,中国太形落后,殊与体面有关”。最后,中国代表团决定采取“每日工作不得过十小时”“每星期不得过六十小时”的立场。②

陈光甫全程参加了国际劳动大会的会前准备和会议,也向国内政府汇报了情况,但他在会议过程中基本保持了自己的观点和立场。当时国内报纸刊载他有对帝国主义的激烈批评:“中国雇主与工人正联合一致对抗英日帝国主义的资本主义之压迫与侵略。”陈光甫迅速回复表示从未有过激烈言论。③陈光甫深感国民党的分裂影响了外交,广东方面的马超俊与南京方面的代表关系不合。他甚至一度认为此次奉政府之命参加会议,还要浪费钱财订做各种服装,实属“无妄之灾”。④

不过,中国代表团参加此次会议总体上得到了国际劳工组织的重视和欢迎。在会议第一天,国际劳工局理事院长首致欢迎词时,特别宣告中国代表团的首次到访。大会的第三日,恰好是孙中山奉安之日。当日大会还由大会主席召集大会全体职员及国劳局重要职员,“向中国代表团行庄严之仪式”,表达对孙中山人格的钦佩,并请中国代表向中国政府转达美好祝愿。⑤会上,中国的第一项议案虽然最终没有被通过,但全场共有 53 票赞成,无一票反对。可见中国代表团传达的取消不平等条约的诉求,已为国际各国所重视。⑥此后,国际劳工大会历年均由中国驻国联代表办事处向中国政府发出邀请,国民政府也认真选聘代表。国内的工商界也

---

① 《国际劳工大会中国代表团昨返国》,《申报》,1929 年 8 月 10 日,第 13 版。

② 《陈光甫日记》,1929 年 5 月 27 日,第 99—100 页;《国际劳工大会中国代表团昨返国》,《申报》,1929 年 8 月 10 日,第 13 版。

③ 《中国工人已备受帝国资本主义压迫》,《申报》,1929 年 5 月 21 日,第 7 版;《陈光甫日记》,1929 年 4 月 27 日,第 100 页。

④ 《陈光甫日记》,1929 年 5 月 29 日,第 101—102 页。

⑤ 《国际劳工大会中国代表团昨返国》,《申报》,1929 年 8 月 10 日,第 13 版。

⑥ 《陈夏报告劳工大会通过各案》,《申报》,1929 年 7 月 19 日,第 13—14 版。

十分响应,多次由全国商会联合会和中华工业联合总会出资赞助代表的川旅费用。[①]不久,在商界虞洽卿、陈光甫、王晓籁等人的支持下,国际劳工局中国分局也在上海成立。[②]

筹建国际商会中国分会

1929 年 7 月,身在欧洲的陈光甫赶赴荷兰阿姆斯特丹出席国际商会第五次会议。这是中国政府首次派代表出席国际商会会议。此次出席第五次大会中国代表为张嘉璈、陈光甫、朱吟江、郭秉文、梁龙、夏奇峰、史悠明、寿景伟、张祥麟、王世鼐10 名正式代表。[③] 成立于 1919 年的国际商会(International Chamber of Commerce)是第一次世界大战以后,西方参战国为了恢复经济而产生的合作组织。国际商会与国际联盟有较密切的关系,至 1929 年已有 45 个成员国。

这次会议的重要缘起之一是南京政府在形式上统一中国后,西方商界开始注意中国的建设问题,曾计划当年 6 月在巴黎召开中国问题研究会。1928 年国际商会托中国驻比利时公使王景岐转请中国商界参加该会。上海总商会为此成立了国际商会中国委员会,经行政院批准,由财政部拨交会费 3 万元。[④] 1929 年 1 月国际商会在巴黎召集关于中国问题的初次预备会议,梁龙、夏奇峰两人代表中国出席,并将该会对中国的邀请转达国民政府。时任工商部孔祥熙、外交部王正廷和全国商会联合会都非常重视,认为这是发展中国对外贸易和增进中外合作的机会。于是国民政府首先选派陈光甫等三人作为出席代表。陈光甫等人认为中国应该增加代表,故政府又选张嘉璈、郭秉文等七人推为专门委员。

在 6 月中旬,中国代表陆续抵达欧洲柏林集议准备。代表团内部推选张嘉璈为主席,陈光甫、朱吟江为副主席,一同商定进行及应对方针。众人在柏林共同起草翻译了有关中国经济报告书,即行邮寄国际商会所在地巴黎。代表本团在欧洲准备、联络事务日益增繁,遂另聘陈长桐、朱文熊为秘书佐理一切。会前,陈光甫还特地在会前拜访一直关心远东事务的德华银行董事长(Obiz)。另外他又访问德华银行总经理,而该总经理是国际商会中国问题小组委员会的委员。陈光甫认为"藉可探听该会内容"。该经理告诉陈光甫,各国都计划向中国借款,但是欧美国家内部存在矛盾,被迫共同对华借款;另外陈光甫还借此了解到国际商会的英美两国势力并不愿意中国资本力量的加入。[⑤]

---

① 《五月间两种国际工商会议》,《申报》,1933 年 2 月 9 日,第 14 版。
② 《三团体昨午欢宴朱汪》,《申报》,1936 年 8 月 28 日,第 11 版。
③ 《上海商业储蓄银行史料》,第 319 页;《国际商会中委会预备会记》,《申报》,1929 年 5 月 17 日,第 4 版。
④ 《国际商会中国分会征求会员》,《申报》,1932 年 6 月 4 日,第 14 版。
⑤ 《陈光甫日记》,1929 年 6 月 24 日,第 103 页。

7月1日下午,国际商会会议在巴黎召开预备会议。会议一开始,中国代表团与各国代表就发生分歧。中外就各自提供的中国经济报告书发生争执。中方代表认为,“各国商会所拟报告我国现况每多微词,且对于各部建设计划,一字未提”。中国代表团认为外方报告与中国情况完全不符,故当场列举起事实证明,并分别说明。最后起草委员会部分采纳了中方意见。第二,中国代表直接表达了解除不平等条约、废除治外法权的意见。会上,德国、比利时等国代表表示赞同,但其他大国均暗中阻止。治外法权问题则仅作保留,置于稍后复议。第三,英、美、法、日四国驻沪商会以事关政治,不便决议为由,拟具反对取消治外法权的决议书在会场散布。中国代表无奈,只能提出中国应有同样权利向大会分发中方意见书。在中方代表的坚持下,大会允诺将四国旅沪商会的决议书撤回,表示让步;同时国际商会遂将中国要求取消治外法权的各项理由,载于报告书中。①

7月6日,阿姆斯特丹会议召开预备会。会上会议主席向中国建议可提出三种议案:“(一)中国撤废治外法权的原则;(二)中国经济建设的希望及与国际商会切实合作的方案;(三)关于财政工商交通等具体问题的研究。”中国代表团经考虑后向大会表示:第一,中国治外法权的原则早为各国所承认,此次会议应当进一步竭力督促各国政府切实实行放弃特权;第二,国际合作不能有损中国主权,若各国坚持不合理的特权,中国舆论不会转向经济合作;第三,中方已将财政、工商、交通等经济政策有关国际贸易部分写入报告书。另外中国代表认为将中国经济问题单独交由各国组成的委员会讨论,不利于公平原则。次日,正式讨论会上,商会会长表示尊重中方立场。会议还应中国代表要求,取消特设的中国问题委员会以及两位对中国持有异议人士的演讲。7月10日,关于原拟治外法权问题与中国工商业发展问题,中国代表分别向大会作正式报告。②会上,张嘉璈还向各国介绍中国财政经济思想的变迁,代表国民政府陈述“不愿为行政经费与无计划之借款,亦不愿各国有共同拘束之财政援助”,并表示中国正在组建机构整理无担保借款。③

张嘉璈与陈光甫还向孔祥熙、王正廷汇报了三点出访感想:中国过去至注重国内市场,国外贸易则常常假手外国商家,而世界各国对外贸易都采取直接政策;中国要发展国外贸易,出口商家应积极合作,并由重要商埠的工商团体建立提倡对外贸易的新组织;各国重要工商团体都很注重国内外工商情况,设有专门机构进行调查研究,常有国际贸易协会及国际贸易俱乐部等组织,中国工商界也应该知己知彼,参与国际商战。代表团同时建议,国内工商各界开始注意国外贸易,中国政府既已施行训政,或能在伦敦、纽约、汉堡、旧金山等各城市,“择其最重要者先行设置

① 《上海商业储蓄银行史料》,第319—320页。

② 《国际商会第5届大会中国代表团报告书》(1929年7月28日),中国国民党党史馆藏,档号:政1/72.2。

③ 姚崧龄:《张公权先生年谱初稿》(上册),第84页。

商务参赞或商务委员,从事国外工商现况之调查及研究,以供国内实业界之参考”。可见陈光甫还是希望政府能主持推动中国对外贸易事业,支持中国工商团体与世界各国之重要商家工厂及其他实业团体直接商洽。陈光甫还提出,国内原料出口不妨以量课税,而国内出口税厘过重,对制造品或半制造品宜减免税收。报告还指出日本已经在伦敦设立国际商会日本委员会分部,由驻英商务参赞、横滨正金银行等各家公司重要职员兼事,中国不能继续落后。①

1930 年 2 月 7 日,原国际商会中国委员会改组为国际商会中国分会,选举陈光甫为正会长,郭秉文为副会长,林康侯为秘书长,并致电巴黎国际商会,表示正式加入。② 1931 年陈光甫作为国际商会中国分会主席推定邀请贝淞荪、李国钦、郭秉文三人为代表,出席当年 5 月在华盛顿召开的国际商会会议,并向实业部报备,请求加推专门委员出席,拨给 3 万元参会费用,以行官商合作。③在当年会议上,李、贝二人发电报告诉陈光甫,白银市场会发生巨变:“国际经济受目前银市严重之影响,万国商联会应于本年内,召集国际银会议,以求解决此项急不容缓之问题,并敦促各国商联会,转请各国政府,注意及此。”

由于陈光甫等中国商人的积极活动,逐渐引起了部分外国人士的好感。英国首席代表亚瑟·贝尔福(Arthur Balfour)建议以后的会议地点可以放在中国。印度与日本代表也表示善意,日本代表提议挽救银价办法须由中国起草。中国代表甚至向国民政府转达,应当抓住时机,由中国召集国际银会议,提高国际地位。陈光甫闻讯立即电请政府筹办国际银会议。④可惜的是,中日之间很快爆发了战争,南京政府也发生权力更迭。1933 年国际商会在维也纳召开第七届大会,日本计划在会议上提出禁止经济抵制,并请求缔结国际公约制止排斥外货。陈光甫原本计划组织代表参会加以阻挠。由于中国当时受到日本的侵略,上海商界正筹备援救东北捐款和救济难民事宜,经费紧张,陈光甫最终向巴黎方面致电停止参加该年的会议。⑤

对全球化的思考

陈光甫在经济领域的对外活动日渐频繁。他在欧洲访问期间,还与欧洲经济界的其他机构和个人有所交往。5 月,他先后拜访了国际联盟秘书处经济金融科

---

① 《国际商会第 5 届大会中国代表团报告书》(1929 年 7 月 28 日),中国国民党党史馆藏,档号:政 1/72.2。

② 《国际商会华分会成立》,《申报》,1931 年 2 月 15 日,第 10 版。

③ 《函知出席国际商会代表》,《申报》,1931 年 2 月 18 日,第 7 版;《国际商会六届大会讯》,《申报》,1931 年 4 月 1 日,第 10 版。

④ 《中国召集国际银会议动机》,《申报》,1931 年 5 月 14 日,第 13 版。

⑤ 《日畏抵货将在国际商会提案》,《申报》,1933 年 2 月 14 日,第 11 版;《国际商会大会我国决停参加》,《申报》,1933 年 3 月 23 日,第 10 版。

科长英国人阿瑟·索尔特(Sir Arthur Salter)、秘书处副秘书长法国人约瑟夫·阿韦诺(Joseph Avenol)以及秘书处的亨利·博内(Henri Bonnet)和日人原田健,与他们分别交谈中国经济问题。原田健告诉陈光甫:欧美金融界已经达成协议,为避免冲突,不单独向中国投资;中国要获得援助只能向国联求助。原田也希望陈能在中国提倡国联的好处。①当时上海商业储蓄银行基于国外汇兑而开展的海外业务已经处于同业领先地位,在海外也有不少代理商行。陈光甫此次亲自到欧洲,在两次国际会议期间,也进一步拓展了自己与世界经济的直接接触。

陈光甫此行最大的收获还是与自己的事业有关。他来到伦敦发现英国的银行制度与中国社会多有隔阂,但他对英国的保险业很感兴趣。当时他在国内已经开办了大华保险公司。5月,陈光甫再召伍克家先生往英研究保险事务,伍考察回国后又成立了中国第一信用保险公司,为银行公司及各处职员提供信用上的保证。此后,他开始了与英国太古公司商洽合作。他回国后,上海商业储蓄银行、太古公司联合商务印书馆(夏筱芳)和伦敦数家保险公司共同创设了宝丰保险公司。该保险公司共计资本50万元,中方出资30万元,由夏筱芳担任董事长。②宝丰保险公司在最初的14个月就有了50万元的营业数额。出乎意料的是,陈光甫的保险公司还得到了许多在华外商的欢迎。③

陈光甫回国后,更注重"营业上之国际化",每年都派人赴英、美考查。他反思中国经济太过闭塞,"从前竞开纱厂,其于日本之竞争计划及办法,漠然不知,所以今日各纱厂罹于极端困难之境"。他视银行的国际化为新生命的"寄托",要求调查部主任资耀华在美国收集信息,建立上海商业储蓄银行"经济思想之中心",还要求徐谢康"打通欧美各银行,而使之与本行发生直接往来"。④

陈光甫同时与上海的外国商人们加强互动。他与李铭联合沙逊洋行等外商,购买下大华饭店,成立"国际俱乐部"。请上海市长张群任俱乐部第一任会长。该国际俱乐部发表宣言:"纯系交际机关,与政治绝不相涉",拒绝党派问题,不作任何政治集会。陈光甫主张所谓真正的"国际精神":"无论属何国籍,但为旅居上海者,均有加入为会员之资格。"⑤ 1930年陈光甫还在上海银行俱乐部参与商界与日本外务次官永井柳太郎等人的联谊活动。永井抵达上海后就发表谈话,认为中国今后的重要问题是经济政策问题。中国商界表示赞同中日两国经济合作亲善。永井

① 《陈光甫日记》,1929年5月28日,第101页。

② 《上海商业储蓄银行史料》,第841—842、846—847页;上海商业储蓄银行编:《行史资料:本行大事记》,上海市档案馆藏,档号:Q275-1-168。

③ 《上海商业储蓄银行史料》,第842、850页。

④ 《廿二年六月廿八日陈先生在管理会议致词摘录》,《陈光甫先生言论集》,第134—137页。

⑤ 《将有大规模国际俱乐部》,《申报》,1931年7月11日,第15版;《积极进行之国际俱乐部》,《申报》,1931年7月18日,第15版。

柳太郎答谢道:上海是国际大商埠,上海商务的荣枯即是日本商务之荣枯;统计数字证明中日贸易关系愈趋密切,日本对华贸易额占中国对外贸易总额比例不断上涨,上海对于日本的贸易额已占二成;近来有欧洲经济联盟的提议,中日两国也应谋求经济上的团结。① 1932 年陈光甫与荣宗敬开始与美商接触,并与花旗银行了解购买美国过剩大麦的可能。②

在这个阶段,陈光甫对国民党统治下的中国感到失望,他的兴趣明显地集中于商业事务。在他看来,不论是北京政府还是南京政府,各地军阀只有等到银行停业或倒闭才会停止向银行借钱。即便有外国势力保护租界里的本国银行,"军阀终觉不肯安心,如不能逼干,似觉对方面即属反革命"。他批评政府根本不懂得银行的资金其实是市场上流动的资金,政府应当促进流动,而非"截取"。③他向蒋介石的近僚吴忠信批评当时中国"人民太无智识",于是"好赌、懒惰、放纵,无自动之能力"。因此,"此种国民所组织的政府、地方政府、社会或工会、农民协会皆不能有益于邦家,匪特无益,并且善作傀儡,必为奸人所利用"。他认为应该放齐欧美都市化的理想,从平民识字开始普及。他更批评在此种情况下,"一般大人先生们下野后,均要将钱到外国去花,研究外国东西,贩运回来,还是要从此下手做去"。④

另一方面,他始终认为西方国家的建设能力完全领先于中国。他感叹:"近看各国在东方之殖民(地),如香港、西贡、河内、小吕宋,日本经营之大连,外人共管之上海,总较苏州、无锡、常州、镇江、南京高出万万倍。"⑤ 1928 年他说英国交还汉口租界是为了用诚意检验中国政府的能力,再定对华外交政策,中国要借此与英侨合作,增进行政管理的能力。陈光甫一直强调国内的革命要兼顾保护外方的利益,革命政府应当聘用外国专家作为顾问,借此对外宣传。⑥

陈光甫常常将在西方看到的景象与中国相比较。他说西方人趋重实际,中国人趋重理想,许多政治事务需要受过西方教育的人才能主持适宜。⑦他认为在南京政府里,国民党刚刚获得政治权力就开始"贪钱卖法,不顾廉耻,大言不惭,自私自利,较之前人更坏"。而整个中国政府只有海关、邮局由于有西方"优秀份子"在内才情形稍好。⑧他认为外国的经济制度也比中国要先进。他通过学习欧洲各国银行发展的历史,得出当时西方各国银行及实业界已经趋于联合一体的方法。他不断学习西方金融制度,观察信托业、银行业、保险业的如何深入合作。相比之下,

---

① 《市商会银行公会欢宴日外次官》,《申报》,1930 年 10 月 16 日,第 13 版。
② 《陈光甫日记》,1932 年 3 月 22 日,第 157—158 页。
③ 《陈光甫日记》,1928 年 1 月 17 日,第 39—40 页。
④ 《致吴忠信函》(1928 年 2 月 22 日),《陈光甫日记》,第 12 页。
⑤ 《陈光甫日记》,1927 年 6 月 11 日,第 57 页。
⑥ 《两湖应兴应革诸项》(1928 年),《陈光甫日记》,第 39—40 页。
⑦ 《陈光甫日记》,1928 年 8 月 16 日,第 53 页。
⑧ 《陈光甫致伍克家函》(1928 年 3 月 18 日),《陈光甫日记》,第 11 页。

“我国工商业之资本,常患不足,不能应付市面之变迁”。还主张中国的政治、经济与社会事业,都应当向西方一样进入联合组织的阶段,才能趋于合理化。①

他的上述观点由于对中国的悲观看法,有时显得颇为极端,感慨中国总不如西方。他认为中国的生意人“学术卑陋,风气恶劣,不知进取,与乡下人一式”。而外国人不仅有专业的社会分工,还有非专门的人才,所以在中国的商埠,外国人才会占尽优势。他甚至说“有智识者日言宴乐、跳舞、顽(玩)古董,无智识者处之泰然,吾名之曰半开化的民族”。②他也曾在日记中抱怨:外商银行抢夺华商银行的储蓄存款,根本上由于中国人不爱护本国金融。③他和银行职员讲,中国经济利益受到外商银行掠夺,但外商银行对中国银行业也是一种监督和促进,“不以为忧,而以为可喜”。④直至 1933 年他还在刊物上发表:中国人过去以穷苦尚以借款不还为可耻,如今有钱却以不还为荣,信用大不如前。⑤

不过,在陈光甫对中国政府消极的观察中,也可以看到他期盼中国能学习西方、追赶西方的决心,这在近代中国的历史条件下具有普遍性。此时的陈光甫也困扰于对政治的失望与民族主义情绪的矛盾之中。关于他自己事业的未来,他看到中国金融制度不完善,货币制度又未改良,认为旧式商业组织已经难逃崩溃;同时他又提出“今后吾国无论在思想学术、文化、经济各方面,皆须取法于欧美先进国”。⑥国内政治紊乱与外人特殊地位是造成中国市场为外货竞销、本国经济落后的两个主因。⑦当中国政治乱局前景黯淡之际,陈光甫难以寄希望于本国政治,自然会更多地提倡向西方学习经验。

参与接待李顿调查团

作为上海的商界名流,陈光甫也难免参与一些外交活动。1931 年 6 月,实业部长孔祥熙夫妇举行茶话会招待美国议员团,陈光甫等商业界代表与上海市官员张群、陈希曾等陪同招待。⑧不久美国参议员毕德门(Pittman)也到达上海。国际贸易协会、上海银行公会、上海市商会、国际商会中国分会、太平洋学会中国分会及华美协进社中国委员会等六团体设宴招待,毕德门表示其主持美国外交委员会审查委员会,“负责考察中美贸易不振之原因,并探补救改进之术”。他认为中美贸易不

① 《十九年六月陈先生由欧美考察回国后对本行同人演讲》,《陈光甫日记言论集》,第 10—13 页。
② 《陈光甫日记》,1928 年 1 月 23 日,第 13 页。
③ 《陈光甫日记》,1932 年 5 月 10 日,第 169 页。
④ 《二十一年九月二十二日陈先生与行员聚餐谈话摘录》,《陈光甫日记言论集》,第 111 页。
⑤ 陈光甫:《怎样打开中国经济的出路》,《新中华》第 1 卷第 1 期,1933 年 1 月 10 日。
⑥ 《二十一年四月六日行务会议陈先生致词摘录》,《陈光甫日记言论集》,第 98 页。
⑦ 《陈光甫日记》,1932 年 5 月 10 日,第 170 页。
⑧ 《孔祥熙夫妇招待美议员团》,1931 年 6 月 19 日,第 13 版。

够繁荣的主要原因是中国内乱频繁，交通梗阻，同时银价惨跌削弱了对外购买力，国内市场也因白银问题萎靡。他指出世界白银市场目前供过于求，中国、印度各占白银需求量的1/3，希望用银国一同参与解决银价问题。毕德门还鼓吹稳定银价能够巩固国民政府财政，有助于"缴费"，安定社会。①

陈光甫仍然参与着太平洋国际学会中国支部(又称太平洋国际关系讨论会)的活动。他与钱新之、郑毓秀、刘大军筹备了中美双方共同参与的第四届学会大会，并将中国经济建设与国际提携问题列为主题之一。②不过此时的太平洋国际学会在人员构成上发生了很大变动。南京国民政府成立后，大量政府人士加入这一原来的民间组织。虽然陈光甫、周作民、宋汉章和刘鸿生等经济界代表仍是学会重要成员，但中国支部的董事已经包括了王正廷(名誉会长)、唐绍仪、宋庆龄、宋子文、孙科、蔡元培、孔祥熙、伍朝枢、颜惠庆和黄郛等人。③ 1931年10月20日，学会第四届大会在杭州举行。会上蒋介石、张学良、蔡元培等人被推举为名誉赞助人，外交部长王正廷任名誉会长，宋美龄任名誉副会长。④ 10月大会实际召开后，会议的主题迅速从经济问题转移到政治问题上。除了国际金贵银贱和收回内河航运权的议题外，到会代表更集中驳复当时的费唐氏报告⑤，还致力于对"万宝山"事件发起深入调查。⑥

在此以后，陈光甫明显淡出了太平洋学会的非经济类活动，相关的记载也并不多见。不久他就另行成立了国际问题研究会。实际上陈光甫对于太平洋学会和国民外交的态度趋冷，并非出于毫无缘由的敏感。国民政府对国民外交组织的介入不仅体现在人事的干预，还体现在政府宣传对社会舆论的控制。"九·一八"事变以后，蒋介石会见基督教青年会全国协会总干事余日章，交谈外交事宜。他嘱咐余日章三点："一、以国民外交名义，联络各国与日本国民，主持公道；一、嘱各国新闻记者往东三省监察，公平报告；三、嘱太平洋国际协会各国有力者督促其政府，注重日本之暴行。"⑦可见国民外交的转变已直接受到国民党最高层的指导。

国民党在国内政治上分裂严重，执政上又鲜有政绩，但对民间经济与外交的管控日益加重。这些使得陈光甫越发不愿参与到政府相关事务中去。他为中国青年的成长感到深深的担忧："近年来吾在此间终日与人接洽者只有两，非为借款，即是

① 《六团体昨晚公宴毕德门》，《申报》，1931年7月1日，第17版。

② 《太平洋会议积极筹备》，《申报》，1930年10月28日，第10版。

③ 《太平洋国际学会》，《申报》，1931年1月18日，第14版。

④ 《太平洋国际学会大会地点定在杭州》，《申报》，1931年2月4日，第14版。

⑤ 1931年4月，南非最高法院法官费唐应上海租界邀请，来沪调查租界的法律地位问题，并向工部局提交《费唐法官研究上海公共租界情形报告书》，论证了上海租界不能立即归还中国，租界制度还需要长期存在。

⑥ 《太平洋学会我国出席代表人选》，《申报》，1931年7月21日，第14版。

⑦ 《蒋中正先生年谱长编》第三册，第523页。

荐人。以前青年皆欲做官,纷纷投入政界,结果此种行为,有弊无利,以致青年出路一日少于一日。"①

"九·一八"事变以后,中国向国联理事会控告日本侵略中国领土,破坏国联盟约的行径,并一再要求国联采取制止行动,防止局势恶化。南京政府屡次提出需将局势恢复到事变爆发之前的状态。1932 年 1 月 21 日,以英国人李顿爵士为团长的国联调查团(Lytton Commission)正式成立,其中包括英、美、法、德、意 5 个国家的代表。代表团直到 3 月 14 日晚十点才抵达中国上海。而此时中、日双方军队在上海早已开战。

调查团到达次日,外交部政务次长郭泰祺邀请陈光甫陪同代表团午餐,但陈以有约为由谢绝。其实与他约定午餐的正是孙科和陈友仁(原孙科政府外交部长),另有夏筱芳、邹秉文二人。此时的孙科在 1 月 25 日正式下野之后,又被任为立法院院长,与蒋介石仍有矛盾。孙科告诉陈光甫十九路军早就决心"与日人拼命",并在 1 月 20 日就制定了备战计划,但是南京何应钦拒绝了作战计划;南京政府一面调十九军离沪,一面派宪兵接防闸北车站。孙科透露了一条重要信息:上海市长吴铁城依照南京命令在 28 日当晚已经接受了日本总领事的条件,日本是在受到中方公告后下达了进攻命令,导致十九路军按原计划抵抗。

这天晚上,陈光甫陪同顾维钧会见代表团团长李顿及美方代表弗兰克·麦考伊(Frank Ross McCoy)少将、各国在沪公使、各国驻沪领事与海军司令等。中方到场的还有吴铁城、郭泰祺、孔祥熙、宋子良、赵晋卿、虞洽卿、王一亭、徐新六、贝淞荪等。②在宴会上,陈光甫与英国驻沪总领事白利南(J. F. Brenan)交谈很久,他得知上海英美商人想要趁机推广租界,并防止日本开辟日租界;而日本在公共租界正全力支持亲日派的力量。白利南还劝陈光甫设法支持英国拓宽租界,以保护中外工商实业不受摧残。顾维钧随后又约定银行实业界与调查团谈话,陈光甫被定为第一个进行谈话的经济界代表。③事实上,英国当时的态度就是通过调解纠纷保护英国在华利益,美国则力图避免公共租界卷入战争。④

陈光甫作为当时地方维持会的交际组主任,在调查团到达以前将招待事宜布置妥当。16 日,陈光甫再次参加了宋霭龄与宋子文夫人张乐怡招待国际调查团的茶会。是日晚,又赴上海市民地方维持会听取邹秉文对调查团招待事宜的报告。维持会中有人提议由会长史量才与调查团交涉。负责交际组的陈光甫并不赞同卷入中外交涉,他认为会长史量才对于东北和上海问题都未经仔细研究,出面交涉更

① 《上海商业储蓄银行史料》,第 842 页。

② 《陈光甫日记》,1932 年 3 月 13 日,第 150 页。1932 年 3 月的《陈光甫日记》在具体日期上与实际事实有所差异,本文相关引用出处依照日记为准,行文日期则以事实为准。

③ 《陈光甫日记》,1932 年 3 月 17 日,第 153 页。

④ 周天度、郑则民、齐福霖、李义彬等著:《中华民国史》第八卷(上),中华书局 2011 年版,第 63 页。

容易成为舆论焦点。但陈光甫与史量才素有交往,不便反对交涉的提议。①

18 日,调查团接见日本外相代表松冈洋右及其他要员。晚上,上海市商会招待调查团。王晓籁致辞说,中国欢迎代表团前来处理争端,国联工作也素有成效;目前日本的一系列军事行动破坏了国际联盟约章、华盛顿九国公约和凯洛格非战公约,是对全世界的威胁,也是对国联的威胁。中方主张上海争端应当与东北事态一同解决。王晓籁提醒代表团,日本自晚清以来有一直破坏东北方面各方协定的行动,日方一定修改或伪造了东三省调查所得的资料,日本内阁追认日军军事侵略也是事实。从报刊记载上看,李顿爵士的答词十分狡猾,他说最后的结果绝不会让中国失望,"第一步愿助中日双方,可以接近有谈判之余地"。他有意奉承,在他看来,若由中日商人全权代表解决一切或许更好。不过,他明确指出:在国联公断以前,双方都有权表达意见,这符合中国的利益。②陈光甫似听出了李顿的真正重点在于恫吓,他记录道:"李顿演说,字句间颇为凶厉。"③

陈光甫对外交时局并不乐观。3 天后,陈光甫又从上海市政府代表蔡增基得到消息,英、美已经做了撤侨计划,而英、美斡旋之时,日本曾有一秘密条件:"停战条件一日不签字,日军有自由行动之权。"④他只能感慨外忧内患并非一时现象,是连续数年的内政积弱导致。在中日争端之中,陈光甫不认为调查团能起到真正的作用,中国与调查团没有可以互助之处,"除朝野上下一律高唱入云之高调,一方面欺骗无知小民,一方面谋其恋栈之法,亦非帮助调查团之道,故叫我说什么话,颇觉困难"。⑤

3 月 25 日,张嘉璈、李铭、徐新六和陈光甫四人受市民维持会委托与国际调查团谈话,代表团成员李顿、麦考伊(McCoy)少将等出席。此次谈话并没有任何新进展,四位中方银行家依次向李顿爵士主要表达了 4 点意见:一、中日之争源于日本对华的政治野心;二、东北的海关关税应该用来抵还中国的内外债;三、张作霖曾扣用东北盐税,但中国的关税始终用于偿还债务;四、上海问题与东北问题一样重要。⑥

其实,陈光甫归根到底还是认为中国"内外俱患不均,凡不均者倘不争挣,即不

---

① 《陈光甫日记》,1932 年 3 月 16 日,第 153 页;《顾维钧之茶会》,《申报》,1932 年 3 月 16 日,第 1 版。1932 年 1 月 13 日史量才等人发起成立的壬申俱乐部,至 1 月 31 日改名为上海地方维持会,2 月 1 日又改正式名为上海市民地方维持会,下设金融、交际、慰劳和救济四组。同年 6 月 3 日上海市民地方维持会宣告结束,6 月 7 日改组为上海市地方协会。

② 《国联调查团开始调查》,《申报》,1932 年 3 月 19 日,第 1 版。

③ 《陈光甫日记》,1932 年 3 月 18 日,第 155 页。

④ 《陈光甫日记》,1932 年 3 月 21 日,第 157 页。

⑤ 《陈光甫日记》,1932 年 3 月 17 日,第 153—154 页。

⑥ 《陈光甫日记》,1932 年 3 月 23 日,第 158 页;《国联调查团晋京确期》,《申报》,1932 年 3 月 24 日,第 1 版。

能自存,此为战乱之根源”。他判断日本必然会图谋整个东亚,但当时的国民政府着实让他无可奈何。①即便在上海,工部局的外方董事都已更换为亲日人士。陈友仁对陈光甫说,上海工部局总董十五年后会由日本人担任,陈光甫认为按眼下情形,只要五年即可。②虽然五年以后,日本人名义上并未获得工部局总董之位,但1937年的局势可能比陈光甫料想的更糟。事实上,对日妥协并非国民政府的一时之计,而成为直至全面抗战爆发前的基本国策。即便数年后国民政府尽可能在全国进行了战争准备,无论是蒋介石还是汪精卫都认为中国无实力与日本一战。10月,蒋介石闻讯李顿调查团的报告以后,即在日记中写到李顿害怕激怒日本,并自我宽慰:“但其前八章,调查之本责任则甚公道,余对此主张,有修正或保留之接受,不必拒绝,以弱国图强,非此不可也”。③

---

① 《陈光甫日记》,1932年5月10日,第169页。

② 《陈光甫日记》,1932年3月23日,第158页。

③ 《蒋介石日记》,1932年10月9日。

第三章 陈光甫与南京国民政府经济统制(1932—1937)

第一节　陈光甫对统制经济的认识与参与

对统制经济的认识

经过几年的内战和中日的激烈冲突,中国各业百废待兴。面对日本侵略的事实和威胁,发展国民经济是南京国民政府维持政治统一和提高国防的重要现实任务,也是国民党面对各界强力质疑和反对声音的有效回应。行政院院长汪精卫就坦言:"自从'九·一八'事变以来,军政费都是不够的,此是人人皆知的事实,不用细说,而最大痛心,则为只有维持费,没有事业费,而且连维持费也不足。试问军政若只以维持为得计,而不用于事业,则尚有什么意义呢?"①国难会议以后,从政界、经济界到知识界对于经济建设的构想都非常活跃。

理解陈光甫与国民政府经济政策关联的基础,在于了解以蒋介石为核心的国民政府决策层。政府的经济政策直接影响金融界乃至经济界在未来几年中的参政态度。经历多年全国大战的洗礼,农业、交通、水利等国家经济基础遭到人为破坏。在与中共继续的内战中,农村问题引起了以蒋介石为代表的南京国民政府高层的重视。显然"九·一八"事变以来国民党政权的威信受到各种挑战,仅仅依靠从城市获取军事资源已无法成为一个执政党的主要经济策略。国民政府开始从制度层面制定全局性的经济政策,这种变化是明显的。蒋介石自记:"百年立国大计,在王道,而弃霸道,故决以经济为本,军事为用,

---

① 《汪院长报告》,《申报》,1933 年 10 月 3 日,第 7 版。

而不可太注重也。”① 1933年12月蒋介石就致电全国经济委员会委员宋子文和孔祥熙,希望能将该委员会经费“十分之四整理币制,十分之六用于其他事业”,孔、宋表示赞同后,他又复电:

> 一、经费用途承蒙同意甚感;二、整理币制与其他交通衣食等项事业,务以生产有直接收入者为原则,非生产不能直接收入事业,最好不得超过十分之二;三、经临各费须有确定预算提出正式通过,已用之经费,应有详细报告;四、对于棉麦收付之款,当归中央银行经理,不必另设机关,以免力量分散。②

1932年10月,蒋介石预定国民党四届三中全会开议日期及各项政治、经济政策。③ 10月23日蒋介石日记写道:“不必急求军备,当在社会主义路线上,谋尽消灭帝国主义,以养成中国社会资本主义,乃是立国大计。如与倭寇竞军备,则适足速亡而已。”24日,记曰:“建国大计第一力求自卫,第二振兴农业,以求民族资本发展、民族基础稳定。在发展社会、实现三民主义路线上,以消灭帝国主义也。”25日,再记曰:“百年立国大计在王道,而弃霸道。故决以经济为本,军事为用,而不可太注重也。三民主义实现初步,以农民银行、信用合作、集团农场与水利道路交通之发展,劳动保险与对外贸易之制度确立,与解放佃民、清丈土地、设立审计制度为工作之始。而教育则重在军事化,而尤以民族意识为本也。”④

南京国民政府的统制经济体制有一个逐渐形成的过程。1933年初,政府还曾组织过工商界赴苏联考察团,由国际贸易局长何炳贤与上海工商界领袖张嘉璈、陈光甫等赴苏联实地考察。曾有政府官员表示:“我国本系农业国,现正积极设法发达工业,(实业)部定四年实业计划已开始进行,故考察俄国五年计划正可作为我国改进楷模。”⑤总体而言,蒋介石很清楚:“非举全国国民之心力,智慧、汇集于一点,又应统一全国之内政、财政、兵力、听命于中央,然后方能言澈(彻)底之抵抗。故今日欲集中全国之心力,应集中全国人才,政治公诸于国民,使全国国民共同负责,以赴国难。”⑥由此,国民政府的施政方针不仅是集合全国资源,更是集合全国人力,这就离不开积极、有效地处理政府与社会各界精英的关系。

陈光甫面对严峻的经济形势,基本认同“统制经济”的提法。他曾经用上海愚园路理发店的例子讲述统制经济的好处:当一个街角只有一家理发店,那么这家店

---

① 《蒋介石日记》,1932年10月25日。

② 《蒋介石致宋子文电》(1933年12月22日),台北“国史馆”藏,蒋介石档案,档号:002-010200-00100-038。

③ 《蒋中正先生年谱长编》第三册,第758页。

④ 《蒋中正先生年谱长编》第三册,第765页。

⑤ 《工商界筹组赴俄考察团》,《申报》,1933年2月27日,第8版。

⑥ 《蒋介石日记》,1933年3月20日。

的生意会不错;如果开了两家,那么竞争就会削弱利润;如果开了 3 家店,那么每一家都无法盈利。因此当有人能对整个街角进行管理,那么就能合理地分配街角店面的资源,产生最大效益。①陈光甫甚至认为:"金融界又少组织,但知在各处各埠竞设分行,他无目的,而只以谋利为标准。"当然,陈光甫并没有探讨两家竞争与一家垄断何者更优的问题,他至少是赞同国家基于市场效率的经济管理作用。

撰写于 1934 年的《上海商业储蓄银行二十年史初稿》中也讲道:各国从欧战中所得到唯一的教训是要立足于 20 世纪,必须先达到"自给自足"。"自从一九一九年到现在,世界列强无非从'自给自足'四字的政策开场,而渐渐的走向'经济统制'的一条路上来。"各国全力生产新的制造品,工商业不断"合理化","生产门罗主义"不断猛进。这在一定程度上是苏联与资本主义强国都实行保护主义和倾销政策的结果。欧美列强实行经济统制所标榜的政策就包括:限制生产和物价、统制工商业、统制金融和统制国内外贸易。②上海商业储蓄银行就预计今后:"经济统制之成功与否,不在执行机关组织之合理化,而在于政府。"他认为中国"目前当然不能如苏俄一般,直接的大规模来增加生产,然至少可以在统制经济制度之下,切实的做些'预备工作',使人民生产力能直接的或间接的增加,讵不甚善。然而此类'预备工作'的实行,必须先有一发展工商业具体的计划。"③

类似地,陈光甫自身在银行管理方面同样体现出这种以效率为先导的统一规划。在商业领域的精深知识与好强性格使他更自信于自己的管理与运作。上海商业储蓄银行的经营方针基本都是由陈光甫制定。唐寿民在回忆中指出,陈光甫的强势使得上海商业储蓄银行的管理层必须服从于他。上海商业储蓄银行很早开始就通过集中事权来加强管理。曾制定严密的权限规定:

(一)凡有关于对外重要公务以及内部应兴应革事宜,须由各部各分行处报告敝处核准,然后施行。

(二)无论对于何种机关,订立关于营业上合同契约等项,均须由各部及各分行处寄交敝处签订。

(三)各部及各分行处对于总行接洽事件,应辨别事务之大小轻重,按照从前规定办事规程、分别呈报核夺施行。

(四)凡各部及各分行处人员之升调任以及年资加薪等事,均由各部及分

① 《统制经济 ABC》(1933 年 6 月),《陈光甫先生言论集》,第 132—133 页。

② 宋春舫等:《上海商业储蓄银行二十年史初稿》(1934 年 5 月),第七章,上海市档案馆藏,档号:Q275-1-170。

③ 宋春舫等:《上海商业储蓄银行二十年史初稿》(1934 年 5 月),第七章,上海市档案馆藏,档号:Q275-1-170。

行处经理,副经理或主任函报总行行员部核夺办理。

(五) 关于一切帐务以及各种报告表册等事宜,均由总行检查部复查核办。

(六) 其余关于款项之调拨收解,以及国内外汇兑,进出口押汇,储蓄存款等事,仍照向章办理。①

1934 年 6 月 1 日,上海商业储蓄银行颁订总分行组织大纲,陈光甫将总行分为管理部与营业部,分行部分则废除分区制,改为管辖行制;同时设立许多专业委员会研究制定经营方针。②这一变化其实也是加强了陈光甫对银行内部的管理,而一个人的公共主张与其自身的性格、行事是有关联的。当命运互相连结,国家与个人的意志往往会发生如此惊人的关联效应。1935 年以后,陈光甫对于上海商业储蓄银行的管理也更趋于严紧而统制化。③

对国家间竞争的认识

陈光甫对于政治的疏离甚至不满,近乎蒋介石对商人的鄙夷态度。不过,分别作为中国商界和政界的领袖,他们不仅都具有独立的性格,而且对中国的问题同具前瞻眼光。中国经济与政治的紧密联系决定了两人在一些问题上的共同看法。第一是对于发展民族经济的理解。蒋介石虽对商人无甚好感,但深知民族经济发展之重要性,更清楚外国经济侵略之野心。他从政府的角度关心市场的动态:“以近日金价涨高,即银价低落,关于国民生计与汇兑皆甚危险,故特唤起人心,使其注意,并严防经济权操于外人手中之危险,而使一般商人投机之必失败也。”④南京政府与日本之间的矛盾也逐渐延展到经济层面。1933 年 7 月,蒋介石日记写道:“今日国势,欲复仇雪耻,应力避武力竞争之名,只有以政治途径,收复失地,经济建设,恢复秩序,以此相号召。先定经济基础,发展国内交通,以为自卫国防之张本,绝不能以武力与敌国相较,盗虚名而受实祸也。”⑤同时,宋子文也开始邀英、美、法、德诸国实业金融家与中国金融家组织咨询机关,在国际合作计划之下,进行经济建设的设计。⑥

1932 年中日交战时,陈光甫就说道:“中国当前的敌人,是外国经济侵略。”⑦此时也已深刻地注意到从欧美到苏联,各国都在运用“统制经济”,中国只能“亦步亦

---

① 中国人民银行上海市分行金融研究所编:《上海商业储蓄银行史料》,第 69 页。

② 《上海商业储蓄银行史料》,第 731 页。

③ 《上海商业储蓄银行史料》,第 732 页。

④ 《蒋介石日记》,1930 年 1 月 13 日。

⑤ 《蒋中正先生年谱长编》第四册,第 131 页。

⑥ 《蒋中正先生年谱长编》第四册,第 136 页。

⑦ 《二十一年二月陈先生在中国银行之研究会演讲“战事停止后银行界之新使命”》,《陈光甫先生言论集》。

趋”;而且“统制经济”其实是“国家经济主义”的后续,而且国家间的利益争斗是统制经济发展的另一面。① 上海商业储蓄银行编订的行史就写到华资银行的兴起其实得益于欧战时期外商银行在华发展的暂时停滞。鉴于当时中外经济实力的悬殊,华商与洋商争利的基础是一些“见识较为远大的商人”和具有企业家精神的群体共同创业。②与洋人争利成为经济界民族主义的一种集体表达和记忆。1933年,陈光甫还能记起创业之初,一位外国银行的重要职员告诉他:“中国的银行是不会办好的。”③事实上,中国华商金融业逐渐提高的地位确实是在与外国银行竞争的过程中逐渐树立的。

陈光甫指出:“经济统制是国家主义的,而不是国际主义的。”④虽与外商交往甚多,从观点上他不避讳对外国资本(尤其是外商银行)的指责,他指出:汇丰银行于我国关税籍保管以悉数收存,而于我国市面无维持之责任,是为执行英国殖民政策而设,专以低利资助英商对华贸易;汇丰不仅对中国市面的维持不负责任,而且从未向中国政府注册;汇丰银行垄断海关存入与汇价制定威胁到中国的外债安全和国家利益。⑤在“九·一八”事变后的提现风潮中,国人存入汇丰银行的款项多取自上海商业储蓄银行,甚至最早的股东宋子文母亲的存款共计银洋4万元、银两31 990两均被提现。陈光甫告诫行员,银行存款被汇丰银行争夺之事不可忘却,“用以策励迈进”。⑥

在20世纪30年代,中国经济界意识到日本在华势力的巨大威胁,而且并不局限于银行领域。陈光甫十分留意中国经济发展与日本之关系。1928年陈光甫阅看俄人世界革命计划书,惊叹:“此书之材料皆从北京俄使馆文件内编出,对于辅助冯军及广东革命军军实〔事〕训练颇为详细,又俄国驻华之军事及经济调查机关精密之处,尤令人惊骇不已。余前年赴南满调查,见日人南满铁路调查课组织完密,内有三百余人,外有侦探队,举凡军事地理、风土人情、考古、政治、财政、外交、经济、地质等等,无不分门别类从事搜寻,终日不懈。若云此为铁路局应有之事,而美国铁路局不闻有之,盖此组织完全为侵略吾国之工作而设也。今读此书,吾不深怪,帝国主义者与第三国际之赤化,皆属不怀好意耳。”⑦他发现中国北方矿产渐入日资控制,“国人每恨日本帝国主义之侵略,辄作经济绝交之举动,果使日人图谋报

---

① 宋春舫等:《上海商业储蓄银行二十年史初稿》(1934年5月),第七章,上海市档案馆藏,档号:Q275-1-170。

② 中国人民银行上海市分行金融研究所编:《上海商业储蓄银行史料》,第3—4页。

③ 《陈先生在本行第三届训练班开学致词》(1933年2月6日),《陈光甫先生言论集》,第126页。

④ 《一片经济统制声》(1934年1月),《陈光甫先生言论集》。

⑤ 中国人民银行上海市分行金融研究所编:《上海商业储蓄银行史料》,第90—92页。

⑥ 《陈光甫日记》,1932年5月10日,第169页;《二十一年九月二十二日陈先生与行员聚餐谈话摘录》,《陈光甫先生言论集》,第111页。

⑦ 《陈光甫日记》,1928年1月9日,第2页。

复,以停售东洋及抚顺之煤相抵制,其结果则上海、汉口及内地电灯工厂,素赖日煤之供给,一旦来源断绝,皆须停工,影响之大,国人未尝计及之也”。他提出中国应当将京汉线接通石家庄,使得煤矿能够更快南运,政府应从旁维护,“不至为日人所垄断”。①他视察青岛,告诉银行行员“彼日人有雄厚之金融机关、便速之海轮、完备之仓库、低廉之房屋基地,致我国人事事不能与之竞争,然事在人为,彼亦人也,我亦人也,彼未尝有三头六臂,我未尝缺一手一足。我人若注意于今日,努力奋斗,以大无畏之精神、为国拼命之气概,与日人争经济上之地盘,则亡羊补牢,犹未为晚。今若不图,后更无及。彼日人银行,如朝鲜、台湾、正金、正隆等,鹰瞵虎视,莫不欲凭青岛之咽喉,以扼山东全省之经济。我人苟有血气,岂可熟视无睹?故青岛分行有护国攘夷之责,同人当日夜自励,力谋恢复已失之经济上地盘,以抵抗日人经济之侵略”。②

“一·二八”淞沪抗战以前,曾有太古洋行经理 N. S. Brown 秘密告诉陈光甫日本洋行正在委托英商代管码头货物的进出,可能会有战争。当时陈光甫并未相信。到了 1932 年初又有人告诉陈光甫日本仍然在备战,难有和议,陈光甫就马上意识到日方洋行的清理行为以及日人在工部局中势力的扩张都预示着中日关系走向战争。③他非常担心日本掌控东北后,利用东北的工业优势,将商品倾销华北各埠和长江一带。他提醒同人:“东北所特有者,加以日人极力经营,其成绩必大有可观,彼时上海之工商业,将蒙绝大影响。今日鄙人为此预言,庶凛于后日之艰难,而时时警惕。”④对于华北的经济问题,他也非常担心:“盖各省税局,往往藉检查等名目,对客商故意留难与勒索,而对日本厂所出之纱布则不敢为之,日本纱布之能畅销内地,价廉物美而外,此亦其大原因,余前数月调查华北一带之棉业后,觉华北棉业之危机,较长江一带为尤甚,盖华北一般人民心理上已经死亡,今分析之:(一)为欢迎日本人者;(二)为见日本人之不可与抗,还以远避为是者,将来华北之危机,必即发生于此种心理。现日本除青岛原设有纱厂六家外,又添设二家,并均附有织与染,目的在备将出品由胶济路而侵入津浦路一带,本行对将来华北放款,于此应加以深刻之留意。”⑤他在日记中写道,日本将趁世界各国经济衰退,逐步实现独霸东亚,打破列强对华均势,“将后太平洋上之风云,及各国停止纸币之兑现,均属可能之想相(象)”。⑥

除却民族主义的因素,陈光甫与蒋介石对中国经济本身的思考也有相似性。

---

① 《两湖应兴应革诸项》,《陈光甫日记》,第 44 页。

② 《陈光甫日记》,1930 年 12 月 18 日,第 116 页。

③ 《陈光甫日记》,1932 年 3 月 19、23 日,第 156—158 页。

④ 《二十一年三月三十一日陈先生与同人聚餐谈话摘录》,《陈光甫先生言论集》,第 95 页。

⑤ 《上海商业储蓄银行史料》,第 517 页。

⑥ 《陈光甫日记》,1932 年 5 月 10 日,第 170 页。

蒋介石非常早地开始考虑中国最广袤的农村地区发展问题。1933年9月他指示："年来农村破产，岁凶固饥馑难救，岁稔又谷贱伤农"，因而制定数项办理方针："一、酌剂各省粮产之盈亏；二、办理积谷，预防荒歉；三、着手于活动农村金融，平准粮食价格，拟请中央在棉麦借款项下，酌拨款项创办新式谷仓，经营储存民谷、押放款项及统筹运销等事。此项仓库成立之后，所须押放款项之资金，倘有不足，由四省农民银行协助。"[①]陈光甫对经济发展方向的考虑与蒋介石有相似之处；尤其在发展内地和广大农村问题上，上海商业储蓄银行走在银行业的前列。当然，南京中央政府的出发点既有发展经济的考量，也有对镇压中共和加强对各地辖制的政治含义；陈光甫对经济问题的判断，也是基于在新的经济环境中扩大自身利益的考量。

如陈光甫所言，银行家并不像慈善家一般，随便可以施放赈款。但银行对农村的投入并非只是公益事业。他非常清楚，自20世纪30年代开始，银行业的大量资金都是从内地进入城市。[②] 1933年，天津的市面已经出现"存款者须邀请经理宴饮恳为代存"，上海商业储蓄银行甚至为此极力放弃长期存款业务。[③] 内地社会的不安全、城市金融机构的紧缩政策以及银行自身追逐利润的特性决定了银行自己很难投放至内地农村，但是农村的枯竭与城市资本投机市场的繁荣无法长久维持国民经济的发展。银行业产生的流动性没有能带动农村和生产领域的发展，经济的衰退缺口便无法避免。

因此他说："我行自十万元做起，至于今日，在抱定两种宗旨，(一)不专以谋利为宗旨，(二)不专在租界内做生意，注重于全国经济。盖租界中最通行者，大约以推销外货取得佣金为目的。"[④]他于1932年年底的中国经济学社发表演讲，呼吁银行业要改变原有观念，用自己的资金安稳地流入农村，救济内地小城市，救济新式农村和合作社，救济旧式的农村金融。[⑤] 他在世界经济危机开始蔓延到中国之初就指出中国银行业面临国内经济长期潜伏的危机。1934年上海银行公会第六届会员常会上，陈光甫说："以言政治，兵戎虽息，国势阽危依然；以言金融事业，骤视似有突飞猛进之象，固为近年来外界所日为最繁荣之事业。第不知海上一隅，游资所聚，内地金融已经日见枯竭。"[⑥]

当然，商业利益的扩张也促使陈光甫考虑将银行资金转向内地。由于中国内

① 《蒋中正先生年谱长编》第四册，第173页。
② 《解决中国经济问题的一条出路》，《陈光甫先生言论集》，第119页。
③ 中国人民银行上海市分行金融研究所编：《上海商业储蓄银行史料》，第412页。
④ 《二十一年十月二十二日总经理处会议陈先生介绍宋春舫先生到会致词》，《陈光甫先生言论集》，第115页。
⑤ 《解决中国经济问题的一条出路》，《陈光甫先生言论集》，第121—122页。
⑥ 《银行公会昨开会员大会》，《申报》，1934年7月1日，第15版。

地及农村经济的不发展,传统经济区域间的差异仍然很大,统一市场难以形成。在此基础上的内地金融业务难有长远的发展。同时,中国、交通银行的逐渐壮大,行业竞争日趋激烈;上海商业储蓄银行在国内资本市场的优势不够明显,在以公债为主的有价证券投资方面又相对谨慎,银行发展空间受到很大挤压。上海商业储蓄银行在华中地区发展受阻是一个重要转向。上文已述,1932 年以前,陈光甫的个人精力集中于行务发展。至 1930 年,两湖地区经营成绩明显,以汉口分行为主体成立"鄂行",同时将低利贷流入原本的高利率的市场,活跃了地方经济。至 1933 年,上海商业储蓄银行已有进入四川的设想,设立宜昌支行,并"成立汴行,与陕处与郑处以成犄角之势而收联络之效"。然而好景不常,是年夏季长江流域出现大水灾,武汉被淹,"全市荡然",市场又因华北局势紧张,一度明显收缩,银行同业竞争日趋激烈,颇难应付,汉行一年净盈只有 20 余万元也。上海商业储蓄银行总处遂决定"非另谋新径不能立足",开始确立积极向农村发展的道路。①

陈光甫还意识到农村的落后会加剧社会动荡,发展农村经济或可消减各地内战。他认为治理农村暴乱,先要对农村贫困的原因进行纠正和改善;内地人民生活疲困,更容易受人教唆,滋生事端。他对行内徐谢康、张水淇说:"今日中国太穷乏,我人当设法富之。贫人太多,我人当设法减少之。凡制造穷人、阻碍生产之事,当设法除之。更当力助生产事业之发展,使大多数人,咸得安居乐业。"②但是,陈光甫没有能力控制整个银行业资金的流动,银行业也无法独自逆转国民经济变化的自然趋势。到 1934 年,"华商银行最初存款不过一亿元,而最近已增加至 20 亿元以上"。③幸而,陈光甫在 1932 年就提出,不能单靠银行,政府应该帮助建立真正的"银行之银行"作为后盾。一个国家只有建立完善的中央银行体系方能采用货币政策来控制投机,调控货币。④而此时,南京政府在管理并干预市场经济方面的举措要更进一步。

经历全国经济委员会改组

1933 年 5 月,行政院长兼财政部长宋子文与美国签订中美《棉麦借款合同》。7 月,合同经国民政府立法院批准。宋子文回国后,蒋、汪、宋等人经协商决议:"棉麦借款决用于复兴农村建设、棉纺改良、币制三项,因现在各机关各省请求拨用是款者,已有八九万万元之多,为慎重计交由全国经济委员会处理,拟组织监督机关

---

① 上海商业储蓄银行汉口分行编印:《汉行史概》(1934 年),上海市档案馆藏,档号:Q275-1-175。

② 《陈光甫日记》,1930 年 12 月 15 日,第 113 页。

③ 张公权:《内地与上海》,《银行周报》,第 18 卷第 14 期。

④ 《解决中国经济问题的一条出路》,《陈光甫先生言论集》,第 120 页。

俾人民团体亦参加。"①因为蒋介石此时兼任国民政府军事委员会委员长,难免被猜疑为利用借款扩充军费,故蒋辞去了经济委员会委员长职务。同时宋子文回国后,蒋、汪、宋等人经协商决议:"棉麦借款决用于复兴农村建设、棉纺改良、币制三项,因现在各机关各省请求拨用是款者,已有八九万万元之多,为慎重计交由全国经济委员会处理,拟组织监督机关俾人民团体亦参加。"②1933 年 10 月 11 日,由国民党中政会决议,国民政府下令正式改组原来的全国经济委员会,作为经济统制的最高机关,特派汪兆铭、孙科、宋子文为委员并指定为常务委员外,派黄绍竑、顾孟余、朱家骅、陈公博、王世杰、张人杰、孔祥熙、李煜瀛、蔡元培、邵元冲、张嘉璈、李铭、周作民、晏阳初、虞洽卿、吴鼎昌、荣宗敬、刘瑞恒、陈立夫、钱新之、陈光甫、刘鸿生、史量才、王晓籁、徐新六、王克敏、陈伯庄、褚民谊、杨端六、秦汾、叶恭绰、连声海为全国经济委员会委员,特准立法院立法委员马寅初等人加入全国经济委员会会议,其下设立各种统制委员会。其中棉业统制委员会首先成立,由陈光甫(金融界)、李申伯(纺织界)、邹秉文(农业界)等担任常委,目的在于从棉作、纺织、金融三方面综合解决棉业问题。③国民政府确实招纳了大量社会精英参与全国经济委员会,并且赋予实际工作,此举自然得到各界支持。一时间,社会舆论普遍支持统制经济的实施:"中国欲以自由竞争政策发展实业势已不能,然则中国经济之出路,只有统制经济之一途,显然可见。"④

对陈光甫而言,政府直接介入经济领域并不合理,但全国经济委员会的制度设计将发挥经济界人士的参政作用。他认为政府要扶持地方经济,"惟第一要素,须用专门人才,万不可用官僚政客。盖官僚政客只知铺张,不求其实,专门人才知应用科学方法,处处为事设想,虽无法可想之事,因其有经验、有学识,亦可设想试办,期收其效"。⑤此时,蒋介石个人也始终认为在一般经济领域,政府中人应保持距离,不能与民争利,"国家应先制成计画与筹足经费,方得接办。否则是与民争利或霸占人民财产也"。他认为政府官员直接经营经济,往往会"视职务为闲事,一面任政务,一面经商业,此为革命政府之污点。只见监察委员求情舍罪,而未见有一参

---

① 《蒋介石日记》,1933 年 9 月 6 日。

② 《赵丕廉电告阎锡山汪兆铭政治会议报告于庐会决定事项》(1933 年 9 月 15 日),台湾"国史馆"藏,阎锡山史料,档号:116-010101-0107-029。

③ 《蒋中正先生年谱长编》第四册,第 250—251 页。

④ 至 1933 年 11 月,全国经济委员会组织有一般行政事务机构,如秘书处、会计室等,另有水利处、公路处、农业处、江西办事处、西北办事处,及水利、公路、教育、农村建设、卫生、蚕丝改良、棉业统制、华北水利、扬子江水利等委员会。原直隶于国民政府的导淮委员会、黄河水利委员会亦划归管辖。(另参见孙大权:《中国经济学的成长——中国经济学社研究(1923—1953)》,上海三联书店 2006 年版,第 255—258 页。)

⑤ 《两湖应兴应革诸项》,《陈光甫日记》,第 44 页。

革声罪之举，所以主席不能不负责，参人押办任怨也。拟开用人之路，再不可把持也”。①

1932年，蒋介石已逐渐摆脱各党内元老的牵制，但还缺乏整与各种政治力量的互相信任，甚至对宋子文等亲信颇有怨言。在引用人才与组织社会精英方面，蒋介石颇多思考：“近日极思(抗战)准备时期组织之重要，而且组织以人为主，故求人心切。自恨昔日识浅见少，坐井观天之错误也。”② 1931年底，蒋介石在全国经济委员会的成立会议上说：“此次设置，本罗致全国工商、金融、教育各界人士加入，以期国家财政得与全国金融及经济、教育各项事业互相维系，并收集思广益之效”，“希望将军政各费情形及财政状况详细报告，应如何开源节流之处，请诸委员从详讨论，妥议办法，备政府采择”。③ 尽管蒋汪合作之后，宋子文、孔祥熙在经济事务中的地位也日渐明朗，但蒋介石在政府权力制度方面仍然有自己的构想。蒋与宋子文在促使中国经济发展的方式上存在分歧，蒋显然强调政府在一些领域(比如公路、水利等基础设施)要大力投入，而在另一些领域只承担引导功能。他既不满于财政部抵制增加军事经费，也批评说：“与宋子文谈财政政策，劝其注重地方经济之发展，而改变向来近乎剥削之政策。”④从全国经济委员会后来的设置情况看，蒋的想法得到实现。经济委员会公告国人对发展全国经济负责，对于各种民生事业“分别”统筹。⑤

全国经济委员会改组后，蒋介石、汪精卫、宋子文、孔祥熙、孙科等国民政府最重要的成员都参与其中。陈光甫也及早对政府组织机构的变化和统制经济政策的推进做好了自己的准备。1932年，上海商业储蓄银行成立棉业委员会，1933年国贷问题研究委员会、农村合作委员会相继成立，同时设农村合作贷款部，后改称农业部。⑥为了承担棉业统制委员会的主持工作，陈光甫向上海商业储蓄银行请假6个月，以副经理杨敦甫为代总经理。⑦ 陈光甫对于国民政府统制经济的推进也较为积极，同时也会与经济界同人共访新任财政部长孔祥熙商谈经济。⑧全国经济委员会实际成了政府、经济界与学术界共同制定相关领域具体政策、实施具体工作的互动平台。由于国民政府将政府经济管理的问题向经济界人士开放，国民政府与经济界在统制经济的形成中开始谋求共识。

---

① 《蒋介石日记》，1930年10月19日。

② 《蒋中正先生年谱长编》第三册，第676页。

③ 《蒋中正先生年谱长编》第三册，第552页。

④ 《蒋介石日记》，1933年9月6日。

⑤ 《全国经济会召开首次会议》，《申报》，1933年10月5日，第3版。

⑥ 宋春舫等：《上海商业储蓄银行二十年史初稿》(1934年5月)，《大事记》，上海市档案馆藏，档号：Q275-1-170。

⑦ 《上海商业储蓄银行史料》，第311页。

⑧ 《孔财长昨抵沪谈》，《申报》，1933年11月4日，第9版。

第二节　陈光甫与统制经济的展开

主持棉业统制委员会

1933年10月18日,陈光甫受任棉业统制会(以下简称"棉统会")主席委员,主持该会工作,向上海商业储蓄银行请假半年,由杨副经理敦甫先生代理上海商业储蓄银行行务。早前,陈光甫与上海商业储蓄银行就对棉纺业投入颇多。棉业对中国经济影响重大,1932年,仅棉纱统税一项,政府财政就收入2 300万元。① 但到了1933年前后,由于世界经济危机与美国白银涨价政策,华商纱厂逐渐销售呆滞,生产过剩,纷纷减工,棉花大量存积。同时农村经济已濒破产,各地现银集中上海,各银行信用放款,只收不放,以致各地金融现状已远不如前,各埠购买力之薄弱,整个棉纱产业循环逐步走向崩溃。

1932年,当时中国的棉纺业就成立了中华棉产改进会。1933年7月,在陈光甫等人的资助下,中华棉产改进会召开第二届年会,各省代表远道集会上海,研究改进棉产问题。就育种问题,请来实业部顾问洛夫博士主持,由各省代表提出关于棉作育种问题,除由洛夫博士答复外,并由各省代表将试验结果、互相讨论。会议还审议了许多与棉业息息相关的政府事务,并决议:一、政府向美借款购棉,关系国内棉产甚巨,应由会呈请政府于借款中,指拨若干为改进棉产经费;二、政府对于此次购棉数量之分配及在国内出售时,应顾虑本国棉业的利益;三、政府订借美棉之借款用途,应由政府准予本会推派植棉人材〔才〕一人加入支配委员会;四、改进棉产为复兴农村所需,呈请行政院令农村复兴委员会及中央农业实验所拟具详细办法,指拨美棉借款之部份〔分〕;五、由本会致函各省政府积极充实各棉场内容以利进展;六、铁路对于运输棉花亟应核减运价以狭义成本为标准,俾可互相为利;七、拟请各纱厂遣派代表每年分赴各省棉区实地考察棉业状况,藉资增加改良棉产效率;八、请政府疏浚长江防除水患以维固有棉田,并呈请政府令扬子江水道整理委员会、全国经济委员会及沿长江各省建设厅特别注意办理;九、改良农具以增工作效率。大会选举荣宗敬、蒋迪先、袁仲达、王金吾、冯肇传、沈宗瀚6人为执行委员,另有未改选委员聂潞生等9人。会议结束后,陈光甫、邹秉文、赵汉生、卞文鉴、张水淇、资耀华等上海商业储蓄银行管理层在上海商业储蓄银行招待与会者进膳。

---

① 《中华民国二十一年及二十二年两会计年度财政报告》,《申报》,1935年5月14日,第10页。

此时,陈光甫与华商纱厂联合会的荣宗敬、聂潞生、郭乐、郭顺等人关系十分融洽。①

1933年9月,由于银价日涨,中国出口更加困难,棉纱价格不断下跌。在此情形下,华商纱厂联合会向财政部提出了高达2 000万元的借款。全国经济委员会当时正在筹备棉业委员会,随即表示会从美棉售价项下筹拨巨款,以便调剂金融、推广棉纱销路。②中国纱厂在宋子文签订5 000万美元棉麦借款后,即停止直接向美订购美棉。9月29日,第一批美棉花共计11 350件、4 500包运抵上海。中央银行业成立办事处,专司其责。宋子文则聘定中国银行张嘉璈、上海商业储蓄银行陈光甫、永安纱厂总经理郭顺及宋本人担任推销美棉,4人集商推销等办法。③宋子文为更好地推销及支配美棉,提前向外界透露了陈光甫将担任棉业统制委员会主任的消息。宋选择陈光甫的原因主要还是陈与纱业及金融界均有相当关系。陈光甫方面则已开始着手筹备。29日当天,他在上海商业储蓄银行邀请金融、纱业两界有关系人物作非正式讨论,并交换人选及组织计划。陈光甫得到宋子文的授权确定委员会人选至多在十五人左右,棉统会的工作将大致包括改良籽、培养植棉、通畅运输、碾花纺纱还有组织成布、运转推销等。棉纱业的方方面面都将受棉统会的统一指导。④

10月5日,为了支持陈光甫的棉统会工作,全国经济委员会在首次会议之前就发表《为统制棉业告国人书》,其中讲道:"深鉴棉业关系国计民生,最为重大,特提先设置统制委员会,选任贤能,责其整理。"同时还讲道,中国棉田遍于各省,制棉工业历史悠久,但产业仍"不能随时代演进以应缓急需要而止",农业不能供应原料,制造者不能应消费者之需求;棉统会旨在"集中权力,统筹兼顾",为整体产业之进步制订方案,"如有步趋不力者,国家亦当予以制裁,或竟捐弃有所弗惜"。南京国民政府告诉陈光甫在内的所有人,政府非常重视棉业的改进,将其作为复兴农村和抵御外来经济的"最有力之后盾"。⑤同时陈光甫草拟的棉统会名单得到答复,国民政府派陈光甫、李申伯、谢作楷、唐星海、邹秉文、陈立夫、荣宗敬、张嘉璈、杜月笙、贝淞荪、张啸林、郭顺、何炳贤、胡筠庵、刘荫茀、孙恩庆、吴醒亚、聂潞生、穆湘玥、陈伯庄、李浩驹21人为全国经济委员会棉业统制委员会委员。⑥

陈光甫制订了详尽的执行方案:先由棉、纱两业分配担任调查棉产改良实施计划,派专家冯泽芳赴湖北、湖南及山东等省调查。陈光甫还电函湖北省主席张群、

① 《中华棉产改进会第二届年会昨日闭幕》,《申报》,1933年7月11日,第13版。
② 《棉纱跌风甚厉》,《申报》,1933年9月27日,第11版。
③ 《首批美棉今明可到》,《申报》,1933年9月29日,第9版。
④ 《首批美棉昨日运到》,《申报》,1933年9月30日,第10版。
⑤ 《全国经济会召开首次会议》,《申报》,1933年10月5日,第3版。
⑥ 《命令》,《申报》,1933年10月7日,第8版。

湖南省主席何键商询地方接洽。他与纱厂方面也很快商定由委员唐星海、李申伯派员分赴各省调查。初步安排之后,陈又迅速开始研究运输、推销、水利等工作。①他在16日的就职演说中首先安稳商界情绪:"统制两字当然是一种国家集权的有计划的去管理某种事业。不过就光甫所知,此次中央统制棉业,决不是要将棉业收归国营,也不是不容自由资本存在,不过想用政治力量来帮助事业界向前进攻。事业界本身力有不及者都由统制委员会负责去做,统制委员会之设,不过想集合事业界多数有思想有作为者,并成一个单位,更用政府力量作后盾,来为国家社会尽义务,这是我可负责说明的。"他指出纱厂是中国棉业的灵魂,具体的工作包括:一、从原料上,一方面来推广产量,一方面来改良品质;二、制造方面,聘请专家分别调查研究,"工厂设备、工作效率、制品标准、会计制度、劳工问题等等都应该有相当办法来整理",同时我们还要培植人才,辅助设备,推进其他产业;三、在纱布运销方面,要想办法解决滞货的疏运、市价的稳定、金融的接济和税制的改革。总的来说,"从农村输出原料到工厂,再从工厂输入制品到农村去,其间组织经过都要有一种最优良、最适当的联络,使其循环贯通,毫无阻滞,全国经济血脉,自然可以流通,社会民生也自然趋于安定了"。最后他还特别提及:"方才宋部长(宋子文)说,只要我们有办法,有计划,对于经费一层,政府方面可以完全担承。"他也向宋子文表示会极慎重地研究审查,"不是切实有效的方案,我们不向政府提呈"。②

10月7日,棉业统制委员会通过该会《暂行组织条例》(参见附录三),并推定李升伯、谢作楷、唐星海、邹秉文为常务委员。棉统会下设各专门委员会,其中棉业统制委员会经济组包括:张嘉璈、唐寿民、李铭、陈光甫、胡笔江、席德懋、徐新六、钱新之、贝淞荪、叶扶霄、吴蕴斋、陈蔗青、秦润卿、叶琢堂、陈健庵15人。另外还有原料组、制造组、运销组,各设专门委员,共计100余人。③ 23日棉统会召开第一次委员常会,"讨论稳定纱价、增加生产等各重要问题,会议时间甚长,历两小时始散"。④

治理与扶持本国棉、纱业

中国棉业危机的表征主要体现在棉田在不断增加,但棉产能力和棉花质量低下,加上日本政府拨款资助日资纱厂的倾销,导致纱价不断衰落。至11月,国内纱价已经跌至极限,纱厂中无力支持者不得已采用低级原料,遂致产品无法达到市场销售标准,投机者则借此向交易所压卖侵销,于是愈积愈多,纱价愈跌愈下,贩运商

---

① 《棉业统制会定十六日正式成立》,《申报》,1933年10月7日,第14版。

② 《上海商业储蓄银行史料》,第313页。

③ 《棉业统制会昨日成立》,《申报》,1933年10月17日,第9版。

④ 《棉业统制会成立后各委就职通电》,《申报》,1933年10月25日,第10版。

不敢大量吸收,从而造成中国内地家庭织业大半失业。陈光甫上任后的第一件事就是打击纱品投机,取缔整顿。他认为纱布交易所本属套卖花纱及平准市价机关,若变为囤货倾销机构,就应该取缔整改。①陈光甫的整顿引起交易所经纪人们的不满,借口影响了已成交的交易,群起要求撤回成命。最后实业部决定采取妥协办法,下令停业三天。陈光甫当机立断,由棉统会委员郭顺等人筹集资金,不惜亏损,一待交易所复业,即行买入大量囤纱,暂时稳定住了纱价。②

11 月 26 日,财政部为了配合扶持棉业,决定对纱厂收购棉花免征营业税。③陈光甫表示,所有的工作若能提高纱厂的盈利状况,则棉业恢复尚有希望。棉统会在与纱布交易所搏杀纱价之时,为华商纱厂制定计划:一、原料方面,开展改良棉种、棉花分级、禁止搀水搀杂;二、制造方面,各工厂组织、设备、工作、会计、劳工进行重新设计;三、拟设运销机关。此外的附属工作还有研究工厂法、订定棉纺织业业规、组织棉业信托公司、办纺织机械厂、办纺织染研究院、办棉业职业学校等。这一方案很快发给各厂共同协商。④此时,棉统会派往各省的专家已经带回结果,确认湖南棉区棉种较其他棉区种子为佳。陈光甫即决定派员入湘购棉种二万担。但此时的财政部却还没有拨出曾经应允的二千万资金。为此,陈光甫还特地谒见财长孔祥熙。⑤

在运销放面,陈光甫的计划得到各纱厂的支持。有永安、申新、溥益、统益、大丰、民生、隆茂等十余大厂商联合组织运销公司,暂时仅推定一二家兼顾主持。所有存纱经分配后,由各厂分别担任运销外埠,并以调剂市价、流畅纱销为目的成立后长期存在,以便同业随时联系。这一运销公司的成立极大地改变了中国棉业跨地区的协调调剂工作,甚至对于抵制日纱在华北的倾销起了很大作用。同时棉统会的调查团开始进入汉口,并分往河南、湖北、湖南、四川各地实地调查。⑥ 1934 年 3 月,陈光甫将眼光放到了陕西,他派邹秉文等与陕西省政府接洽,商量合组棉业改进处,并选购良好棉籽送往陕西各地。共计四千余担的优良棉籽由棉统会垫付购款,并借由陈光甫与陇海路局交涉请求免除运费。随后陈光甫亲自入陕,考察指导。⑦在半年的时间里,陈光甫风尘仆仆,舆论报道其"对于增进棉之产量、及谋产

---

① 《纱布交易所事件棉统会之态度》,《申报》,1933 年 11 月 8 日,第 10 版。

② 《纱布交易所全体经纪人昨开紧急大会》,《申报》,1933 年 11 月 30 日,第 9 版;《华商纱布交易所今日恢复开拍棉纱》,《申报》,1933 年 11 月 9 日,第 9 版。

③ 《纱厂收购棉花准免征营业税》,《申报》,1933 年 11 月 26 日,第 12 版。

④ 《全国华商纱厂昨集会共同协商棉业改进与革新》,《申报》,1933 年 11 月 30 日,第 10 版。

⑤ 《棉统会派员赴湘采购优良棉种》,《申报》,1933 年 12 月 6 日,第 10 版;《财长孔祥熙昨午赴杭》,《申报》,1933 年 12 月 24 日,第 9 版。

⑥ 《各大纱厂联合组织运销公司》,《申报》,1934 年 1 月 10 日,第 10 版;《棉业统制会华中区调查团出发》,《申报》,1934 年 1 月 26 日,第 9 版。

⑦ 《棉业统制会改进陕西棉业》,《申报》,1934 年 3 月 4 日,第 11 版。

销合作进行异常努力,除前赴西北与陕西等省同当局磋商棉业改进及产销合作等事宜外,返沪后又复北上调查各地棉业之产量销路等情况,俾谋改进之方法";他同时还视察了上海商业储蓄银行各地分行之状况。[①] 各地的棉业改良事业如火如荼地展开,宋子文到达西安视察之时也对陈光甫主持的棉统会寄予希望。[②]

1934 年 6 月,为进一步救济农村、活动内地金融起见,由棉业统制委员会与中国银行、金城银行、交通银行、浙江兴业、上海商业储蓄银行及汉口四省农民银行等组织棉花产销合作贷款银团,在农村推广"棉花产销合作社"。大致的方式是以银团借资金给合作社,再由合作社直接办理放款或押款事宜。[③] 11 日,银行团与陕西棉产改进所签订贷款合同,贷给后者资金,使其代理对各合作社的放款,以充实业务上必要之资金。改进社所作生产贷款以田亩作抵押,轧花打包等设备贷款以机器及房屋作抵押,押汇贷款以棉花作抵押。合同规定:"月息九厘,按日计算,但遇必要时亦可减至八厘,所有利息之全部由甲方及第二条所列之银行平均分配之。"除此以外,合同规定合作社向改进所限制单笔款额,并未限制借款总额。该借款银行给出最优厚的条件是棉业改进所对合作社的贷款期限及还款方法:

> 一、生产贷款于棉花收获后,社员缴花于合作社时,在预支棉价中扣还转入运销贷款项下。
>
> 二、轧花打包等设备贷款,分五年平均摊还。
>
> 三、运销贷款、运销流动资金,自运销业务开始时息借至运销业务终了时归还,押汇贷款于每次棉花销售后在售价中扣还。[④]

接着,银团先由每银行拨款 5 万元,总计 30 万元用于棉苗放款。贷款过程中各银行在陕西并不另设办事处,均委托陕西棉产改进所办理。由该所协助农民、组织合作社,再依照合同,介绍各银行贷款于农民所组之合作社。银团表示决"与农民合作,俟农民植棉秋收时,再行贷款于农民所组之合作社,作为销产机器等用,并由陕西棉产改进所将所产之棉花设法运沪发售"。在棉统会的组织之下,银行团为帮助农民产出后的运输和销售都作出承诺。[⑤]

在改良选种和种植的同时,棉业统制委员会还采用市场检验,淘汰落后低劣的棉花产能,提高棉业的总体质量和竞争力。1934 年 7 月,棉统会颁布《取缔棉花搀水条例》(见附录四)。该条例统一规定了全国产棉标准,绝对禁止买卖水分或杂质高出法定限度的棉花,对故意搀水搀杂者量刑处理;同时规定所有进入纱厂的棉花

---

① 《陈光甫昨日返沪》,《申报》,1934 年 6 月 7 日,第 11 版。

② 《宋子文报告建设西北四项计划》,《申报》,1934 年 4 月 28 日,第 7 版。

③ 《沪市银行界组织棉花产销贷款银团》,《申报》,1934 年 6 月 4 日,第 10 版。

④ 《棉产改进所与银团签订贷款合同全文》,《申报》,1934 年 6 月 11 日,第 10 版。

⑤ 《中国等六银行合办棉业贷款合同已签订》,《申报》,1934 年 7 月 21 日,第 11 版。

先由棉业统制委员会进行检验,并照价补偿水分低于法定标准的棉商。①这一条例切中了许多中间棉商、花店的要害,阻断通过销售劣质棉花的渠道,于是中间商又开始联合反抗。②但陈光甫并不予理睬,并着手建立各地的搀水搀杂取缔所。

陈光甫很清楚取缔低质棉花无法直接帮助纱厂起死复生,但缩小中间商的利润会换来农民的积极性,降低纱厂进棉成本。纱厂支持政策的结果让提供贷款的银行同样受益,尤其是上海商业储蓄银行。上海商业储蓄银行当时对于棉纺业的投入已经相当大。当时上海商业储蓄银行在上海一地投资的纱厂就有申新纱厂第一、二、五、八、九各厂、鸿章纱厂和上海纺织印染公司;另有厂基押款或营运放款关系的纱厂无锡 3 家,常州 2 家,南通 2 家,汉口 2 家,济南 2 家,其他各地 6 家,此外还有更多与银行有透支、货物押汇业务的厂商,每家业务量动辄几十万元。③

表 3-1 上海商业储蓄银行对纱厂放款增长表(1931—1936 年)

年份	纱厂放款(元)	占工业放款总额(%)	染织厂放款(元)	占工业放款总额(%)
1931	9 840 139	42.8	210 959	0.9
1932	19 978 634	57.8	1 382 672	4.0
1933	22 594 723	65.4	1 673 485	4.8
1934	24 417 435	65.9	1 809 285	5.0
1935	21 103 000	62.5	1 347 000	4.0
1936	24 665 000	64.3	1 151 000	3.0

资料来源:中国人民银行上海市分行金融研究所编:《上海商业储蓄银行史料》,上海人民出版社 1990 年版,第 513 页。

上海商业储蓄银行的业务自然也开始向棉业延伸。上海商业储蓄银行不仅配合了棉统会的工作,也取得不少利润。上海商业储蓄银行在此期间一直为陈光甫提供最新的棉花预测价格、美国购银的影响估计和贸易情报,这为陈光甫的工作提供了很大的便利。④上海商业储蓄银行留美归国的农业专家徐仲迪,被陈先后派往陕西、河南等地推行农业合作事业。⑤陈光甫在最初向董事会请假时,就表现出其敏锐的商业嗅觉:"除棉业统制会之外,尚有粮食统制会、煤业统制会、丝业统制会等等,均将成立,将来我行在此项环境之中,能取得若何地位,请诸君从事研求,以

① 《棉统会取缔棉花搀水昨发取缔条例十四条》,《申报》,1934 年 7 月 15 日,第 13 版。

② 《棉花号业公会讨论取缔搀杂条例》,《申报》,1934 年 8 月 8 日,第 13 版;《棉花贩运业公会代电》,《申报》,1934 年 8 月 24 日,第 14 版。

③ 《上海商业储蓄银行史料》,第 512 页。

④ 《上海商业储蓄银行史料》,第 358—359 页。

⑤ 《棉业统制会改进陕西棉业》,《申报》,1934 年 3 月 4 日,第 11 版;《棉统会筹设河南棉产改进分所》,《申报》,1934 年 3 月 16 日,第 13 版。

收通力合作之效。”①赵汉生曾汇报 1933 年 7 月至 1934 年 6 月全行出口押汇之总数,共 7 440 余万元。以上海为最多计 2 400 万元;郑州次之,共 1 100 万元,完全为棉花押汇;天津亦有 480 余万元,大部分为运至上海之棉花。押汇物品中最多者为棉花计 2 530 余万元,棉纱 1 760 余万元,盐 900 余万元,杂粮 850 余万元,面粉 350 余万元等等,可见上海商业储蓄银行的押汇主要依赖于棉花和棉纱的生产。②

表 3-2 国货工业放款的结构(以 1936 年为例)

单位:千元

业　别	1936 年底放款额	业　别	1936 年底放款额
纱厂	11 594	化学工厂	125
面粉厂	2 471	机器厂	100
染织厂	611	水电厂	90
火柴厂	292	油厂	9
丝厂	147	共　计	9 155 690
卷烟工厂	130		

资料来源:中国人民银行上海市分行金融研究所编:《上海商业储蓄银行史料》,上海人民出版社 1990 年版,第 504 页。

8 月 13 日,全国经济委员会中央棉花搀水搀杂取缔所在上海正式成立,该所由棉统会聘请实业部常任次长刘维炽为所长、叶允新为副所长。当日,张嘉璈、贝淞荪、郭顺、何炳贤、聂潞生、唐生海、李升伯、徐采丞、邹秉文、陈伯庄、穆藕初等出席了成立仪式。陈光甫致词时说,在棉统会原定四大目标中,改进增加全国棉产质量及产量、促进中国棉农组织化和合作化、训练棉花分级人员三项,都已经由棉统会下中央棉产改进所,与陕西、河南、江苏各省棉产改进所专家分别进行;棉花掺水掺杂问题则等待正式立法,“不免稍延时日”,故而中央棉花掺水掺杂取缔所也在筹备中,河南、陕西也已先行成立省取缔所,另有湖北、河北、山东三省即将成立,江苏由中央取缔所兼办。陈光甫向政府实业部致谢,并展望:“吾国本为产棉最宜之国,苟改良推广得其道,则不特一万万数千万元之原棉输入可以设法减免,东邻日本每年购入美棉印棉,数在日洋九万万元以上,应可视为吾国输出原棉之最好市场。”陈光甫在棉统会的工作雷厉风行,中央棉花掺水掺杂取缔所成立当日,各地筹备情况都已同时汇总上海。实业界代表穆藕初表示,棉业界早就对棉花掺水掺杂疾首痛恨,总希望早日根本铲除。③事实上,各处掺水掺杂取缔所都开始着手切实取缔低

---

① 《上海商业储蓄银行史料》,第 312 页。
② 《上海商业储蓄银行史料》,第 471 页。
③ 《棉统会取缔棉花搀水昨发取缔条例十四条》,《申报》,1934 年 7 月 15 日,第 13 版。

质棉花,经常将处理情况刊载报章,棉统会的成效得到了社会的关注。①

经过一整年的努力,棉统会仅在陕西就帮助建立棉花生产运销合作社 16 处,共辖棉田约 20 万亩,棉花产量约 5 万担。经过当地棉产改进所检验认定:“棉花品级程度及长度,约在中级至上级之间,长度约自十六分之十三至十六分之十五英吋左右,故品质,较往年所产者为高。”② 11 月蒋介石到西安视察,对中央社记者发表感想时说:“陕西向产棉花,灵宝花尤为有名,豫西、关中各地棉花事业,将来极有希望,陕豫花之产量质量,恐即驾鄂花而上之。”③首批改良棉花 500 余包运抵上海后,棉产质量的提高促进了银行业的信心。产销合作银团与陕西继续签订合同,增加 50 万元的肥料借款,用于帮助推广新增棉地 30 万亩。④棉业形势开始好转,甚至引起了日本的关注。

在陈光甫任内,全国棉业皮棉产量自 1933 年 900 余万担至 1936 年初已增至 1 400余万担;每亩产能从籽花 35 斤增收至 53 斤;原料的质量从原来只能供应 20 支的纱锭升级成为供应 42 支的纱锭;建立棉作试验场 20 处,总计 10 146 亩,另有 40 处指导区;各省总计直接推广美棉 260 万亩;棉统会帮助成立农业合作社 1 200 余个,社员人数达 7 万余人;农业金融方面,历年介绍各银行或银团贷款约 500 余万,设置轧花厂 20 余所,以便保存良种,减轻轧花成本;同时处理 2 691 件不合格棉花案件,平均每年 800 余件;全国棉供平均所含水分、杂质分别从 15%以上和 10%逐年递减为 11.04%和 1.32%。“据湖北取缔所报告,以前用棉花纺纱一件,约需花五百余磅,现在平均只需花四百六十磅左右。”⑤全国棉业发生了增产增质的变化,纱业危机得到缓解,银行业的农贷业务也得以展开。1936 年 3 月,陈光甫为赴美接洽白银协定,辞去棉统会主任委员,由叶琢堂代理。⑥

引导资本流向农村

前文提及在国民政府中,蒋介石对中国的农村问题格外重视,尤其是农村金融问题。1928 年蒋介石就命陈果夫成立奉化农业合作银行帮助赈济水灾:“奉化水灾拟设一农业银行,其资本为五万元,专贷给佃农,利息以五厘为限,请派一妥人在溪口,限下月成立之。”⑦次年,蒋设定计划:“改良农村,奖励农产与森林,确定以农

---

① 《棉花搀水搀杂稍戢》,《申报》,1935 年 10 月 19 日,第 9 版;《国棉产量大增棉业统委会努力提倡之功》,《申报》,1935 年 11 月 11 日,第 9 版。

② 《将有首批陕棉运沪品质较前提高》,《申报》,1934 年 10 月 20 日,第 10 版。

③ 《蒋中正先生年谱长编》第四册,第 472 页。

④ 《上海银行等续办陕省肥料贷款五十万》,《申报》,1935 年 1 月 18 日,第 10 版。

⑤ 《全国经济委员会棉统会议改进纺织棉产工作》,《申报》,1937 年 6 月 26 日,第 14 版。

⑥ 《叶琢堂代理棉统会主任委员》,《申报》,1936 年 3 月 15 日,第 13 版。

⑦ 《蒋中正先生年谱长编》第二册,第 344 页。

为立国之本。令内政农矿二部限本年内将全国各省之田租与农民生活状况第一期调查完毕，以定二五减租实行之步骤。”[①]蒋介石在日记中写道：“对商以保护私产，节制资本为目的。但对外贸易由国家经营，金融以分布于农村为方针。”[②]到了1932年九十月蒋介石一直在研究“农民银行”的等经济政策。[③] 1934年，国民党中政会蒋委员长电请由棉麦借款内拨复兴农村治本费1 500万元，决议交全国经济委员会酌办。[④]之后，又指示部力子应筹设农业金融机关并择地筹设农仓。[⑤]

陈光甫是银行界较早留意农村问题的先行者。1928年他写道：“乡间仍是风气不开，好赌嗜烟者颇不乏人。市井之中常闻有所谓农工政策，吾人已知工人罢工为自杀政策之一，农人不缴租或少缴租亦属自杀政策。乡间最要者为开学堂，选择种子，修路开河，低利借给农民。若专鼓励减租，不啻教农民多懒而好赌嗜烟，如城市中人多钱不讲学问，终入于下流一途也。”[⑥] 1930年陈光甫已经在考虑将具体业务发展至农村：“知中国最要立场，不在商业工业，而在农业，愿进一层为农民服务，故与金陵大学农林部商妥，接济其款项，转放给农民。因本行对于农人，尚无法接近，该农林部在农乡有合作消费社之组织，内有借贷办法，借此入手，将来必有直接为农服务之机会。”[⑦]

到20世纪30年代初，农村资金都流向城市，农村购买力锐减，工厂出品亦无法销售，于是物价下落，波及于农产物之跌价，而使谷贱伤农。中国85%的人口处于破产的边缘。1932年，上海商业储蓄银行已经派员到各地协助农民组织合作社。1933年1月，上海商业储蓄银行添设农村合作贷款部，由邹秉文专责进行，先就各省办理完善之农业合作社试行贷放，分运销、生产及仓库三种贷款。“凡请求贷款之合作社，均经实地严格视察审查，以期求合作组织之健全，兼以保障运用资金之安全。”该部门主要的活动是以农业生产运销合作社及农业信用兼营合作社为限。[⑧]上海商业储蓄银行还成立农村合作委员会，聘请杨介眉、邹秉文、卓镛诗、郑健峰先生为委员，每两周开会一次。“凡与农村贷款有关之重大事项，咸取决于该会，而以邹秉文、徐仲迪两君为总部正副主任。”除在江浙两省交通便利区域以外，农贷工作迅速扩充至陇海路沿线，以及长江各埠。银行为指导、调查及放款上之便

① 《蒋介石日记》，1929年6月记。

② 《蒋中正先生年谱长编》第三册，第745页。

③ 《蒋介石日记》，1932年10月13、25日。

④ 《赵丕廉电告阎锡山蒋中正电请棉麦借款》(1934年2月8日)，台北“国史馆”藏，阎锡山史料，档号：116-010101-0107-040。

⑤ 《蒋中正先生年谱长编》第四册，第338页。

⑥ 《陈光甫日记》，1928年1月19日，第11页。

⑦ 《陈光甫日记》，1930年12月26日，第123页。

⑧ 上海商业储蓄银行编：《行史资料：本行大事记》，上海市档案馆藏，档号：Q275-1-168；上海商业储蓄银行编印：《本行生长之由来》(1949年2月)，第十二章，上海市档案馆藏：档号：Q275-1-173。

利计,复变更组织,在南京、郑州、长沙三分行内,设立分部。上海商业储蓄银行的这些事业也得到了各家报纸的好评。[①]

1934年由于农村贷款业务的增长,邹秉文升任为负责农业金融的总行副经理,农村贷款合作部改为农业部。农村合作方面拟定了运销合作、信用合作、农业仓库、农民抵押贷款所及合作事业五种计划。[②]其中,上海商业储蓄银行与华洋义赈会的合作以及在乌江的合作试验成为上海商业储蓄银行协办合作社的范例。上海商业储蓄银行以江苏省为重点,先从苏、浙、湘、冀、豫、陕等省份进行,同时并促成以棉花为主的等生产运销合作社之组织。[③] 同年,上海商业储蓄银行考虑到农村工作人才甚不易得,特在金陵大学农业经济系设讲座二名,聘请英美专家各一名,为期三年,经费6万元,俱由银行承担。同时又在该系设置三千元作为金陵大学农学生奖学金。[④]

在整个过程中,合作社成了农村建设的关键。银行农村合作贷款部曾认为:"农村经济之发展,而其整个问题则在于农民有良好之组织,既可充分接受银行辅助之用意,复可实际上参加农业生产之改良,尤可合法保障投资者之安全。"[⑤] 1931年4月,上海商业储蓄银行与华洋义赈会订定合办农业放款办法,先以2万元试办,这是中国银行界投资于农业之先河。华洋义赈会1923年起在河北省提倡农村信用合作,各县农村先后成立合作社,已有了比较好的基础。[⑥]这一次尝试非常成功,2万元的贷款,仅有130余元由于年成关系未能按时归偿。用今日的标准看,上海商业储蓄银行向农村提供贷款的8厘利息仍是高利,但当时河北农村普遍利率为3分6厘之高。[⑦]陈光甫鼓励银行成员每多放款1万元,就相当于每年暗中补助农村2 750元。"这种双方有益并且与国计民生实实在在大有关系的事业,耐下性子去做,本是可能,不过前此没有人能注意他[它]罢了。"[⑧]

1933年,上海商业储蓄银行在农村共计贷款额102万余元,"办理结果于农民能得益,于本行尚稳妥"。[⑨] 到了1934年,银行农业部于南京、蚌埠、济南、西安、汉口、长沙、广州等分行内增设农业科,深入乡村,调查并协助合作组织,并促进生产

---

① 宋春舫等:《上海商业储蓄银行二十年史初稿》(1934年5月),第四章,上海市档案馆藏,档号:Q275-1-170。

② 宋春舫等:《上海商业储蓄银行二十年史初稿》(1934年5月),第四章,上海市档案馆藏,档号:Q275-1-170。

③ 中国人民银行上海市分行金融研究所编:《上海商业储蓄银行史料》,第589页。

④ 上海商业储蓄银行编印:《本行生长之由来》(1949年2月),上海市档案馆藏:档号:Q275-1-173。

⑤ 《上海商业储蓄银行史料》,第589页。

⑥ 《上海银行服务农村与华洋义赈会合作》,《申报》,1931年4月10日,第10版。

⑦ 《二十一年五月一日陈先生在股东常会致词摘要》,《陈光甫先生言论集》,第103页。

⑧ 《上海商业储蓄银行史料》,第605页。

⑨ 《上海商业储蓄银行史料》,第594页。

之改良与其运销方法。贷款区域分布于苏、浙、皖、鲁、秦、豫、晋、鄂、湘、粤等十余省，贷款总额已达到440余万元，1935年更增达600余万元。①陈光甫的先例和政府政策的导向引起了其他银行家的兴趣。中国银行总裁张嘉璈也开始前往内地考察实际经济概况，自陇海路经长安，又转赴太原一带。

1933年江苏省政府为复兴农村、整理粮政决定在江苏各县筹设仓库，需要预算经费约100万元。省财政厅长赵棣华派江苏农民银行行长杨冯署向上海银行界接洽借款。陈光甫答应以各仓库粮食作抵，由该银行贷予短期借款60万元。但省库仍然不敷，继而中国银行张嘉璈开始接洽，借款40万元，仍以各仓库粮食作抵。这是银行团开始合作进行农业借款的开始。② 1934年8月，上海商业储蓄银行与中国银行再次合作，两行与湖南省政府商妥“仓库贷款银团”事项，并提该省政府会议通过施行。湖南政府以仓库所押稻谷、籽花、蚕豆、大豆、小麦五种农产品为限，借得款项先从湖南农业试验场合作农户办起，渐次及于其他农户。“贷款利息，以低廉为原则，暂定每月一分，提取其中之一厘为仓库公积金，余归投资之银团。”同时，押款农户一般因仓库所获利益在十元以上者，应以其三分之一存入银团，储蓄备荒。③

整体来看，1933年上海商业储蓄银行的农业合作事业贷款部门仅在南京、郑州、长沙设有分部，年度贷款额102万余元。一年后上海商业储蓄银行农业部在南京、蚌埠、济南、西安、长沙、汉口、广州等分行均设立了农业科，业务区域及于江苏、浙江、安徽、山东、河南、陕西、山西、湖北、湖南九省，贷款总数约444万余元，增长4倍之多。其中尤其运销合作贷款及农业仓库贷款占了九成，信用合作贷款仅占8%左右，可见上海商业储蓄银行在农村地区推广以物抵借十分成功。④ 1935年，政府先后设立农本局及中国农民银行办理农业放款，并颁布的储蓄银行法，强制有存款储蓄业务的银行从事农业放款。银行业纷纷开展农村贷款业务，进行竞争。这一方面说明上海商业储蓄银行的经验得到肯定，另一方面政府希望引导更多的银行进入农村投资。于是陈光甫联合同业组成“中华农业合作贷款银团”，并将上海商业储蓄银行自办农贷逐步收缩，故是年总额降为160万元。虽然缩小了自己的利润，但更多银行的参与将加快农村经济的复兴。⑤

陈光甫在棉业统制委员会的工作和上海商业储蓄银行在农村的业务拓展，都体现了银行家与国民政府在经济事务中的一致立场。陈光甫在经济问题上表现出了较高的前瞻性与管理能力，而国民政府在棉业产业建立专业组织，避免直接市场

---

① 上海商业储蓄银行编印:《本行生长之由来》(1949年2月)，上海市档案馆藏:档号:Q275-1-173。

② 《省筹设仓库续向银行界借款》,《申报》,1933年12月5日，第12版。

③ 《中国上海两银行合组湖南农产仓库贷款团》,《申报》,1934年8月27日，第13版。

④ 《上海银行昨开股东会》,《申报》,1935年4月29日，第10版。

⑤ 上海商业储蓄银行编印:《本行生长之由来》(1949年2月)，上海市档案馆藏:档号:Q275-1-173。

投入,支持了陈光甫的工作,也实现了政府的初衷;而上海商业储蓄银行对农村的投入也为政府的政策制定提供了实验案例。上海商业储蓄银行曾在其行史中说道:“农村经济之辅助,农村贷款,本行实为首创,迄今蔚为一种运动,不可谓非本行倡导之力,本行信誉亦随之增高。”①参与国家经济建设的管理,使得陈光甫对国民政府的态度产生了正面的变化。他曾对胡适说:“现时各处建设颇有进步,人才也多有新式训练而不谋私利的人。”②他与南京国民政府在经济政策方面的默契基于其个人的独立意志和思想选择,也与政府经济职能向商界的开放包容有关。南京政府产生了渐趋于灵活和成熟的策略,来处理政商关系,这影响到陈光甫身后的上海工商界和银行界。

第三节　上海商业储蓄银行与各级政府之新关系

蒋汪合作下的中央政局较之前的国民政府要平稳许多,社会相对稳定,经济开始起步发展。作为银行界的领袖之一,陈光甫仍然不敢涉足政治,透过江浙地区姗姗来迟的社会稳定看到一些新希望。作为一个企业家,陈光甫发挥作用的社会空间也更大了,与中央和地方政府的交往渐渐增多起来。这种变化反映出社会经济的整体发展与银行家个人事业的紧密联系。

中央政府债务信用的改善

南京国民政府经济基础增强的背后仍然隐藏着严重的财政危机。军政用费的入不敷出直接导致了蒋介石与宋子文的矛盾,1933 年宋子文被迫辞去财政部长。新任财政部长孔祥熙面临同样的问题。1934 年,仅军需署的积欠亏空就达 300 万元,每月都需要向中央银行借支 100 万元。③不过,此时在南京国民政府的统治范围内,已经不存在颠覆性的内部威胁。与其说政府开始维持与银行界的良好关系,不如说南京政府在国家财政问题上的权威不断加强。蒋介石自己就认为中央的优势确立,在地方财政问题上,尤其是军费可以不必像过去那样迁就地方势力。他曾有指示限制对广东的拨款:“如万不得已,请筹三百万元为限,并分期拨付。但此时万勿即允,以后时局变幻不测。”他还提醒新任财长孔祥熙:“军费必竭力节省,则无

① 上海商业储蓄银行总经理处编:《本行环境之回顾与前瞻》(1935 年 12 月),“十二”,上海市档案馆藏,档号:Q275-1-347。
② 曹伯言整理:《胡适日记全集》,台北:联经图书事业公司 2004 年版,第 7 册,第 122 页。
③ 《蒋中正先生年谱长编》第四册,第 438 页。

论变化如何，临时皆有把握也。”[①]政府对中共武装的“围剿”仍然开支巨大，但两任财长宋子文与孔祥熙都做了努力。宋子文基本履行了任内不再续发公债的承诺，并转求外债的援助，从而有了中美棉麦借款。宋在辞职前夕还表示，政府前发关税库券1万万元，将完全用于偿还积欠；对于中央财政，政府力求平衡；华北一地军费已从700余万元减至450余万元。财政基础好转的一个例子就是政府开始有余力向棉业统制委员会等经济统筹部门提供一切经费。[②]

孔祥熙接任后也试图处理好与银行界的关系。他上任不久还接见了贝淞荪和陈光甫，随后孔对记者说中央财政已有办法，目前并无需要向银行界借款。孔祥熙还指出自己山西商人的出身，“故对商界与实业界之痛苦，深所洞悉。是以凡有病商害民之苛捐杂税，当详为考查，设法取消，总以解除商民痛苦，为第一要务”。他对外公开表示会秉承“以前方针”进行，尽力维护工商业。至少他对经济界的表态是维持宋子文的政策不变。[③]孔祥熙也善于通过解释宏观数据稳定人心，他说，中央虽然每月不敷约1 200万元，一年共约14 000余万元，但如果开源节流四字，中国全年支出只有美国的四分之一，“以中国人口之多，土地之广，物产之富，区区不足之数，何患无解决办法”。[④] 1934年初，中央财政又生困难，为偿付中央银行此前押垫之款，国民政府发行公债一万万元，但为避免牵动债市，暂不向市场直接发行。[⑤]

宋、孔的先后表态未必能完全实现，而南京国民政府对银行界改变了一味索取的立场。这种变化固然是施政理念的日趋成熟，也是由于以中、交为主体的银行界已经普遍地卷入政府财政和国债证券投资领域，无法从根本上与政府对立。未受到太多财政捆绑的上海商业储蓄银行，一方面意识到政府的变化，一方面也不轻易放弃自己一贯的商业立场。如第二章所述，1932年以前上海商业储蓄银行对政府公债的投资并不多。到了1932年，财政部向上海商业储蓄银行的借款集中于上海总行，借款方式基本都是公债抵押借款。1932年政府未发行公债，该项借款为之大减。而财政部常以新债票换旧债票，只调换抵押品，并不减欠额。1934年，上海商业储蓄银行对财政部发行公债所增添的购买行为，不过是一笔以意大利庚款作抵的借款，相对安全。而1934年国民政府所发行的公债更少于1932年，财政部是年欠上海商业储蓄银行220多万元，主要是以当年关税及1931年赈灾公债作抵。[⑥]

---

① 《蒋介石致孔祥熙电》(1933年12月30日)，台北“国史馆”藏，蒋介石档案，档号：002-010200-00100-074。

② 《宋子文谈话关税库券归还旧欠》，《申报》，1933年10月7日，第12版。

③ 《孔财长昨抵沪谈中央财政已有办法》，《申报》，1933年11月4日，第9版。

④ 《孔祥熙昨来沪茶会招待金融界》，《申报》，1933年11月11日，第10版。

⑤ 《蒋中正先生年谱长编》第四册，第269页。

⑥ 中国人民银行上海市分行金融研究所编：《上海商业储蓄银行史料》，第605—606页。

总的来说,财政部向上海商业储蓄银行的借款只占总发行公债很小的一部分,而且该银行投资的公债都有相对安全的担保。此时,政府采取的稳当的财政政策,没有给银行界增添更大的负担。

财政部以外,上海商业储蓄银行向铁道部、外交部的借款相对零星,只有建设委员会曾借一共 90 万元的淮南电气公债押款,交通部分别借有 150 万元和 22 万元的首都电话借款和西安电话局借款。这些多为建设性借款。① 另外,1929 年石友三先后强取的 7.5 万成了呆账,1932 年 4 月长江上游"剿匪"司令部在宜昌以特税抵摊借上海商业储蓄银行 2.5 万元。但自 1932 年以后就不再出现严重的军队强借现象,这反映出银行经营的政治环境逐渐转好。

政府还经常邀请陈光甫作为银行界代表参与各类公债的抽签还本工作。② 1934 年 9 月,财政部与银行界在上海成立各银行公债保管会,财政部派戴铭礼,中央银行派周守良、郑渭川,非银行公会会员银行推选钱新之和洋人司比门,上海银行业同业公会则推陈光甫与徐寄庼,7 人共同担负公债保管会工作。③上海商业储蓄银行相继数年的总结报告也显示出对政府措施的认同。

不过,上海商业储蓄银行对中央财政的分析并不乐观:"本年度中央财政预算岁出岁入,各为 91 800 余元,表面上可剩余 734 万元,但实际上借款收入,预算上已列为 5 000 万元,换言之来年借款至少在 5 000 万元左右。更风闻尚有一部分军费约计 13 000 余万元,系作为非常开支,另编概算,仅有三四千万元有的款抵充,各种赋税如关税、盐税、统税、印花税等,可增者均已增加,但缓不济急,一时难资挹注,其势恐须以新增之税为担保,再度发行公债。"银行方面认为财政部如果不能借到外债,极有可能不断增发内债,以此作为弥补收入的唯一捷径。

上海商业储蓄银行秉承了陈光甫个人对于公债问题的保守态度。银行经过研究,得出结论:"可知今后军政借款之性质,虽渐有建设性之款项,仍不免以筹措军政各费为多,而近年来相习成风,各种借款,反较以前为多,其中假建设之美名,而行抵补亏空之实者,亦未尝不有。"从而,陈光甫指导制定了银行应对政府财政需求的方针:

一、任何政府借款,最好以同业合作为原则。单家银行借款给政府,政府与银行在"事势上本不平等";如果获利,会引起其他银行的不满,而政府则会"得寸进尺";如果政府无法偿还,仅一家银行也无力索还。银行业应该联合起来借款给政府,这样既能够避免过分的竞争,又能够巩固利群,分散风险,来保护自身的商业

① 《上海商业储蓄银行史料》,第 606 页。

② 《赈灾公债昨晨抽籤还本》,《申报》,1933 年 11 月 11 日,第 11 版;《统一丙种海河短期两公债昨还本抽签》,《申报》,1936 年 10 月 10 日,第 12 版。

③ 《各银行公债保管会本月五日成立》,《申报》,1934 年 9 月 3 日,第 12 版。

利益。

二、"决定政府借款之承做与否,应以其担保品之是否合法及可靠为标准。"承借政府借款时,首先要考虑当局者的为人,"但仅凭当局者之人格,实不可靠,因当局为政府之雇用者,可以代表政府,而非政府本身"。政府信用的标尺就是借款的担保品,因此银行一定要彻底研究其担保品之是否合法及可靠,"最忌以官吏作保,卖一面情,因普通官吏,固甚少愿为做官而赔钱者也"。

三、银行要研究各级政府之财政,预筹应付之道,并应研究各种建设事业之优劣。从中央到地方政府提出的借款条、担保物品、借债用途,都有很大差别,所以银行必要对当地财政,自中央财政各省财政,乃至对各县财政有所认识,"应几见微知著,得预设应付之方"。当国民政府开始筹借各种建设性借款时,银行就要对各种建设事业进行研究。银行判断"大概就今日政府之财政及人才而言,建设事业之成功,当为断续性的,成功者固属甚多,失败者亦恐不少"。所以即便是建设性的借款还是应该从银行自身的安全起见,极其谨慎地进行选择。

四、应求借款之活动,设法使借款公债化,以造成市价便于流动。特别是政府借款用于建设者期限久长,最易流为呆滞,有背商业银行运用资金之原则。相比之下,财政部利用有确实担保之公债,筹借款项,较易为力,即由于具有市场交易之故,可见政府借款的流动性。

"总之,今日政府渐知从事于建设,吾人为国民经济着想,允宜致其助力。然建设前途,成败参半,而政府筹借,仍极普遍,吾人既处于商业银行之地位,本不宜多所兜揽,即有所承敛,当以上述四项原则为依归,此则吾人所应随时加必注意也。"①

以上几点经验中,分散风险是最有效也是最常用的。比如为了增强煤矿业的发展,建设委员会筹建淮南铁路借款高达 380 万元,但参加者有中国、交通、上海、金城、大陆、盐业等 12 家银行,成功地将风险分散开来。②至 1934 年底,财政部向上海商业储蓄银行借款,均以公债作抵实欠 200 万元,另有 300 万元为意大利庚款抵借,铁道部借款共 183 万元,外交部借款 25 万元,建设委员会借款 98 万元,交通部共 170 余万元,盐务稽核所各短期垫款尚欠约 100 余万元,总计中央各机关借款 1 745万元,实欠 900 余万元。③

---

① 《上海商业储蓄银行史料》,第 616 页。

② 《上海商业储蓄银行史料》,第 613 页。

③ 根据薛念文:《上海商业储蓄银行研究(1915—1937)》,中国文史出版社 2005 年版,第 205 页;《上海商业储蓄银行史料》,第 609 页。

上海商业储蓄银行与地方政府的周旋

1932年10月,陈光甫被聘为上海市政府参议员。①淞沪停战协议签订后,上海市政府继续重新组织社会各界,进行正常的社会经济发展。经国民党中常会批准,上海市长吴铁城与中央委员褚民谊组织筹备了临时市参议会。吴铁城荐请行政院聘请虞洽卿等十九人为参议员。10月17日,第一次临时参议会召开,议员王一亭、史量才、杜月笙、吴经熊、武育幹、陈光甫、秦润卿、刘湛恩等十四人,其余王晓籁、王延松、李铭、陈炳谦、钱新之因事未能出席。会议正式开始前,先安排了唱国民党党歌、向党国旗及总理遗像敬礼、主席恭读总理遗嘱、静默和中央代表致训词等环节。其中各位代表还进行了如下宣誓:"恪遵总理遗嘱,服从党义,奉行中央及上级机关法令,尊重地方人民公意,忠心及努力于本职,如违背誓言,愿受最严厉之处罚。"②

吴铁城安排虞洽卿作为成立大会的主席,虞致词表达了社会对上海市新政府的配合姿态:"上海不但为商业之中心、外交之中心、且为世界舆论之中心,上海市发展之过程最初收入仅不足三十余万,卢永祥时代亦不过七十万。最近市府成立之后,因历任各市长之整顿擘划,市库收入已将近千万。今春虽一度因战事摧毁若干,但仍不失为全国首要之都市。同人等谬蒙市长推荐自当竭尽绵力,协助市长,使本市一切建设得益臻完美,与欧美各大都市媲美。"吴铁城则希望社会各界能够与市府一致努力合作,"只有用市参议会的方式、才可表显此种精神,方可宣达民意。"全国商会领袖林康侯的致词更有深意:"本席深觉欲使都市繁荣,第一须人各有业,所谓生之者众是矣。人民苛捐杂税,应尽最蠲除,此所谓食之者寡是矣。为之者捷,用之者需,即指财政应量入为出之意。欧美各国经济恐慌之结果,弃量入为出之策,而作量出为入之制,以致财政拮据,重累人民捐税,此则非为政之道也。愿今后市参议会根据此旨,随时与市府合作,即或有欲增人民负担之事,亦请公开。"这是在提醒政府不能像过往那样一味榨取上海的经济。很显然,以商界为主的议员们仍然保持着为地方利益发言的立场。③

此届参议会第一次正式会议的结果可能就出乎国民党意料。15人中有12票投给与国民党关系尚浅的史量才,众人推选他为参议会首任议长。不过陈光甫缺席了此次会议。④之后的参议会活动中,陈光甫只要有时间便会参与,他与史量才2

---

① 宋春舫等:《上海商业储蓄银行二十年史初稿》,(1934年5月),上海市档案馆藏,档号:Q275-1-170。

② 《临时市参议会将成立》,《申报》,1932年10月16日,第14版。

③ 《临时市参议会议员昨日就职》,《申报》,1932年10月18日,第13版。

④ 《临时市参议会昨日举行首次会议》,《申报》,1932年10月30日,第13版。

人被选定为临时参议会卫生组委员，张嘉璈、秦润卿、徐永祚被选定为财政组委员。[①]在之后几年里，陈光甫并没有在地方政治有突出作为。虽然陈光甫同其他议员们经常参加各种政府活动，但参议会和其他政府组织所发挥的参政功能并不大。[②]

在处理与地方政府的关系时，陈光甫最担心的还是财政借款问题："政府借款中纠葛最多者厥为各省政府，凡本行所在之省份如江苏、安徽、江西、湖南、湖北、河南、山东、陕西、河北、浙江等十省，无不有省政府借款，仅广东一省。"[③]仅以浙江为例，1933 年度浙江收支不敷 700 余万元，该年度预算尚未能作成。10 月 1 日经中央核准发行地方公债 2 000 万元，指定以浙省普通营业税、田赋收入、契税、烟酒牌照税等项为基金，如有不敷由省政府另筹拨补足额，其用途分两部分：用于建设事业者 1 100 万元，计开河代赈 600 万元、建筑公路 300 万元、抽水机 100 万元、其他建筑费 100 万元；用于整理债务者 809 万元，计冬赈灾 109 万元、治安费 100 万元、公债基金 350 万元、短期借款 250 万元。当时浙财政厅已动用公债 500 万元，向上海银行界动议抵借 300 万元。不过，陈光甫担忧尚余 1 500 万元的省财政支用，恐仍要向银行界设法抵押。[④]

1934 年底，上海商业储蓄银行估计地方财政的缺口为江苏 1 050 万元、浙江 2 000万元、安徽 90 万元、湖北 600 万元、湖南 1 000 万元、山东 490 万元，共 5 230 万元，与中央财政缺口的 7 500 万元相比也是很高。此外，还有特别市汉口市 200 万元、青岛市 150 万元、广州市 50 万元的预计借款。[⑤] 从附表五中可以看出，虽然地方财政对于金融界的需求很大，但是上海商业储蓄银行实际参与的相对较少。

在上海商业储蓄银行与地方财政的关系中，南京的中央政府仍能施加不容忽视的影响。随着南京政府对全国控制力的加强，蒋介石早期以江浙为根据地的战略得到进一步加强和延伸。1933 年他写信给孔祥熙："财政以专从长江直属几省统筹；中央收入，亦以两广与冀鲁晋除外，作一打算。"[⑥]如前文所述，蒋介石对公债担保的问题十分重视，认为地方借债的担保不能影响中央内外债的偿还；同时应当由中央适当地批准地方借债，来支持地方经济的改革与建设。这两点实际上限制了地方政府借款的使用与数额，在一定程度上起到约束地方政府债务的效果。[⑦]

---

① 《市参议会推定各组委员》，《申报》，1932 年 12 月 11 日，第 12 版。

② 《省立上中今日举行六周纪念》，《申报》，1933 年 10 月 22 日，第 20 版；《新生活运动促进会昨日举行成立大会》，《申报》，1934 年 4 月 2 日，第 10 版。

③ 《上海商业储蓄银行史料》，第 606 页。

④ 《上海商业储蓄银行史料》，第 614 页。

⑤ 《上海商业储蓄银行史料》，第 616 页。

⑥ 《蒋介石致孔祥熙电》(1933 年 12 月 30 日)，台北"国史馆"藏，蒋介石档案，档号：002-010200-00100-074。

⑦ 《蒋中正先生年谱长编》第四册，第 241、243 页。

随着国内局势相对稳定,各地方政府还经常邀请上海工商团体和银行家前往考察。1932 年 7 月,上海工商界代表王正廷、陈光甫、虞洽卿等人由潘公展、张季鸾陪同到达青岛,受到当时市长沈鸿烈和各级官员欢迎,王晓籁代表工商界表示,“深望此后青市社会安定,吸收全国之资力、才力,增加山东之物产,利便青市交通以开发实业,尤注重于民族资本之提倡”。①该考察团共停留一周,分由工业、商业、交通、金融和市政五组进行相关考察。② 当时市长沈鸿烈对青岛工商业颇为重视,每月拨发巨额经费研究经济,他请陈光甫建言献策。陈光甫预测“半年内将有极大之建设发现,是时以后铁路与轮运可以为大规模之联络,而沪青两地经济间之基础、亦将于此时告成”。③其后上海商业储蓄银行向青岛市政提供了 9 万余元的借款,并向市财政局透支 2.5 万余元。④ 1933 年浙江省为了救济茧丝事业,派浙江实业厅长曾养甫邀集各省银行与丝业领袖组织茧丝业联合委员会,推定张嘉璈、徐新六、秦润卿、李铭、陈光甫、叶琢堂、吴申伯和无锡方面薛寿萱、朱静庵为委员,主要商议如何改良茧种、审查普通茧种及分级办法,进而协议银行界对茧丝业投资标准、鲜茧买卖标准和生丝运销办法。⑤

1933 年 4 月,湖南省长何键到上海拜访上海银行团体,邀请陈光甫六人到湖南商量放款筑路事。5 月,湖南财政厅、建设厅与张嘉璈、陈光甫等在汉口接洽沪银行界投资发展实业,结果圆满,中国、上海两行定于月底到湘放款。⑥同年底,江苏省政府入股南通大生第一纺织厂,陈光甫被江苏省政府定为该厂官股代表监察人。⑦ 7 月,上海市商会和上海地方协会为新任湖北省政府主席张群饯行,王晓籁、史量才、吴铁城、杜月笙、俞鸿钧、钱新之、穆藕初、陈光甫、潘公展、林康侯等出席。商界表示:“盖因沪市为通商大埠,商业范围遍于各省,而沪汉尤属关系密切,得一曾任本市长官之使君驻节其间,情形熟悉。凡关于实业商务事宜,有可主持之处,可免隔阂,沪商实间接受赐。”地方协会会长史量才还祝愿张群在武汉任内:“生意兴隆,财源茂盛。”张群也表示感谢:“兹后诸君如有为商业关系去汉,固极欢迎,即沪上如有政治上或经济上之问题,亦请常通讯问。”⑧

1934 年,陕西省政府积极进行全省水利建设,计划在泾惠、洛惠两渠的基础上“引渭灌田”,开筑渭惠渠,所需经费 150 万元。时驻陕绥靖主任杨虎城到上海与银

---

① 《青岛市长欢迎沪考察团》,《申报》,1932 年 7 月 30 日,第 4 版。

② 《沪工商考察团分五组考察青岛》,《申报》,1932 年 8 月 2 日,第 9 版。

③ 《青岛市长沈鸿烈昨离沪》,《申报》,1934 年 4 月 5 日,第 12 版。

④ 《上海商业储蓄银行史料》,第 611 页。

⑤ 《救济蚕丝定期开会》,《申报》,1933 年 2 月 12 日,第 10 版。

⑥ 《何健返籍扫墓》,《申报》,1933 年 4 月 4 日,第 7 版;《沪银行界投资湘实业》,《申报》,1933 年 5 月 24 日,第 6 版。

⑦ 《南通大生纱厂昨日在沪开股东会》,《申报》,1933 年 11 月 26 日,第 15 版。

⑧ 《两团体饯别张群》,《申报》,1933 年 7 月 11 日,第 14 版。

行界接洽借款,商议原则。最后由中央、中国、交通、金城、上海等六家银行联合提供借款,自1936年底起3年分期偿清,以泾惠、洛惠两渠水捐为担保,由银行代表共同组织水捐监督委员会。其中,上海商业储蓄银行承担了22.5万元的借款。①与此同时,广西省政府工商局长杨绰庵、广东省政府农林局长冯锐纷纷乘轮船抵沪,均为接洽机制糖厂事宜。他们向中国和上海两银行提出借款。广东省政府并派向中央提出"积极提倡国产食糖,挽回漏卮"的复兴糖业计划,要求南京方面支持。②广东方面派来的冯锐与上海商业储蓄银行总经理陈光甫、襄理邹秉文等连日接洽投资粤省新建四大机制国糖厂及种蔗生产贷款等事,随后晋京报告。在陈光甫考虑借款建设糖厂的同时,他与广东方面达成约定:由上海商业储蓄银行在番禺试办农民组合作社,办理甘蔗生产贷款,再行推广。当中央同意方案,并为扶植起见,"勉予允许"制糖免税,陈光甫也基本同意了借款事宜。1933年,双方签订协议,由上海商业储蓄银行一家承借20万元,支持广东糖业发展。③

湖南省政府委员兼建设厅长余籍传此时再次来到上海,为接洽湘省建设公债1 000万元抵押借款拜访中国银行等。此笔借款经行政院通过,以限期完成沪桂公路干线为目的。湖南省政府原拟先向中国银行等借款,而各银行商洽的进度缓慢,只同意先以25万元应用,以湘省盐税及公路收入为担保基金,月息一分五个月还清,并须等该项债票印竣后再借。此时,南京中央表示支持湖南政府,拟定"以湘省契税及全省营业税为第一担保品、汽车路全部收入为第二担保品,将来由财政部、审计部、湘省政府、全国经济委员会及银行界各推派代表,组织湘省建设公债基金保管委员会,以昭郑重"。余籍传在此间晋谒蒋介石,报告公路建筑情形;并谒财政部长孔祥熙,说明建设公债一千万元之担保基金及用途分配。银行界与湖南省的谈判进展缓慢,引起了蒋介石的不满。他一边特令限期一月,先将湘桂公路完成通车,并电令全国经济委员会拨款补助,一边致电中国银行张嘉璈、交通银行唐寿民和上海商业储蓄银行陈光甫从速承借25万,"月息一分,期限五个月"。④

1935年蒋介石再次致电陈光甫等人,要求支持湖南建设:"湘省建设公债业经发行,指令修筑湘黔、湘桂、湘鄂各公路,现因清剿关系,工程异常紧张。拟将上项公债向各银行抵押现款,以济急需,务希尽量赞助承押为盼。"⑤地方公债再一次成为银行业向政府垫款的方式。湖南省与上海银行界的商洽继续进行,最终先以湘

---

① 《银行界昨日商讨陕省引渭借款》,《申报》,1934年11月8日,第10版;《上海商业储蓄银行史料》,第608页。

② 《桂工商局长抵沪后》,《申报》,1934年11月13日,第10版。

③ 《杨冯两局长在沪接洽推销国糖》,《申报》,1934年11月19日,第8版;《广东林局长冯锐前晨返粤》,《申报》,1934年12月2日,第12版;《粤省糖业贷款成立》,《申报》,1935年5月16日,第11版。

④ 《余籍传谈湘省发公债一千万元》,《申报》,1934年12月4日,第8版。

⑤ 《蒋中正致张嘉璈、唐寿民、陈光甫电》(1935年2月8日),台北"国史馆"藏,蒋介石档案,档号:002-080200-00211-073。

省公债票面166.6万元,以六折向中央、中国、交通三银行抵押借款100万元,利息8厘,二年还清。陈光甫虽然参与了谈判,但面对六成的折扣,上海商业储蓄银行依然没有贸然参与。[①] 1935年以后各省发行地方公债持续高涨,浙江、安徽、山东等省纷纷来上海向银行界筹款,陈光甫还热情接待了黄旭初和余汉谋等人。[②] 1935年9月曾与陈光甫协同参加国际劳工会议的南京市长马超俊也来到上海,与时任中央银行副总裁张嘉璈,还有贝淞荪、陈光甫、林康侯和市政官员等,讨论南京金融建设各问题,"交换意见甚洽"。[③]

此外,陈光甫个人参与并支持地方政府的一些公益性的筹款。1935年,湖北、山东等地涝灾严重,由上海地方人士召开上海筹募各省水灾义赈会第一次理监事联席会议,公推吴铁城市长召集接洽,由王一亭、杜月笙、许世英、陈光甫、林康侯等人负责代表向中央、中国、交通三银行借垫30万元,其他银行借垫20万元,同时呈请中央及国府发行"民国二十四年水灾救济公债"。[④]陈光甫还受邀参加江苏省赈务会,由上海商业储蓄银行筹集保管江苏供赈捐款,至1934年初达15万元余。[⑤]当然,陈光甫还参与了大量地方精英人士自行发起的赈灾团体和社会公益,响应政府的日常救灾工作。

以上可见,陈光甫和地方政府的渐趋积极的联系,除了商业利益的驱动,也会受到来自国民政府中央的直接指示。陈光甫在这一时期与地方政府交往渐多,而实际达成的借款并不多。这是因为他仍于银行资金的安全考虑,清楚银行业终究弱于政府,同时又对蒋、汪合作后的国民政府开始有所乐观:"以往一年间,在国家社会上,尚有一二差强人意者。除四川二刘之战,全国皆无重大内战;同时各省均知从事建筑公路,不可谓非军人心理之移转;廿一年度财政部未再发行公债,一扫二十年来政府借债度日之积习,不可谓非财政当局整顿收支平衡预算之成功之第一步;政府与社会渐知提倡改良农村之重要,国民爱用国货之趋势,日见热烈。此皆由国难刺激中所得之教训,使国民心理有一重大之变换。深冀因此变换之结果,吾金融界向所遭遇之困难,得以消除,而改良社会经济之种种工作,得因社会之谅解与合作,益使进行顺利,所谓多难兴邦,此尤私心所深切期望者也。"[⑥]

---

① 《湘省公债抵押借款百万元昨商妥》,《申报》,1935年3月22日。

② 《黄旭初昨由京抵沪》,《申报》,1937年2月26日,第13版;《吴市长昨午饯余汉谋并介绍沪各界领袖会晤》,《申报》,1937年3月3日,第9版;《黄旭初昨日南返》,《申报》,1937年3月5日,第9版。

③ 《马超俊昨宴沪各界》,《申报》,1935年9月28日,第9版。

④ 《水灾义赈会昨开首次理监联席会议决》,《申报》,1935年8月11日,第10版。

⑤ 《川南崇宝启五县水灾会执监联席会议》,《申报》,1934年3月12日,第10版。

⑥ 《廿二年五月陈先生读中国银行廿一年度营业报告后之感想》,《陈光甫先生言论集》。

第四节　投身对外经贸

"一·二八"战事以后,中日矛盾继续发展,热河、长城之战后继而发生华北危机。日本宣布退出国联更是对一战以后建立起来的国际和平秩序的打击。但是英、美各国在远东地区外交布局上,总体并没有表现出对中国的支持。而中国也因此必须制定适合实际需要的外交政策。1933年3月中旬,汪精卫执掌行政院后,中国对日外交开始有所倾斜。蒋介石为了在内地指挥"反共"军事,在对日方针上也力避激进。蒋介石认为抗日不宜借助外力,否则容易引起日方不满,激化矛盾。1933年蒋介石考虑到:"御侮抗日决非以武力可与之竞赛,亦非以外力可以牵制。"他又记:"国家积弱至极,如再用猛补,则反速其亡。"①1933年7月,蒋介石指示宋子文,日本若以武力压迫,虽有欧美经济援助,"亦无救于我之危亡",所以望能注意以下几点:"一、欧洲借款宜个别接洽,不可以银行团为对象,万不得已,亦须将银行团组织、条件及借款性质先行告。二、国际技术合作委员会仅仅为咨询机关。三、进行以上两项时,不宜有排斥日本之言论,以免引起日本军部与外交方面之破坏或干涉。"②在南京国民政府最初十年里,政府对日本的态度一直以妥协为主;顾忌日本反感,中国又选择迂回地争取欧美的支持,与各强国关系因而都处于游移不定的状态。这种外交态势也影响到民间的国际交流中。

主持国际问题研究会

陈光甫素来关注国际局势,保持着对外交事务的兴趣。到了1932年,陈光甫在史量才组织的上海市民地方维持会中担任副理事,参与交际组的工作。地方维持会的交际组主要关注中国的对外交往和国际问题。这项工作延续了陈光甫自20世纪20年代起参与中国太平洋国际学会的活动。他总是深感国际局势对中国的影响,主张中国经济发展的国际化。这些并非仅仅由于个人兴趣与银行业务的需要。到了1932年5月,上海地方维持会在中日敌对的紧张状态下,卷入当时复杂的国际交涉,需要对国际局势进行深入分析。③于是,陈光甫发起组织了"国际问题研究会",由他自己、刘湛恩和邹秉文为筹备委员着手组织准备。27日,国际问

① 《蒋中正先生年谱长编》第四册,第143页。

② 《蒋中正先生年谱长编》第四册,第143—144页。

③ 《国际问题研究会会务报告》,《申报》,1932年10月10日,第18版。

题研究会在上海市银行公会楼内正式成立,该会推选陈光甫、聂潞生、刘鸿生、郭秉文、邹秉文、徐新六、刘湛恩、钱新之、徐立廷、胡庶华、胡筠秋、张嘉璈、陈蔗青、冯炳南、史量才为理事。①其中陈光甫任研究会理事长,郭秉文为执行部主任,另外邀请王正廷、伍朝枢、黄郛、颜惠庆、顾维钧5位国民政府外交官为名誉理事。② 在第一次理事会上,研究会发表了组织缘起:③

> 溯自一二八事变发生以来,烽火弥天,国势危急,而地方状态日见不安,同人等痛和平破坏,人道灭绝,用敢不揣绵薄而有市民地方维持会之设、复以对方肆意中伤,颠倒舆论,为纠正国际间视听及唤起民众共同御侮起见,故复有交际组之组织,对于国内外正确消息之宣达,各种有关系之刊物之编纂,市民情况之调查统计以及中外人士之联络招待,尤为交际组所特殊努力之起点。凡兹种切,谨详工作报告以为社会及会员诸君告。
>
> 抑同人更有进者,欧战以还,国际间情势复杂,纵横捭阖,殆远过于一九一四年以前之状态,一发全身,与世界和平及中国前途莫不具有密切之关系,将来情况如何变迁,正非臆料可及,故吾人未来工作之严重与需要,殆尤十百倍于今日,不有深切之研究,决无应付环境之可能。尝考日本之国外协会,英国之皇家国际关系研究会(International Law Association, London),美国之国际关系公会(Council of Foreign Relations N. Y.)等会,皆谋以国民外交之势力,为政府设施之后盾,一般舆论奉为圭臬,其潜势力所奏之功效,正不在坛坫以下也。
>
> 同人不敏,鉴于上述之需要,用有国际问题研究会之组织,罗致外交专家各界领袖以从事于斯役,并继续市民地方维持会交际组未竟工作,举凡国际事件及中外问题,均为本会工作及贡献之范围,我国国民外交之先河,或将导于是也。④

该研究会与中国其他国民外交不同,侧重于研究工作。为了增强学会的力量,陈光甫还写信特邀胡适加入研究会。在1920年前后,陈光甫与胡适认识以后,两人虽然不是经常见面,但一直互相保持音讯,两人还时有共餐。⑤陈光甫在上海商业储蓄银行行内的聚餐谈话中,还推荐了胡适的译书,因为当时其他引进译书,“开卷第一句即不似中国文体裁,仅以完全西文语调改为中国字而已”。陈光甫为了行员方便学习,先去中国书店选书,结果“各种译文以胡适之等所译尚能明达畅晓,其

---

① 《国际问题研究会成立》,《申报》,1932年5月28日,第10版。

② 耿云志主编:《胡适遗稿及秘藏书信》,合肥:黄山书社1994年版,第35册,第335页。

③ 《国际问题研究会明日开第一次理事会》,《申报》,1932年5月29日,第10版。

④ 《陈光甫致胡适函》(1932年6月13日),台湾中央研究院,胡适档案馆藏,档号:HS-JDSHSC-1284-002。

⑤ 曹伯言整理,《胡适日记全集》,台北:联经出版事业公司2004年版,第4册,第323页。

余皆不知所云”。[①]同为留美学生,陈光甫对于胡适很是欣赏,这在第一章中已有述及。到了1932年,胡适等人创立《独立评论》,该社的银行账款均交由上海商业储蓄银行北平支行经办。[②]

研究会不仅关注一般的中国外交,还涉及各类国际组织、各国经济、文化等特殊关系、外交政策的制定、各国国情等。研究会还计划出版各类书刊和年鉴,同时还承担各类民间外交事务,如:外国来宾之招待、赴外考察人士接洽与招待、上海中外人士的感情联络、开展与各国特殊人士或团体的合作。[③]

国际问题研究会很快就开展了具体的工作。该会派顾子仁为代表赴美,出席全国新闻大会及国际关系研究会,传达中国国内舆情。在两次大会中,听者有时多达千人,当时顾子仁作为唯一的中国代表与日本多名代表进行舌战,“甚为吃力”。顾子仁又与江亢虎一同出席美国威廉姆斯大学学会,与日本代表相拮抗。1932年7月日军侵犯热河,研究会联名电请国民政府率军积极抵抗,同时电请国联“以有效方法制裁日人,使实践其所承认之国联决议”。在成立不到半年的时间内,国际问题研究会就东北关税问题,代上海银行公会等拟致财政部及英美当局电文;就日本承认伪满洲国,代全国商联会、上海市商会、银行公会、钱业公会等电请国民政府严重抗议,并呼吁全国团结一致对外;又致电国际联盟,指出日本承认伪满洲国证明了日本破坏中国主权的事实,要求切实制裁;还代表各公团欢送国联调查团主席李顿爵士返欧以及驻法公使顾维钧君赴任。研究会还发行了《国际半月刊》共4期;编译国际各项组织介绍。在经济领域,研究会还与工商部中国国际贸易协会等共同组织提倡国货运动,并积极筹策发展方法。[④]

1933年7月,国际问题研究会在陈光甫的银行俱乐部换届,他再次当选理事长。新一届的研究会开始着手与太平洋国际学会合作,并且派刘湛恩、何永佶、陈衡哲、张尚梅、陈翰笙赴美。[⑤]到1934年4月,日本发表两次“天羽声明”,中、日两国在华北问题上分歧严重。上海地方协会(原上海地方维持会)与国际问题研究会联合起来召开年会。大会推举史量才为联合主席,史量才表示“两会成立之历史所负使命之特别重大”,“希望会员负起责任,促进全民族团结一致,并与国际谋联络,以应付严重之大局”。会议上,陈蔗青君报告视察东北所见、陈彬龢讲述华北前途之危险、张嘉璈讲述四川旅行感想等。其他到会的还有史量才、杜月笙、王晓籁、俞佐

---

① 《二十年三月二十六日陈先生在沪与同人聚餐谈话摘录》,《陈光甫先生言论集》。

② 《北平上海银行支票簿存根》(1932至1933年),台湾中央研究院,胡适档案馆藏,档号:HS-JDSHSC-0550-002。

③ 《陈光甫致胡适函》(1932年6月13日),台湾中央研究院,胡适档案馆藏,档号:HS-JDSHSC-1284-002。

④ 《国际问题研究会会务报告》,《申报》,1932年10月10日,第18版。

⑤ 《国际问题研究会昨开首次理事会议》,《申报》,1933年7月18日,第15版;《国际问题研究会年会刘湛恩将赴美宣传》,《申报》,1933年6月28日,第12版。

庭、秦润卿、陈光甫、钱新之等100多人。[①] 9月上海市商会、全国商会联合会、银行业公会、钱业公会、航业公会、中国红十字会、中国华洋义振会、国际问题研究会、中国国际贸易协会、上海市地方协会、中华基督教青年会、寰球中国学生会、宁波旅沪同乡会、上海公教进行会等十四团体60多人公宴中国驻法公使顾维钧。俞佐庭发表讲话称,在广田宏毅的努力下,日美关系逐渐好转,相信顾维钧公使也能"机智绝伦","始终站在最前线奋斗,必能大有造于国家"。[②]其后,全国商会联合会、上海市政府、中国国际贸易协会和国际问题研究会在银行俱乐部招待了荷属印度尼西亚经济部长哈特夫妇。[③]

1935年6月,国际问题研究会第三届年会,陈光甫再次当选理事长,并邀请顾维钧演讲欧洲和平希望之问题。[④]在国际问题研究会第四次年会上,苏联驻华大使、日本驻华代办先后讲话,外交部长张群再做演讲并当场译为英语由电台进行广播。是年,研究会的影响力进一步扩大,李石曾、孙科、孔祥熙、吴铁城、宋子文、黄汉樑等均成为研究会的名义董事。[⑤] 不久,新任理事长郭秉文与陈光甫一起赴美谈判,达成白银协定。1936年下半年至1937年初,研究会还先后举办欢送王正廷大使赴美、蒋廷黻大使赴苏,并欢迎接待法国新任驻华大使那齐雅、德国驻华大使陶德曼。[⑥]

1937年7月卢沟桥事变爆发,国际问题研究会通电欧美等国各文化团体,如纽约国际关系研究会、伦敦皇家国际学会等,电告卢沟桥事变完全系日军有计划的挑衅行动所致;日本已经大举进兵,战争一触即发,请求各国揭发日本破坏中国领土完整、撕毁九国公约的事实,维持远东和平。[⑦] 10月19日,研究会赶在布鲁塞尔会议之前,致一长信给九国公约签字国,其中详细指出了1931年以后,日本始终在满洲、华北、热河开始种种阴谋与武力活动。其中包括日本在平津一带增加驻军,比1901年辛丑条约许可数超出了4倍;卢沟桥事变爆发后,日本按照其预定计划,将其军事行动扩展至冀、察、绥、晋、鲁五省,又在上海掀起战事。信中还揭示:日本恣意轰炸中国城市,造成大批无辜平民,包括难民妇孺均惨遭屠杀;学校医院等文化机关多遭毁坏;日本之行动已违反海牙和平会议决议案以及战时国际公法。研

---

① 《地方协会、国际研究会联合常年大会》,《申报》,1934年6月17日,第11版。

② 《市商会等十四团体昨晚宴顾维钧》,《申报》,1934年9月24日,第8版。

③ 《四团体昨晚欢宴哈特》,《申报》,1935年3月30日,第10版。

④ 《国际问题研究会昨开第三届年会》,《申报》,1935年6月8日,第10版。

⑤ 《国际问题研究会今日四届年会》,《申报》,1936年6月6日,第12版。

⑥ 《国际问题研究会昨开理事会》,《申报》,1936年9月4日,第13版;《国际问题研究会昨开理事会》,《申报》,1936年11月5日,第10版;《三十余公团明日欢送王大使》,《申报》,1937年4月18日,第10版。

⑦ 《国际问题研究会通电欧美伸张正义》,《申报》,1937年7月17日,第14版。

究会要求各签约国“断然采取一致行动,包含有效之制裁措置[施],以对付侵略国。”①

与欧美商界交往

1934年起,中美贸易与投资关系再次受到双方的重视。在全球经济民族主义和贸易壁垒兴盛的时期,中国商界不仅与美国,还试图与欧洲国家开展贸易与相关经济技术合作。由于中国与各国政府外交关系的游移不定,这些努力没有带来巨大的效果。但总体上倾向于欧美的贸易关系,又无疑显露出国民政府外交方针的潜在意味。

1934年10月,上海中、美商界为增进中美商业关系,发起组织中美贸易协会。最初美商会会员与中国商界代表各六人会商进行商谈。中国方面代表为张嘉璈、林康侯、俞佐庭、陈光甫、陈蔗青、郭君六人。美方代表为上海电力公司、英美烟草公司、大通银行、美孚火油公司、大来公司各公司经(副)理和美商会会长费兰枢。最初定张嘉璈为正会长、费兰枢为副会长。该会的成立与纽约新近成立的中美贸易协会相呼应,旨在加强纽约与上海两座城市的合作,鼓励并推广中美贸易。② 1935年4月,美国实业界组织远东经济考察团到达上海,该团来华目的主要是了解中国建设实况和远东市场情形。各团员均系美国实业界尤为关注中美商业关系的领袖,中美贸易协会遂发起组织美国经济考察团招待处,办理招待事宜,并为考察团搜集关于白银问题、中美贸易的资料。此次该团正式团员共有十七人、包括团长前任菲律宾总督及驻日大使福勃斯(Forbes)、副团长美国亚细亚协会会长汤麦士(Thomas)以及英美烟公司董事、美国商务总会董事等。该团预定在华停留两个月,分五组向长江、华北和西南方面考察。上海地方特别召集上海招待处,陈光甫参与筹备工作,并于银行俱乐部设席招待。③面对不足20人的美国考察团,上海地方精英热情高涨,纷纷投入招待准备工作。除了张嘉璈、陈光甫、郭秉文、陈蔗青等14位执行委员会委员外,另设议案组、考察组、会序组、宣传组和事务组,共100多名成员。陈光甫还负责考察组的工作,担任2个月内美方人士的考察行程。④在从上海出发考察以前,中美双方30余人先进行了专家会议,共同商讨中美商务上及经济上之各种问题。美方团长还应邀赴中国太平洋国际学会演讲。其后,中方财政部长孔祥熙在私邸花园招待盛大茶会。同时作为太平洋联合会会长的孔祥熙致辞说:“美经济考察团此来任务之重要,不独在谋发展中美两国商业,且与在沪之各

---

① 《国际问题研究会电九国公约签字国》,《申报》,1937年10月20日,第8版。

② 《中美巨商合作组织中美贸易协会》,《申报》,1934年10月6日,第12版。

③ 《美国实业界组织之远东经济考察团》,《申报》,1935年3月30日,第10版。

④ 《美经济考察团今日由日来华》,《申报》,1935年4月19日,第10版。

国商人有莫大关系";"太平洋两岸之人口日增,则其商业必日就发达无疑"。①

6月初,美国经济考察团在华调查结束,中美双方召开了又一次"经济联席会议"。这次会议中方派出马寅初、刘大钧、俞寰澄、陈光甫、张嘉璈、郭秉文、陈蔗青、徐新六、钱新之、黎照寰、陈立庭、夏筱芳、顾翊群、贝淞荪、叶扶霄、金国宝等中国最重要的经济界人士,商谈关于经济、贸易、白银各种问题。会议持续了5天,考察团招待处还划定各种委员会分为贸易、金融等等。"中美双方出席人员尽量介绍各国经济情形以及动态,并在会议时作意见上之交换,对两国间经济贸易协助问题原则加以讨论。"②

美国考察团归国以后,上海的中美贸易协会继续运作,并与美国国家贸易协会保持联系。③中美协会与上海美国商会还定期召开宴会,一度举办中美贸易150周年纪念和国际贸易周等活动。1936年的联合会上中美贸易协会利用新的无线电收发技术直接向美国民众发表演说,同时播放美国商部远东商务局暨美国全国商会会长向中国各界的现场演说,这是历史上第一次中美无线电的交互播音。④

与此同时,中国商界还冀图扩展对欧洲,尤其是英、德两国的贸易和技术合作关系。1933年末,无线电发明家马可尼受中国学术团体邀请访华,陈光甫、蔡元培、黎照寰陪同吴铁城市长亲自到车站欢迎。⑤ 1934年,上海商业储蓄银行与金陵大学为谋培育农业合作人才,发展农村经济事业,聘请专家英人施德兰、美人史蒂芬担任该校教授,并研究视察中国各地农业。上海商业储蓄银行出资每年银洋两万元支持聘请工作。同时上海商业储蓄银行也特派行员随同两位专家实习。⑥ 是年底,德国染料制造业的重要领袖伊尔格诺博士来华专程视察远东商务。社会各界在银行俱乐部设宴欢迎,伊尔格诺博士在宴会上致谢:中德两国都在"励行一种新运动",他对中国文化印象深刻,希望得到中方人士的互相合作。⑦ 1935年底,国际贸易协会召开理事会,陈光甫参与商讨筹组中德、中英两协会,当时德国方面已经选出5名筹备委员,并拟组织德国经济考察团来华。⑧陈光甫参与的这些民间外事活动显现出中国商界对外交往的活跃性,但在实效性上往往不足,这折射出中国与欧美国家在全面抗战爆发前的总体外交形态。

---

① 《美经济考察团昨与我方开专家会议》,《申报》,1935年4月28日,第12版。
② 《中美经济联席会议》,《申报》,1935年6月10日,第8版。
③ 《中美贸易协会昨第八次常会》,《申报》,1935年9月19日,第9版。
④ 《中美协会美国商会定期举行盛大宴会》,《申报》,1936年11月14日,第9版。
⑤ 《无线电发明家马可尼今午后到沪》,《申报》,1933年12月7日,第9版。
⑥ 《英美两农业专家昨晋京》,《申报》,1934年8月31日,第12版。
⑦ 《商界领袖欢宴伊尔格诺博士》,《申报》,1934年12月19日,第11版。
⑧ 《国际贸易协会筹组中德中英两协会》,《申报》,1935年12月1日,第14版。

赴日本考察经济

与中美商界交流的活跃相比,中日的民间交往要复杂许多。一方面,日本总以"中日经济提携"为中方不能回绝的诱骗手段;另一方面,中日间的经济关系开始逐渐由双方政府来主导。陈光甫在其中也发挥了作用,总体上受制于国民政府安排的角色。

1935年3月蒋介石电告盐业银行总经理吴鼎昌:"近日日本对于经济提携与英国国际借款之提议,应设法详商。弟意为沪银行界与实业界棉纱商等能推出数人前往与之周旋,探其实情,或许有益。"① 7月,蒋再电财政部长孔祥熙,赴日经济实业考察团的形式以半官方半民间的方式为宜,且望速派团长。已电盐业银行总经理吴鼎昌先行赴东京,然尚在秘密,如欲推其为团长亦可,但彼并不乐此。又关于赴日人选,一阵考虑过后,又电告孔祥熙赴日考察团不妨先秘密组织,但发表之期似在8月下旬为宜。②此后组织赴日经济考察团的工作转由吴鼎昌负责进行。至9月25日,吴鼎昌向蒋介石报告:"考察团事完全取民间经济自动形式前往,现已与日方工商团体洽妥准于十月六日由沪起程,团员为陈光甫、俞佐庭、周作民、黄人植、荣宗敬、刘鸿生、徐新六、唐寿民、钱永铭、郭顺、胡筠庵、黄江泉、南经庸、祝士刚,吴鼎昌任团长,此外秘书专家人等约十余人。"③蒋介石知悉后即电令孔祥熙:"赴日经济考察团现已组织就绪,以吴鼎昌为团长,预定十月六日由沪出发,廿三日考察完竣。"④赴日考察团完全以民间的形式出现,但是从发起到人选的决定基本上是在蒋和吴鼎昌两个人之间决定了。这反映出蒋介石当时急于以"以和日掩护外交"的心态。⑤

10月6日,陈光甫等一行共34人按照蒋介石的计划东渡日本,所有成员都有某个商业组织的代表名义。日本商界对此非常满意,在该考察团出发之前就由上海的日本工商会议所、日华纺织同业会、日本人银行会设宴欢送。上海地方商界也作欢送,虞洽卿、杜月笙等致欢送词:此次赴日经济考察团,所负责任甚为重要。代表团表示要为国为民,从事实际调查。⑥

该团自上海临行前,吴鼎昌对记者发表谈话:"日本工商业突飞猛进,我国经济界久拟前往考察,今幸于短期内成立各地各业联合之考察团,以偿夙愿,甚为愉快。

---

① 《蒋介石致吴鼎昌电》(1935年3月9日),台北"国史馆"藏,蒋介石档案,档号:002-080200-00213-040。

② 《蒋中正先生年谱长编》第四册,第657页。

③ 《吴鼎昌致蒋介石电》(1935年9月25日),台北"国史馆"藏,蒋介石档案,档号:002-080200-00252-011。

④ 《蒋介石致孔祥熙电》(1935年9月26日),台北"国史馆"藏,蒋介石档案,档号:002-080200-00252-011。

⑤ 《蒋中正先生年谱长编》第四册,第132页。

⑥ 《赴日经济考察团各方连日欢宴》,《申报》,1935年10月4日,第9版。

此次赴日考察,决依照前经规定之考察日程考察,如人造丝、纺织业、化学等新兴工业,暨各种经济情形,均拟详细考察,作为借镜。因考察种类不一,决俟团体行动之后,再行单独或分组考察,预定考察期为三星期。"①

考察团于7日午抵长崎,长崎县知事市长等均在岸欢迎,并于事前商得海军省之同意,当参观三菱造船所。团长吴鼎昌以书面发表谈话,述明该团使命,系"以国民经济服务者之资格,视察日本今日繁盛之商工事业,以期资两国经济提携之实现"。8日,考察团抵达神户,中日官商迎接者甚众,在工商会议所开欢迎会,由市长及中日实业协会会长陇川等致欢迎词。吴氏致词答谢,会后并发表书面谈话:"阪、神占贵国产业地带之主座,本应首先视察只以为种种商洽上之关系,决定先赴东京,因本团此次考察,乃负有提携的使命,故为两国经济之共同发展起见,诸待各方之援助也。"9日晨抵达东京站,蒋作宾大使、日外务省代表松元参议官、正金银行总裁儿玉、工商会议所会长乡诚之助及中日各界代表百余人,在站欢迎,旋即同往帝国饭店下榻,由吴团长又发表书面谈话,重申考察之使命。②

10日,考察团经日本经济联盟与日华实业协会两团体之介绍,与东京银行实业两界领袖举行恳谈会,讨论范围分金融、贸易及工业品、原料品四项,双方意见,甚为融洽,并约定日内继续详细讨论。晚仍由前述两团体主办晚餐会,日本财经与实业两界领袖均到。晚餐会上,经济联盟会长乡诚之助致辞:"中日两国经济上有提携之必要,不幸连年以政治关系,未能圆满进行,实觉歉然。今次中国第一线上之银行界领袖人物,惠临敝国实为良好之机会,甚盼能藉此良机,以达到两国经济合作之目的。"后由考察团长吴鼎昌发表长篇演说,主要申述两国经济提携之急要,并望彼此不断努力,共谋两国间整个经济提携之良好方案。继即自由交谈,双方一致主张,进行组织一提携之机关,当有双方推举筹备委员,积极进行。12日开始参观,一方面仍从事洽商。至14日考察团在东京的第一阶段行程及商谈结束。③

22日考察团复返东京,与日本实业家领袖再开恳谈会,决定设立中日贸易协会,由两方筹备员,依据章程,约集发起人于11月半前,开发起人会。吴鼎昌作为代表团长在离开日本时表示:其一,从精神方面感想,深信"日本朝野及各地各业有力者,皆认贵我两国经济提携为目前及今后之急务"。中日经济界的沟通,"尽皆不谋而同,而趋于一致之结论"。其二,从物质方面观察,在过去七年中,日本的一切制度及产业已有很大进步,"早已超脱模仿而进入创造阶段,尤觉得工业上之新创造为显著"。最后,两国人民今日之心理及贵国产业之动向察之,假使两国间可逐渐改善政治环境,俾两国能早实行经济提携,使资源确实,市场巩固,则中国必可以

① 《赴日经济考察团在日考察之经过》,《东方杂志》,1935年第32卷22号。

② 《赴日经济考察团六日启程东渡》,《申报》,1935年10月3日,第10版。

③ 《中国经济考察团答谢日实业界》,《申报》,1935年10月29日,第7版;《赴日经济考察团在日考察之经过》,《东方杂志》,1935年第32卷22号。

帮助日本为世界的活动,绝无后忧;日本亦可助中国成为唇齿相依,独立自主之国家。如此,东亚永久和平可保东亚问题、永由东亚国家自行解决,勿庸他人过问。[①]这些非常亲日的表态已经超出了一个经济考察团的宗旨所在,反而更让人觉得是有意言之,稳定日本的实业界。

事实上,中日贸易协会直至1936年1月27日才在上海银行俱乐部成立。虽然该会推选陈光甫为理事长,但他连第一次大会都没有到场。计到场者有钱新之、周作民、唐寿民、杜月笙、荣宗敬、刘鸿生、吴铁城、徐新六、袁履登、李铭、秦润卿、何衷筱、俞佐庭、林康侯等四十余人,公推钱新之为临时主席。通过组织章程推选理事二十五人。[②] 虽然中日间的贸易协会是在以政府指导的过程中开展,但是并未有太多实质性的作用,陈光甫更是很少露面。这都反映了日本对华扩张造成中日关系恶化的实质,以及中国试图拖延战争发生的努力。

---

① 《中国经济考察团答谢日实业界》,《申报》,1935年10月29日,第7版。

② 《中日贸易协会正式成立》,《银行周报》,1936年第20卷第4期,第72页;《吴鼎昌等回国后筹组中日贸易协会》,《申报》,1935年11月18日,第9版。

第四章 陈光甫与南京国民政府金融建设

第一节 陈光甫与金融制度环境的变化

政府备战方针下的金融统制

银行家的投资事业不可避免地会受到政府金融政策的影响。南京国民政府最初十年的金融发展，总体表现为国家资本支撑的金融机构逐渐壮大，而民营金融资本在逐渐发展的同时，其相对地位逐渐被削弱和控制。①国民政府金融统制政策的形成伴随着这一过程。不少研究论及国民政府金融统制政策，但国民政府对日备战的战略背景尚未得到充分考量。换言之，国民政府自1932年以后逐渐转向抵御日本侵略的战时经济是中国金融逐渐趋向统制的重要背景。

“一·二八”淞沪抗战以后，日本对中国的侵略意图和军事优势已十分明显，而英、美各国在远东问题上均采取绥靖之策。此种情况下，淞沪停战协定尚未签订，蒋介石已经开始研究国防建设方针。其日记中记载：“此时对于国防，惟有与德国联合，用其人才与物质，并研究对日秘密国防，飞机厂、绿气厂、火药厂、炮工厂、硝酸厂应宜急办也。”又记载：“国防计划极望粤汉与同成二铁路能于廿五年完成，故急思统一广东，然此非可骤而置之，如时间不及，亦惟听之。而江防与浙鲁两省之海防，则应力谋其成，故南自舟山、镇海，北至海州、青岛之海防务须如期谋成也。现时以修理各县城墙与修筑军略重心之交通、马路与防

① 洪葭管：《中国金融通史》第四卷，中国金融出版社2008年版，第7页。

空设备最为要紧也。”[①]他开始制定各省的国防用费计划。[②] 5 月，蒋介石筹划将参谋本部第三厅改组为“国防建设局”。[③]他认为，“惟国防问题，则非勉力求其彻底不可”。1932 年中日停火以后，他继续制定“国防设计委员会”的各种制度。[④] 1933 年 2 月，蒋介石向电军事委员会办公厅副主任林蔚、国防设计委员会副秘书长钱昌照指示战时财政与经济设计的方针。[⑤]

国民党中央在具体政策上经常缺乏一致认同，但总体上接受了蒋介石的战略构想。[⑥] 1933 年 2 月 15 日，中央政治会议通过国防委员会条例，以军事委员会委员长为国防委员会执行委员长。1934 年 1 月 23 日，国民党四届四中全会上通过了蒋介石所提以“国防中心与经济中心互相配合”为核心的“确立今后物质建设根本方针案”。方针主要包括：以富有自然资源、不受外国商业金融支配的内地作为国民经济建设的中心；在经济中心附近，确立国防军事中心地；“全国大工厂铁路及电线等项之建设，均应以国防军事计划及国民经济计划为纲领，由政府审定其地点及设备方法。”[⑦]随着长城战役、华北事变的先后发生，中日战争的再次爆发已不可避免。1933 年 2 月，国民党中常会通过成立国防委员会。1935 年，中央政治会议改组为中央政治委员会，成立国防专门委员会，取消原有国防委员会。1936 年，国民党五届二中全会通过设立国防会议，以讨论国防方针及重要国防议题为目的，由军事委员会委员长为议长，行政院长为副议长，包括各中央军事机关长官。1937 年 2 月，中央政治委员会重设国防委员会，成员包括了党、政机关重要负责人。这一过程中，南京政府的决策过程都逐渐转向战争条件下的建制。[⑧]

1935 年，蒋介石写道：“倭寇欲望无厌，侮辱如昔，何得望其变更夷华侵凌之方针，惟望其缓和时间足矣。”[⑨]中日关系日益紧张，国防准备的巨大财政缺口难以依靠正常的经济建设提供坚实基础，国民党重新恢复了财政扩张的政策。1933、1934 年国民政府均发行了 1.24 亿元左右的公债额，1935 年发行了约 5.6 亿元公债，3 年总计 8 亿多元。[⑩]这些公债的大部分最后由银行业承担购买。1932 年至 1935 年全

---

① 《蒋中正先生年谱长编》第三册，第 645 页。

② 《蒋中正先生年谱长编》第三册，第 647 页。

③ 《蒋中正先生年谱长编》第三册，第 660 页。

④ 《蒋中正先生年谱长编》第三册，第 682 页。

⑤ 《蒋中正先生年谱长编》第四册，第 41 页。

⑥ 《中国国民党中央执行委员会政治会议第 385 次会议速记录》(1933 年 11 月 22 日)，台北国民党党史馆，档号：政 00.1/136。

⑦ 《蒋中正先生年谱长编》第四册。

⑧ 参见王正华：《国防委员会的成立与运作(1933—1937)》，载中国社会科学院近代史研究所民国史研究室、四川师范大学历史文化学院编：《一九三〇年代的中国》，社会科学文献出版社 2006 年版，第 95—112 页。

⑨ 《蒋介石日记》，1935 年 2 月 23 日。

⑩ 杨荫溥：《民国财政史》，第 64 页。

国29家重要银行有价证券的持有额从238 192 026元增长为565 347 566元，增幅237%。①不仅国家经济建设需要银行的参与，战备计划的财政基础也需要金融体系的支持。陈光甫明显感受到战争准备的急迫性，不免担忧到“若多有军备亦不敌日人，此皆回光返照之概况”。②

南京国民政府开始注重在经济统制方面发挥银行家们的专业才能。1934年，蒋介石指示国防设计委员会秘书长翁文灏可请盐业银行总经理吴鼎昌、金城银行总经理周作民参加经济政策的制定，“其范围以新设铁道、重工业及对外贸易重要之货物统制为重点”。③1935年2月，财政部金融顾问委员会在中央银行成立，聘定李铭、陈光甫、贝淞荪、席德懋、宋子良、唐寿民、周作民、吴鼎昌、胡笔江、钱新之、秦润卿、张公权、徐新六和钱昌照为委员，并颁布该会章程十一条。委员会内分四组分别研究改进通货现状、安定汇兑行市、改善国际收付事项和调剂内地金融事项，主席由中央银行总裁担任。④随后，顾问委员会在孔祥熙私邸召开第一次会议。孔祥熙在会上说，目前中国经济金融有许多困难，委员会的目的就是要建立中国经济金融健全的基础。“没有健全的基础，所以任何外国的新颖政策，说来好似非常动听，一旦见诸实行、即不免方圆柄凿。”他要求委员会必须根据中国国情提供建议。他重申政府关于金融政策的宣言：“第一，决不轻用肤浅快捷方式的方策，以图解救我国目前金融经济之基本问题；第二，决无采用极端的方策，以致动摇人民信用而碍经济建设前途之意思。”孔祥熙赞同在内地多设金融机关、多置农产仓库、实行票据贴现、使内地金融日趋活动。会议还指定张委员公权为副主席，陈光甫为负责调剂内地金融事务的主任委员。⑤

经过研究，陈光甫与上海商业储蓄银行认为整个国家经济计划必要以金融势力作为后盾才能成功：“要知道工商业无相当供给信用的机关，简直无从进行，而此项信用之供给，全赖银行。因此一国的工商业——及农业——政策，其权可说根本操在银行界手中，放款可多可少，利率有高有低，对于各业，当然有厚薄轻重之分。实际上金融业与工商业，虽处在共存共荣之地位，然而银行界中人，往往不能以社会及国家的利害为前题(提)，而以本身业务之盈亏为重大。假使全国的经济设施，处处受了银行家的掣肘，不能指挥如意。”总而言之，统制经济的体制以金融统制为先决条件。⑥

---

① 《上海商业储蓄银行史料》，第700、703页。
② 《陈光甫日记》，1932年5月3日，第160页。
③ 《蒋中正先生年谱长编》第四册，第465页。
④ 《金融顾问会今日成立》，《申报》，1935年2月9日，第12版。
⑤ 《金融顾问委会昨成立》，《申报》，1935年2月17日，第13版。
⑥ 宋春舫等：《上海商业储蓄银行二十年史初稿》(1934年5月)，第七章，上海市档案馆藏，档号Q275-1-170。

陈光甫认为金融统制政策本是“一篇老文章”，各国在一战期间早已反复使用。国家在战时状态下的第一件要事是借助银行，把全国资力集中起来。在战争的时候，资金的供给，信用的扩充，物价的调剂，其政策处处须受政府的节制。中央银行是银行之银行，“综揽中枢，万流景仰”，中央银行既受了政府的节制，其余私家银行，便不成问题了。“登高一呼，众山响应”，是统制银行的入手方法。1934 年上海商业储蓄银行的行史初稿写到：战时统制银行的政策是暂时的和应急的，对于全国，不能不有一个通盘筹算的计划；“假使这整个计划，设计已经就绪，在推行的时候，管理银行，比管理工商业，更重要十倍。因为有了银行政策，即可影响到各种工商业。银行政策，若不与整个计划相符合，其计划必永无成功的日子。”①

一方面，政府需要银行家们的建议来完善国家金融体制的转变；另一方面，对于不喜欢商人的蒋介石来说，国家自行建立金融机构和实际控制民营资本才是更方便和直接的手段。这也是银行界要面对的政府金融政策的深层动向。

呼吁金融立法的完善

法律制度是金融体制的基石。南京国民政府成立不久，政府就着手制定新的金融法规。1931 年 2 月 28 日，南京政府颁布了新的《银行法》。新《银行法》把凡经营存放款、汇兑、票据贴现或押汇业务任一项的机构均视同银行，并规定“非经财政部核准，不得设立”、“财政部核准后，方得招募资本”、验资确实并发给证书后“方得开始营业”。法条明确规定了银行的业务范围以及不得从事的各种商业行为，还对银行业务、营业时间、增减资及财产状况的检查事宜做出原则性的规定。②在政府看来，银行等金融机构应遵循相应规则，接受政府的严格监控。由于南京政府在金融管理方面仍考虑到业界反响，对于《银行法》的施行还规定另日命令施行。这就为金融业的商议和市场的反应留出了空间。事实上，金融界非常关注此部法律，银行业随即作出回应。上海银行业联合北平、天津、汉口的同业公会对《银行法》的条款表达了大致赞同，但对另一部分条款提出了修正意见。③陈光甫认为 1931 年《银行法》在法律层面结束了过去中国银行业因缺乏正式法规而混乱失序的状况。他也注意到《银行法》对钱庄业的不利影响。《银行法》把钱庄机构包含进对银行的范畴，因此资本薄弱钱庄业之后必须按照银行业的法则经营。他认为银行与钱庄组织不同，办法不一，经常混淆，至少应该专门立法进行管理。④

---

① 宋春舫等：《上海商业储蓄银行二十年史初稿》（1934 年 5 月），第七章，上海市档案馆藏，档号 Q275-1-170。

② 《中华民国金融法规档案资料选编》，第 572—580 页。

③ 吴景平：《上海金融业与国民政府关系研究（1927—1937）》，第 349—352 页。

④ 《二十二年七月五日陈先生在管理会议致词摘录》，《陈光甫先生言论集》。

1931年,财政部又拟订了储蓄银行条例草案。1933年11月,上海银行公会得悉立法院正在起草《储蓄银行法》,立刻征集各银行意见,并组织研究委员会,推瞿季刚为主任。①当时上海专营储蓄业务的银行就有30余家,兼营储蓄的银行有20多家,另有中外储蓄会5家。因此这项法律会对整个银行业产生影响。12月,上海市银行业同业公会举行第五届会员常会,由主席陈光甫报告会务,并讨论关于《储蓄银行法》和《票据法》的意见。银行公会之后向立法院提交了一份意见书,其中包括储蓄银行股东的加倍责任问题。②陈光甫自己对立法院的草案也有意见。他认为:"如依新银行法而言,则五百万元资本仅能收存款五千万元,更绝对不能做信用放款,我行存款一万三千万元已超过资本二十六倍,信用放款虽努力收缩而终不能不做。此二事者,法令与事实绝对相反。"③

1934年4月,立法院商法委员会为起草《储蓄银行法》召开审查会,上海银行公会推派王志莘代表列席会议,结果发现银行公会的意见书未被采纳。作为上海市银行业同业公会第二届主席委员,陈光甫代表银行公会上书立法院院长孙科称该法案涉及社会金融与银行储蓄前途,关系重大,希望再行研讨。④7月,在上海银行公会第六届会员常会上,陈光甫向各银行代表报告立法院的新草案没有采纳银行公会意见,并与第一次草案也"大有出入",经过银行公会再次分呈孙科、孔祥熙相关建议,立法院最终有相当的采纳。⑤

7月4日,国民政府公布《储蓄银行法》之后,上海银行界因自身利害关系,表示该法律"实多窒碍难行之处",纷纷表示反对。银行公会表示如果各银行仍有意见,可以向公会继续提出议案。⑥经过再次研究后,公会推举张嘉璈(中国银行)、唐寿民(交通银行)、陈光甫(上海商业储蓄银行)和徐新六(浙江兴业银行)4人赴中央银行向财政部长孔祥熙陈明具体意见。争议主要针对《储蓄银行法》的第七、八、九条规定(见附录七):其一,第七条第四款规定储蓄银行得承做他银行存单或存折为质押放款。银行界认为上海各银行中对于存单存款的请求登记,往往拒绝不理,新规定不符合上海的市场习惯。其二,第七条仿照美国法律规定储蓄银行运用资金之范围八项,而第八条对此八项各定有一定之限度,或不得多于某一比重。事实上,中国银行业多实行分行制,全国各处的账目多不在一处,很难统一管理。其三,新条款规定储蓄银行的董事监察人负有无限连带责任,而且卸任两年内"不得解除"。银行认为这条与有限公司组织方式不合,有碍银行正常选举董事监察人。其

① 《银行公会昨开执委会议》,《申报》,1933年11月3日,第12版。

② 《昨日银行公会会员大会》,《申报》,1933年12月29日,第9版。

③ 《二十二年七月五日陈先生在管理会议致词摘录》,《陈光甫先生言论集》。

④ 《上海银行公会呈立法院文》(1934年6月9日),上海市档案馆藏,档号:S173-1-80。

⑤ 《银行公会昨开会员大会》,《申报》,1934年7月1日,第15版。

⑥ 《银行业公会昨讨论储蓄银行法》,《申报》,1934年7月7日,第13版。

四，第八条规定“对于农村合作社之质押放款及农产物为质之放款，不得少于五分之一”。但银行界经营的棉纱、茧丝等大宗放款不易界定。另外，全国合作社需要一定时间才能建立。①财政部长孔祥熙表示立法权在于立法院，且政府已经颁布法律，只能尽量补救。

7月20日，财政部突然下令要求各银行根据储蓄银行法第九条购买相当于储蓄存款量四分之一的公债库券。银行公会常务委员张嘉璈、陈光甫、吴蕴斋、叶扶霄等迅即开会讨论。国民政府立法的用意是要借《储蓄银行法》的规定，顺势将各银行“储金总额四分之一购备政府证券，按照市价实折数目，交存中央银行保管”。即通过法律规定，银行储蓄业务必须支持政府公债的发行。上海银行公会当即起草呈文：一、《储蓄银行法》作为一部法律，不能先单独提出第九条之规定，先令银行实行；二、法条不当之处甚多，尚在呈请修正之中，应该暂缓施行；三、《储蓄银行法》第九条规定储蓄存款的四分之一不仅可以购定政府之公债库券，而且可以购买“其他担保确实之资产”，但政府现在只须购买公债库券，与法条不符；四、由政府发行的公债证券，理应依照证券额面数目，维持信用，不应当以按照市价实扣计算。②陈光甫再次代表银行业将意见向孔祥熙陈述，他表示为储户利益起见，“事实上深感窒碍难行”。③

当时上海商业储蓄银行内部也对《储蓄银行法》展开研究。对于活期、定期储蓄成分有无限制、商业存款能否复利等问题，上海银行界都认为需要法律进一步解释。陈光甫对于《银行法》中存款需按照资本的数额来限制也感到不满。尤其是对于上海商业储蓄银行而言，当时存款达到1 300万元，超过资本26倍。但是法条规定随时收付的活期存款“每户不得超过5 000元，各户合计不能超过存款的十分之四”；至于定期存款法案又规定，“每户不得超过国币2万元”。④这在很大程度上限制了上海商业储蓄银行的发展，然而陈光甫未有正式向财政部提出这一问题，他代表的是整个银行业与财政部进行交涉核心议题。⑤

此后，银行公会决定寻找更多支持，由陈光甫主持联合上海各家信托公司、储蓄会联系商议。会议决定“对于储蓄银行法原则一致遵守”，同时请求修改“窒碍难行之处”。上海市银行业同业公会将称颂行政院、立法院、财政部的电文连同《储蓄银行法》全文再次分送各会员银行、非会员银行、各储蓄会和各信托公司，征求意见。此后共有40余家非公会成员银行复函一致赞同对法案进行必要的修改。财政部则回应称，财政部作为行政机关只能根据银行界意见，呈请行政院咨立法院加

① 《张公权等昨谒孔条陈修改储蓄法意见》，《申报》，1934年7月24日，第11版。
② 《储蓄法第九条银行公会今日会商呈请修改》，《申报》，1934年8月3日，第11版。
③ 《银行同业公会议决请求修改储蓄银行法》，《申报》，1934年8月4日，第11版。
④ 《二十二年七月五日陈先生在管理会议致词摘录》，《陈光甫先生言论集》。另参见附录七。
⑤ 《上海商业储蓄银行史料》，第435—436页。

以研究。而在政府方面,财政部认为没有必要再行修改法案。财政部还解释"将存款总额四分之一相当之政府公债库券缴存中央银行特设之保管库。"这一要求是根据大部分银行 6∶4 的定、活期存款比例而定,因此完成购买公债并不困难。①

财政部的命令改变了原由银行公会统一认领配额的公债认购习惯,通过对储蓄存款的规定,实现强行向每家银行按比例直接摊派公债。作为一家储蓄银行,上海商业储蓄银行需要增加其对政府债务的认购。由于银行的储蓄业务主要面对社会大众,上海商业储蓄银行的活期存款一直远高于定期存款,资金流动比其他银行要快很多。在保障储户存款安全的前提下,上海银行的存款资金及相应准备金很难大量购买容易折价的公债。在《储蓄银行法》颁布以前,上海商业储蓄银行的定、活期比例一直保持在 1∶5 左右。1934 年底全行储蓄存款总数为 38 439 419.22 元,其中主要以上海为重心,总行储蓄部占全行总数的 29.5%,其中活期存款约 3 000万元,定期存款 900 万元。而其中活期储蓄的增长也达定期储蓄增长的 2.4 倍。《储蓄银行法》颁布后,上海商业储蓄银行不得不面对储蓄额度与储蓄结构上的重大调整。到了次年,上海商业储蓄银行的存款增长明显衰退近 20%,存款总数比上年减少约 700 万元。从上海到内地各分支,上海商业储蓄银行的储蓄业务经历了整整一年的减退。其中,活期存款减少了将近 1 000 万元,退幅约 1/3。②

在 1935 年 4 月的上海商业储蓄银行股东会上,陈光甫还报告了 1934 年的放款额为 34 689 964.62 元,其中押放款(包括 35%的证券押款、32%的农产品及农村合作社贷款、27%的房地产押款等)总数为 19 988 935.26 元,占总放款额一半以上,另外证券购置 7 796 199.53 元比 1933 年激增了 67%。陈光甫将放款数额中证券类投资的增长解释为《储蓄银行法》规定所致。《储蓄银行法》规定储蓄银行须有相当于存款总数四分之一的政府公债库券及其他资产,并作为存款保证存于中央银行。同样由于该法的限制,上海商业储蓄银行商业部的放款大幅减少了 64%。③上海商业储蓄银行的经营报告就写到:自政府施行《储蓄银行法》后,要求相当公债库券存放中央银行,同时对于存放商业部加以限制。"本行为适应法律上之需要计.对以储蓄资金之运用,有所变动,大体已符储蓄银行法之规定。"④

面对银行业的不满,财政部设法安抚,由中央银行邀请各银行参加组织保管缴存的公债库券。⑤银行业同业公会当即推定胡锡安、瞿季刚等五人组成小组研究第

① 《储蓄银行法第九条银行公会昨再会议》,《申报》,1934 年 8 月 12 日,第 11 版;《银行储蓄会信托公司昨开联欢茶会》,《申报》,1934 年 8 月 7 日,第 10 版。

② 《上海商业储蓄银行史料》,第 448—451 页。

③ 《上海银行昨开股东会》,《申报》,1935 年 4 月 29 日,第 10 版。

④ 《上海商业储蓄银行史料》,第 450 页。

⑤ 《储蓄银行法第九条银行公会昨再会议》,《申报》,1934 年 8 月 12 日,第 11 版。

九条涉及的担保财产、种类数目保管及具体施行方法。[①] 8 月 15 日，上海市银行业同业公会执行委员会再次讨论《储蓄银行法》，共同认定："储蓄法第七条规定储蓄银行资金之运用方法有八项，条分缕晰，在事实上即为担保确实之资产，事理至明，毫无疑义。"而第九条中的"担保确实之资产"，即应以第七条八项为准。公会当场通过，并缮发财政部这一意见，主张保管委员会请由银行公会派员共同组织。[②] 8 月底，中央银行拟具储蓄存款保证准备保管委员会组织法，以委员七人组成，其中财政部委员 1 人，中央银行 2 人，财部指派钱新之、司比门为非会员银行及储蓄会代表委员。上海银行公会方面派王志莘、瞿季刚为代表参加保管会。[③]

《储蓄银行法》的颁布施行使得银行界认为先前《银行法》的动议也很有可能正式施行。1934 年，陈光甫召集组织了银行法研究委员会继续讨论《银行法》事宜。委员会从银行工会执行委员中选出了徐寄庼、叶扶霄、瞿季刚、经润石四人，另外邀请金国宝、章乃器、朱博泉三位经济专家为委员。[④]虽然陈光甫没有加入这一委员会，但是委员会的报告交由银行公会执委会审议，且需要主席陈光甫的签字才能提交南京政府。委员会提出了三四条较关重要的"意见"。报告另外提出 12 条"无关重要"的意见，主要关于股份有限公司的股东问题、两合公司的性质问题、股份两合公司的有限责任以及股东应负所认股额加倍的责任，与主要的商业银行并没有太大利害关系，主要是为了使财政部能以择纳的姿态接受意见。[⑤]陈光甫签署后，亲自赴南京谒见财政部钱币司长徐堪陈述意见，请求于起草银行法施行细则时，设法补救。徐堪表示这些意见将转呈立法院继续核办。[⑥]经此，南京政府考虑到了金融业的实际情况，尤其是钱庄业的利害，所以直至 1937 年 6 月，蒋介石才最终电令立法院孙科正式施行。[⑦]

1936 年，财政部进一步立法对实行公务员薪金、公债利息、银行存款三种收入开征所得税，并令由中、中、交三行及储汇局自 10 月 1 日起代收，由直接税筹备处与银钱业磋商征收手续。经过政府与中央银行副总裁陈行、上海银行公会主席陈光甫、秘书长林康侯、中国银行沪行经理贝淞荪、交通银行业务局经理张佩绅、钱业公会秦润卿、裴云卿等人协商，决定银行存款及公债利息所得税由各银行钱庄自动呈报，并在存户利息中代为扣除。[⑧]另一方面，银行界向政府提出延期征收的请求，财政部允展期至 1937 年 1 月 1 日实施，由陈光甫向上海银行业通告。此后由利益

---

① 《储蓄银行法第九条银行公会昨再会议》，《申报》，1934 年 8 月 12 日，第 11 版。
② 《银行公会昨开会讨论储蓄法第九条》，《申报》，1934 年 8 月 16 日，第 12 版。
③ 《储蓄存款保证委员会》，《申报》，1934 年 8 月 28 日，第 12 版。
④ 《银行公会组银行法研究委员会》，《申报》，1934 年 10 月 26 日，第 9 版。
⑤ 《银行公会执委会纪》，《申报》，1934 年 11 月 9 日，第 10 版。
⑥ 《银行公会呈院部贡献银行法意见》，《申报》，1934 年 11 月 15 日，第 11 版。
⑦ 《蒋介石日记》，1937 年 6 月 11 日。
⑧ 《中中交等奉令代征公债存款等所得税》，《申报》，1936 年 9 月 22 日，第 10 版。

最为相关的中国银行为召集人,交通银行、上海商业储蓄银行、国货银行等15家银行组成研究小组委员会。①而陈光甫多次主持银钱两业的联合协商。1937年财政部正式开征所得税后,陈光甫在银行公会内部报告各地银行遵办所得税经过,主持讨论繁复的扣缴手续及股息公积金扣缴问题。②

在银行业拖延所得税征收期限的同时,财政部进一步扩大了所得税的征收范围,而上海银行业经研究提出相当的异议:首先,银行业认为银行同业存款系便利同业间划拨之用,与普通存款不同,应当免税;其次,银行总分行间往来款项利息并非营业收益,应予免税;因受征税影响的整存零付及零存整付缴纳需要设法弥补;银行无法辨别政府机关及其他社会团体存款,需由存户自行担负。除此以外,银行业对于一般存户存款和公债利息的征税表示接受。③

推广抵借、票据和保证制度

1933年至1937年间,陈光甫连任上海银行公会的主任委员。期间,他在上海商业储蓄银行与棉业统制委员会的工作非常繁忙,同时兼顾了许多与金融制度建设相关的银行公会事务。这一时期,他对中国政治的观感有所好转,与政府的联系有所加强,但对经济形势的观望仍然谨慎:"朝野纵有救济农村及开发西北之倡,而经纬万端,亦非一蹴可成,重以人事种种阻碍,更使投资者有裹足之叹。再观世界经济趋势亦复变幻莫测,白银价格时起波澜,以我用银之国家,不免时凛冰渊之惧。是瞻顾前途,殷忧正未已。"他在银行公会的工作主要"偏重于银行实务方面。"④他从银行"实务"的改进推动银行业各项金融制度的完善。

陈光甫一直提倡建立良好的抵押借款制度和票据制度。他指出中国的银行票据虽有票据形式,但无实质:"票据放款,在外国家本为最流动之放款,惟在中国,以票据市场尚未发达,所做贴观,以庄票居多,商业票据则极少。购入票据,除一部份(分)系调拨款项外,大半为押汇之变相。查押汇系以货物作抵,乃抵押放款,其性质较为安全,而中国商人之习性,每不愿以押汇办法,向银行通融借款,多数只出一外埠归收票据,银行即凭之将款借出,按此项票据放款。"陈光甫认为中国的票据"纯系信用性质,风险颇大"。这其实也是上海商业储蓄银行要极力推行小额信用贷款和服务社会民众的原因。在抵押借款并不普及的情况下,只有通过分散风险,

---

① 《银行公会昨开执委会议》,《申报》,1936年11月14日,第9版。

② 《银行公会昨讨论所得税》,《申报》,1936年12月4日,第9版;《银钱业两公会昨开联席会议》,《申报》,1937年1月8日,第9版。

③ 《财部公告续征所得税》,《申报》,1936年12月30日,第9版;《银行公会昨开执委会》,《申报》,1937年1月21日,第13版。

④ 《银行公会昨开会员大会》,《申报》,1934年7月1日,第15版。

“将资金分放于各业各户”。[①]陈光甫认为金融市场最重要的是安全性。1934年初，汉口银行公会曾向上海银行公会建议变通办法：原先银行汇票付款往往由于票根寄出迟到，不能立刻兑现，影响流通，因而建议尝试不待票根到达，见票付款。然而，陈光甫认为汇票付款确实有必要改革，必须等到票根才能防止流弊，上海银行业只能在发行汇票时，设法将票根用最快邮递办法寄出。[②]

押汇是银行放款业务中资金周转最为灵活的一项。上海商业储蓄银行依靠发展铁路押汇取得了很大成功。1933年以前，中国的铁路货运基本都是货主自行派人随车押运，进而出现了“转运公司”的中间行业。南京国民政府时期，铁路局开始接管运输业务。上海商业储蓄银行于是逐渐将押汇从各类“转运公司”转移至与铁路局的合作上。[③]由于上海商业储蓄银行重视服务国内商品贸易，押汇业务也因此发展迅速。自1933年7月至1934年6月，全行出口押汇总额7 440余万元，以上海为最多，计2 400万元；郑州以1 100万元次之，且全为棉花押汇。押汇物品中又以棉花为最多，计2 530余万元，棉纱1 760余万元，盐900余万元等等。而押汇地点连同代理处遍布全国，共计60处。从上海商业储蓄银行的业务通信中可见，银行的押汇涵盖了几乎所有国内外贸易业务。[④]至1936年底，全行放款及投资分配中，押款押汇占59%，信用和票据放款占23%，证券及房地产投资仅占18%，可见上海商业储蓄银行的业务一直侧重于押款。“押款之中，尤以流动商品之押款为大宗，约占半数左右。任何放款，无不事前加以详密调查；对于信用放款，尤经审慎考虑，凡此均所以求资产之充实，二十二年来，未敢稍为宽弛。”这些都反映了陈光甫谨慎投资、避免盲目投机的经营理念。[⑤]

陈光甫坚信只有抵押借款才能有利于中国工商业聚集资本：将对人的信用转变为对物的信用，可以根据受押货物的数量界定标准，物品越多，借款就能增加，数额就能超出一般信用借款的额度；一旦有了抵押物，随购随押，随售随赎，资金流动就能运用自如。这也成为上海商业储蓄银行的运营理念：“我新式金融业欲求吾国工商业之勃兴，必须能以聚集大量周转资金，有雄厚力量可以供应，更须设法改变固有之对人信用制度，使存款之保障安全。”[⑥] 1931年，陈光甫指出：“全行商品抵押占全国交易总额比率一图，为吾行未来业务推进之根本，特别为诸君介绍，务须随时注意。现在本行所做商品押款，仅占全国商品交易总额百分之四。本行不求

① 《上海商业储蓄银行史料》，第498—499页。
② 《银行公会昨开会员大会》，《申报》，1934年7月1日，第15版。
③ 上海商业储蓄银行编印：《本行生长之由来》(1949年2月)，上海市档案馆藏，档号：Q275-1-173。
④ 《上海商业储蓄银行史料》，第471、476—477页。
⑤ 《上海商业储蓄银行史料》，第710页。
⑥ 上海商业储蓄银行编印：《本行生长之由来》(1949年2月)，上海市档案馆藏，档号：Q275-1-173。

其多,只求增加一半,至百分之六,是在吾人之以全副精神注意。”①

同时,陈光甫依靠推广仓库和堆栈制度来辅助金融形成抵押习惯。他认为中国的金融业,“虽间有收取押品情事,但俱侧重于租界之房地产道契,以及若干并无公开市场交易之股票,虽曰稳妥,实亦呆滞,若于货物之受押,尚未能造成风气”。因此上海商业储蓄银行开办伊始,便着手联络可靠货栈,凭客人存栈货物以为押借。1916 年便又与中、交、浙兴、浙实等银行联合设立了上海公栈。南京国民政府颁布《民法》以后,以物权为核心的经营仓库与质押手续业务得到法理保障。于是,质押方式逐渐成为银行业通常的业务项目。1930 年,上海商业储蓄银行投资 47 万元,自建第一仓库,并陆续推及于汉口、天津、蚌埠、南京、济南、芜湖各地。1931 年,上海商业储蓄银行设立仓库部,由王志和主持。②之后银行凡设分支行,都有自设仓库或特约仓库多处,承做押款。1933 年以后,铁路押汇的成绩已经非常显著,各省公路次第施工,上海商业储蓄银行又开始沿着公路发展仓库业。在上海本埠,陈光甫又划定黄浦江岸、浦东和吴淞一带作为仓库发展区域。③ 1934 年,上海商业储蓄银行与海关签定合同,首创银行设立关栈,中国银行接踵而起,营业蒸蒸日上。④到了 1937 年中日全面战争爆发以前,上海商业储蓄银行共有 40 余处,投资一百数十万元,还曾拟定仓库网计划,特设仓库部,集中管理。⑤

押借押汇的形式一旦推广,商业票据制度就有了发展的可能。所谓“商业票据”即指贸易双方先由卖主将出售金额出汇票向买主收款,一至三个月期不等,买主见票后,即在票背“批见”(Accepted)作为“商业票据”。卖主可以在到期之前,将票据向银行做贴现卖给银行;银行在到期时可向买主(即批见票据的商家)收款。而银行方面也可以在票据不到期以前,将商业票据送给中央银行做“重贴现”(Rediscount),将票款收回。由此买主、卖主及银行都得到利益,能够促进市场流通。1928 年国民政府颁布了票据法,同时《中央银行条例》中也规定了央行的经营业务包括重贴现,但金融市场上的票据制度仍未普及。

陈光甫指出改良金融制度的四种方法:废两改元、成立调剂金融的中央银行、成立票据交换所和账目往来的改良。⑥在 1933 年 1 月银行票据交换所成立以前,银行票据都集中于钱业的轧公单,银行不得不存款于钱庄,作为调拨,而钱庄则利用银行之存款,以资周转。另外,商业票据制度对于银行的一项益处是能够开展贴现

---

① 《二十一年四月六日行务会议陈先生致词摘录》,《陈光甫先生言论集》。

② 《上海商业储蓄银行史料》,第 672 页。

③ 《上海商业储蓄银行史料》,第 496 页;《二十二年七月五日陈先生在管理会议致词摘录》,《陈光甫先生言论集》。

④ 宋春舫等:《上海商业储蓄银行二十年史初稿》(1934 年 5 月),第四章,上海市档案馆藏,档号 Q275-1-170。

⑤ 上海商业储蓄银行编印:《本行生长之由来》(1949 年 2 月),上海市档案馆藏,档号:Q275-1-173。

⑥ 《二十年九月二十一日本行第二届训练班开学陈先生致词》,《陈光甫先生言论集》。

业务。钱庄业对于票据贴现非常慎重，非熟识客户概不贴现。银行业为了自主掌握这笔存款的安全与利益，数次筹备建立票据交换所，最终于 1933 年 1 月 4 日正式开办。[①] 1933 年立法院开始修改票据法。1933 年上海银行公会成立 11 人的票据法研究委员会，银行工会前后集议三次，在 1934 年，公会将草拟的 6 项意见呈送立法院商法委员会参考。[②]

1935 年初，上海市商会向中央银行提出为复兴市面，请求提倡票据贴现，创办商业承兑汇票。中央银行回复商会称，汇票确实有益市面，表示支持。[③]同时，陈光甫向银行公会建议应仿效各国经验，提供承兑票据，弥补筹码不足。[④]在陈光甫的主持下，上海市银行业同业公会承兑汇票小组委员会，议定了承兑汇票贴现业务原则六项，并经公会会议通过办理："一、以渐近的方式将承兑汇票替代信用透支放款；二、由会呈请财政部，此项贴现票据准予抵充发行保证准备；三、请中央银行逐日公定贴现利率，悬牌公布，以便各行酌定自身贴现利率。此项贴现利率，应低于信用透支利率；四、各行收受贴现后，得互相转贴现，最后得向中央银行再贴现；五、各行收做承兑汇票贴现业务，如须向同业调查时，希望各行尽量据实报告；六、汇票到期，如遇拒绝付款，贴现银行应负报告同业之义务。"上海银行公会并派代表出席上海市商会拟定商业承兑汇票贴现办法。[⑤]

1935 年 7 月，金融业遭遇危机，政府与银钱业正竭力维持市面，为了增加市场筹码，促进资金流通，各方创议由银行公会设立票据承兑所办理银行承兑汇票。政府由银行联合准备委员会委员贝淞荪、李铭、唐寿民、徐寄庼、钱新之、陈光甫等会同联准会经理朱博泉等研究具体办法。计划中的银行承兑汇票与商业承兑汇票性质相同，到期之前，可向各银行申请贴现；同时各银行可以 4 个月为限，向中央、中国、交通三银行重贴现。[⑥]同时，上海商业储蓄银行总行通告各分行提倡银行承兑汇票贴现制度，以替代押款及抵押透支。[⑦]

10 月，中央银行业务局长席德懋、银行公会主席陈光甫、钱业公会秦润卿共同认定推行承兑票据办法。为救济市面成立的工商业贷款审查委员会通过了这一提案，并决议拨款 300 万元办理推行承兑票据基金。[⑧]上海银行公会随即组织研究小

---

① 参见万立明：《上海票据交换所研究（1933—1951）》，上海人民出版社 2009 年版，第 27—44 页。

② 《银行公会昨开会员大会》，《申报》，1934 年 7 月 1 日，第 15 版。

③ 《中央银行函复商会承兑汇票可重贴现》，《申报》，1935 年 3 月 21 日，第 9 版。

④ "上海市银行业同业公会第 64 次执行委员会及第 62 次常务执行委员会会议记录"（1935 年 3 月 14 日），上海市档案馆藏，档号：S173-1-70。

⑤ 《商业承兑汇票银行公会通过原则》，《申报》，1935 年 4 月 10 日，第 11 版。

⑥ 《银行业设票据承兑所研究具体办法》，《申报》，1935 年 7 月 24 日，第 9 版。

⑦ 上海商业储蓄银行编：《行史资料：本行大事记》，上海市档案馆藏，档号：Q275-1-168。

⑧ 《推行承兑票据办法贷款会昨通过》，《申报》，1935 年 10 月 22 日，第 8 版；《拨款推行承兑票据银钱两业分别集议》，《申报》，1935 年 11 月 4 日，第 8 版。

组,负责起草具体办法,并推定陈蔗青、吴蕴斋5人为小组委员。①

12月23日,上海商业储蓄银行总行发布通讯:"提倡商业承兑票据代替信用往来,贵在同业合作,固不可操之过急,但亦宜因势利导,使其了解利便之处,更宜改进调查工作,俾票据之贴现与否易于决定。至推行银行承兑票据,须限于最能流动之商品,如作为承兑担保之商品,性质易于呆滞腐坏,则银行承兑以后势必承付,与押款之落空者正复相同,由此可知此二种新业务必须积极推行,亦须审慎从事,始足以谋币制改革后之利益也。"②可见上海商业储蓄银行将票据业务与抵押制度关联的同时,还提倡同业间的合作推广。同日,陈光甫参加工商贷款审查委员会讨论拨款推行承兑票据基金案,并与中央银行进一步协商。③ 29日,银行公会通过赞助推行商业承兑汇票案,通告会员尽量接受承兑。④

至1935年,上海票据交换所本身已经承担了该年度价值37亿余元的票据交换,其中11月份每日交换额达1 600万元以上,1935年共计交换票据185万余张,交换总额提高了15.32%。是年6月中旬,银行联合准备会受上海市银行业同业公会委托,依银钱两业议定办法,开始为各交换银行代收钱业及其他票据,其中包括同业公会会员以外的银钱业应付款项票据及银钱业以外各商店或商人应付款项之票据,年中共计代收7.4亿余元票据,其中钱业向联合准备会交换银行收票、由各银行开出支票以及由中、交两行与钱业准备库轧账部分,日均计369.4万元。在退票方面,过去由各行直接分散办理,联合准备会自9月起由会内代收票据雇员顺便兼送退票,该项事务日趋集中。至年终止,日均退票291张,约占日均交换票数的4.75%。⑤

1935年法币改革以前,联合准备委员会请由中国、交通、上海、浙江兴业、浙江实业、盐业、金城、中南、大陆、新华、国华等11家各推代表1人为票据承兑所委员会委员,即以中国、交通、上海、浙江兴业、金城等五行所推代表为常务委员,多次开会研究票据承兑方法,草拟各种章则。⑥ 1936年,银行联合准备会召开新一届代表大会,选举李铭、钱新之、贝淞荪、陈光甫等11人为新任执行委员,并通过设置银行票据承兑所。联合准备委员会新的执行委员们会同票据承兑所商议了票据承兑办法:"指定本国商业行号,以存银行堆栈之有价货物为担保,经银行票据承兑核准、签字承受,即可在市场流通买卖,或向该委员银行贴现。同时承受贴现之银行,遇

---

① 《银行公会昨开执委会》,《申报》,1935年11月24日,第12版。
② 《上海商业储蓄银行史料》,第383页。
③ 《贷款会昨开常会讨论推行承兑票据》,《申报》,1935年12月24日,第9版。
④ 《银行公会昨开会员常会》,《申报》,1935年12月29日,第9版。
⑤ 《银行联合准备会委员银行昨开代表大会》,《申报》,1935年2月21日,第11版。
⑥ 交通银行总行、中国第二历史档案馆合编:《交通银行史料》第一卷(1907—1949)上册,中国金融出版社1995年版,第654—655页。

有资金需要时，得向同业转贴现或向领袖银行重贴现。"①稍后，银行公会开会议决委托联合准备委员会组织办理今后的票据承兑事宜。②

政府银行的实际参与也是对银行业票据交换制度的重要支持。这一过程中，陈光甫始终担任了上海银行业联合准备会的执行委员。1936 年中央银行加入联合准备会，成为元号交换银行。此后，交换银行往来户的收解，均由中央、中国、交通三银行会同办理，并在联准会设立中、中、交三行联合办事处，不久中国农民银行业加入代理交换银行；此外另有 11 家银行新加入承兑所。是年票据交换所交换票据 257 万余张，总价值接近 60 亿元，较 1935 年金额增加 61.05%。代收票据方面，承兑所收计 124 万余张，价值超过 14 亿元，日均 411 万元，其中汇划钱庄应付款项，已占代理部分的 57.68%，银行业同业公会会员以外的银钱业占 23.56%。其中 13 亿元的代理金额是中、中、交三行与钱业准备库轧账形成。票据交换所提交报告称："本年度之时局如中日外交、西安事变皆足以影响金融。幸向来'筹码缺乏'之恐慌，今已消灭。"

1936 年 3 月 16 日，票据承兑所正式成立，共成员银行 38 家，缴足承兑基金总计法币 761 万余元，其中 5%以现款缴存承兑所，其余分存原缴银行。该所第一年的承兑担保品计价 386 万元，其中一半为政府债券、公司债票及股票，房地产约占 21%，国内商业票据约占 18%。承兑汇票 402 万元，尚有近 200 万元未及承兑汇票，另外贴现交易也达 671 万元。票据制度至此日臻成熟。③

银行业票据制度的推广必然也促生推广印花税的问题。南京国民政府印花税法发布以前，银行公会就做好了准备，当时政府只有暂行条例一种，而条文颇多参差，银行贴用印花苦无适从。对此，银行业早已有所关注，1934 年 5 月，银行学会已经向立法院财政委员会提交了相关建议。④ 1935 年 2 月，汉口银行业公会也为新印花税法表达意见，并请上海同仁一同核办。⑤ 12 月，陈光甫主持公会会议通过修正公会章程、呈请修改印花税法、政府改革新货币政策及赞助推行商业承兑汇票等决议。⑥

上海商业储蓄银行在行员保证制度上也有创新，并在行业内进行推广。针对银行界层出不穷的行员舞弊侵占案件，上海商业储蓄银行对行员保证制度进行了整整两年的研究，修正七次，几次征求社会意见。1937 年初，上海银行公会奉实业部令，对银行保人制度进行研究，请银行学会详加研讨。当时欧美的信用保险办

---

① 《银行联合准备会设银行票据承兑所》，《申报》，1936 年 2 月 22 日，第 13 版。
② 《银行公会昨开会议决设票据承兑所》，《申报》，1936 年 3 月 8 日，第 10 版。
③ 《银行业联合准备会昨开委员银行代表大会》，《申报》，1937 年 3 月 11 日，第 11 版。
④ 《银行公会昨开会员大会》，《申报》，1934 年 7 月 1 日，第 15 版。
⑤ 《银行公会小组会计划改善运钞办法》，《申报》，1935 年 2 月 13 日，第 11 版。
⑥ 《银行公会昨开会员常会》，《申报》，1935 年 12 月 29 日，第 9 版。

法，保费昂贵，并不适合中国。于是银行业根据信用保险的原理，制定了特种现金保证办法。办法由银行行员上缴少量保证金额，缴纳后形同个人储蓄，离职时还能全数发还。陈光甫非常重视银行保证制度。他向银行公会常会报告了废除现行银行保证制度意见和推行特种现金保证办法，并通知各地公会研究。新的保证金办法订定“由甲、乙、丙三项保证金与连带处分、奖励告发等五原则所组成。规定于行员进行时，缴纳三个日薪额之甲种保证金。该项保证金于离行时全数领回，存储行中，仍可得利息。嗣后每月于薪水或储金中，扣缴百分之二为乙种保证金，并由行方年拨若干为丙种保证金，以甲种保证金之利息半数及乙、丙两种证金合成巨数，作为公共准备金以备遇有行员舞弊。”陈光甫说：“现接各方来函，一致以为规划周详严密，为银行界创一新纪录，殊有即予施行之必要。”①

在陈光甫报告了特种现金保证办法后，银行界视为银行业人事制度的大改革，十分关注。中央银行专门委员金国宝为这一新制度进行了宣传，他认为传统的保人制度不科学，过去的保人需要社会上有相当声誉的人，但是这样的保人数量有限，而社会求保人数众多。每一个作保人要往往为数十百人作保，财力不及。银行要招揽人才还需要通过公开考试的方法甄拔真才。金国宝认为上海商业储蓄银行创议的特种现金保证办法效仿英美银行制度，又参照中国情形，其中乙种保证金性质类似信用保险保费，还可发还，“是在保险之中，寓储蓄之意，较信用保险、尤胜一等”。实业部部长吴鼎昌对此颇为赞许，表示支持。《银行周报》主笔李权时评论道：“行见数十年来银行界所感受保证问题之困难得以解除。吾国各种事业，过去类属墨守成法，缺少创造精神。此项办法闻屡经银行界诸领袖公开研究，均深表赞同，足证办法妥善完密毫无疑异[义]，行见一行创议，各行仿效，前途展望，愈见光明。”②

第二节　陈光甫与“四行二局”金融体系

倡导健全的中央银行制度

金融机构是金融体系与金融市场的运行主体。银行家的事业与经营理念都依托于金融机构的发展；国民政府要建立金融统制，也必须依靠金融机构的执行。一

① 《银行学会研究特种现金保证办法》，《申报》，1937 年 1 月 8 日，第 9 版。

② 《经济专家金国宝谈特种现金保证办法》，《申报》，1937 年 1 月 12 日，第 10 版；《钱新之谈银行行员保证问题》，《申报》，1937 年 1 月 24 日，第 13 版。

般意义上，金融机构也是政府与银行家之间互相联系、互相作用的最主要载体。具体而言，南京国民政府的金融统制建立于“四行二局”（中央、中国、交通、中国农民银行以及中央信托局、邮政储金汇业局）的金融体系基础之上。国家金融资本的扩张与主导地位通过国家支持的金融机构得以确立，其中最重要的机构莫过于中央银行的建立。

在南京国民政府成立初期，陈光甫曾与财政部关于中央银行对财政部的独立性问题产生过重大分歧。他对国民政府所设立的中央银行亦有其他批评。当时美国各银行的法定准备金只有 18%，上海商业储蓄银行的准备金已经达 27%，但犹恐不足；陈光甫认为这是因为美国各银行有联邦准备银行作为后盾，而中国全靠商业银行自身的准备，所以银行一旦紧张，许多有利润的业务无法展开。①他认为中央银行也没有履行作为“银行的银行”的职务，致使中国金融组织非常松垮，钱庄长期掌握了规定日拆及办理票据交换之权，大银行又各自分配发行权利。华商金融机构平日种种互相竞争，遇到市场紧张，则“各不相顾，互相争夺现洋”；维持市面常常依靠两三家大银行，而中央银行却不能有所担当。②

1928 年陈光甫就致信宋子文指出，中央银行不仅要与政治划清关系，实行发行公开，还有许多市场职责要承担。他说中国银行不能担当中央银行是因为受到政治的影响，“资本及钞票准备金时为政府提用，私人存款亦皆为政府所挪用”，以致金融界工商界不获沾其余润，成为政府的筹款机关。他认为，中央银行虽然在理论上有益于金融界，中国组建中央银行仍要周密。中央银行作为银行的银行，首先要考虑市场的利益，不必保持官股对商股的多数，并且不能由财政部长兼任总裁，对政府借款要有所约束和限制。其次，中央银行发行兑换券须受地方法团监督，树立信用。虽然条例对于发行准备有所规定，但央行发行钞票不仅要满足财政需要，准备充足，还要考虑到全国的货币统一与市场需要，调控全局。这就需要银行公会、钱业公会、总商会等监督合作。第三，调剂金融业是中央银行的重要职责，如果央行能不受政治影响，“不独私立银行皆愿以准备金存放该行，即海关款项向存外国银行者，亦可逐渐收回”。第四，中央银行应该辅助普通银行，“以集中之现款低利贷与私家银行”，不能为牟利而参与市场竞争。③

随着日本侵略态势的加剧，陈光甫也意识到中国需要一个更有力的中央银行进行应对战时经济。一个受政府管理并由政府经营的中央银行将在应对战争的条件下提供资金，扩充信用，调剂物价，执行政府政策。由此，国民政府一定会通过控制中央银行来掌控商业银行。然而他认为，战时的银行统制政策是暂时的、应急

① 《二十年九月二十一日本行第二届训练班开学陈先生致词》，《陈光甫先生言论集》。
② 《二十四年七月第二次全行行务会议陈先生致词》，《陈光甫先生言论集》。
③ 《陈光甫致宋子文函》（1928 年 10 月 15 日），《陈光甫日记》，第 63—67 页。

的，战前中央银行仍然应该以扶助发展生产力为主。显然在1935年以前，中国并没有真正能够统一发行、管理汇兑的中央银行，央行与其他银行之间的“重贴现”业务也无力展开。①

事实上，1932年以后陈光甫虽然对国民政府的中央银行制度有所不满，但他依然参与其中，直至抗战初期还继续担任中央银行理事。②在政府的扶持之下，成立不久的中央银行逐渐在国库代理、财政服务、统一货币、外汇管理和调剂金融等方面起到了一定的作用。③在训政体制下，国民政府对于中央银行的干预和控制变得不可避免。比如，1934年蒋介石指示中央银行迅速筹备保险部与储蓄部，并希望银行在各军队中也应增设储蓄部门。④是年底，追击红军的第二兵团总指挥薛岳建议蒋介石在内地省份开设中央银行分行，蒋介石回复：“所见甚是，当令筹备。”⑤中央银行在江西、福建等与中共红军交战地区及川、贵等省先后筹设分支，各行藉以协助复兴及“剿匪”。1934年中央银行资本扩充为1亿元，其增加资本部分由原有公积金及积存纯利项下划付，其余由政府筹拨。而1935年政府主导金融界注资救市，中央银行直接拨款，效果明显。⑥ 1935年2月，蒋介石又电财政部长孔祥熙，要求四川与贵州应从速赶设立中央银行分支：“金融力量必可倍增，而补助解款等事，亦可解决。中央部队已到重庆与贵阳，故不患不能保护与发展。”⑦

中央银行在政府指导下的运作自然也受制于南京政府的备战防御准备。财政部认为中央银行自1932年至1935年，“进步之速殊出望外”，但还不能完全负担国家银行的职责。⑧在很大程度上，蒋介石必须借助银行的力量统一内地，为抗战争取大后方的建设时间。1935年蒋介石为统一并整顿四川，急于利用中央银行整理当地货币。他一边将大量军火弹药秘密运入四川以及大量中央钞币运往重庆，同时以中央名义发行地方公债，为建设后方铺垫基础。他在日记中写到：“四川地钞问题解决，金融计昼大部告成。”⑨两广事变后，中央银行在改革广东财政金融，统一币制方面亦发挥了重要作用。⑩ 1936年5月，蒋介石电中央银行总裁孔祥熙并转宋子文，令中央、中国、交通三行请用四川1936年善后公债押借现款310万元，以

---

① 宋春舫等：《上海商业储蓄银行二十年史初稿》(1934年5月)，第七章，上海市档案馆藏，档号：Q275-1-170。

② 《国府命令》，《申报》，1938年8月10日，第2版；洪葭管编：《中央银行史料》上卷，第190页。

③ 参见石涛：《南京国民政府中央银行研究(1928—1937)》，上海远东出版社2012年版，第111—211页。

④ 《蒋中正先生年谱长编》第四册，第289页；《蒋介石致孔祥熙电》(1934年3月11日)，台北“国史馆”，蒋介石档案，档号：002-010200-00103-074。

⑤ 《蒋中正先生年谱长编》第四册，第494页。

⑥ 《中华民国二十一年及二十二年两会计年度财政报告》，《申报》，1935年5月14日，第9—11版。

⑦ 《蒋中正先生年谱长编》第四册，第537页。

⑧ 《中华民国二十一年及二十二年两会计年度财政报告》，《申报》，1935年5月14日，第9—11版。

⑨ 《蒋中正先生年谱长编》第四册，第635、688页。

⑩ 《孔召徐堪等会商币制金融问题》，《申报》，1936年8月14日，第3版。

供修筑川康公路之用。①对此，参与中央银行的民营银行家们都未作批评。陈光甫、张嘉璈等在为中央银行提供专业意见与参加顾问委员会以外，甚少发挥过管理的作用。不过，他们作为商股的代表也体现了银行界支持现有政府的总体态度。

1935年币制改革以后，政府规定中央银行为经理重贴现的机构，这样金融市场因资金容易变现而趋于活跃。②陈光甫多年来努力推行票据制度。他很早就期盼中央银行能够通过重贴现的方式来统率全国金融机关，并且希望通过向中央银行重贴现，便利银行、出口行和内地贸易的金融周转，推进上海商业储蓄银行的进出口押汇。③ 1935年政府的公债趋于稳健，银行存款减少，上海商业储蓄银行讨论降低定存利率的必要性，银行主要亦将中央银行所挂重贴现率作为标准。④中央银行的重贴现政策也给银行界带来新的利润。1935年底上海商业储蓄银行行务会议商议经营方针，试图从金融制度的变化中找到新的发展方向。会议报告指出商业银行的"新机"在于中央准备银行的重贴现业务。银行认为：今后商业银行不劳而获的利益日见减少，唯一出路是靠利息增加；而推行承兑票据，即是重要的增加利息手段。⑤

随着市场流通性日见增加，放款利率有陆续减低趋势。南京政府开始考虑筹设中央准备银行，时任全国经济委员会常委、中国银行董事长的宋子文也公开表示过正在积极筹备。⑥ 1937年3月，在蒋介石的催促下，中央政治会议通过了中央银行改组法案，并送五院审议，拟确立其超然地位。⑦ 25日，立法院通过中央准备银行条例。随着国家银行制度的逐步健全，陈光甫对南京政府的中央银行逐渐产生信心。在金融统制之下，商业银行的发展空间受到挤压，但是陈光甫告诉行员："中央准备银行为树立我国金融制度之唯一基础，绝不能因商业银行之发行或领券利益发生问题，而遂谓中央准备银行不应设立也。"他举例德、法两国的中央银行都兼营商业银行业务，而两国商业银行也能正常运作，"目下我国政府银行与商业银行业务之混杂，尚属暂时现象，并非永远如此"。⑧

正如陈光甫在1928年提出的建议，中央银行为筹组为中央准备银行，招募商股。中央银行为此召开理事常会，孔祥熙等常务理事与普通理事陈光甫、钱新之等

---

① 《蒋中正先生年谱长编》第五册，第72页。

② 《上海商业储蓄银行史料》，第423页。

③ 《上海商业储蓄银行史料》，第653页。宋春舫等：《上海商业储蓄银行二十年史初稿》（1934年5月），第七章，上海市档案馆藏，档号Q275-1-170。

④ 《上海商业储蓄银行史料》，第377页。

⑤ 《上海商业储蓄银行史料》，第382—383页。

⑥ 《宋子文昨接见新闻界》，《申报》，1936年4月7日，第9版。

⑦ 《蒋介石日记》，1937年2月4日；《新华社电中政会》（1937年3月），台北"国史馆"，阎锡山史料，档号：116-010108-0362-067。

⑧ 《商业银行与环境》（1937年2月），《陈光甫先生言论集》。

共同出席,决定依照《中央银行法》第七条,拟扩充资本至一亿元,商股限定四千万元。[①]陈光甫甚至提前为中央准备银行的成立做好了准备,他预判各行存款现金准备将集中于中央银行,同业存款势必减少;上海商业储蓄银行的领券数额将陆续取消,法币之现金准备将与中央准备银行之存款合并计算,市场筹码会增加;中央准备银行将提升重贴现业务,各行存款准备会减低,增加放款数量。综合来看,中央准备银行的建立会引起市场利率的继续下落。陈光甫提醒行内,在低利环境下,要提高经营效率,扩充资金渠道,节省各项开支,同时相机降低存款利率。在这种趋势下,只有公债投资收益率仍然较高,而同业存款也会保持高利率。[②]

陈光甫对于中央准备银行期望甚高,他认为,"迟早必需成立,此后金融市场具有中心组织,通货管理自易臻于健全,商业银行之经营亦将趋于合理化。在此环境中之银行业务,诚不如往昔之自由,但政府银行与商业银行之机能,在中央准备银行成立以后,即可分别清楚,而商业银行在产业发展之进行中,仍具有无限之前途也"。[③]当时南京政府的美国顾问杨格也评价政府的这一计划"可能会大大改进中国的财政制度和经济"。[④]

上海商业储蓄银行与国家金融资本的合作

在中日全面战争爆发前,陈光甫还参与了各类国有金融机构的运作。促成这种合作的原因之一是陈光甫的好友张嘉璈、贝祖诒等人都在中国银行长期任职,他们的私谊从民国初年就延续下来;李铭等银行家也参与了二五库券保管基金委员会等重要的政府金融组织。其次,中国银行和交通银行的整体实力远强于上海商业储蓄银行,牵动银行业的共同利益。中、交两行的董、监事会吸纳金融业领袖符合其行业地位,也有利于金融业的团结与协同。1928 年陈光甫被先后选为中央、中国、交通等银行的理事、常务董事和董事。[⑤]从 1928 年起中国银行实行公开准备制度。至 1937 年抗日战争爆发前,中国银行总计进行 110 余次公开检查,陈光甫作为董事代表至少亲自参与了其中近 40 次的检查。[⑥]公开检查包括了上海中国银行本行及联行领用兑换券准备专库的总发行额、本行发行数、联行领用数、各行庄

① 《中央银行改组为准备银行》,《申报》,1935 年 12 月 5 日,第 7 版。
② 《上海商业储蓄银行史料》,第 428 页。
③ 《本行之第二时代》(1937 年 6 月),《陈光甫先生言论集》。
④ [美]阿瑟·恩·杨格:《一九二七至一九三七年中国财政经济情况》,陈泽宪、陈霞飞译,中国社会科学出版社 1981 年版,第 312 页。
⑤ 《上海商业储蓄银行史料》,第 327 页。
⑥ 系查 1927—1937 年历年《申报》《银行周报》所得。

领用数以及现金准备数、保证金准备数。① 1935 年以前，中国银行主要由总裁张嘉璈负责；1928 年，该行被政府任命为"特许之国际汇兑银行"。不过，根据 1928 年 11 月改组后的中国银行新条例，实际的经营管理权仍然掌握在商股手中，并非完全由政府操控。在政府借款问题上，财政部尚需与银行接洽协商。②

直到 1935 年的银行重组，张嘉璈被政府调离中国银行，孔祥熙、宋子文、宋汉章、叶琢堂、钱新之、冯耿光、陈光甫等 7 人被选为常务董事。财政部指派宋子文为董事长，宋子文又选聘资历极深、年近七旬的宋汉章取代了张嘉璈，出任新的总经理。剩下四名常务董事中，叶琢堂和钱新之长期与政府关系紧密、冯耿光曾历任了北京政府时期的中国银行总裁。原常务董事及董事长李铭则因故辞职。陈光甫显然成了少数能完全代表商股的董事，要在董事会中独立发挥作用并不容易。③

相比之下，陈光甫与交通银行在北洋时期并无深厚交往，仅在 1926 年 5 月当选过董事；当时的交通银行主要与北京政府交通部、"北四行"关系紧密。南京国民政府成立后，陈光甫开始参与一些交通银行的行务。比如 1927 年 6 月上海交通银行头寸不宽裕，屡次借垫国民政府巨款及派购库券以致现金不敷，经在沪董事汪子健、陈光甫和李铭讨论，周转由交行沪库以押品江海关二五附税库券 504 000 元抵借发行准备金现洋 50 万元。④从 1928 年交通银行第四届董事会起直至战后，陈光甫一直被选为商股董事。⑤ 1932 年底，上海商业储蓄银行持有交通银行 1 450 股股份，占总股本的 1.5%。⑥ 1935 年，政府向交通银行注入官股 1 000 万元后，亦按照中国银行办法增加官股董事 6 人、监察人 3 人，均由财政部决定。陈光甫并不是常务董事，在 1935 年以后能发挥的作用更小了。⑦

其他国家资本支持的银行也很重视陈光甫在商界的地位。比如，陈光甫长期作为江苏银行的董事，由江苏省政府聘任。⑧国货银行也是很好的例子。1928 年，国货银行由时任工商部长孔祥熙筹划创办，其筹备委员会中就有宋子文、孔祥熙、薛笃弼、钮永建、张之江等国府委员。1929 年 11 月 1 日，中国国货银行召集股东创立大会后，银行选举产生董事会，陈光甫被选为官股董事，其他 5 人是陈行、郑

---

① 《中国银行准备金第五次检查报告》，《申报》，1928 年 8 月 1 日，第 13 版；《中国银行检查报告》，《申报》，1937 年 6 月 4 日，第 11 版。

② 洪葭管：《中国金融通史》第四册，第 65—66 页；《蒋介石致宋子文电》(1933 年 9 月 10 日)，《蒋中正先生年谱长编》第四册，第 180 页。

③ 《中国银行昨开董事会》，《申报》，1935 年 4 月 2 日，第 9 版。

④ "交通银行发行总库函稿 发字不列号"(1927 年 6 月 14 日)，上海市档案馆藏，档号：Q55-2-1666，第 62—64 页。

⑤ 交通银行总行、中国第二历史档案馆合编：《交通银行史料》第一卷(1907—1949)上册，中国金融出版社 1995 年版，第 62—64、70—71 页。

⑥ 《交通银行史料》第一卷(1907—1949)上册，第 27 页。

⑦ 《交行将增官股董监》，《申报》，1935 年 4 月 14 日，第 12 版。

⑧ 《江苏银行增加资本二百万元》，《申报》，1935 年 7 月 7 日，第 14 版。

莱、叶琢堂、张学曾、陈家栋。银行另由唐寿民、孔祥熙、刘奎度、许世英、徐堪、宋子良等担任商股董事。这是由于银行500万元资本中,商股占了300万元,故章程规定常务董事商股3人、官股2人。商股董事的人选比官股董事有更明显的政府色彩,国货银行基本由国家资本控制。起初,这家银行的总经理和沪行经理分别是原上海商业储蓄银行的部门主管朱成章和范季美。① 11月8日,国民政府下令正式派陈光甫为国货银行官股董事。②至抗战爆发前,陈光甫一直是国货银行的官股董事。③蒋介石还亲自指示孔祥熙改命宋子良为总经理;实际上国货银行还参与了军政汇款的业务。④

实际上,陈光甫对国货银行并无兴趣。国货银行开办后即在东北开设分行,由东三省政府出资30万元,张学良出资10万元,国货银行出资20万元。作为官董,陈光甫反对这一计划,认为孔祥熙纯粹为了政治上拉拢张学良,才派刘曼若等政客前去经理银行。1932年3月,"伪满洲国"以国货银行有官股为由,强行接收了东北分行。陈光甫感叹:"以政治事体而来,亦因政变而去,因果不爽。当此乱事之秋,办事宗旨非纯正不可。"⑤不久,国货银行内部发生舞弊,行员私购公债亏损30万元。陈光甫在董事会上为防止银行声誉受损,只能提出对保人追缴,能追若干,即算若干。时任工商部长的孔祥熙请陈光甫再推荐贤能整顿银行。他回复说,孔自身担任银行董事长,宋子文的弟弟宋子良又担任银行总经理,"凡有讨论式会议之时,人人咸承望君之颜色,以为发言之标准"。陈光甫认为银行上下皆"揣摩风气,希旨承颜",恐怕只有宋子良自己选用的心腹才能有效。⑥

陈光甫在国家银行机构中的任职也有助于上海商业储蓄银行与中、交两行保持较为密切、互惠甚至倚赖的关系。中、交两行对于上海商业储蓄银行来说非常重要的一项益处是提供领用兑换券。从1915年年底,上海商业储蓄银行就开始向中国银行接洽领用兑换券。1927年上海商业储蓄银行领用中行兑换券占银行存款总额的7.9%,到1930年至1934年间,这一比例已经增长为15.7%。1935—1936年间,上海商业储蓄银行所领兑换券相当于存款总量的1/4。领用券制度相当于领用行通过向发行行缴纳现金准备与保证准备,以此换取货币信用的扩张,而这种流动性由发行银行的信用进行保障。上海商业储蓄银行借此扩充银行的流动资金。据洪葭管先生统计,1927年以后上海商业储蓄银行领用兑换券的收益占银行

---

① 《国货银行委定官股董监董事陈行等六人、监察徐新六等五人》,《申报》1929年11月6日,第13版;《国货银行首次董事会》,《申报》,1929年11月8日,第13版。

② 《国府五十次会议》,《申报》,1929年11月9日,第10版。

③ 《命令》,《申报》,1936年4月26日,第8版。

④ 《陈济棠致孔祥熙电》(1936年4月),台北"国史馆"藏,阎锡山史料,档号:116-010108-0330-095。

⑤ 《陈光甫日记》,1932年3月18日,第154—155页。

⑥ 《陈光甫日记》,1932年3月18日,第165—166页。

总收益的13%,“每领用兑换券1 000万元,一年就可获得约40万元的盈利”。“上海商业储蓄银行领用兑换券数额,1930年已有1 060万元,1932年突破2 000万元,1934年超过3 000万元,1936年达到4 000万元。”其中,银行还向中央银行领用了2 550万元。①仅在1933年底,上海银行的领券额就占上海各银行领券额的29.4%,领用准备金占各银行领用准备金的25%。②这种趋势远远超过了其他领券银行的增长数,是它对国家资本依存关系的具体体现。

上海商业储蓄银行与国家银行的合作关系还体现在各类合作贷款业务。1933年11月,棉业统制委员会为解除纱销滞销,稳定纱市,决定组织合兴公司收买被囤积的次品存纱,由于此项存纱必定亏本。陈光甫一边向政府请求补助,一边向中国银行求助,由中国、上海两行牵头,与国货、大陆、浙江兴业、上海女子储蓄银行6家银行及3家钱庄分别认垫共付407余万元,购进积纱21 150件,对控制纱价起到了极大的作用。③后来,棉统会还邀请中国银行、交通银行、江苏农民银行、中国农民银行、国货银行和上海商业储蓄银行等其他商业银行一同派出代表考察江北各盐垦区,商议江苏的棉业开垦计划。④经过考察,各银行原则同意组织垦区贷款银团办理植棉贷款,并由各行量力协助当地滨海河岸堤工和浚治新运河的水利工程。⑤

除了陈光甫主持的棉业统制委员会工作以外,上海商业储蓄银行与中、交两行的合作关系也可从4-1表中看出。其中,上海商业储蓄银行始终选择以商业性或安全性的放款为主:

表4-1　上海商业储蓄银行与中国、交通银行合作放款(办法)表

(单位:元)

时间	参与银行	放款项目	数额分配
1933年	中国、交通、上海商业储蓄、江苏、浙江兴业各总行	新浦、蚌埠盐押款	中国二成五、上海商业储蓄二成五、交通二成、浙江兴业一成七五、江苏一成二五
1934年	中央、中国、交通、上海商业储蓄银行	淮南场盐放款	共计92万元
1934年	中央、中国、交通、上海商业储蓄、金城银行	承借河南省府浚治黄河借款	共计200万元
1934年	中国、交通、上海商业储蓄银行	承借镇江自来水公司借款	中行5万元、交行8万元、上海商业储蓄银行5万元

① 《上海商业储蓄银行史料》,前言,第13页。
② 《上海商业储蓄银行史料》,第712页。
③ 《棉业统制会宣布稳定纱市经过》,《申报》,1933年11月12日,第10版。
④ 《棉统会发起江北棉区视察团》,《申报》,1936年6月5日,第11版。
⑤ 《沪银行界组织江北垦区贷款银团》,《申报》,1936年7月7日,第11版。

(续表)

时间	参与银行	放款项目	数额分配
1934年	交通、中国农民、浙江兴业、上海商业储蓄、金城银行	推广棉花生产运销合作社放款	约100余万元
1935年	交通、中国农民、浙江兴业、上海商业储蓄、金城、中南、大陆、四行会、国华、新华等银行	中华农业合作贷款银团	共计300万元
1935年	青岛中国、交通、大陆、金城、上海商业储蓄、国华、浙江兴业、东莱等分行	地方所有押款及信用放款	
1935年	济南中国、交通、上海商业储蓄、大陆、浙江兴业、中国实业等分行	地方所有押款及信用放款	
1935年	交通银行、上海商业储蓄银行	承借九江映庐电灯公司借款	两行均摊7万元
1936年	中国、交通、盐业、金城、中南、大陆、上海商业储蓄、河北省银行	摊放长芦稽核分所解缴冀察政委会协款	中、交两行各认20万元外、其余各10万元
1936年	中央信托局、金城、中南、上海商业储蓄、浙兴银行	铁道部购料期票	共960万元。交通银行愿意参与期票贴现
1936年	中国、交通、上海商业储蓄、中南、金城国货、江苏、中国农民、江苏农民、邮政储金汇业局等20家行庄	江浙春茧放款银团	总计3 000万元。中国银行600万元、交通银行400万元、其余2 000万元由18家分别认定
1936年	中国、交通、中南、金城、盐业、大陆、四行储蓄会、浙兴、上海商业储蓄、新华、中汇、四明银行	渔业放款银团	中国银行认12万元、交通银行认10万元、上海商业储蓄银行与其他9家各认6万元、四明认4万元
1936年	灵宝交通、浙江兴业、上海商业储蓄等分行	地方棉花押汇放款	成份按交通四成、浙兴、上海各三成
1936年	交通、上海商业储蓄、浙江兴业、国华、江苏、江苏农民、浙江实业、金城、四行储蓄会、大陆银行	经理大通煤矿公司公司债	共60万元,其中交通银行21万元、上海商业储蓄银行15万元、江苏及江苏农民银行各2.5万元
1936年	交通、江苏、上海商业储蓄、金城、大陆银行	烈山煤矿公司抵押放款	5家银行承借15万元

资料来源:交通银行总行、中国第二历史档案馆合编:《交通银行史料(第一卷)》上册,中国金融出版社1995年版,第372—395、404、423、453—458、470—473页。

在行业制度改进方面，上海商业储蓄银行与中、交银行的合作也能推动银行业整体的进步。除了票据交换所与票据承兑所外，上海银行业联合准备委员会同样是陈光甫等民营银行家群体联合中、交两行维护金融市场稳定的例子。陈光甫提倡银行业的团结，他指出金融改革有三点关键：除了废两改元、银行界的联合，第三点还是银行面对经济恐慌“非减少即联合”的选择。①早在1918年，在陈光甫的倡议下，上海银行公会就设立了公共准备金，总额规定为规元30万两，由各银行按照认定数目，在中国银行特设金库缴存准备。当时的《银行公会公共准备金规则》就规定“因市面发生意外风潮，而需人维持藉资周转时，均得以相当之抵押品向公会抵押借用”。②

“一·二八”事变爆发后，上海银、钱两业行业公会举行紧急联席会议。为了维持上海华商银行总计18亿元的存款安全，上海银行公会决定停市三天。之后，上海银行公会一方面进行各种临时应对，另一方面由张嘉璈、陈光甫、李铭、钱新之、贝淞荪等人组织小组委员会研究进一步局势应对策略。2月2日，银钱业为维持金融流通，决议全体合组公库，基本原理即各银行将所有财产及一切有价证券一律交存公库，由各行共同保管，凡顾客提存者，一概无限制照付；同时外商银行支持银钱业，暂时拒收华人存款。③2月5日开始，上海银行公会加紧步伐，筹备联合准备会，并拟具“联合准备会公约草案”“评价及保管两大委员会草案”及“拆放章程草案”等行业规章。④8日，“上海各银行联合准备会”在上海银行公会举行第一次大会，选出李铭、胡孟嘉、陈光甫、胡笔江、徐寄顾、贝淞荪、吴蕴斋、钱新之、陈蔗青、唐寿民等11人为执行委员，再从中选举了李铭、胡孟嘉、贝淞荪、钱新之、唐寿民5人为常务委员。次日，李铭出任联准会主席，朱博泉被聘请为联准会经理。该会还成立下辖评价及保管两个委员会，请外籍人士参与准备品评价工作，陈光甫负责保管委员会的货物保管工作。⑤

陈光甫在中国银行发表演讲，说中央银行还有诸多困难，实际上不能实行应尽的职责，“到了目前危急的时候，就要来组织联合准备库”。⑥他强调现有的联合准备库还没有具体规定的、分成交纳的公共资本，不能同业划账，不具统一发行权，因而中国还是需要一个中央银行的出现。⑦但他也认为中国需要一个“银行的银行”，既能应付1932年淞沪抗战后临时的局面，而且能作为一个永久性的基础。他认为

---

① 《二十年十二月三十日陈先生于行务会议致词摘录》，《陈光甫先生言论集》。

② 《上海商业储蓄银行史料》，第70页。

③ 《上海商业储蓄银行史料》，第345页。

④ “上海银钱业联席会议”(1932年2月)，上海市档案馆藏，档号：S173-1-68。

⑤ “第一次委员银行代表大会议事录”(1932年2月9日)，上海市档案馆藏，档号：S177-1-2；《银行联合准备》，《申报》，1932年3月1日，第2版。

⑥ 《上海商业储蓄银行史料》，第861页。

⑦ 《战事停止后银行界之新使命》(1932年2月)，《陈光甫先生言论集》。

中国银行有这个实力担当,但要将中行的工作分为商业银行与“银行之银行”两部分。①

组织架构完成之后,联合准备会即拟定由 26 家成员行认缴总计 7 420 万两的抵押品,其中中国银行认缴 1 000 万两、交通银行 500 万两、四行准备库 600 万两,中南、金城、大陆、盐业、浙江兴业、浙江实业银行各 300 万两等等;而并不独立发行的上海商业储蓄银行更是一家认领 1 000 万两抵押品,与中国银行数量相当。虽然只是计划认领数目,亦可见陈光甫对于银行业建立联合准备制度的决心。② 1932 年底,各银行实际认缴准备资产 4 820 万两,其中中国银行最多为 700 万两,上海商业储蓄银行与四行储蓄会次之,各缴纳 400 万两。上海商业储蓄银行承担了占 25 家机构总认缴额的 8.3%。③

3 月 15 日,联准会正式对外运作,并延聘委员会以外的宋汉章、徐新六、汇丰银行经理 A. S. Hench、花旗银行洋经理 Geo. Hogg、麦加利银行经理 J. O. Lennie 及各洋行代表参与工作,陈光甫转而担任准备评估工作。④银行业的变化也带动了钱业的进步。10 月,钱业联合准备库成立,各钱庄解进现款 500 余万元,包括宋子文、李铭、陈光甫等财经各界人士前往祝贺。⑤上海银行业联合准备会的成立确立了同业联合准备方法,加强了各银行间的团结。重要的是,在中国、交通银行的支持和上海商业储蓄银行的大力倡导之下,银行业的联合增强了行业的社会信用与地位。联合准备会之后还设立票据交换所,尝试推行公单拆放与交换,在市场上发行由委员银行见票即付的公单、公库证和抵押证,酌盈济虚,稳定金融使银行间资金得以融通。⑥《上海各银行联合准备章程》规定抵押品由评价委员会估值后,由委员会填给收据,各行可按估价七折调换三种记名式凭证:公单四成、公库证二成、抵押证四成。“公单得替代现金流通,收受公单之银行并可十足兑现,执有公单者,并可向委员会拆借现金,公库证得为发行银行之保证准备,抵押证得为各银行互商借款之抵押品。”⑦

1933 年 2 月底,联准会公单基金筹足规元银 875 万两,由于未行拆放业务,“各行所领单证,大都存充各种准备”。25 日,陈光甫再次当选联准会执行委员,此后每年连任。⑧至 1935 年 3 月,联合准备会已有折合价值银元 6 000 余万两的实际准

---

① 《上海商业储蓄银行史料》,第 861 页。

② “第一次委员银行代表大会议事录”(1932 年 2 月 8 日),上海市档案馆藏,档号:S177-1-2。

③ “1932 年年度业务报告书”(1932 年 12 月 30 日),上海市档案馆藏,档号:S177-1-73。

④ 《银行联合准备会今日正式成立》,《申报》,1932 年 3 月 15 日,第 1 版。

⑤ 《钱业联合准备库昨日正式开幕》,《申报》,1932 年 10 月 2 日,第 13 版。

⑥ 朱博泉:《银行联合准备会》,《银行周报》第 16 卷第 14 号,1932 年 4 月 19 日。

⑦ 《上海商业储蓄银行史料》,第 347 页。

⑧ 《银行联合准备会委员银行代表大会》,《申报》,1933 年 2 月 28 日,第 10 版;《银行联合准备会委员银行代表大会》,《申报》,1934 年 3 月 2 日,第 11 版。

备额。1936年，该会再增200余万元准备资产，其中房地产占总额的86.87%，外国有价证券占9.27%，内债占3.86%；同年，公单拆放额上、下两期分别计2 476万元和一亿余元，公单交换存款每日平均为8 413万元，年终公单存款余额11 820万元，其中划头存款占39.85%，汇划部分占60.25%，交换差额与交换存款比为1∶22，属于相对稳当。①在法币改革之前，联准会长期承担了类似中央银行货币准备的功能。法币改革以后，财政部还令上海银行联合准备委员会办理移交各项房地产保证准备，移交给中央、中国、交通三家银行，作为发行保证准备。②

上海商业储蓄银行与国家金融资本的竞争

随着国家银行的不断发展和国家金融资本的持续扩张，陈光甫的上海商业储蓄银行也面对巨大的竞争压力。在国家政策层面，1928年起中国银行即被赋予特许经营国际汇兑的银行，交通银行改组条例的第一条亦由政府授意规定交通银行为“发展全国实业的银行”。当时两家银行并不具有完全垄断的实力，以交通银行为例，其1928年的存款总额只有12 983万元，放款总额5 607万元，钞票发行额为6 800万元。③实际上，国民政府考虑到中央、中国、交通银行中的任一机构都无法达到国家统制金融的地位，这才逐渐建立起“四行”格局。随着国家通过政策引导、发行公债入股、控制发行权、人事安插等途径，渐渐掌控中、交两行，两家银行的政府色彩渐浓。而孔祥熙接替宋子文成为中央银行总裁后，央行也开始毫不避讳地参与到市场的盈利性竞争中去。④中央银行的社会商业与个人存款随着各级政府的存款同时增加，而且比重也一度增加。⑤ 1932年度中央银行获得1 190余万元纯益，占所有银行及信托业纯益的40%，邮政储金汇业局次之，共获纯益192万元。⑥当时各家政府金融机构多由特殊权利与证券投资获得大量的纯益。原先大量吸收公款的中、交两行也被迫开始寻找新的市场业务。

1930年起，上海本埠的银行同业竞争形势渐趋明显，上海商业储蓄银行提篮桥分行、愚园路分行界路分行和八仙桥分行先后报告总行竞争激烈。八仙桥一处，原本上海商业储蓄银行依托青年会的房产开设营业，但3年内附近银行从4处增至11处。1931年上海商业储蓄银行宜昌分行报告，因受市面影响，银行同业竞争

① 《银行联合准备会委员银行代表大会记》，《申报》，1935年3月8日，第9版；《银行联合准备会委员银行昨开代表大会》，《申报》，1936年2月21日，第11版。

② 《银行联合准备会代评三行发行保证准备》，《申报》，1936年3月24日，第10版。

③ 洪葭管：《中国金融通史》第四卷，第76页。

④ 石涛：《南京国民政府中央银行研究(1928—1937)》，上海远东出版社2012年版，第215页。

⑤ 财政部财政年鉴编辑处：《财政年鉴》1935年版，第1616页。

⑥ 《上海商业储蓄银行史料》，第717页。

甚烈,不得不专营与重庆万县间的汇款一项。① 1933 年上海商业储蓄银行汉口分行报告当地同业“均抱运用挹注之难,出奇制胜,竞争极烈,颇难应付,致年末总结较前逊色,而除开支只盈有廿余万元”。汉口方面认为必须另谋新路,或向农村方面极力发展。②陈光甫感叹:“现在中、交收归国有,储蓄汇水均为揽去,吾人以二十年之努力,辛苦经营,始能树立今日之基础,而政府以债票增加资本,夺取商业银行之地位,以致商业银行不易存在。”③

表 4-2 上海商业储蓄银行对比全国主要银行存款、放款的比例和资金总额的比重(%)

(1927—1936 年) 单位:元

年份	上海商业储蓄银行对官僚资本银行存款的比例(%)	上海商业储蓄银行对官僚资本银行放款的比例(%)	上海商业储蓄银行占全国重要银行资金总额的比重(%)
1927	6.4	6.3	2.01
1928	8.4	8.6	1.75
1929	10.1	10.4	1.76
1930	12.1	12.2	2.48
1931	11.2	11.3	3.71
1932	13.8	14.6	4.12
1933	13.4	12.4	3.85
1934	13.3	13.6	4.28
1935	6.8	7.5	4.10
1936	6.3	8.7	4.22

资料来源:根据中国人民银行上海市分行金融研究所编:《上海商业储蓄银行史料》,上海人民出版社 1990 年版,第 698—700 页制成。

上文提到,1935 年由于法律及金融环境的原因,上海商业储蓄银行的存款突然下降。其实,当时所有商业银行的存款都有下降的趋势,唯有中、中、交三行地位特殊,存款未有减少;中、中、交、农四行存款占银行业总存款的 59%。④此前中国银行一直经营个人存款业务。1928 年后银行条例规定可“经收各种存款并代人保存证券、票据及其他一切贵重物品”。交通银行于 1930 年在上海设立了储蓄部。自

① 宋春舫等:《上海商业储蓄银行二十年史初稿》(1934 年 5 月),第四章,上海市档案馆藏,档号:Q275-1-170。

② 上海商业储蓄银行汉口分行编印:《汉行史概》(1934 年),上海市档案馆藏,档号:Q275-1-175。

③ 《上海商业储蓄银行史料》,第 867 页。

④ 《上海商业储蓄银行史料》,第 413—414 页;《中央银行史料》上卷,第 10 页。

1932年至1933年，本作为“银行之银行”的中央银行的同业存款从该行总存款的30.2%降为19.9%，但社会及个人存款却从2.8%增加至4.2%。① 1935年改组后，中国银行呈准财政部，以500万元的资本金，添设独立的储蓄部。一年以后，中国银行储蓄部已经吸收存款7 000万元，远超上海商业储蓄银行的3 883万元储蓄，仅次于四行储蓄会。②中、交两行成立储蓄部后，不少私营银行的存户转存入中、交两行的储蓄部。③

同时中央信托局成立后即建立储蓄部，邮政储金局也全力推广储蓄，1936年中央储蓄会成立。面对国家金融机构的急速扩充，上海商业储蓄银行的主营业务自然受到抑制。1934年8月，上海商业储蓄银行的绝对存款量在中、中、交三行之后，而增加数额在中国、中央、交通、大陆、金城之后，居第六位。④不过上海商业储蓄银行也有自身经营的优势。至1933年8月，上海商业储蓄银行每元资本能吸纳22.59元存款，吸收存款的效率仍然位居所有银行之首。⑤

1932年以后，上海商业储蓄银行的国内汇兑业务量逐年增加，而汇水却逐渐减少。1933年比上年增加汇款33%，汇水却减少了27%；1934年比1933年汇款增加33%，汇水再度减少了28%。两年内，上海商业储蓄银行的内汇收入缩减26.4万元。造成这一现象的原因在于，各路局轮船开始对中央银行的运钞实行免费，中、交两行现亦援例请求应用于其发行的流通券。因此，上海商业储蓄银行不得不降低汇兑收费，国内汇兑差价也随着各地货币市场的流通而减少。政府推进统一发行，中、交两行又经改组，上海商业储蓄银行认为商业银行的汇水将继续缩减。1935年法币制度确立，各地币值趋于统一，汇水一项基本无形取消，上海商业储蓄银行有时还需向中、中、交三行商洽减少银行间的电汇手续。⑥

面对巨大压力，上海商业储蓄银行调整经营方针，适应现实竞争，尤其体现在长期维持大量信用放款的业务。陈光甫一直大力推广押款押汇或票据贴现，但自1932年至1934年，上海商业储蓄银行放款总量中的信用放款从22%下降至16%，并不特别明显。⑦ 1932年，各家银行的竞争激烈化，有的银行甚至向提前提取的定期存款支付利息，有的银行还考虑仅凭单据押款。陈光甫曾对上海商业储蓄银行

① 转引自石涛：《南京国民政府中央银行研究(1928—1937)》，上海远东出版社2012年版，第123页。

② 中国银行总行、中国第二历史档案馆编：《中国银行行史资料汇编》上编(一)，档案出版社1991年版，第125页；《上海商业储蓄银行史料》，第448页。另参见董昕：《中国银行上海分行研究(1927—1937)》，上海人民出版社2009年版，第209—211页。

③ 《交通银行史料(第一卷)》上册，第318页。

④ 《上海商业储蓄银行史料》，第714页。

⑤ 《上海商业储蓄银行史料》，第402页。

⑥ 《上海商业储蓄银行史料》，第468—469页。

⑦ 《二十二年七月五日陈先生在管理会议致词摘录》，《陈光甫先生言论集》；《上海商业储蓄银行史料》，第627页。

面临的竞争作出分析，认为在通商大埠的外国银行仍有很大的优势；在次一等的商埠，中、交两行放款取利7、8厘，而上海商业储蓄银行放款的成本就要7、8厘；而再往内地去，又要面对不少地方的军政强迫借款。陈光甫在中国银行演说："我们银行界自身的苦处，自己都还不明白，大家不知道和衷共济，求个出路，还要我排挤你，你排挤我，恐怕结果下来，是大家没有好处。"①1934年7月，当时银行管理层分析新华、国货等银行只能与上海商业储蓄银行作小生意的竞争，国货银行尚能争夺关金生意，金城、大陆两行则有能力竞争中等生意；而"大生意"的竞争主要还是与中、交两行。②

农村贷款方面，1934年上海商业储蓄银行农业部已经在南京、蚌埠、汉口、长沙、广州、济南、西安等分行内增设农业科，深入乡村，协助农业合作组织，促进生产之改良与其运销方法。贷款区域分布于苏、浙、皖、鲁、秦、豫、晋、鄂、湘、粤等十余省，贷款总额440余万元，1935年增长为600余万元。但是好景不长，《储蓄银行法》实际上引导所有储蓄银行都开展农村贷款，在鼓励游资流出城市的同时间接造成了银行同业新的竞争。国民政府为了加大对农村合作的投入，在法条中规定，储蓄银行对于农村合作社以农产物为质押品的放款，"不得少于存款总额五分之一"。此前，在各家银行中，只有上海商业储蓄银行将农村贷款作为业务重点。陈光甫当时担心："现在我行注意于农村经济，而中央及中交亦无不研究农村生活，将来变更至如何程度，我应如何研究。"③

南京政府先后设立农本局与中国农民银行办理农业放款，上海商业储蓄银行难以保持优势，只能退而联合同业组成"中华农业合作贷款银团"，并逐步收缩本行自办农贷。至1936年上海商业储蓄银行农贷总额仅维持了160万元。④前文提及，上海商业储蓄银行配合陈光甫的棉统会工作在陕西、河北等产棉地开展农村合作建设。随着，棉统会棉业改良工作的推广，中、交两行也很快跟随上海商业储蓄银行的步伐进入棉业领域。⑤最后，上海中华农业贷款银团(交通银行、上海商业储蓄银行等9家银行)与中国银行联合办理贷款300万元，其中银团250万元、中国银行50万元。该项贷款分别以青苗与运销两种补助农村经济。⑥

1936年，实业部长吴鼎昌发起农本局，其直接目的为"整理农业产品、流通农业资金"，总经理与协理均由实业部简派。该局成立后，向各银行分配600万元的农村放款金额。与吴鼎昌熟识的钱新之、吴震修、周作民等12人成为商股理事，而

① 《战事停止后银行界之新使命》(1932年2月)，《陈光甫先生言论集》。

② 《上海商业储蓄银行史料》，第714页。

③ 《二十二年七月五日陈先生在管理会议致词摘录》，《陈光甫先生言论集》。

④ 上海商业储蓄银行编印：《本行生长之由来》(1949年2月)，上海市档案馆藏，档号：Q275-1-173。

⑤ 《棉业统制会今岁扩大放种区域》，《申报》，1936年3月10日，第11版。

⑥ 《贷款团与中国银行合办豫省农贷》，《申报》，1936年4月13日，第8版。

陈光甫成为 5 名候补理事之一。共有 30 家银行集商之后，按照储蓄存款百分之一分摊，其中四行储蓄会 84 万元、中国银行 70.1 万元、交通银行 65.1 万元、邮政储金汇业局 54 万元、金城银行 51.8 万元、盐业银行 49.7 万元、上海商业储蓄银行 36.6 万元、江苏农民银行 25 万元、江苏银行 25 万元、大陆银行 22 万元、浙江兴业银行 18 万元等等。可见，上海商业储蓄银行在农村贷款方面的优势已经大减。这可能也是 1934 年以后陈光甫与地方政府加强联络的原因之一。①

无论是呼吁银行业的团结，还是选择合组银团贷款，陈光甫的内心是想减少华商银行的同业竞争。他认为对中国银行业而言，激烈的竞争并非必要，尤其还受制于外国银行。② 1930 年底，陈光甫在华北视察途中告诫银行地方分支的负责人徐谢康和张水淇，银行业务上要每日竭尽思虑，"如日思一法，则年有三百六十五法"，总有可取之处。他要求济南分行的行员熟谙当地语言，"不可稍有语言上之隔阂"。到青岛以后，他指示即便到行客户没有一元生意，也必须尽力予以便利。③在徐州，他对由上海商业储蓄银行控股的徐州国民银行经理说，"官吏恃其权位以骄人"，人人厌恶，商办银行最须戒除官僚习气。④

1935 年，南京政府基本完成了对上海银行业的资本控制和机构改组。国家金融机构业务先后遍及各项储蓄、信托、保险等领域。上海商业储蓄银行对新的市场环境作出分析，认为，"除发行外，凡目下政府机关之业务，银行未尝不可继续进行，但普通银行，其资力不如政府银行，其号召能力，在今日情势之下，亦较为薄弱"。一般商业银行在政府银行涉及的主业均有"今不如昔之势"。上海商业储蓄银行注意到："今后小规模之银行，将逐渐消灭，所能存者，将为规模较大组织较健全之银行。"上海商业储蓄银行发展的方针开始倾向于经营技术的优化和组织的扩大化。⑤

为应对竞争，陈光甫在经营模式上继续另辟蹊径。1929 年，陈光甫希望能在津浦、陇海两路交汇的徐州地区开展业务，故上海商业储蓄银行与徐州原中华国民商业储蓄银行加资合组，成立徐州国民银行，陈光甫任董事长兼总经理。陈光甫还要求上海商业储蓄银行与徐州国民银行两行能打成一片，消除界限。这以策略使得陈光甫的事业在徐州获得成功，放款、押款均得以稳健增长。⑥另外，陈光甫指示国外汇兑处要对外做宣传，对内谋改革；一方面减低手续费，招徕当地顾客，一方面代办外交部、工商部汇往国外各公使、领事及各专使人员的款项。1934 年，国内竞

---

① 《参加农本局各银行昨认定金额及理事》，《申报》，1936 年 7 月 30 日，第 10 版。

② 《二十年九月二十一日本行第二届训练班开学陈先生致词》，《陈光甫先生言论集》。

③ 《陈光甫先生言论集》，第 33—34 页。

④ 《陈光甫日记》，1930 年 12 月 11 日，第 108 页。

⑤ 上海商业储蓄银行总经理处编：《本行环境之回顾与前瞻》(1935 年 12 月)，上海市档案馆藏，档号：Q275-1-347。

⑥ 《上海商业储蓄银行史料》，第 851 页。

争激烈,经济环境紧张。陈光甫又派徐谢康和陈湘涛赴南洋考察,拓展海外汇兑业务。两人走访当地国民、中兴、华侨各银行,与各家订明合作条件。① 1936 年,陈光甫表示今后银行业的剧烈竞争,受优胜劣败的市场原则支配。在南京,他不忘鼓励行员与时俱进,适应经济社会的转变,力争“执金融界之牛”。②

陈光甫也鼓励银行行员能够勇于面对竞争,在竞争中生存;他与行员聚餐时说,外商银行固然人人为虑,但可以对华商银行产生监督作用,使得华商银行谨慎经营。③ 1931 年中国银行的《中行月刊》特以“他山之石”,隐喻上海商业储蓄银行,陈光甫得知后告诫同人也要以中行为良师益友。④陈光甫能够看到在上海银行业的发展背后还是全国资金集中上海的趋势,在各行忙于业务竞争的同时,陈光甫依旧把客户的资金安全作为银行的首要目标。上海商业储蓄银行的内部通讯指出,内地资金集中上海,其实是集中于大银行,小银行资本薄弱,难以吸收存款;这种现象反映了市场资金仍然是“以安全为第一义”,这才是社会对银行信任的根源。因此上海商业储蓄银行的信用放款、证券买卖、房地产投资,一直在设法紧缩。⑤

从表 4-1 来看,上海商业储蓄银行在全国金融市场中的比重随着国家银行的扩张而减小了。不过,这种转变发生后,上海商业储蓄银行的各项业务很快趋于稳定,其原因是这一时期内银行业整体在向前发展。而且从长远来看,国家金融力量的巩固确实有利于整个金融市场的安全与发展。在与国家金融机构的合作或者竞争中,陈光甫的银行经营策略更为成熟。只是从 1927 年以来银行业与国民政府之间的许多裂痕并不会顺利地快速弥合,战争危机中的政府与市场的关系仍是一个复杂的现实问题。

第三节　陈光甫与南京政府对金融业的控制

“硬着头皮干下去”

1932 年以后,中国的银行业总体进入稳步发展的阶段。不仅含有国家资本的银行发展迅速,以“北四”“南三”为代表的私营商业银行发展速度尤其明显。⑥不

① 《上海商业储蓄银行史料》,第 645—646 页。
② 《二十五年八月陈先生与南京分行同人谈话纪录》,《陈光甫先生言论集》。
③ 《上海商业储蓄银行史料》,第 879 页。
④ 《二十年一月陈先生在沪与同人聚餐谈话摘录》,《陈光甫先生言论集》。
⑤ 《上海商业储蓄银行史料》,第 401—402、496 页。
⑥ 洪葭管:《中国金融通史》第四卷,中国金融出版社 2008 年版,第 96—97 页。

过，整个经济界自南京政府初期以后对于蒋介石政府的不满并未完全平息。在1932年4月的国难会议召开前后，反对国民党专制的氛围日厚，国民党中央也深有觉察。在中央政治会议上，国民党内部也对训政期限与党治问题有所讨论。另一方面，蒋汪合流增强了国民党南京政权的稳定性，使党的力量更为集中。南京中央也开始注重党内的"统一意志"。经过讨论，南京国民党中央一致认定不允许讨论"取消党治"，仍须由国民党实行十年训政。①

国民党内部的权力竞争使蒋介石选择压制或无视胡汉民"开放党权""承认各党并存"的主张。"一·二八"事变爆发以前，他就拟定："取消国难会议，速定财政人选。"②蒋一度会见汪精卫与宋子文，要求汪精卫能够坚定一党统治的信念："不顾反动派之反对也。"蒋介石还与汪共同支持由宋子文领导原财政委员会的工作。③对于上海方面黄炎培等人发起的"废党"主张，他表示"决不予姑息"。④

1932年下半年，国民政府曾考虑履行国难时期的承诺，设立议政机关。表面上，国民党通过一些决议促进宪政，实际却口是心非。8月，国民党中央政治会议主席汪精卫在南京主持党内谈话会，讨论设立国民参政会事宜及其权限。在此次非正式的会议上，国民党内部几乎一边倒地否决了国民参政会在通过预算决算、发行公债、增加租税、发行钞票、通过条约等方面的最终决定权。叶楚伧在会上说"国民参政会"不过是由代表各界建议的国难会议向政府提出的建议，政府"决没有必须遵照执行的义务"。政府需要让人民发表意见的机关，但不必为之"有所拘束"。张道藩则将很多国难会议代表称为"捣乱分子"，尤其是最后没有出席会议的那部分代表；政府设置国民参政会只是同情人民，求其谅解，但绝不能迁就。甚至有委员说，不仅外交一部分的权力不能满足"反党"人士，"即使取消党治亦仅得满意于一时"。此时的国民党中央非常明确："训政时期全国最高机关，自然是中国国民党。"⑤而蒋、汪两人都强调国府五院需要对国民党中央执行委员会负责，要吸收社会上的"优秀分子"，加强国民党的执政力量，免为党外势力所用。

由于国民党只以讨论御侮救灾绥靖为范围，并执意拟定于政府所在地洛阳召开国难会议。上海方面大量社会人士以政府缺乏诚意为由，拒绝参会，其中金融界的就有陈光甫、卢学溥、徐新六、李馥孙、胡孟嘉、胡笔江、陈锦涛等人。"反党"人士在上海提出"对日抵抗到底，对内结束党治、实现民治"的政治目标。⑥结果，蒋介石

---

① 《中国国民党中央执行委员会政治会议第304次会议速记录》(1932年3月21日)，台北国民党党史馆档案，档号：政00.1/127。

② 《蒋介石日记》，1932年1月26日。

③ 《蒋中正先生年谱长编》第三册，第643页。

④ 《蒋中正先生年谱长编》第三册，第644页。

⑤ 《中国国民党中央执行委员会政治会议第304次会议速记录》(1932年8月5日)，国民党党史馆档案，档号：政00.1/129。

⑥ 《国难会议上海会员会昨开第四次会员大会》，《申报》，1932年4月2日，第1版。

自己也拒绝出席国难会议。原本党内格局的稳定有可能帮助国民党有信心和精力去团结整个社会,但转机很快消失,国民党与社会领袖之间的隔阂没有得到双方理智的化解。与此同时,蒋介石开始思考要将社会舆论、金融界、军队与党内各派别一同整顿。①此时,陈光甫感到社会对政府的支持也"人心已去"。②

1932年5月,上海银行业反对宋子文代表政府购买军火,怀疑是为了运往内地进行内战。为此,金融界人士在中国银行开会讨论,组织废止内战大同盟。吴达铨、黄旭初、徐新六、贝淞荪、张公权、钱新之、徐寄庼、卢涧泉、冯幼伟、李铭、胡笔江、秦润卿参加,甚至与宋子文交好的李石曾也列席。两小时讨论的过程中,陈光甫发表了温和应对的意见,认为要用天主教传教的方法,渐进实现劝"人"为善。此次讨论议决了废止内战大同盟会的草章(见附录八),其中规定成员(当然包括金融业成员)不得加入内战任何一方,"不论个人、团体、性别、职业、党派,勿须介绍,均得签名入会,并得由本会公开发表之"。③随后,银行界通电北平、天津、武昌、南京、广州和上海各界领袖,征求加入,并在《申报》上加以专登,进行宣传。④由银行业人士为主最先发起的反内战运动,不仅得到了国人广泛拥护,还引起国外舆论的关注。曾有美国人威廉致信废止内战大同盟会,希望能支持中国的爱国团体,推进中美实业界合作。美国工业界也有人表示愿意相助中国,使中国的大众消费大能力与美国的生产能力匹配起来。⑤

1932年,以上海为中心的社会精英群体与南京政府的矛盾逐渐升温。唐有壬评论道,"在朝在野之间彼此离异已深,优居沪上的在野诸人目在朝者无非是贪官污吏而已;反之,在朝诸人目在沪上者,亦无非是洋奴买办而已"。⑥然而没有人站出来调和这种矛盾,部分国民党人意图实现已有的承诺,取信于民,但不愿意用退让来换取政治合作。由于南京的国民党中央集体对一党专政的坚持,直到抗战全面爆发,上海各界对于参政议政的制度诉求从未真正实现。

在反对日本侵略的社会舆情之下,从银行业到工商界同时开展了抗日救国运动。史量才与上海地方协会成为这一运动的主力之一。淞沪停战协议签字后,上海秩序渐次恢复,原上海市民地方维持会宣告结束,同时并发起组织地方协会。6月7日该会选出史量才为会长、杜月笙和王晓籁为副会长,钱新之、虞洽卿、徐新六、陈光甫等人当选理事。可见地方协会仍然是以金融业与工商业的联合体。白

---

① 《蒋中正先生年谱长编》第三册,第649页。

② 《陈光甫日记》(1932年5月3日),第160页。

③ 《陈光甫日记》(1932年5月10日),第167—169页。

④ 《吴鼎昌等征求加入废止内战大同盟》,《申报》,1932年5月27日,第6版。

⑤ 《美人威廉函吴鼎昌赞助我国废战运动》,《申报》,1933年9月27日,第10版。

⑥ 《中国国民党中央执行委员会政治会议第304次会议速记录》(1932年8月5日),台北国民党党史馆档案,档号:政00.1/129。

华山曾对该组织做了详尽的研究，尤其揭示了史量才与地方协会在抗日救亡、反对独裁运动中的重要作用。[①]不过上海地方协会根本上还是一个“以协力图谋本市市民之福利与各项地方事业之改进为宗旨”的地方自治组织，进行了大量的经济建设、赈灾与福利事务。陈光甫也参与其中。

陈光甫与史量才素有交往，史量才在1916年就曾入股上海商业储蓄银行3 000元。[②] 1918年上海银行公会成立后，他也是重要成员之一。1922年，史量才还与陈光甫一同参与了上海方面筹赎胶济铁路的事务。[③]当时，赎路委员会拟以“九六公债”按票作路股，史量才赶往北京与北洋政府商谈，但政府表示“不能以公债面额换回股票”。于是两人拜访北京和济南的中国资本家请求购买公债券向德国人赎回铁路，并向上海银行公会报告在北京筹得380万元公债，天津320万元公债，而政府方面则筹得九六公债840万元。[④]之后两人在租界纳税华人会、江苏赈务处、全国道路建设协会共事，1932年又共同任职上海市参议会。史量才也是中南银行的创始人之一与重要董事，在成立上海地方协会之前，参与管理中南银行。[⑤]

1932年3月下旬，正是史量才联合陈光甫、荣宗敬、李铭、杜月笙、虞洽卿、刘鸿生、钱新之等十余名地方维持会会员与全国其他人士联名签署了《救济国难之具体主张》，要求政府：“一、以武力自卫为主，国际折冲为辅，不惜任何牺牲维护国家及主权完整；二、确保人民言论、出版、集会、结社自由，废止与此抵触的有关党部决议和法令，开放党禁，不得用公款支付国民党党务费，实行地方自治，集中全国人才，成立有力政府并由民选的国民参政会监督政府；三、筹备宪政，限8个月内制定民主主义宪法。”[⑥] 4月29日，日军上海占领军总司令白川义则在虹口公园被炸身亡，大批日本士兵进入法租界搜检，旅沪全体韩侨请求史量才援助，史量才还找到陈光甫，陈光甫替史氏制定声援计划。[⑦]

对于南京政府而言，党内外的反对言论始终难以消除。1932年蒋介石一度确定了“树立中心势力，巩固七省基础”的政治建设目标。为了树立南京中央政府的权威，蒋介石仍坚持认为“政府维持党治则尚有救国之道”。对于商人及相关团体，

---

① 《地方协会成立》，《申报》，1932年6月9日，第13版；白华山：《史量才与上海市地方协会》，《学术月刊》，2002年第1期；白华山：《上海市地方协会与抗日救亡运动》，《上海革命史资料与研究》第10辑，上海古籍出版社2010年版。

② 《上海商业储蓄银行史料》，第38页。

③ 《筹赎胶济铁路委员会纪》，《申报》，1922年3月31日，第13版。

④ “上海银行公会会员会记录簿”（1922年11月4日、11月11日），上海市档案馆藏上海银行公会档案，档号：S173-1-5。

⑤ “中南银行股东会会议记录”，上海市档案馆藏，档号：Q265-1-51。

⑥ 《救济国难之具体主张》，《救亡通讯》第12号，1932年4月11日。

⑦ 《陈光甫日记》，1932年5月10日，第165页。

作为领袖的蒋介石倾向于由政府主导的合作方式,不愿平等携手。[①] 1932 年,蒋介石抵制召开"国难会议"便是最好的表态。他将金融界与各政治派别、军队派系并列,作为需要"整理"的对象。[②]

1933 年 5 月 31 日,中日签订塘沽协议。蒋介石担心由于政府在华北问题上的对日妥协再次引起社会舆论的厌恶。他接连电告上海市长吴铁城注意舆论宣传,要求吴铁城秘密向上海各界人士申明塘沽协议只是军事上的权宜之计,"绝非屈服"。他要吴铁城解释政府面对日方压迫,必须设法缓和,以保平津安全,不致"华北全亡"。[③]另一方面,他指出"停战协议发表,奸人乘机构煽,在在堪虞",要求"对日宣传方针,亦宜稍示缓和,以免与政府政策矛盾";并令吴铁城"一切企图煽乱者之行动,尤盼加意(以)防范"。[④]

财政方面,1932 年国民党政权恢复稳定以后,开始对火柴、水泥、卷烟等统税以及煤油、汽油商贸的关税进行增税,同时开征洋米税、整理盐税,税收一年增加了 1 亿元。[⑤] 1934 年 7 月,蒋介石电示吴铁城劝止上海商会反对新税则:"对于新税则事,是为国家整个打算,且不丧及国民生计为主旨,请沪上各友共负艰巨,勿过激情感,竭力劝止为荷。"[⑥]可见,南京政府高层担心上海经济界阻挠政府的经济政策,力图避免引起社会舆情的紊乱。

事实上,南京方面对内专制的趋势和对外的妥协事实,日益加重了上海地方社会力量的不满。1933 年,陈光甫曾在经济学社发表演讲,讲述自己在《申报年鉴》里找到 1930 年全国十六省所遇灾害的统计。他说中国无时无地不受天灾人祸,"野无寸草,民不堪命"。他举自己曾参与过的导淮事业,认为政府没有决心导淮,为节省 3 亿元经费,导致一年的天灾就能造成 2 亿多元的损失。他认为国内生计的重点在于人民有所觉悟,但起点在于政府能有所觉悟,履行保护农商的职责。他说:"政府能为农商稍留余地,在消极方面,不发生内战,不增加苛税;在积极方面,于可能范围内,提高主要物品之进口税,投资有安全之保障,营业有可图之利益。"陈光甫认为南京政府虽"抱万事公开之旨",政府内部却不能使专业人士发挥作用。[⑦]

在上海地方的社会力量中,杨铨(杏佛)与史量才始终是重要的舆论领袖。时任中央研究院总干事的杨铨曾是"国民党上海特别市党部执行委员会"的重要成

---

① 《蒋介石日记》,1932 年 12 月 10 日。

② 《蒋中正先生年谱长编》(第三册),第 649 页。

③ 《蒋中正先生年谱长编》(第四册),第 101 页。

④ 《蒋中正先生年谱长编》(第四册),第 104 页。

⑤ "中国国民党中央执行委员会政治会议第 391 次会议速记录"(1933 年 1 月 10 日),台北国民党党史馆,档号:政 00.1/137。

⑥ 《蒋中正先生年谱长编》(第四册),第 378 页。

⑦ 《吾国经济改造的根本问题》(1933 年 8 月),《陈光甫先生言论集》,第 144—146、153—154 页。

员，与宋庆龄、蔡元培等人于1932年12月发起组织中国民权保障同盟，担任总干事。陈光甫与杨杏佛在国民革命军北伐以前就有所交往，曾为杨募集革命资金。①1933年6月，杨杏佛突然当街遇刺身亡，震动上海社会各方。国民党元老蔡元培、吴稚晖在葬礼上亲自执绋，南京政府军政高官纷纷致哀。②

1932年7月，史量才主办的《申报》就开始连续发表社评，攻击南京"剿匪"政策，指出"贪官污吏即皆为匪之制造者"，而国民党俨然为一法西斯组织。蒋介石获悉后下令豫、鄂、皖、赣等省禁寄《申报》。他告诉上海市长吴铁城，《申报》已经与政府对立，黄炎培等发表相关言论均应作为"反革命"；同时，蒋介石致电全国商会联合会理事长王晓籁、上海法租界公董局华董杜月笙，除重申前意外，又称："(《申报》)编辑部方面隐然自成系统，别有用心。中负党国重任，不得不予以处置。"③直至《申报》方面表示愿意纠正改善，蒋才下令弛禁。④随着《申报》及其代表的反蒋言论禁之不绝，史量才与国民政府的矛盾日趋激烈。1934年11月13日，史量才在沪杭公路返沪途中被刺杀身亡。

史量才去世后，杜月笙成为上海地方协会的会长。此时的杜月笙已是多家银行的董事和实业界的投资人，地方协会会所也迁至杜月笙的中汇银行大楼。在杜月笙的主持下，上海地方协会的主要议题从"抗日"和"反独裁"转向社会经济问题。协会的大会活动也经常围绕币制改革、通货胀缩、增加生产和推广国货等主题展开，并以挽救地方经济动荡为目标。⑤1936年，杜月笙再次当选第四届地方协会主席，而陈光甫当选为五名理事之一。在实际事务中，地方协会致力于淞沪纪念广慈院、平民教养院及高桥农村改进会等事业。⑥陈光甫与杜月笙原本熟识，在上海地方协会的功能转换中，陈光甫的地位并未有所改变。1935年2月，上海地方协会商请中央、中国、交通三银行组成财团，发放贷款救济工商业，但是中、交两行并不愿意。⑦ 3月，上海市商会与地方协会拟具了一份工商信用小额借款办法，请求银钱两业与政府分别认定250万元的小额信用借款。方案由地方协会交给上海银行公会讨论，陈光甫即表示："对于信用及抵押放款照常尽量接济。"⑧

杨杏佛与史量才的遇刺标志着上海地方上"反蒋"或是反国民党力量的颓势。1935年2月，国民党中央宣传委员会密令所属各级宣传机关，暂停攻击国家主义

---

① "上海银行公会委员会会议记录"(1926年3月26日)，上海市档案馆藏，档号：S173-1-10。

② 《杨杏佛昨日安葬》，《申报》，1933年7月3日，第11版。

③ 《蒋中正先生年谱长编》(第三册)，第694页。

④ 《蒋中正先生年谱长编》(第三册)，第729页。

⑤ 徐铸成：《杜月笙正传》，浙江人民出版社1982年版，第148页；《地方协会大会记》，《申报》，1935年12月19日，第11版。

⑥ 《上海市地方协会昨开四届年会》，《申报》，1936年7月22日，第12版。

⑦ 《黄炎培日记》，1935年2月1、3、19日。

⑧ 《市商会地方协会会呈财部贡献信用借款办法》，《申报》，1935年3月15日，第10版。

派的所有宣传。蒋介石电示国民党中央组织委员会主任委员陈立夫，准备接受国家主义派的救国“诚意”。不久，蒋介石又下令将已经逮捕的鼓吹国家主义人士释放，其目的是吸纳政治力量支持国民党，并放任国家主义思想的传播。[①]在谈到经济问题时，蒋介石更是指出要“以国家为主体”，“经济问题，事关机密，戒集会空谈”。[②]

在此过程中，陈光甫也不再参与反对南京政府的社会活动。第三章中提及，陈光甫对国民党政府的态度确有改变，而这种改变部分是由于政府在经济建设方面的积极作为。他也明白金融界的政治主张很难起到作用，不愿卷入公共的参政议政。他对政府施政的主要衡量标准是经济建设的决心和合理性。1932 年以后的中国整体上没有重大内战，各地均开始进行公路、水利等基础建设。1933 年，宋子文履行了不再新发内债的承诺，试图改良与银行业的关系。陈光甫感受到“国难”以后“军人心理之移转”。从自己参与的经济管理工作中，他看到“政府与社会渐知提倡改良农村之重要”，希冀政府促成“国民心理的转变”。进而有益于经济事业(尤其是银行业)的改良，形成相辅相成的循环。对于政治环境，他也不愿意专持“颓废放弃论调”，赞同“硬着头皮干下去”。[③]在 1932 年至 1935 年间，陈光甫参与全国经济委员会工作，同时忙于新形势下的银行业务经营。中国经济总量不断增长，政治环境相对趋于稳定，这些都有利于中国银行业的发展。

顺应中、交两行改组

1935 年，中央政府开始考虑对金融业资本进行全面的调整与控制。1 月，蒋介石日记记载：“商决政制、金融与币制入手办法甚久，得有解决，亦一大事也。”[④] 2 月，他与孔祥熙、宋子文交换经济工作意见，总结道：“中央以统制金融与统一币制为财政之命脉，此策或亦不误也。”[⑤] 3 月初，蒋介石认为已经到了需要最后决定金融与钞币政策的时刻。[⑥]孔祥熙向上海政、商各界透露，为了救济经济，中央正在统筹整个金融界的方法，到时“沪市金融自可同时解决”。[⑦] 3 月 19 日，孔祥熙向蒋介石提出了方案，将中国银行官股再增 2 500 万元，交通银行官股再增 1 000 万元；为

---

① 《蒋中正先生年谱长编》(第三册)，第 534、608 页。

② 《蒋中正先生年谱长编》(第四册)，第 535 页。

③ 《廿二年五月陈先生读中国银行廿一年度营业报告后之感想》，《陈光甫先生言论集》，第 130—131 页。

④ 《蒋介石日记》，1935 年 1 月 17 日。

⑤ 《蒋介石日记》，1935 年 2 月 28 日，“本月反省录”。

⑥ 《蒋介石日记》，1935 年 3 月 9 日。

⑦ 《中央对整个金融正在统筹办法》，《申报》，1935 年 3 月 11 日，第 7 版。

达到增加资本，拨还垫款，另拟发金融公债1亿元，同时救济工商业。[1]不久，国民党中央政治会议通过了这笔1亿元的公债提案。

张嘉璈等中国银行高层得知了改组方案后感到震惊，其日记中写道："此次中国银行增加官股，与更动人事，于三月中旬，孔、宋两先生自汉口归来后，方始知之。"[2]中国银行天津分行负责人卞白眉写到张嘉璈"态度过于悻悻"。[3]在中国银行董事会上，董事们纷纷对增资改组提出异议。3月22日，面对中、交两行的抵抗，蒋介石认为政府为政府增加中、交两行资本是唯一必行的政策，"切请中央坚持到底"。[4]张嘉璈已然看到此次改组不仅是涉及股权，还针对具体人事。银行总经理的更换不可避免，银行家个人无从抗衡南京中央，张嘉璈和中国银行只能顺从妥协。[5]

3月29日，孔祥熙发表讲话，中央、中国、交通三行增添资本及改组董事会是政府长久以来希望增强三行实力的政策；适逢经济萧条与美国白银政策的影响，三家银行更应该协作。孔祥熙对外宣布政府已经任命宋子文为中国银行董事，张嘉璈派为中央银行副总裁之一；"至于交通银行，除政府加派官股董事外，并无其他变更，又上述变动。"孔、宋二人都表示此次改组是为三行合作，并稳固银行业的基础。孔祥熙表示中国银行的改组和交通银行增派官董，"纯为三行合作及稳固我国银行业之基础"，中国、交通银行仍保持独立性质。他强调三大银行的密切合作与政府的货币政策"全无关系"，但对政府调剂市面大有裨益。而即将入主中国银行的宋子文则表示政府增强了三行实力，促成通力合作，"此系国民政府成立以来久已预定之方案"；中国银行除增加政府资本外，仍是完全独立性质，营业范围享有政府授予的特权等等。[6]

同日，张嘉璈辞去中国银行总裁。次日，经中国银行股东大会通过，中行增资1 500万元，官股、商股各半，合计资本4 000万元。同时改总经理制为董事长制，宋子文任董事长，以年逾六旬的宋汉章为总经理。[7]交通银行的股东大会于4月20日召开，大会修订章程，并决议新增加官股1 000万元，连同原有官股，合计1 200万元，占63.37%，官股大大超过商股。[8]蒋介石非常满意中、交改组的结果，数次提

---

① 《孔祥熙电蒋中正拟提出发行金融公债》(1935年3月19日)，台北"国史馆"藏，蒋介石档案，档号：002-080200-215-026。

② 《张嘉璈日记》，1935年4月1日，中国银行总行、中国第二历史档案馆合编：《中国银行行史资料汇编》(上编1912—1949年)，第393页。

③ 《卞白眉日记》第二卷，1935年3月28日，第282页。

④ 《蒋介石日记》，1935年3月22日。

⑤ 《中国银行行史资料汇编(上编)》(一)，第386页。

⑥ 《沪各团体筹备，宋子文任中国银行董事》，《申报》，1935年3月30日，第10版。

⑦ 《中国银行行史资料汇编(上编)》(一)，第383—384页。

⑧ 《交通银行史料》第一卷(1907—1949)上册，第26页。

及:“统制中央、中国与交通三银行之金融,此为最大之成功。”①

最后,中国银行新增官股为 1 500 万元,交通银行新增官股 1 000 万元,并拨足原认官股 100 万元,中央银行增加资本 3 000 万元,用于换回前发等额国库券。中国、交通两行订于 1928 年的条例随即进行了修正,中国银行的董事会重新进行了(官董)选派或(商董)选举。5 月 20 日,作为中央银行理事、中国银行和交通银行的商股董事,陈光甫将三家银行的资本变更情况,连同选派官股董事、监察人姓名以及中、交两行条例修正情况附带程序说明,呈交行政院,提请通过备案,“并报告中央政治会议暨指令”。这一签呈反映了中、中、交三行商股股东对银行改组事实的承认。②

其实蒋介石对于中、交两行改组是十分谨慎的,希望避免矛盾,稳妥完成改组。他屡次考虑张嘉璈的去向,谋求安抚金融业的领袖。他征求孔祥熙的意见:“公权就实业部较妥,当先安其心,且勿使人难堪也。”③。5 月,国家对中、交两行的控制已经牢固,蒋仍然希望孔祥熙顾及银行业的情绪:“实业部事,以先任公权为妥,如此时由子文兼任,更为众矢之的,而于政局亦必生变化,更多不利,请以兄意直商汪院长,即任公权为实业部长,则于公权方面亦可略与(予)面子,不使其不安也。”④蒋介石还特别布置媒体做好应对准备:“政府增加三行资本,救济社会金融政策,应设法密嘱京沪各报一致拥护主张,促成其事,使反对派不能造谣惑众,俾定人心。”⑤作为政府的首脑,蒋运用足够的权威和力量去控制金融,完成国家方略,同时也并未将银行界领袖视为敌人予以彻底的打击。

国民政府对中、交两行的增资改组(尤其是中国银行的人事变动),长期以来被认为是国民政府为攫取金融资本,控制金融领域的标志性事件。不仅如此,政府对中、交两行的控制实乃政府在更深、更广层面的战略实施的一小步。在资本与人事方面,南京政府对金融业的干预进一步加深。

在民营银行方面,作为核心的“南三”“北四”七家银行的资本结构未所受太大影响。不过“小四行”等银行则因经营不善,同样被政府改组。⑥此过程中,上海地方协会会长史量才的后继者杜月笙,不仅成了中、交两行的董事,还通过政府对中国通商银行的整理,成为该行的董事长。陈光甫与杜月笙、钱新之等人还一起将中汇银行与江浙银行合并,组成新的中汇银行,资本 350 万元,专营商业银行及储

---

① 《蒋介石日记》,1935 年 3 月 31 日。

② 《陈光甫为增加中、中、交三行资本及修正中国、交通两行条例事致行政院签呈》(1935 年 5 月 23 日),中国第二历史档案馆编:《中华民国史档案资料汇编》(第五辑第一编 财政金融 5),江苏古籍出版社 1994 年版,第 481 页。

③ 《蒋介石致孔祥熙电》(1935 年 4 月 2 日),台北“国史馆”藏,蒋中正档案,档号:002-010200-00133-018。

④ 《蒋介石致孔祥熙电》(1935 年 5 月 5 日),台北“国史馆”藏,蒋中正档案,档号:002-010200-00139-015。

⑤ 高素兰编注:《蒋中正总统档案・事略稿本》,第 30 册,第 171—172 页。

⑥ 《中央银行史料》上卷,第 283—286 页。

蓄信托业务。杜月笙任董事长，钱新之等 4 人为常务董事，陈光甫、吴蕴斋、唐寿民、叶琢堂等为董事。① 1936 年 11 月，经宋子文注资改组的广东银行重新营业，上海分行随后复业。宋子文即任命当时上海商业储蓄银行香港分行经理欧伟国为广东银行上海分行经理，政府财经要员与陈光甫等银行界人士还前往道贺。开幕不久，广东银行上海分行就吸收到新存款 1 000 万元。②

1935 年 6 月，陈光甫在银行公会第三届第八次会员常会上发言，称 1932 年至 1935 年间，上海金融多有变故，银行与钱庄两业动荡飘摇，幸由金融业与政府竭力合作，才能"安渡难关"。此次会议指出"金融业本身当谋曲突徙薪"，政府统筹整个金融政策一时未必是"治本之计"，"亦未始非前途剥复之机"。③是年，上海市银行业同业公会执行委员改选，杜月笙以仅次于李铭 1 票的高票成为八位新执行委员之一。改选当日，党政机关代表亦出席，发表训词，指出银行业同业公会应对金融市场"负起责任"。④在此届执行委员会的第一次会议上，市党部与社会局代表继续出席，各执委宣誓"谨以至诚，服从三民主义，遵守国家法令，忠心及努力于本职。如有违背誓言，愿受最严厉之处分"。经过互选，陈光甫继续担任主席委员，会议并推上海商业储蓄银行杨介眉为电气公债基保管会代表和国外汇兑委员会委员。⑤

中、交银行的改组是国家资本开始统制金融业的重要标志。中、交行改组的直接推手孔祥熙则说："政府举措之最重要者，莫如改组中、交两行，增加政府资本，俾于救济改革币制之设施上得与中央银行通力合作，借收事半功倍之效。"⑥ 1935 年 6 月，陈光甫在上海商业储蓄银行第二次行务会议上说：金融环境已经在极短时间内发生了由"松"变"紧"的变化：第一，原本金融市场受美国白银政策影响，造成国内通货紧缩，现洋持续减少，物价继而下跌，工商业衰退，致使银行放贷不易收回。这种情况下，一旦发生挤兑与提存，极可能引发银行倒闭与金融恐慌。第二，中、中、交增资改组以后，加以中央银行法的公布和中国银行继而开办储蓄，政府收拢统一发行、规定利率及票据交换各权的趋势已经势在必行。过去商业银行的汇水、发行业务将逐渐缩水，银行只有向利益薄弱的业务转向，比如承兑票据及承募公司债。第三，今后上海商业储蓄银行收益趋于减少，需做好节省开支、革新方法和应对准备。⑦

政府资本以公债方式扩充股权优势，进而兼并银行业内民营资本的话语权。

---

① 《中汇江浙两行合并》，《申报》，1936 年 10 月 26 日，第 9 版。

② 《广东银行上海分行昨晨复业开幕》，《申报》，1936 年 12 月 16 日，第 14 版。

③ 《银行公会昨开八届常会》，《申报》，1935 年 6 月 29 日，第 9 版。

④ 《银行公会昨开代表大会》，《申报》，1935 年 9 月 29 日，第 11 版。

⑤ 《银行公会新执委昨就职》，《申报》，1935 年 10 月 3 日，第 9 版。

⑥ 孔祥熙：《民国廿三年会计年度及该期以后财政情形报告(下)》，《银行周报》，1936 年，第 20 卷第 45 期，第 18 页。

⑦ 《上海商业储蓄银行史料》，第 370—371 页。

部分银行家的利益固然受损,但这种做法的结果之一是政府必须对金融市场的稳定负责。陈光甫看到,“政府方面对于金融调济极为注意,一去以往之不闻不问态度”。不过,各民间金融机构仍然需要自身面对危机。自 1935 年 6 月至 10 月至少有 10 家银行倒闭或歇业,上海有近 20 家钱庄停业。①陈光甫同时心存芥蒂:“现在中、交收归国有,储蓄汇水均为揽去”,上海商业储蓄银行辛苦经营了 20 年,而“政府以债票增加资本,夺取商业银行之地位,以致商业银行不易存在”,商业银行不能不亟谋出路。② 1935 年底,上海商业储蓄银行密字通讯中指出全行“开源节流十点方针”,其中包括继续积极联络存款,提倡商业承兑汇票,替代信用借款方式,同时推行银行承兑汇票据,开始逐渐替代押款,筹划、发行并承受公司债,加强对投资工商业的严格监督。陈光甫向上海商业储蓄银行全行传达:“本行过去基础虽颇为巩固,政府方面亦极力爱护,但非提高经济效率,亦将无以保持社会人士之信任。”③

上海商业储蓄银行在 1935 年的政府对金融业的巨大调整中,未被注入政府资本,陈光甫在金融界的代表地位也未受影响。一方面,陈光甫对政府活动和公债事务本就保持距离,上海商业储蓄银行的独立地位离不开经营上的稳妥作风和风险准备;另一方面,政府与银行业领袖之间总体保持克制,以维持金融业的稳定为共同底线。由于政府银行资本的壮大,客观上占取了原有一般商业银行的部分市场利润。为此,陈光甫为上海商业储蓄银行拟定了三项原则。首先,为金融局势“厚集准备”,陆续收回押放款,集中 4 500 万元的现金准备;其次,整理各行业务,三年内不开分行,不置房地产,不准放呆滞款项,集中催收坏账,研究改善行务;第三,整顿人事,三年内不添新员,训练行员,提高效率。④

协助政府治理金融风险

1935 年国内经济转入萧条造成的恐慌从工商业蔓延至金融业。1 月 19 日,上海工商界杜月笙、钱新之、陈光甫、张嘉璈等谒见孔祥熙,请救济市面。⑤在对金融业的行政化调整过程中,国民政府财政部一边稳定金融业情绪,一边加强监管力度。财政部计划向上海钱业接济 1935 年金融公债 2 500 万元。孔祥熙在中央银行召集金融界 20 多位领袖进行会议,表示对稳定金融已有妥善办法,并将派员监督清理停业行庄,严查扰乱市面的谣言。⑥

---

① 《上海商业储蓄银行史料》,第 369 页。

② 中国人民银行上海市分行金融研究所编:《上海商业储蓄银行史料》,第 867 页。

③ 《上海商业储蓄银行史料》,第 383—385 页。

④ 《二十四年七月第二次全行行务会议陈先生致词》,《陈光甫先生言论集》,第 172—173 页。

⑤ 郭廷以编:《中华民国史事日志》,中央研究院近代史研究所,1984 年,第 445 页。

⑥ 《孔财长昨召集金融界会议》,《申报》,1935 年 6 月 8 日,第 9 版。

反对南京政府的声音逐渐消失后，陈光甫作为上海银行公会主席，选择继续配合南京政府。在商业银行人人自危的情况下，政府对银行业的控制在一定程度上对金融业的稳定起到积极作用。1935 年 6 月上海部分工商业代表向政府提出实行2 000万元抵押担保及信用保证放款救济。银行公会也受到来自工商业的压力。陈光甫代表银行公会在接受了杜月笙传达的 500 万元信用放款要求之后，一时很难再筹到更多资金。他表示 500 万元信用放款，已筹有 400 万元，但要求更多的1 500万元，必须与财政部商量才能确定。①与此同时，财政部长孔祥熙很快召集中国银行沪行经理贝淞荪、交通银行业务局经理张佩绅、四明银行总经理叶琢堂、中国实业银行总经理胡孟嘉、上海商业储蓄银行总经理陈光甫等上海各重要银行负责人，会商救济银钱业办法。孔说服了上海银钱业接受 2 500 万元政府公债现金抵押的分配，并保证政府对银行、钱业的清理在适当范围内予以援手，对舞弊或越轨行为予以取缔。孔祥熙也表示政府救济能力有限，“只能救饥，而不能救贫”。当时《申报》记者甚至流传出财政部清理金融业决心坚定：“在未清理前，每一银钱业之股东经理应负无限责任。”②同时财政部指拨国库凭证 2 000 万元，作为银行贷款的第二担保，由蔡增基、吴醒亚、杜月笙、王晓籁、陈光甫、王延松、秦润卿、贝淞荪、席德懋、张佩绅、俞佐庭等 11 人保管，之后另加聘中国国货银行总经理宋子良为保管委员。③

财政部的态度是先帮助金融市场度过危机。1935 年 6 月钱业公会表示愿意加入银行票据交换所，但提出关于汇划及抵借折扣等五项办法作为条件，其中包括：“各银行现存各庄汇划洋款，一律同时转存钱库，嗣后各庄不再收各银行汇划存款”；“各庄需用汇划头寸，均向钱库拆借押品”等条件。为使金融市场尽快安度白银危机，财政部次长徐堪再次召集中央银行管理层与陈光甫等银行界代表，决议救济钱业、稳固金融、安定市面诸项事宜。财政部与银行业、钱业之间最后达成了三项办法：“一、汇划集中钱业准备库，由钱库向各庄收集押品为此项汇划之担保；二、钱库可以此种抵押品，向钱业监理委员会换取二十四年金融公债；三、钱库取得此项公债，得向银团抵借现款。”总的来说，财政部拨出了金融公债换取钱庄方面抵押品，又以之作为银行向钱业放款的担保。这是政府维护金融业、安定市场的举措。④

解决了金融业内部的危机，政府迅即推动金融业对工商业的救济。政府委任蔡增基等 21 人成立保证工商贷款委员会，推蔡增基为主席，杜月笙、吴醒亚为副主席，陈光甫、秦润卿、俞佐廷、宋子良 4 人为常务委员。财政部次长徐堪出席成立会

① 《孔财长昨召集金融界会议》，《申报》，1935 年 6 月 8 日，第 9 版。
② 《财孔昨召银钱业商救济》，《申报》，1935 年 6 月 5 日，第 9 版。
③ 《国库凭证昨存中行，蔡增基等会商保管办法》，《申报》，1935 年 6 月 11 日，第 8 版。
④ 《钱业汇划问题解决》，《申报》，1935 年 6 月 12 日，第 8 版。

议,要求银钱两业尽量放款,救济工商。工商贷款委员会在中国国货银行内设立办事处,定期召开会议,决议贷款事宜,陈光甫多次亲自参与讨论小额信用贷款的分配。①

陈光甫赞同政府的一系列举措,因为政府对金融业的整理使得市场上日拆的控制权与票据交换权从各个钱庄手中集中到银行,而中央、中国、交通三行的分工合作也能避免银行间以发行作为争夺现洋的竞争。陈光甫指出政府金融资本地位取代民营资本的同时,银行资本应当取代钱庄资本;在此过程中,上海商业储蓄银行应该在业务上继续成为一个"具有革新与负责精神"的金融机构。②此时的金融业根本无力制衡政府的干预,事实上也没有反对的必要。国民政府在改组中、交等银行以后,统一发行银行和整理稳定市场的长、短期目的都是符合金融业的长远利益。心思敏锐的汪精卫在3月23日给蒋介石的电报也称,中、交改组,"沪人心市面,大无初变,政府政策或可推行无阻"。③中国银行天津分行经理卞白眉也承认:"津市对于此次我行改组,无坏印象。"④

利率是政府调解公债负担、控制银行体系与管理金融市场的关键支点。1935年初,蒋介石对银行制度的反思就包括了"减轻放款机关之利率"。⑤当时公债利率是金融市场中很重要的杠杆,而中、交两行在债券市场的地位极重。因此,控制市场利率也是南京政府决意由宋子文取代中国银行张嘉璈的重要原因。之前,中国银行作为公债重要垫购银行,屡次在折扣、利息条件上提出要求。1931年底,蒋召集财政委员会之际,本意由各界人士"集思广益",为军政费用出谋划策,却不曾想金融界对政府提出各种要求,他曾经感慨:"银行界张公权等要挟政府,使政府仰其鼻息,痛哉。"⑥孔祥熙曾抱怨1931年发行的1万万元公债有一半是用来偿还银行界的以往垫款,而公债价格一直被银行家"操纵"。⑦

以往,银行界始终掌握着市场利率的主动权。在国民政府早期,陈光甫在江海关二五国库券、武汉钞券整理公债等利率问题上都赞同提高公债利率,并主张降低中央银行向商业银行的贴现率,以此降低银行向工商业借款的利息。⑧不过,到了1935年,上海的商业银行与钱庄业的盈利都发生紧缩,各银行均采取节省开支、慎

---

① 《实施工商放款保证贷款委会成立》,《申报》,1935年6月16日,第11版。

② 《二十四年七月第二次全行行务会议陈先生致词》,《陈光甫先生言论集》,第166—167页。

③ 《汪兆铭电蒋中正政府政策在沪或可推行无阻》,1935年3月23日,台北"国史馆"藏,蒋中正总统档案,档号:002/080200/216/039。

④ 《卞白眉日记》,1935年4月5日,第2卷,天津古籍出版社2008年版,第283页。

⑤ 《蒋介石日记》,1935年1月26日。

⑥ 《蒋中正先生年谱长编》第三册,第552页。

⑦ "中国国民党中央执行委员会政治会议第391次会议速记录"(1933年1月10日),台北国民党党史馆,档号:政00.1/137。

⑧ 《陈光甫日记》,1928年10月8日,第61页。

重放款等措施，尤其在商业放款方面“酌量限制透支数目”。[①]在此环境下，中央银行的重贴现率逐渐成为商业银行定存利率变动的决定性因素。[②]

1936年初，财政部出面要求上海银、钱两业同业公会协同中、中、交三银行减低利息，上海银行公会主席陈光甫为此在南京晋见相关政府人士。银行、钱庄两业公会认为减低利息的先决条件是减低存款利息，双方决议待陈光甫返沪举行银钱业联席会议商议，并通知中国、交通两银行列席。[③]财政部为发行统一、复兴两公债，向上海市商会、上海银钱业两公会、地方协会、公债基金保管委员会和金融界领袖分别征求意见。财政部次长表示此次公债“目的在收入平衡、巩固金融基础”，同时政府或将用“凭证券”平衡公债的涨落。[④]国民政府也联合实业界，呼吁商业银行降低利率。上海工商界领袖虞洽卿、荣宗敬、刘鸿生、郭顺等联名请愿，各省市商会又纷纷吁请政府“减低存放款利息，抑低债券月息”，以恢复工商事业。经济学者们也发表言论，主张“以息低期长之公债，为现有公债库券之转换”。金融界领袖们迫于财政形势，亦以延期为可能，要求政府能采取方法，有效巩固公债信用。于是，政府再次减息延期偿付，为各界所接受。[⑤]

陈光甫回沪后与钱业公会主席何衷筱接洽，决定组委员会研究减息问题。[⑥]银行公会方面推定中国、交通、浙江实业、上海、国华、大陆、金城、国货、绸业九银行为委员与钱业公会所推委员举行联席会议，对财政部减低利率的原则表示赞同，并商议先减低存款利率，再减低放款利率，并计划会同中央银行共同商议。[⑦]

此次减低利率与金融市场各方面有所关联。在公债市场，公债利息与债券售卖折扣变化趋势相反。比如，裁兵公债原本利息定为六厘，但市场售价逐渐以8折为折扣，利息升至7厘以上，当市场折扣降为6折，利息遂涨至1分。因此降低公债利率需要避免过多折扣，即维持政府公债的稳固信用。银行业方面还认为商业银行降低利率必须以中央银行降低利率为先决。上海银行公会秘书长林康侯还分别电话钱业领袖，希望钱业公会也能提供意见。陈光甫主持下的银行公会支持财政部命令，同时也坚持符合自身利益的见解。陈光甫的态度表明银行业可以降低市场与公债利率，但政府必须接受相应的条件。[⑧]3月，上海银行业同业公会同时召开常务委员会和执行委员会，陈光甫“晋京未返”。在这次会议议决了组织银行票据承兑所、减息问题方案，并提议“为银行保管户调换统一公债”，由公会公告一

---

① 《银行钱庄今年营业一致紧缩》，《申报》，1936年2月1日，第14版。

② 《上海商业储蓄银行史料》，第377页。

③ 《银行钱庄今年营业一致紧缩》，《申报》，1936年2月1日，第14版。

④ 《行政院通过发行两种新公债》，《申报》，1936年2月5日，第3版。

⑤ 《陈光甫日记》，1936年3月26日，第180页。

⑥ 《银钱两业决定组委员会研究减息问题》，《申报》，1936年2月5日，第11版。

⑦ 《银行公会昨开常委会》，《申报》，1936年2月6日，第12版。

⑧ 《银行公会小组会对于减息意见》，《申报》，1936年2月27日，第11版。

致办法。①

总的来说,陈光甫对南京政府的金融统制政策是基本赞同的:“是年来政府对于银行,已自不干涉状态,进而为统制主义,去年有国外汇兑投机之取缔,储蓄银行法之实行,今年有中、中、交三行之增资改组,中央银行法之公布,最近中国银行开办储蓄。中央银行设立信托局,可见以前中央银行所放弃之发行统一、规定利率及票据交换各权,其势必将收回,往昔各行庄所恃以为武器者,其势必将缴械。今后银行将减少若干有利之业务,如汇水、发行等,将增加若干呆板而无大利益之业务,如承兑票据及承募公司债等,使所获利益为之减薄。但此种趋势,既可增强金融组织,应为吾人所赞同。”②

从政府的立场看,利率和市场的调控与国民政府对公债的整理相辅相成。金融市场机构与要素的调控为国民政府财政基础的改善提供了条件。1932 年的政府年度财政赤字主要由银行垫款替代公债库券的出售弥补,此后政府财政向银行业的直接借款得到控制。1933 年至 1936 年,银行业向国民政府的垫款一度减少,公债成为主要财政债务形式。③不过,这也带来新的问题。1933 年初,国民政府行政院拟具 1934 年短期关税公债原则及条例,函请国民党中政会核示。自此,国民政府重新开始发行公债。会上,孔祥熙表示,政府发行公债,折扣大而利息重,实际造成国库损失,由此还致使商民以购买公债为“最可靠”,无人愿意投资实业。④而国内日趋紧缩的经济环境加重了这一现象,而许多金融机构盲目投机于公债和地产市场。⑤

当南京政府发动对中共的军事围剿以后,政府军费始终居高不下。至 1933 年,政府开支赤字达 1 亿 5 千万元,蒋介石为此裁减军费 4 千万元,但年末的福建事变及之后的华北事变再使军费陡增。此外,各省历年有请求中央补助者,南京方面穷于应付。财政部只得向中央银行暂借,仅中央银行 1933 年代垫国库款项超过 1 亿元,超过其 2 千万元的资本达 5 倍之多。当时政府不得已只能再发短期公债归还垫款,维持央行。⑥ 1935 年 8 月,蒋介石还催令孔祥熙速发水灾赈款公债。⑦

---

① 《银行公会昨开会议决设票据承兑所》,《申报》,1936 年 3 月 8 日,第 10 版。

② 《上海商业储蓄银行史料》,第 370—371 页。

③ 张公权:《中国通货膨胀史(一九三七—一九四九年)》,杨志信译,文史资料出版社 1986 年版,第 71 页。

④ “中国国民党中央执行委员会政治会议第 391 次会议速记录”(1933 年 1 月 10 日),台北国民党党史馆,档号:政 00.1/137。

⑤ 《上海商业储蓄银行史料》,第 354 页;上海商业储蓄银行总经理处编:《本行环境之回顾与前瞻》(1935 年 12 月),上海市档案馆藏,档号:Q275-1-347。

⑥ “中国国民党中央执行委员会政治会议第 391 次会议速记录”(1933 年 1 月 10 日),台北国民党党史馆,档号:政 00.1/137。

⑦ 《蒋中正先生年谱长编》第四册,第 677 页。

事实上，政府同银行业对公债利率与延付问题负有共同责任。在公债未能整理之前，由于政府财政日益无法应付公债的偿还，公债信用难得巩固，经常涨落起伏，“稳健者不敢从事于投资，宁愿存款于银行”。随着国民政府政治与经济实力逐渐增强，社会对公债的投资信心也日趋增强。①1935年10月，政府对银行业取得总体控制后，蒋介石确立下“钞券以不兑现，公债以不还本”为财政原则。②政府内债整理的政策条件渐已成熟。

1932年2月，时任财政部长的宋子文与金融界及内债持券人代表商妥延期减息偿付公债，每月减少220万元左右的基金还本。1934年起，政府再次开始发行内债，每月需基金已超过先前约定之数，约1 100万元。至1935年市面再传减息延期的消息，工商界与金融界先后致电政府要求保障债信，而公债市场价格继续下跌。为此孔祥熙到上海召集中国银行宋汉章、交通银行唐寿民、上海商业储蓄银行陈光甫、四行储蓄会钱新之、四明银行叶琢堂、中南银行胡笔江进行协商应对。此时，国民政府对金融界拥有绝对控制，而仍重视银行业的意见。③

1936年2月，国民政府行政院召开例会，蒋介石以行政院院长身份主持会议，张群、吴鼎昌、张嘉璈、何应钦等人出席。会议上，财政部长孔祥熙提请修改中央银行法，得到通过施行；同时孔祥熙提出发行统一债券方案，拟发行总额14亿6千万元统一公债，换偿旧有各种债券，并且以“完成法币政策、健全金融组织、扶助生产建设、平衡国库收支及拨存平准债市基金”为名义，另发行1936年复兴公债3亿4千万元。孔提交了两种公债条例和还本付息表，会议一并决议通过，送呈国民党中政会。④

统一公债发行原则草案将旧有债券分为五种分类偿还，年息六厘，清还期限最短为12年。公债基金仍照旧案规定，在关税项下除拨付赔款公债外，所余税款支付。复兴公债则以年息六厘，分24年清还，指定在关税项下，除拨付赔款外债、1928年金融长期公债、统一公债外，所余税款为基金。两种内债均由财政部令命税务司依照五种还本付息表所列数额，按月平均拨交中央银行，收入国债基金管理委员会专款账户，存储备付。⑤

关于内债问题，陈光甫认为政府每年债务费“可省八千五百万元”，而南京中央完全依靠内债抵充预算赤字，公债投资又长期“利息总在一分之外，而期限由五年至十年”。政府只有依靠“利重期短”的公债才能从银行业募得资金，债务方式使得政府偿还债务之时就负重不堪，以至于越积越多。陈光甫也同意政府债务“办法不

① 《上海商业储蓄银行史料》，第377页。
② 《蒋介石日记》，1935年10月15日。
③ 《公债减息延期谣炽，孔部长召金融界会谈》，《申报》，1936年1月20日，第13版。
④ 《行政院通过发行两种新公债》，《申报》，1936年2月5日，第3版；《中央银行史料》上卷，第177—179页。
⑤ 《中央银行史料》上卷，第178—179、183—184页。

良,非设法有以改之"。①从财政部的角度看,改善银行制度和健全金融组织与扶助生产建设、平衡国库收支关系密切。② 1936 年起,国民政府的公债发行开始减少,而银行业对政府的垫借再度大幅增加。这一变化离不开南京政府上一年的改组措施——此时政府债务的主要债权人已经是中央、中国、交通三家银行,私营银行的作用已非至关重要。蒋介石写道:"复兴公债,增厘一分案通过,从此财政基础可有二年之稳定。"③国民党政府对于经济的控制与政治的专制常常同步。1936 年 2 月,中政会复议复兴公债加厘案,同时通过制裁反动宣言的决议。④

政府债务结构的变化和复兴公债利率上调预示着国民政府走上不可逆的财政赤字道路。此种情况下,陈光甫继续坚持通过改良公债制度,促进财政稳定。他认为中国财政前途已无法消极应付,政府只得尽量减少赤字公债。他提出七种方法的相互配合:第一,减少进口,增加出口,平衡国际收支;第二,增加税源,或不至减少;第三,米、麦、棉等主要农产品实现自给自足,增加农民购买力;第四,已有铁路及政府国营事业推行合理化管理;第五,"改革银行制度,辅助工商业";第六,兴修水利,抵抗水灾;第七,改良种子,增加生产。此时,他赞同南京政府用延期还本改革政府内债,"备充预算不敷之用,不过开始其端"。他还认为中国的法币制度已经使得中国经济已与世界"连为一气",中外投资市场也已有联络,整理外债也是国民政府的重要任务。⑤

拥护南京政府的统一备战方略

1935 年起,政府对金融业一系列的调整措施,改变了金融市场的基本状况。银行家们对政府金融统制的妥协得到了实际的回报。1935 年法币改革以后,市场筹码日见增加,放款利率,颇有陆续减低之势;一方面,市场利率的下调促进了市场资金的流动;另一方面,存放款利率下降,在一定程度上缩减了银行的盈利规模,加剧了银行间的竞争。⑥虽然银行的利润受到削弱,政府的介入也帮助银行业更平稳地度过,避免了经济危机和美国白银政策带来的风险。政府的金融统制对于中国经济利大于弊,银行业利润受到的影响是间接的,银行收缩业务的经营方针主要还是基于市场本身。

1935 年起,国民政府发起国民经济建设运动。蒋介石亲自对各报记者宣传此

---

① 《陈光甫日记》,1936 年 3 月 26 日,第 180 页。
② 《行政院通过发行两种新公债》,《申报》,1936 年 2 月 5 日,第 3 版。
③ 《蒋中正先生年谱长编》第五册,第 11 页。
④ 《蒋介石日记》,1936 年 2 月 12 日。
⑤ 《陈光甫日记》,1936 年 3 月 26 日,第 180 页。
⑥ 《上海商业储蓄银行史料》,第 428 页。

项运动,"以振兴农业、改良农产、保护矿产、扶助工商、调节劳资、开辟道路、发展交通、调剂金融、流通资金、促进实业为宗旨,而以革除苛捐杂税、减免出口税则、要求新矿法之实施、禁止纸币之滥发为建设国民经济之初步"。他公开指出政府增加中央、中国与交通三银行资本,是安定社会经济与发展农工商业的"国民经济建运动之一种"。蒋介石将此项建设运动的设计与推行交由国防设计委员会秘书长翁文灏与钱昌照、丁文江执行,翁文灏之后出任行政院秘书长。① 1936 年 6 月,全国设立国民经济建设运动委员会,蒋介石亲自担任全国委员会会长。该委员会在各省及直辖市设置分会,在各县设置支会,"俾中央与地方政府及人民之间,呼应一体,合作运动"。②国民经济建设运动委员会由吴鼎昌、孔祥熙、翁文灏三人负责筹备。陈光甫、钱新之、秦润卿、徐新六、俞佐廷等作为金融界代表收到蒋介石的聘书,成为委员。③与政府呼应,陈光甫也将国民经济建设运动与全国经济委员会、创办军需工业、增进进出口贸易并提为需要研究的问题。④

陈光甫认为经济统制和通货管理是国际经济竞争的必要工具,"全国人民应当同声赞助"。而上海商业储蓄银行应该随经济环境而进步,"日夜警惕",不至落伍。⑤ 1935 年 6 月 1 日,上海商业储蓄银行行务会议决议:"①个人借款、钱庄定放、教育机关放款,非有特殊情形经总经理核准者,不准承做;②与同业合作审定一户信用放款限额,改革信用透支制度,以免坏帐;③透支于阴历年底必须将欠款收清,如在阳历年底已清者,阴历年底前,不得续订新透支。"⑥为适应新形势,陈光甫经常强调上海商业储蓄银行自身经营方式的改革,实行"组织统制化","紧缩放款,厚集准备"。⑦上海商业储蓄银行于 1935 年末总结成功经验,得出积极的结论:"由于新式金融业,具有革新之精神,如储蓄、如信托、如国外汇兑等,均能在我国自辟蹊径,适合社会人士之需要。"⑧ 1936 年初,陈光甫对总行各部门提出更严密的管理意见和查核要求。凡重要行务,他或副经理都亲自审核,"总处备置一种记录",随时浏览。⑨

1937 年 3 月,上海银行业同业公会联合准备委员会(以下简称"联准会")召开代表大会常会,李铭任联准会主席,陈光甫等 11 人任执行委员。会议发布了 1936

---

① 《蒋中正先生年谱长编》(第四册),第 576 页;《蒋中正先生年谱长编》(第五册),第 64 页。

② 《蒋中正先生年谱长编》(第五册),第 82 页。

③ 《国民经济建设会委员人选拟定》,《申报》,1936 年 6 月 19 日,第 6 版。

④ 《二十五年八月陈先生与南京分行同人谈话纪录》,《陈光甫先生言论集》,第 180—181 页。

⑤ 《二十五年八月陈先生与南京分行同人谈话纪录》,《陈光甫先生言论集》,第 176 页。

⑥ 《上海商业储蓄银行史料》,第 359、361 页。

⑦ 《上海商业储蓄银行史料》,第 867—871 页。

⑧ 上海商业储蓄银行总经理处编:《本行环境之回顾与前瞻》(1935 年 12 月),上海市档案馆藏,档号:Q275-1-347。

⑨ 《上海商业储蓄银行史料》,第 733—734 页。

年度联合准备委员会业务报告书,其中指出:“政治与经济息息相关,本年度之时局如中日外交、西安事变皆足以影响金融。”金融界认为政府的救市与币改措施已经消除了市场“筹码缺乏”的恐慌,“卒以国家银行严密管理之力,不久旋归安定,余如农产之丰稔、物价之回涨、工商业生产之增加、国际入超之减少,其表现于事实,反见诸各方报告者,现足以证明全国经济之进步”。虽然全面抗战前夕地产交易等金融业参与的市场仍然停滞,但政府财经政策对金融界整体的积极影响开始显现,经济增长未受挫折,金融市场已有转机,市场信心得到恢复。①陈光甫与银行界对国民政府的信心是一致的。他甚至认为中国政府银行与商业银行业务的混杂情况是暂时现象,只要中国经济生产继续发展,一般商业银行就有前景。②

1937年6月,陈光甫向上海商业储蓄银行全行指出新的发展时期已经到来:“就政治环境言之,此时代以内战暴发为开端,而以停止内战为结束。”他回忆了上海商业储蓄银行二十余年来受尽“吏治贪污,兵匪不分”的政治混乱。政治的苛扰,如叛军劫款、武汉的集中现金、各地军阀勒派饷捐、分支行处之因政局而急速收缩等等,历历在目,“所谓百战余生者,未尝不足以喻本行”。但他转而指出经过常年内乱,“国民革命事底于成,统一基础终趋巩固,此后内战机会既已大见减少,一切吏治与军备亦显有进步,堪为否极泰来之象征”。③

1937年6月,陈光甫认为此后全国人民的精神财力,“当集中于抵御外侮及发展产业”。尤其是外侮如果终不能免,中国则要作殊死奋斗,更应当注重交通、实业等各项经济建设,繁荣农村基础,完成近代化国家的工业革命。他也认为金融业将更趋于合理化,组织将更健全,政府银行与商业银行的机能可以清楚分别;作为代表性的商业银行,上海商业储蓄银行在工商产业的发展中前途光明。④这反映了上海金融业与政府合作并相互支持的基本态度。

蒋介石对金融业改组的决心与南京政府进一步的集权相关联,两者几乎相辅相成。在南京政府谋求全国政治统一的进程中,上海银行业开始发挥重要的辅助作用。1935年8月15日,蒋介石写道:“政府不改组,金融无法措施。”⑤ 1935年10月底,蒋开始准备重组行政院与人事安排,并计划将交通、铁道与实业三部合并为经济部,自任部长;在财政方面,中、中、交三行合组“总裁处”,“以总其成,节制各行”。⑥政府对金融业的控制亦对政治的统一产生影响。早在1934年9月,四川刘湘派代表到庐山请求蒋介石批准发行四川公债,他说只要中央批复一“悉”字,四川

① 《银行业联合准备会昨开委员银行代表大会》,《申报》,1937年3月11日,第11版。
② 《商业银行与环境》(1937年2月),《陈光甫先生言论集》,第184页。
③ 《二十六年六月陈先生以本行之第二时代一文告同人》,《陈光甫先生言论集》,第185—186页。
④ 《二十六年六月陈先生以本行之第二时代一文告同人》,《陈光甫先生言论集》,第186—189页。
⑤ 《蒋介石日记》,1935年8月15日。
⑥ 《蒋介石日记》,1935年10月22日。

公债的市价就不会惨落。蒋介石欲借助刘湘代为控制四川，批准并电告时任行政院长汪兆铭、财政部长孔祥熙准发公债，以中央信用在四川发行 1 200 元万纸币，维持刘湘川军饷源和地方金融。①

1935 年，广东方面预备武力抗衡中央，陈济棠进行招兵抵抗，但由于各军欠饷数月，"各将领貌合神离，无斗志"。正当广东方面缺乏财政支持之际，上海银行业公开表示对于中央通过的 500 万元广东建设公债"不允认销"。此举致使两广事变前夕，陈济棠对军队和财政的控制能力进一步削弱，配合了当时南京中央对广东的经济渗透。② 1936 年 8 月，南京国民政府平定两广事变，为了整理粤币、安定汇价，发行整理广东金融公债 1 200 万元作为补充毫券准备。陈光甫还受到孔祥熙的召见，与徐堪、宋子良、陈行、贝淞荪等商讨广东省财政金融问题，对改革粤省金融币制、厘定国省税废除苛杂，设中央粤分行等事项提供意见。③为了更好地制定广东金融币制方案，政府邀请陈光甫作为财政部顾问，与陈行、顾翊群、戴铭礼等财政官员陪同新任广东省财政厅长宋子良共赴广东考察财政，协助厘定省税与国税划分的原则。④ 国家对银行业的掌控使得公债发行顺利，广东施行法币改革后的毫券汇价逐渐平稳，"金融经济均呈活泼"，工商业也开始复苏。⑤

1936 年 8 月，蒋介石再次研究财政金融与经济政策，他认为财政部长孔祥熙对财经的管理过于讲求信用问题，而抗日国防问题才是最终目的。⑥此后，他将财政问题与"筹建防御工事"作为两项重要工作，同时推进。是年，武汉要塞等军事工程均已进入完成阶段。⑦ 10 月，蒋介石在日记中写道："整理公债，完成稳定财政现状，而使金融币制之基础渐定，此为政治最大之进步也。"⑧可见蒋介石将财经基础视为对政治的重要支撑。陈光甫同样意识到中日两国军事冲突的不可避免。他深知军费与国家债务是财政最大的支出，至 1936 年，"国内尚有共产军与中央反抗，日本在华北方面有无理之威胁"，国民政府的军费已不可能降低。此时的陈光甫也赞同："国防乃立国之基础，无论如何贫穷非有准备。"他认为，"好在中央军事已入于正轨，不若二十余年以来军阀割据，浪费国币。今番用钱为正常之国防，又与以前情形不同也。" ⑨

在对日问题上，上海地方社会也开始配合南京国民政府的外交方针。1935 年

---

① 《蒋中正先生年谱长编》第四册，第 423 页。
② 《李尚铭致杨永泰电》(1935 年 7 月 28 日)，台北"国史馆"藏，蒋介石档案，档号：002-080200-00240-095。
③ 《孔召徐堪等会商币制金融问题》，《申报》，1936 年 8 月 14 日，第 3 版。
④ 《徐堪等今飞粤》，《申报》，1936 年 8 月 15 日，第 3 版。
⑤ 《财政部致蒋介石电》(1937 年 6 月 20 日)，台北"国史馆"藏，国民政府档案，档号：001-0840-010-068。
⑥ 《蒋介石日记》，1936 年 8 月 7 日。
⑦ 《蒋中正先生年谱长编》第五册，第 11 页。
⑧ 《蒋介石日记》，1936 年 10 月，"本月反省录"。
⑨ 《陈光甫日记》，1936 年 3 月 26 日，第 180 页。

12月,上海学生再次策划请愿风潮,杜月笙、王晓籁、钱新之、陈光甫等10余人均表示支持政府劝阻学生、维持秩序的立场,认为政府处置适当。①南京政府的舆论宣传始终将“攘外”与“安内”相联系。1936年2月,上海市商会为配合南京政府欢迎胡汉民返宁,由上海银行公会推定陈光甫、杜月笙、吴蕴斋等三人为银行界代表。②在国防建设的事务上,蒋介石一贯推行“爱国、服从、纪律、秩序”的方针。③1937年初,上海各界在国民党的组织之下,发起“统一救国运动”,发表了暗含“反共”的宣言,主要号召全国“在最短期间,纠正任何派别的歪曲意识,消灭任何地方的割据势力。”上海各界表达:“惟有巩固的统一,才是救国的基石。”④陈光甫等金融界代表均在宣言上署名赞同。⑤

1936年绥远抗战开始,上海各界组织成立缴费慰劳救护会,推举陈光甫、杜月笙、徐新六、李铭、秦润卿、邵燕山、裴云卿等7人为经济委员,并由上海商业储蓄银行等14家金融机构代收各界慰劳救护捐款。⑥ 不久,慰劳救护会向南京政府致电表示上海各界将筹募捐款,支持南京中央指挥军队痛剿日本支持下的匪寇。⑦慰劳救护会与地方协会、红十字会合组成立绥远慰劳救护委员会,推王晓籁、杜月笙、刘鸿生为主席委员,陈光甫等5人为常务委员。⑧陈光甫参加了历次委员会会议,其中决议先行代垫10万元汇款前线。⑨蒋介石的注意力也因此次战役转移至中国北方。11月24日,中国军队取得百灵庙大捷,这是全面抗战前中国军队的一次重要胜利。蒋介石还试图对西北的杨虎城势力和从华北退出的张学良势力进行布局,因而有了西安之行。12月,上海的慰劳救护会还由王正廷、陈光甫等人与上海各汽车公司商讨购车办法,组织购车委员会,为绥远前线筹募救护车。⑩

正当南京政府在华北危局中有所扭转,12月12日西安事变发生,张学良以“兵谏”扣留蒋介石。次日,上海地方协会就召开紧急会议,长时间地讨论时局问题,交换意见,陈光甫列席其中。⑪杜月笙代表上海地方报告时局,对蒋介石人身安全的关切;地方协会还表示将继续慰劳绥远军队,支持政府守土抗日。⑫从蒋介石的日记来看,在14日张学良已表达悔悟之意,听闻南京方面已决议讨伐张、杨,蒋

---

① 《吴市长昨宴各界领袖》,《申报》,1935年12月26日,第9版。
② 《银行公会昨开常委会》,《申报》,1936年2月6日,第12版。
③ 《蒋介石日记》,1932年12月10日。
④ 参见周斌:《西安事变后的“统一救国运动”初探》,《军事历史研究》,2015年第6期。
⑤ 《署名统一救国宣言近两万人》,《申报》,1937年2月7日,第18版。
⑥ 《各团体决组绥远剿匪慰劳救济会》,《申报》,1936年11月18日,第9版。
⑦ 《全沪各重要团体一致奋起援绥》,《申报》,1936年11月19日,第9版。
⑧ 《各界积极援绥精神慰劳物质输将》,《申报》,1936年11月20日,第9版。
⑨ 《慰劳救护会昨有十万元汇绥远》,《申报》,1936年11月25日,第9版。
⑩ 《三团体援绥筹募救护车运动》,《申报》,1936年12月16日,第14版。
⑪ 《地方协会紧急会议》,《申报》,1936年12月14日,第10版。
⑫ 《地方协会昨开冬季会员大会》,《申报》,1936年12月16日,第14版。

介石写到"余心乃安"。此虽有矫饰之情,但也反映出此时蒋介石自信于南京政府的权威与全国民意的支持。①此时,南京政府方面急于营救蒋介石,戴笠向陈光甫的中国旅行社求助,要求潼关的中国旅行社人员,"如有东北籍与陕甘籍者,应即化装并妥订通讯与联络之方法,赶往前方设法混入西安,以便刺探一切。"②戴笠还直接向潼关中国旅行社经理刘维明发电,要求旅行社:一、随同中央军的推进,迅速建立电台,以便指挥和通讯;二、挑选陕、甘、直、鲁、豫籍人员仿制东北军服装,"混入西安城侦查";三、转告前线相关情报人员,对中央军的前线情况随军侦察,并与戴笠部下联络。③

又过半年,国民政府的对日本进入临战状态。1936 年,日本"二·二六"政变之后,蒋介石就认为东亚局势可能发生变局。④ 9 月蒋介石电令军政部长何应钦,告以"据昨今形势,对方已具一逞决心,务令京沪汉各地,立即准备一切,严密警戒,俾随时抗战为要"。蒋还电令上海市长吴铁城对日积极戒备,以防不测。同时,蒋介石要求行政院副院长孔祥熙将上海现银立即设法运往杭州和南昌,"其他钞币亦应从速设法他运"。蒋介石非常清楚,一旦中日交涉破裂,作为经济中心的上海必定再次成为日本进攻方向。⑤几天后,蒋介石再次询问孔祥熙上海现银总数和转运期限。⑥ 10 月初,正忙于解决财政与筹建防御工事等的蒋介石,一边下令上海的中央行将现银"渐散内地",一边催促川、陕地区的交通修建。⑦张嘉璈在出任铁道部长后还向银行界协调各项铁路借债款项。1936 年,张嘉璈在上海与陈行、陈光甫、李铭等商讨 300 万元借款拨充粤汉铁路购买新机车及材料之用,银行界表示极力赞助。⑧

根据对时局的掌握和判断,陈光甫也开始逐渐紧缩和调整上海商业储蓄银行的经营网络。1936 年开始,上海商业储蓄银行在山东等地的办事处纷纷开始裁撤。10 月,上海商业储蓄银行判断中日交涉形势趋于严峻,"战事危机有一触即发之势"。银行因此及早制定了撤移办法,通函各分行,并于年底再次增加公积金为 760 万元。从 1936 年下半年至 1937 年上半年,上海商业储蓄银行开始在陕西地区增设分支,并正式进入四川拓展。上海商业储蓄银行重庆办事处成立后,并未立刻

① 《蒋介石日记》,1936 年 12 月 12 日。

② 《戴笠致刘明维电》(1936 年 12 月 18 日),台北"国史馆"藏,戴笠史料,档号:144-010114-0001-060。

③ 《戴笠致刘明维电》(1936 年 12 月 21 日),台北"国史馆"藏,戴笠史料,档号:144-010114-0001-069。

④ 《蒋中正先生年谱长编》(第五册),第 28 页。

⑤ 《蒋中正先生年谱长编》(第五册),第 150 页。

⑥ 《蒋介石致孔祥熙电》(1936 年 9 月 25 日),台北"国史馆"藏,蒋介石档案,档号:002-080200-00269-102。

⑦ 《蒋介石日记》,1936 年 10 月 10 日。

⑧ 《张嘉璈在沪与银行界商粤汉路借款》,《申报》,1936 年 9 月 2 日,第 13 版。

收纳存款,而是开始经营桐油、纱布的押款押汇,为战时业务作准备。①银行家与政府在应对战争危机的关键时刻,双方的呼应更为一致。

对金融业的整顿被置于党国体制和经济统制的塑造中,国民政府需要掌控金融业,并借助银行业发挥稳定市场、复兴经济的作用。同时,双方在财经领域的关系牵涉整个政府权力结构的重塑。在蒋介石看来,1935年对中、交两银行的统制、法币的实施、川黔的统一和公路贯通、改组行政院,以及党内各派系的稳定团结为对日备战创造了良好的条件。②他还承认:“政府不改组,金融无法措施。”③又比如,蒋介石利用银行家进行对日经济交往,允许中日经济界的互相考察与往来,试图起到缓和、拖延的作用;张嘉璈被迫离开中国银行后,不仅担任了铁道部长,还受命参与对日本具体的外交交涉。④从这个意义上讲,上海银行家群体被卷入的不仅是政府的金融统制,而是整个国家权力体制的重塑过程。

从政治环境上看,银行家的努力常常处于法治缺位、强权干预、民族主义和国家间利益博弈的夹缝中。政治制度的实际运作对经济发展的影响常常是根本性的。自清末民初至南京国民政府的前十年,现代法制开始出现,社会逐渐安定,市场融合加快,金融环境改善,这些都离不开政府的作用。到1937年,银行业的经济环境“以经济崩溃为开端,而以经济统制为结束”。近代中国谋求政治统一和民族生存,依靠的是各种基于整体主义的权力手段和威权诉求;新兴的国家政权对银行家群体和金融市场由弱渐强的干预与控制源于此。

直到1935年10月,身在成都的蒋介石仍然通过戴笠,得到有关陈光甫与章乃器、张嘉璈等人酝酿反对政府金融统制计划、反对通货膨胀以及维持中国固有货币本位的消息。⑤这一情报与陈光甫的真实观点不完全吻合,却也反映出政府与银行界之间依旧存在的嫌隙。政府有能力对金融界进行干预,银行界对政府也表示合作,但双方并未达成完全的认同与互信。这种关系依旧取决于双方不对等的地位,受制于具体事件的特殊性。总体而言,国民政府对银行业的干预和调整取得了成功。国民政府对日防御作战的准备不止于金融,而日本的战争机器已经发动。

---

① 上海商业储蓄银行编:《行史资料:本行大事记》,上海市档案馆藏,档号:Q275-1-168。

② 《蒋介石日记》,1935年,“本年反省录”。

③ 《蒋介石日记》,1936年8月15日。

④ 《毛庆祥呈蒋介石电》(1937年6月22日),台北“国史馆”藏,蒋介石档案,档号:002-080200-00488-009。

⑤ 《戴笠致蒋介石电》(1935年10月8日),台北“国史馆”藏,蒋介石档案,档号:002-080200-00255-027。

第五章 陈光甫与国民政府币制改革

第一节 上海商业储蓄银行与银本位危机的补救

“废两改元”进程中的上海商业储蓄银行

“废两改元”是20世纪30年代初期国民政府实施的重要金融改革，为此后的法币改革扫清了历史遗留的障碍。与1935年的法币改革相比，政府废除银两的合法地位，统一银元的铸造，并没有根本改变中国货币陷于危机的白银本位，只是削减了国际银价对国内经济影响的复杂性和金融风险。不过，国民政府在短时间内，实现了市场自身无法完成的币制改良，得到了银行家群体的极大拥护。从时机上看，国民政府果断抓住了国内经济形势趋于发展和世界金融危机尚未波及国内市场的短暂机遇，使得南京政府能在中日全面战争爆发前实施更彻底的币制改革。

上海最早的银元来自鹰洋等外国机制币，这些外币在上海的流通不仅由于成色和样式的划一，还离不开发达的进出口贸易。进入20世纪，清政府吸取外国经验，开始筹备统一的国家机制银币。1914年2月，北京政府颁布了《国币条例》，“以库平纯银六钱四分八厘为价格之单位，定名为圆”，还规定银币为无限法偿的本位货币。此后，银元因各种因素无法完全替代银两的使用，银元与银两在中国市面上共存。中国各地传统的钱庄业一般借由当地的同业行会每日将各种银元合成银两之兑换率，依其需求之状况，订明牌价公告，名曰“洋厘”，各业亦俱遵从。

“洋厘”作为一种兑换率，并不就含银成色为固定标准，而会因不同初级贸易品的季节性、市场供需关系等因素发生变动。上海的钱庄会利用“洋厘”的变动,进行差价牟利,“与商号之往来,无论其收付为银元或银两,均以规元记帐”。此外,上海的钱庄对于银元之进出,每元尚须加减二毫半以为手续费。此外,钱庄每日在钱业公所有其拆息开出,例如,日拆三钱,即每日拆借规元一千两,应付利息三钱,此为同业间多款与缺款者融通资金所计算之利率。而钱庄对于规元存款与放款之利率,亦依此拆息之标准,但经同业公议,一般不能计给利息。①

当上海的银行业兴起以后,“洋厘”的规元记账与现代银行的记账方式有违,对银行无益,且增加贸易的成本。因此,“国币条例”颁行后,银行业屡屡提出“废两改元”之议。1919 年,陈光甫等银行家为首的上海银行公会倡议兴建造币厂,并于 1921 年发起认募上海造币厂特种国库券,也是为了推进废两改元之进程。②上海商业储蓄银行“创办之初,已认定一国币制必须归于统一,而银两之成色重量既难鉴别,银元铸造之数量又日在增加,则银元自必受社会所乐用。”③从 1920 年起,上海商业储蓄银行为了推广业务开始实行银元、银两并用,但与钱庄只给银两放款付息不同,上海商业储蓄银行也给银元存款付息,银元、银两的换算也“一律不扣佣金”。

1927 年以后,上海商业储蓄银行因为国内时局一度动荡,国内业务受到影响,银行选择在进口押汇上进行突破。1929 年的该项营业额达到 525 万元为中国各银行最多,仅次之的浙江实业银行和浙江兴业银行当时每年约做 400 余万元和 300 万元的进口押汇。当时中国的银行在海外分支机构极少,进口贸易往往涉及外币(金银币)兑换外,还有接续内销押汇的“两”“元”兑换。对银行业而言,要减少手续成本,“废两改元”要比中国改行金本位、与他行“合组海外分行”更具有可行性。④上海商业储蓄银行还开办了代收进出口汇票、购入出口押汇等业务,均是基于银元记账。⑤

1933 年 4 月 6 日,财政部规定上海市将废除规元银两制度,所有规元之公私债务概按七钱一分半合成银元计算,此后再推行于各埠,自此中国法定货币统一于银元。仅仅在政府颁布“废两改元”令的当天,上海商业储蓄银行所存历年账面银洋约五六百万元,按政府法定价格(即每一银元合 0.715 两)全部结出兑换所得盈余,约达 70 万元。当时的职员还记得上海商业储蓄银行的实际比价涨至 0.724 两。⑥可见“废两改元”得到了市场的支持,其意义要远远超出银行业兑换货币所得的利

---

① 《上海商业储蓄银行史料》,第 95 页。

② 《本行和环境奋斗之事实》,载宋春舫等:《上海商业储蓄银行二十年史初稿》(1934 年 5 月),上海市档案馆藏上海商业储蓄银行档案,档号:Q275-1-170。

③ 上海商业储蓄银行编印:《本行生长之由来》(1949 年 2 月),上海市档案馆藏上海商业储蓄银行档案,档号:Q275-1-173。

④ 《上海商业储蓄银行史料》,第 650—651 页。

⑤ 蒋惠先:《国外汇兑处进出口押汇部报告》,《海光》月刊第 1 卷 7 期,1929 年 7 月。

⑥ 《赵汉生访问记录》(1959 年 10 月 14 日),《上海商业储蓄银行史料》,第 358 页。

益。这一变革从制度上结束了中国称量货币的历史，使得全国的货币在法律上得到统一，为全国市场的融合和华资银行业地位的提升创造了制度条件，也为1935年关键的法币改革的出现奠定了基础。

“废两改元”论从晚清盛宣怀、张之洞就已开始，但始终未有成熟的时机，具有相当难度。尤其是上海的规元单位使用多年，金融市场自身难以废除，外商称之为“规元如海舶中之锚，中外商务咸赖此铁锚之力得以安全”。此外，上海地方也有公估局对银两成色进行专业鉴定“极为准确，绝无弊端，亦不用化验，即以其眼光鉴定，竟能丝毫不爽”。因此，国民政府能果决地推行“废两改元”令陈光甫感到意外，并感到银行的金融势力得到了极大加强。他说：“以吾国经济之紊乱，币制之复杂而言，废两改元，实属不易办到，不料今竟实现。”①

依靠政府应对白银危机

20世纪30年代初，美国国内的白银利益集团开始借助1932年的总统选举，策划旨在提高银价的白银政策。白银集团经过数年对国会的施压，1934年6月，国会通过《白银收购法案》；28日，美国政府规定除特许外，禁止一切白银输出；8月9日，罗斯福总统宣布白银国有。根据法案，美国政府以高于当时市价的价格收购白银，世界银价普遍飞涨，包括用银大国中国在内的不少国家随即出现金融恐慌。上海商业储蓄银行的行史描述当时的中国银行业：

> 银价的兔起鹘落，……，是含有世界性的，是普遍的，不独吾国银行界为然，各国银行界都受有相当的影响，然吾国银行界之首当其冲，亦为一不可否认之事实，因今日全世界之纯粹银本位国家，只有中国，而银价的涨落，从利害两字看起来，吾国与其他各国，至少表面上常处于对抗的地位，吾国银行界在世界中，几乎势成孤立了。②

1934年2月，市场传闻美国将提高银价，一时银价暴涨，中国白银又面临大量流出的局面，上海市场引起恐慌。上海银行公会为避免进一步的危害，致电美国总统罗斯福，请其稳定银价；同时电请财政部暂缓批准1933年8国签订的《伦敦白银协定》，防止银市场的波动。③

4月14日，财政部长孔祥熙在宅邸举办茶会，邀请上海金融界的中外代表在

---

① 《二十二年七月五日陈先生在管理会议致词摘录》(1933年7月5日)，《陈光甫日记言论集》，第174—175页。

② 宋春舫等：《上海商业储蓄银行二十年史初稿》(1934年5月)，何品、宣刚编注：《上海商业储蓄银行》，上海远东出版社2015年版，第39—40页。

③ 《银行公会昨开会员大会》，《申报》，1934年7月1日，第15版。

与访华的美国白银专家罗杰士,中方代表有贝祖诒、陈光甫、李铭、张嘉璈等25人,外方代表包括英美两国总领事、美国使馆商务参赞、英商商会会长及外商金融界要人23人。随后,上海银行界举行了晚宴,中方代表向罗杰士陈述了银价波动对中国的不利影响,期望价格趋于稳定,而后者未表示任何意见。①

此时,上海金融业深感白银本位将带来的巨大危机。陈光甫还认为中国应对白银危机的根本是国民经济的发展,形成良好的出口贸易。② 1934年6月底,上海市银行业同业公会召开第六届会员常会,公会主席陈光甫作了半年度报告。他评价1932年以后,上海金融事业突飞猛进,但提醒同行世界经济趋势变幻莫测,白银价格"时起波澜",中国作为用银国家"不免时凛冰渊之惧";因此,银行业只有整顿实务、"相维相系",才能巩固金融。③

1934年8月,美国宣布白银国有,国际银价节节升高,纽约与伦敦银价超出沪市价格,上海的外商银行(包括麦加利、汇丰、花旗、横滨正金等银行)和部分华商银行将国内存银大批运经孟买、伦敦而转入纽约,巨额套利。自1934年1月至7月,中国现银出超已达六千万元。至8月21日已达九千余万元,迄至10月中旬,更增至2亿元。上海一地的现银也迅速"汹涌流出",引起国内银市重大恐慌。

包括陈光甫在内的各大银行代表在17日夜里汇聚中央银行商议补救办法。经过数小时的交换意见,银行代表们取得了一些一致意见。他们认为中国政府确实无力影响美方的白银政策,而一般外商银行将担心政府突然禁止或增加出口税率,导致外流白银不断增加。银行界希望政府能确定补救方法,防范现银大量流出的趋势,并准备对增加银税及禁止银出口事宜拟具意见供国民政府参考。④ 上海商业储蓄银行也迅速作出反应,通告各分支:"美国拟收买大批白银,我国白银流出可能,洋拆渐高,人心恐慌,且以秋收之际,米棉登场,沪上现银当大量流入内地,银根看紧,故望各行对定期放款应相机紧缩。"⑤

1934年10月,全国商会联合会林康侯、钱业公会代表秦润卿、市商会代表陈蔗青、银行业公会代表叶扶霄和陈光甫联名向财政部长孔祥熙递交呈文,其中称国际银价高涨,国内生银集中上海,由上海流出国外,数量与日俱增,导致内地金融枯寂,百业凋敝;同时,国内物价因通货紧缩而日益低落,工厂无法维持,失业情况加

---

① 《孔宅昨晚茶会招待白银专家罗杰士》,《申报》,1934年4月15日,第13版。

② 《廿三年四月廿九日陈先生在股东常会致词摘要》(1934年4月29日),《陈光甫日记言论集》,第185页。

③ 《银行公会昨开会员大会》,《申报》,1934年7月1日,第15版。

④ 《现银汹涌外溢,本市银界集议补救》,《申报》,1934年8月19日,第12版;《蒋中正先生年谱长编》(第四册),第455页。

⑤ 《上海商业储蓄银行史料》,第359页。

重。① 为回应商界诉求，财政部向关务署下令自10月15日起实行白银出口税，对银本位币净征7.75%的税率，大条、宝银及其他银类合计税率10%；同时，对实际国际汇价与国内中央银行汇价差额造成的不足数征收平衡税。②

18日，财政部长孔祥熙在中央银行召集中国银行贝祖诒、张公权、浙江实业银行李馥荪、上海商业储蓄银行陈光甫、中国建设银公司宋子良等人，关于组织银价平衡委员会商谈了一小时。外界认为，上海外汇汇价虽由中央银行挂牌，但将来或因外商银行、汇兑程序上发生问题，而由中、中、交三大银行支持银价平衡委员会既能平抑国内市场银价，又能在外商及中央银行中间进行协调。③ 当日下午，陈光甫、贝淞荪两人向银行公会执行委员会相继说明政府加征银出口税经过。④

同一天起，财政部会同中央、中国、交通三银行组织外汇平市委员会，并由三行代表贝祖诒、席德懋、张佩绅多次密谈决定以不固定的形式，随时灵活商决办理。经贝祖诒草拟，中央、交通两行再加商讨，决定由中央、中国银行各承担四千万元、交通银行承担二千万元，组成共计一亿元的银价平衡基金。这个基金会受财政部监督与委托，以维持市面安定为运行目的，财政部应允对该将会蒙受的损失予以补助。⑤ 10月26日，蒋介石电财政部长孔祥熙将白银出口税坚持到底，“如果因反对而终止，致半途而废，则后事更难为，故任何牺牲亦所不惜也”。⑥

1934年末，蒋介石的亲信、南昌行营秘书长的杨永泰提出对白银出口平衡税的异议，蒋介石亲自致电：“中对白银与公债二事，始终在严密注意之中，请勿以为中毫无研究而以武断视之。”24日又电湖北省主席张群曰：“昨复畅卿（杨永泰）兄之电，用意在转示金融有关之人，使其知平衡税政策，决不改变，免再有异议。”他还说平衡税对国民经济实利多害少，“谣言皆为无风作浪，而有意摇动此平衡税政策，以图捣乱财政，观乎最近抛卖大批公债，即可证明所在也”。他要求张群再将此意转达杨永泰。⑦

此时，正值年底各业结账，上海市银根奇紧，钱业市场洋拆涨至四角，财政部对偷运白银进行的缉查和奖罚办法难以治本。张嘉璈与陈光甫等人谒见财政部长孔祥熙，提出诸项建议：如有已出口白银回运本国，可凭海关出口税单，发还所征之银税及平衡税、或于运回白银再出口时，免征出口税及平衡税；同时，财政部当对通货膨胀的谣传进行辟谣。其中，出口白银运回涉及汇丰银行是否愿将运往香港等地

---

① 《防止白银出口，财部加征银出口税》，《申报》，1934年10月15日，第10版。

② 《财政部关于制定银出口税税率代电》(1934年10月13日)，中国第二历史档案馆编：《中华民国史档案资料汇编》(第五辑第一编 财政金融5)，江苏古籍出版社1994年版，第173页。

③ 《平衡委员会尚需相当时日成立》，《申报》，1934年10月19日，第9版。

④ 《银行公会昨开会》，《申报》，1934年10月19日，第10版。

⑤ 《外汇平市委员会昨起实行稳定汇兑》，《申报》，1934年10月21日，第11版。

⑥ 《蒋中正先生年谱长编》(第四册)，第455页。

⑦ 《蒋中正先生年谱长编》(第四册)，第489页。

白银运回上海，调剂金融。孔祥熙允诺考虑奖励白银进口，并郑重声明其任内决不会通货膨胀，更不会减低银币成色、发行不兑换钞票。①两天后，蒋介石对记者发表经济谈话，指出，“商人以有利可图”，导致白银流出不止，并澄清政府将减低银币成色及实行不兑现纸币政策之谣言。②

由于年底银根紧张，银行业联合准备委员会及钱业准备库虽有一亿元以上的准备，但主要是道契、证券等。银行业同业公会主席陈光甫、钱业同业公会主席秦润卿与中、中、交三行协商，暂定一千万元交银行、钱庄业暂时抵押，其中中央银行承担五百万元、中国、交通两银行各二百五十万元。钱业准备库 65 家成员、银行业联合准备委员会 38 家成员可将道契房产有价证券(包括股票、公债、库券)生金生银等，根据当日洋拆决定利息(一般七厘至八厘)，由银、钱两业的准备机构转向中央、中国、交通银行抵押现款使用，直至次年春季银根宽松为止。同时，财政部也正在与美国磋商续换关于白银问题照会，以期中国的白银问题得到美方理解。有了中、中、交三家银行的支持和财政部的坚定表态，连同上海市面存银 3 亿元，沪市金融方得以安定。③

1935 年 1 月 2 日，蒋介石再次致电孔祥熙，提醒“注意平衡税主管委员有否利用职权，大事投机”。他认为限制白银出口的平衡税“已见成效”，但“金价涨落过骤，(平衡税)推行未能尽利，投机份子又故播谣言，以致金市混乱，妨碍社会安宁，危害国家金融”，建议孔祥熙令金业交易所暂停营业，安定市面。④

1 月 4 日下午，银钱两业同业公会，在香港路银行公会举行两会执行委员联席会议、银行界陈光甫、徐寄顾，钱庄业秦润卿、俞佐廷等全体委员商议两业年末结账，因财政部规定凡运现洋一千元以上，均须领照，颇觉不便。次日，两业继续开会议决向孔祥熙陈述年度收解现银数额巨大，请予以便利手续。⑤陈光甫、秦润卿、贝祖诒、唐寿民等人拜访了财政部钱币司长徐堪，并补缮呈文，要求简化手续，并准许内地自由运输现银。⑥ 至 15 日，上海银行业同业公会召集第六十一次执行委员会，由陈光甫主持，他报告了财政部的回复内容：允予对内地运现通融办理，但沿海口各埠仍须按照前定办法请领护照；钱业同业公会的抵押放款遇到法律涉讼事，已交由法律专家研究。⑦

① 《银行界献策，请财部奖励银进口》，《申报》，1934 年 12 月 25 日，第 9 版。
② 《蒋中正先生年谱长编》(第四册)，第 491 页。
③ 《中交三银行即日起放款一千万元》，《申报》，1934 年 12 月 28 日，第 10 版。
④ 《蒋中正先生年谱长编》(第四册)，第 496 页。
⑤ 《银钱两业开市后昨日联席会议》，《申报》，1935 年 1 月 5 日，第 16 版。
⑥ 《银钱业五代表昨谒钱币司长》，《申报》，1935 年 1 月 6 日，第 11 版。
⑦ 《银行业公会开会纪》，《申报》，1935 年 1 月 13 日，第 10 版。

上海商业储蓄银行的业务调整

1935年，白银危机仍未消除，并造成中国的通货减缩。蒋介石写下日记："财政困难，白银紧张，经济困穷，更可虑也。"[①]"上海是全国现洋之唯一供给地"，上海现洋不断减少，已大有无法供给内地的趋势，国内农产品贸易受到威胁。上海商业储蓄银行指出将会产生的三种金融风险：第一，1934年上海商业储蓄银行的坏账达到建立以来的最高纪录，"物价继续下落，工商企业益不景气，银行放贷势将不易收回"；第二，银洋出口套利现象加剧，会出现钞票挤兑与提取存款的可能；第三，银行一方面放款不易收回，一方面存款被提，就会发生歇业危机。当时上海的明华、美丰银行已经倒闭，引起城市存户的紧张。为应对金融恐慌，上海商业储蓄银行要求行员"处处小心应付，如履薄冰，如临深渊"，以求生存。[②]

1935年5月21日，上海商业储蓄银行再次告知各分支机构，自白银风潮发生后，政府对银行业逐渐采取统制政策，银行现有业务将受管控，利润减少，各分支应创办新业务。[③]陈光甫也及早开始提高现金准备，至1935年6月已完成将近4 800万元的总现金准备。[④]他还做了两个打算：整理各行业务，"三年内不开分行，不置房地产，不准放呆滞款项，将利用此三年光阴，集精会神于催收坏帐及研究改善各行业务"；整顿人事，"三年内不添人，专心致意于行员之训练，使其效率增加，达到节省开支之目标"。[⑤]

对白银的投机行为造成中国银本位货币价格的巨大波动，每日银价都发生很大变动，市场人心浮动。标金市场亦受影响，1935年10月与11月之交，单日每盎司挂牌价最大差额达77元。在新币制实行后，市场"顿告稳定"，国际银价也有较大回落。[⑥]由于国内白银大量外流，工商业由此缺乏资金周转，金融业的危机一触即发。国民政府当局于1935年11月4日颁布新法币紧急法令，停止现金使用，以中、中、交三行之纸币为主币。

自1935年1月至6月，全国有6家银行或附属金融机构停业或倒闭，7月世界银行停业，8月正大银行搁浅，9月先后有6家银行（包括一家美商银行）相继倒闭或清理；钱业方面，上海计有荣康、益康、德昶、宝大裕、永兴、同泰、鼎蚨等近20家

---

① 《蒋介石日记》(1935年1月31日)，斯坦福大学胡佛研究所藏。

② 《1935年上海银行的营业方针》，《上海商业储蓄银行史料》，第370页。

③ 《上海商业储蓄银行史料》，第359页。

④ 《上海商业储蓄银行第四十期报告》(1934年7月)，何品、宣刚编注：《上海商业储蓄银行》，上海远东出版社2015年版，第39—40页。（原计划为4 500万元现金准备，见《上海商业储蓄银行史料》，第372页。）

⑤ 《陈光甫在第二次行务会议上演讲》(1935年6月1日)，《上海商业储蓄银行史料》，第372页。

⑥ 《上海商业储蓄银行史料》，第368页。

重要钱庄停业,而宁波方面,7月至8月间,钱业发生风潮,“大同行”33家中,倒闭12家,“小同行”27家,倒闭达17家。①

1935年2月8日,陈光甫召集各管辖行经理,讨论应付白银外流及通货紧缩的方针。4月25日,上海商业储蓄银行颁订准备库制度,厚集存款准备,各分支行处应按存款总额提存准备三成,其中特别准备一成,拨存总行准备库,各行自行存储二成。同时,各行放款总额概由总行准备库予以核定,总行添设准备库,由总经理指派主管员。上海商业储蓄银行制定的特别准备的提存保管及动用办法还包括:各行提存总行的特别准备,每周末轧计一次,进行补足或转回;特别准备以现银币为限,“非经呈准总经理不得擅自动用”,以及严格限制特别准备用于放款等等。基于准备库制度,上海银行实行全行头寸集中管理,各分支除去存款三成准备及准备库规定的放款额外,多余或不足的款项均须交与准备库或由总库统筹。②

7月8日,上海商业储蓄银行通告各分支提倡银行承兑汇票贴现制度,以替代押款及抵押透支。至11月4日,政府施行法币制度,上海商业储蓄银行通告分支行处将库存银元移交法币发行银行。③值得注意的是,上海商业储蓄银行自1930年开始创办针对一般工薪阶层和中小企业的小额信用放款业务,此时仍然在坚持开办。④这反映出上海商业储蓄银行的业务确实重视普通工商业和城市居民。

经过中、中、交三行设法补救,市场情形有所转好,上海地方协会、市商会、银行公会及钱业公会于2月18日召集联席会议讨论繁兴及防救市面衰落办法,包括陈光甫等十余人交换意见,议题主要集中于稳定本市面、改善商业环境以及金融界与工商界谋取联络、共同复兴市场方面。这次商议肯定了政府补救市面的作用,共同认定在金融市场衰落的情况下,要以安定人心为首要,“俾在政府当局指导下,以达复兴市面繁荣之境地”。⑤事实上,废两改元后的上海白银流出数据虽巨,但流出国外很少,外流银两主要用于熔铸新币,实际白银已经转为流入上海。⑥

22日上午,地方协会会长杜月笙、副会长钱新之、市商会主席俞佐庭、中国银行总经理张嘉璈、银行公会主席陈光甫、钱业公会主席秦润卿六人受各团推派,同赴租界西爱咸斯路孔祥熙公馆面递呈文,请中央银行再行指拨巨款,用于向工商业抵押放款,稳定市面。孔祥熙表示政府会尽力维持,可由中央、中国、交通三银行承办货物抵押,但地产押款关系重大,需要详细考虑。⑦

---

① 《上海商业储蓄银行史料》,第369页。

② 《总经理备字通函第1号》(1935年4月26日),《上海商业储蓄银行史料》,第739—740页。

③ 《行史资料:本行大事记》,上海市档案馆藏,上海商业储蓄银行全宗,档号:Q275-1-168。

④ 《上海银行信用小 放款额量大增》,《申报》,1934年12月22日,第13版。

⑤ 《市商会等四团体集议防救市面衰落》,《申报》,1935年2月21日,第11版。

⑥ 《上海商业储蓄银行史料》,第366页。

⑦ 《救济市面萧条,孔部长允尽力维持》,《申报》,1935年2月23日,第13版。

1935 年 3 月 28 日，中央银行理、监事期满，由国民政府改派，陈光甫继续担任理事，原来 9 名理事不变外，另增宋子文、叶楚伧、张嘉璈、唐有壬、徐堪、宋子良 6 名理事，并指定孔祥熙、宋子文、张嘉璈、陈行、叶琢堂、唐寿民、徐堪为常务理事，特任孔祥熙为中央银行总裁，派张嘉璈、陈行为中央银行副总裁。①同日，财政部公布奖励白银输入办法。对持有免税护照出口者，除纳 2.25%税外，免去加征的出口税、平衡税。财政部还要求各金融机构将 1934 年底股东常会后，现任董事、监察人的姓名、籍贯、住址列表报部，并在此后随时报备更动情况。② 5 月 28 日，国民政府向行政院下达防止白银出口训令，要求“将偷运银币银类出洋或前往不行使银本位币地方之人犯，一律准照危害民国紧急治罪法”处置，最重可处以死刑，“并得并科币额或价额五倍罚金”。③

从“废两改元”到应对白银危机，陈光甫作为上海银商业储蓄行的总经理，积极响应币制改革和市场风险的治理，市场的稳定与利益受到金融同业组织和政府干预的共同维护；作为上海银行公会的主席，陈光甫组织金融界共商对策，并屡次向财政部陈述商界意见，得到财政部的及时回应，同时参与到政府补救、安定市场的行动中去。

第二节 协助法币改革进程

参与法币发行管理

“废两改元”以后，银本位制度的根本性变革已经箭在弦上，银行业与政府都逐步做好准备。1935 年 1 月 29 日，行政院通过财政部提案，规定，“北平旧财政部核准各银行之发行权，凡已停业或并未开始发行者，概予取销，以维金融”。1935 年 11 月 4 日，国民党政府财政部突然宣布实行币制改革，并将白银收归国有。次日，政府为集中现银，统一发行起见，成立法币发行准备管理委员会，由政商两界混合组织，并指定委员人选，其中包括：财政部派 1 人，中央、中国、交通三银行代表各 2 人，银行业同业公会代表 2 人，钱业同业公会代表 2 人，商会代表 2 人，各发行银行

---

① 《财政部呈行政院文》(1935 年 3 月 28 日)，洪葭管主编：《中央银行史料》(上册)，中国金融出版社 2005 年版，第 243 页；《国府令派中央银行理监事》，《申报》，1935 年 3 月 29 日，第 3 版。

② 《财政部解释奖励白银输入办法》，《申报》，1935 年 3 月 29 日，第 3 版。

③ 《国民政府防止白银出口训令》(1935 年 5 月 28 日)，中国第二历史档案馆编：《中华民国史档案资料汇编》(第五辑第一编财政金融 5)，江苏古籍出版社 1994 年版，第 195 页。

由财政部长指定代表5人。委员会以中央银行总裁为主席,聘请中外金融界领袖为顾问,奉行政院命令、保管法币准备金并办理法币发行收换事宜。陈光甫被指成为18名委员之一。①会议还推举宋子文、胡笔江、陈光甫、钱新之、李觉五人为常务委员。②同时,上海各发行银行,如四行联合准备库、浙江兴业、中国实业、中国农工、农商、四明、中国通商等银行,其发行钞票及准备金,分别指定中央、中国、交通银行三行负责掉换、保管。南京国民政府的法币改革对中国经济和金融的发展具有重大意义,中国从银本位制的崩溃边缘脱离出来,从此以外汇为中介与世界主要大国的经济关联起来。③

在1934年,法币改革已经成为蒋介石与孔祥熙的既定方针。在白银风潮的影响之下,一般社会舆论也开始"深望政府将昔日研究之各种货币改革,重加审议,于最短期内成立一完善可行之制度"。货币制度改革是挽救中国经济的基础,也是不少人倡议通过"经济统制"与"通货膨胀"保护民族产业和救济民生的前提。④ 1934年3月3日,财政部长孔祥熙电陈蒋介石:美国棉麦借款所售美货不畅,蒋介石复电:"如美借款减少,既不能整顿全部币制与金融,不如移缓就急之用",意即用于发动对福建事变的镇压。他同时还告诉孔祥熙"财政与全部经济,非从改革统一币制与金融入手不可,若不乘此闽事平定中央威信恢复之余,全力注重此事,则时机难得而易失,过此又无办法,请兄积极进行之。"⑤

1934年4月,财政部于上海外滩的中央银行内设立币制研究委员会,聘定全国银钱业领袖张嘉璈、吴鼎昌、钱新之、周作民、陈光甫等14人为委员,财政部钱币司司长徐堪为当然委员;另特聘李铭为顾问,赴欧美各国考察币制。该会章程规定委员会将对改用金本位、银本位币制、各种旧币问题、辅币、取缔私铸、造币厂改良、各地铸币运输调剂、纸币、取缔私发纸币及财政部长交议的10类事项进行研究,相关讨论议决后"送请财政部长采择施行"。⑥

1935年2月,财政部再次组织成立金融顾问委员会,聘定李铭、陈光甫、贝祖诒等十数人为委员,并分为四组分别研究改进通货现状、安定汇兑行市、改善国际收付、调剂内地金融等事项,并规定主席由中行总裁担任。⑦ 1935年3月,美国实业界组织的远东经济考察团17人由旧金山乘柯立芝轮出发,经日本横滨,4月初到达上海。中国国际贸易协会、国际商会中国分会、上海市商会等各团体发起组织美

① 《财部颁布发行准备管委会章程》,《申报》,1935年11月4日,第4版。
② 《市商会暨各业公会联电表示拥护法币》,《申报》,1935年11月6日,第9版。
③ 《上海商业储蓄银行史料》,第367页。
④ 《产业统制与通货膨胀》,《申报》,1935年4月15日,第19版。
⑤ 《蒋中正先生年谱长编》(第四册),第307页。
⑥ 《财政部设立币制研究委员会》,《申报》,1934年4月16日,第11版。
⑦ 《金融顾问会今日成立》,《申报》,1935年2月9日,第12版。

国经济考察团招待处，办理招待事宜，并搜集了白银问题、中美贸易问题等资料，以备美国考察团了解中国经济之需。上海招待处设于帕克路国际大饭店推定张嘉璈为主席，郭秉文、陈蔗青为副主席，还聘请刘大钧、何德奎、陈光甫、陈湘涛、夏筱芳等共同筹备。①

蒋介石也非常关心币制改革问题。1934 年 11 月 10 日，他致电国防设计委员会秘书长翁文灏，请翁"研究经济方案时，亦请注意币制统一办法"。② 1935 年 1 月，蒋介石已在拟定统一币制的步骤，同时他感到"财政困难，白银紧张，经济困穷，更可虑也"。③ 1935 年 8 月 23 日，蒋介石决定要统一钞币的发行。10 月 26 日日记的"下周预定表"中，他写下"决定法币政策"。④ 11 月 3 日，蒋介石以国民政府军事委员会委员长的身份致电各地，要求协助推行法币政策："事关整顿币制，活动金融，救济工商，安定人心。"他担心新政策的宣布引起社会不安和谣言，还要求各地"即日转饬所属军警，对于各地银行妥为保护，并剀切晓谕，俾明实情，是为至要"。⑤

11 月 3 日晚，财政部以紧急命令法颁布管理通货办法六项，改革币制，变银本位为汇兑本位，禁止银元流通。"凡银钱行号商店及其他公私机关或个人，持有银本位币或其他银币生银等银类的，应自 11 月 4 日起，交由发行准备管理委员会或其指定之银行兑换法币"；为使法币对外汇价格稳定，"应由中央、中国、交通三银行无限制买卖外汇"。自 11 月 4 日起，以中央、中国、交通三银行所发行的钞票为法币。财政部还在"法币布告"中声明"国家财政整理之措施，亦已筹有办法，可期收支之适合"。⑥

11 月 6 日起，发行准备委员会派员赴各发行银行，调查发行及准备金额，两日内即完成对各行准备金额的调查，并调查完毕。币制改革会深刻改变金融市场的基本运行，政策实施的顺利与成效离不开金融业与政府在后续进程中的紧密配合。法币政策公布后，上海米价高涨一二元，上海市长吴铁城亲自下令取缔居奇奸商，缉拿法办。上海市商会致财政部电表示"竭诚拥护"，还提出"事与稳定物价、统制外汇关系至密，必须相辅而行，方能筹策万全"，"勿使怀疑揣测之徒，肆其阻挠破坏，庶副改革币制之初旨"。商会还通告自行涨价的豆米行业、米号业、烟兑业，"力戒无事自扰，所有出售粮食物价、兑换辅币银元价格，应照本月四日财政部布告，不得逾分上涨"。⑦

---

① 《美国实业界组织之远东经济考察团》，《申报》，1935 年 3 月 30 日，第 10 版。

② 《蒋中正先生年谱长编》(第四册)，第 468 页。

③ 《蒋介石日记》(1935 年 1 月 19 日、31 日)，斯坦福大学胡佛研究所藏。

④ 《蒋介石日记》(1935 年 8 月 23 日、10 月 26 日)，斯坦福大学胡佛研究所藏。

⑤ "蒋介石要求各地协助推行法币政策电"(1935 年 11 月 3 日)，台北"国史馆"藏，蒋介石档案，档号：002-080109-00006-002。

⑥ 《上海商业储蓄银行史料》，第 373 页。

⑦ 《市府严禁抬高物价》，《申报》，1935 年 11 月 6 日，第 9 版。

11 月 7 日,发行准备管理委员会的常委宋子文、陈光甫、胡笔江、钱新之、李觉召开会议,徐堪、张嘉璈作为列席委员,并由徐堪起草委员会章则,进行讨论。① 11 月 8 日,发行准备管理委员会在中央银行召开第二次常务委员会议、孔财长听取了委员会关于章则的讨论。据悉该项章则包括准备金保管办法、准备金检查章程暨法币掉换办法等数种。上海银行公会联合准备库与钱业准备库都向中国、交通两行商议平掉汇划,过去所谓的"划头加水""划水"的手续费从此消失。此时,国际商会邀请中国分会会长张公权、副会长陈光甫撰写一篇有关中国币制改良与国际贸易的英文论文刊于《国际商业月报》,使各国人士明了中国改革币制的意义。②

11 月 16 日,财政部布告中、中、交三银行钞票为法币之后,发行准备管理委员会再开行常务会议,修正办事规则,并报告调查各发行银行准备已竣。③ 18 日中午,发行准备管理委员会继续在中央银行召开常务委员会议,并由财政部次长徐堪向孔祥熙报告。④ 25 日,孔祥熙赴上海中央银行处理行务,中午邀集发行准备管理委员会委员徐堪、陈光甫、钱新之、李觉、秘书金国宝等对委员会各项章则商讨约三个小时。同日,委员会修正章程公布,财政部代表由 1 人增至 5 人。另外章程在"通商区埠酌设分会",包括天津、汉口、广州、齐青分会。⑤ 26 日,又由财政部增聘币制改革委员会委员长陈锦涛、邮政汇业局长沈叔玉、四行准备库总经理吴鼎昌、金城银行总经理周作民等四人为委员。管理委员会总共 23 名委员,迁入中央银行五楼新会址。⑥

1935 年 11 月 25 日,中央银行举行理事会议,常务理事孔祥熙、陈行、叶瑜、徐堪、张嘉璈、唐寿民,理事钱新之、陈光甫等出席。会议确定了中央银行改组为准备银行的计划,并大致决定依照组织中央银行法第七条"中央银行于必要时,经理事会议决、监事会同意,得呈请国民政府核准扩充资本总额,并得招集商股,但商股总数不得超过资本总额百分之四十"等规定,招集至多不得超过四千万元法币的商股。⑦ 1935 年 12 月底,陈光甫主持了上海银行公会第九届会员常会,通报本年会务经过和政府的法币政策。⑧

1936 年 1 月 18 日上午,孔祥熙主持发行准备管理委员会常务委员会议,经过

---

① 《发行准备管委会昨日召开常委会议》,《申报》,1935 年 11 月 8 日,第 9 版。

② 《发行准备委会续开常会》,《申报》,1935 年 11 月 9 日,第 9—10 版。

③ 《发行准备会昨开常务会》,《申报》,1935 年 11 月 17 日,第 10 版。

④ 《发行准备会昨开常会》,《申报》,1935 年 11 月 19 日,第 8 版。

⑤ "叶琢堂寄发行准备管理委员会之章程规则及委员名单等件"(1935 年 12 月 7 日),台北"国史馆"藏,蒋介石档案,档号:002-080109-00013-002;《孔部长返沪后准备管委会讯》,《申报》,1935 年 11 月 26 日,第 8 版。

⑥ 《发行准备会昨开常委会议》,《申报》,1935 年 11 月 27 日,第 9 版。

⑦ 《中央银行改组为准备银行》,《申报》,1935 年 12 月 5 日,第 7 版。

⑧ 《银行公会昨开会员常会》,《申报》,1935 年 12 月 29 日,第 9 版。

2个小时讨论，决议实行每月派委员检查中、中、交三银行，逐月公布发行法币总额及准备金；另外，除天津、汉口、广州等三处外、新设立青岛、济南、西安等处分会。① 1936年3月下旬，财政部核准中央、中国、交通三银行委托上海银行联合准备委员会办理接收各银行发行准备金内的房地产保证准备，委员会吸纳中外商界认识，分为房地产股、证券股票股和货物股，分别由钱新之、贝淞荪、陈光甫任主任委员。②至1936年初，因新法币施行后金融逐渐活跃，专门为救济中小工商业而成立的上海工商业贷款审查委员会召集临时会议，议决停止接受借款申请，共计联合各家银行放出60万元左右贷款。③

1936年初，陈光甫在法国《国际经济》杂志发表文章，其中写道：美国政府的白银法案对中国经济造成恶劣影响，并"引起空前未有之恐慌"，而中国政府实行新货币政策，"为已发行或将发行之纸币筹足六成硬货之准备、俾使中国货币获得最大限度之稳定"。结论中写道："中国新货币政策，绝不致引起不安之念，凡属理智之士均当充分加以赞助。中国政府所以出此者，厥在稳定货币，别无其他用意，缘国际贸易之推进，类以货币能否稳定为转移。于以见中国新货币政策实行之后，匪特有利于中国，即与中国通商各国亦皆同受其赐。"意即中国法币改革的成功有助于国际金融的稳定前景。④

推动银行界的业务变革

陈光甫曾认为孔祥熙对于币制改革并无办法，结果国民政府的法币改革及时而果断。实际上，孔祥熙"一面守口如瓶，一面博采舆论"，即使是重要助手徐堪、陈行、席德懋都不十分清楚整个计划，以至于金融界与徐堪关系接近，也"不能透知状况"，"此乃财政当局独裁之功"。陈光甫评论道，若孔祥熙"口头稍一松动"，法币改革必更难准备充分。⑤陈光甫在1934年认为工商各业普遍衰落之时，银行其应设法改革，破除信用借款，从厂基押款转向公司债的承募，并利用好中央银行重贴现业务保证银行的现金流安全。他还说："在今日环境之下，惟有使本行组织统制化，才能适应金融统制之环境，才能有生存进展之途径。"⑥

11月3日晚，上海商业储蓄银行获得币制改革的消息，迅速分电各地支行处

① 《发行准备会昨日举行常务会议》，《申报》，1936年1月19日，第12版。
② 《银行联合准备会代评三行发行保证准备》，《申报》，1936年3月24日，第10版。
③ 《工商业贷款会停止接受请款》，《申报》，1936年1月29日，第13版。
④ 《陈光甫著文论我货币新政策》，《申报》，1936年2月5日，第9版。
⑤ 《白银日记》(1936年3月21日)，《陈光甫日记》，第175—176页。
⑥ "陈光甫在上海商业储蓄银行第26次管理会议上的发言"(1935年7月24日)，《上海商业储蓄银行史料》，第867—868页。

立刻封存现金,不再付出,各行可以不动产或动产抵押品向当地中、中、交三行请求接济头寸,并不限数目;另外,"存放行庄款,除对存外,存放以中、中、交三行,金城、大陆、盐业、中南、浙兴、浙实为限,其余大数一律收回。以资妥慎。尊处明日情形盼电告"。① 6 日,陈光甫再次发出通函,提出三点要求:第一,全行"仍当按照 6 月 1 日行务会议议决案及历次通函",迅速采取以"紧缩"为核心的措施,"切不可因此次改制而稍松弛"。第二,针对币制改革以后的物价上涨,"亟宜趁此涨价机会,迅即催促押户变卖取赎,切不可听令因循观望,坐失时机"。第三,本行放款业务在既定额度内继续紧缩,新做押款力求减低估价的折扣。②

11 月 4 日,发行准备管理委员会成立当日下午,委员会即在中央银行召开第一次会议。上海金融界事前已做好准备,陈光甫于 3 日晚上 10 点主持召开银行公会临时会议,向公会成员报告了财政部的规定和孔祥熙的召见会议经过。银行公会在 4 日上午再次召开临时执委会议,陈光甫等委员做出相关业务办法三项决议,并通告同业:一、根据财政部规定,自当日起款项收付概以法币为限,不得行使现金,所有同业间所需划头银元应先向中、中、交三行调换法币行使;二、同业间如有多汇划而缺划头者,暂时可以汇划银元,商向中交两行平掉,由银钱业的准备库及中、交两行会同讨论详细办法;三、此后同业间所出各种票据(如定期存单本票等等)其票面应一律使用"国币"字样。同时,钱业公会议决遵办法币政策,英国驻华大使贾德干也通告英商银行配合国民政府。③当日,上海商业储蓄银行通告各分支行处将库存银元移交法币行。④

上海商业储蓄银行总经理处在编写的《本行环境之回顾与前瞻》中指出:法币改革以后,国内发行集中,进一步划一了金融市场。上海商业储蓄银行虽在国内外汇兑及领券上的利益有所减少,但现金准备率无需过高,放款数额可酌量增加;又因金融制度改革,"厂基押款,尚有活泼之望",通货筹码增加后,工商业的复苏还能使银行收回不少坏账。文章还指出国民政府在银行受到谣言影响时,能够"辟谣查究,主持正义,其决不因统制金融而不计商业银行之利害"。因此,"过去旧机会,虽已逐渐消失,而将来新机会亦复应运而生"。⑤

时论认为:中国的新货币政策施行之后,在国内和国外的两方面,国民政府"都是尽了最大的努力,以求新货币政策底进展和维护它的进展。"⑥从长远看,新币制

① 《总经理第 3 号密字通函》(1935 年 11 月 4 日),《上海商业储蓄银行史料》,第 375 页。

② 《总经理第 46 号通函》(1935 年 11 月 6 日),《上海商业储蓄银行史料》,第 375—376 页。

③ 《财政部规定法币后发行准备管理会成立》,《申报》,1935 年 11 月 5 日,第 10 版。

④ 《行史资料:本行大事记》,上海市档案馆藏,档号:Q275-1-168。

⑤ 上海商业储蓄银行总经理处编:《本行环境之回顾与前瞻》(1935 年 12 月),何品、宣刚编注:《上海商业储蓄银行》,上海远东出版社 2015 年版,第 451—452 页。

⑥ 盛慕杰:《法币三周年来之进展》,《申报》,1937 年 11 月 7 日,第 9 版。

奠定了战时中国实施非常时期安定金融办法和补充办法的基础，国民政府得以封锁银行里的存款和杜绝资金的转购外汇，从而建立起更易控制的外汇统制；法币的发行结束了过去国民政府只能依靠向银行业抵押公债，获取货币的境地，极大地增加了财政金融政策的弹性。

币制改革使现金集于中央银行，银行同业存款也将减少，领券制度也将取消，不过陈光甫判断国家法币的准备制度仍将大大增加货币。①至1936年4月初，宋子文向媒体表示中国"稳固外汇已告成功"。由于大量现银兑换法币和准备充足，中央、中国、交通三行的发行量从币改前的7亿元增加至12亿元。②此时的上海商业储蓄银行尽可能地开展国际贸易，多积聚外汇资金，并将历年盈余多换成外汇暗藏起来。到抗战初期，上海商业储蓄银行已经准备了120万美元左右的外汇。③

1936年4月，上海商业储蓄银行针对法币改革后的存款准备召开行务会议。会议指出，过去银行准备"分为存放及现金两项，存放分汇划及划头之分，现金有钞票与硬币之别，名目繁多，准备困难"；法币改革后，准备种类减少，又有票据交换所掉换"存放"。从市场环境看，确立法币使得社会心理渐归安定，金融状况已趋稳固。同时，国民政府规定中央银行办理重贴现，此后银行所持政府公债可以向中央银行进行押款变现。因此上海商业储蓄银行原本现金准备金率达到30%，由于国家信用对法币的背书，银行的准备压力大大减少。管理层有人计划：考虑到定存减少、提存风险等因素，上海商业储蓄银行继续维持现有准备，并推广短期商业票据和证券作为"第二准备"。④ 1936年8月，陈光甫与南京分行同人谈话，说到国民政府的统制经济和改革币制引起了银行事业的剧烈变动，过去的营利业务已逐渐减少，银行需要更多开辟新的发展途径。他同时承认国民政府的币制改革对于中国金融环境整体起到了改善的作用。⑤

此外，上海有发行权的各家银行曾与各钱庄或银行订立领用暗记券钞票合同，合同一般"以六成之现金及四成之保证，领用十成之钞票"。因其中四成的保证准备(如证券)所生利息由领券方所有，故而不少钱庄、银行领用其他银行的兑换券。法币改革推行集中发行后，大陆银行、中国实业银行、中南银行等率先将领用暗记券办法取消，原本领券的六十余家钱庄曾订立合同，联合组织领券人联合办事处据理力争，甚至上诉大陆银行等。同时，领券人联合办事处推派代表向发行准备管理委员会委员杜月笙、上海市商会主席委员俞佐廷和银行业同业公会主席陈光甫当面请愿，要求主持公道。杜月笙、陈光甫于是与中国实业银行总经理胡孟嘉商定调

① 《上海商业储蓄银行史料》，第428页。
② 《宋子文昨接见新闻界》，《申报》，1936年4月7日，第9版。
③ 《伍克家访问记录》(1959年12月17日)，《上海商业储蓄银行史料》，第664页。
④ 《上海商业储蓄银行史料》，第423—425页。
⑤ "陈光甫与南京分行同人谈话记录"(1936年8月)，《上海商业储蓄银行史料》，第869页。

解，照付 1935 年度的领券利息，同时又与东莱银行、大陆银行方面分别展缓。①杜、陈等人认为，“发行虽已集中于发行准备管理委员会，但各发行银行所缴之准备亦为六成现金四成保证，故不应取消领券办法”。由于钱庄业领券总额传闻达三千万元以上，杜月笙、唐寿民、陈光甫等先后邀集各发行领券的银行商妥办法，同时银、钱两业取得中央银行的谅解：两年内取消“回笼”办法、由钱业联合准备库领取、分发会员各钱庄领用法币；至于银行同业公会会员银行原持领券者，亦由银行业联合准备库领取、分发法币。②

其实，法币改革对于领用钞票的银行是有利的。在法币改革前，上海商业储蓄银行长期使用的是各大银行的领用兑换券。1927 年和 1928 年，由于时局动荡，上海商业储蓄银行对领用券尚处于观望阶段，到了 1930 年业务扩展后，比率就大幅度上升，1930 年至 1934 年所用领券平均占存款总额 15.7%。法币改革以后，1935 年至 1936 年上升为 25.7%，相当于全部存款的四分之一，1936 年领用了 4 000 万元(其中向中央银行领用 2 550 万元)，由于不需要提供足额现金准备，银行通过领券还可以获得巨大利益。可见，上海商业储蓄银行对国民政府法币政策的拥护。学者曾评价这反映出上海商业储蓄银行对政府资本银行加深的依赖。③从法币改革本身看，其主因是中国的合法纸币从国家控股银行提供信用背书变为国家信用作为后盾，进一步提升了政府银行在发行上的优势。

钱新之、周作民、贝祖诒、李铭等人都一度对法币改革感到不妥，尤其是完全无视日本，结果引起日资银行拒绝交出白银，并借口谋取华北金融的独立。事实上，日本对中国币制改革的态度并不受中国方案的影响，并且改革以后，市面未出现外汇挤兑，“舆论似稍稍移转，最少已觉寂然”。④然而，法币改革政策的成功超出了不少商界的预期。中国各类外汇和波动的银价市场趋于相对稳定，“政府方面对于金融调济极为注意，一去以往之不闻不问态度。”国民政府虽然无力救助单个的金融机构，但是努力改善金融业的货币基础和制度。⑤ 蒋介石在 1935 年底反思是年得失之事，不无得意地写道：“今年统制中交两银行，实施法币，此皆成功之特色。”⑥

受益于政府金融改革

国家对货币发行的统一离不开中央银行的有效管理，国民政府需要继续加强

---

① 《各领用暗记券者联合反对取消领券》，《申报》，1936 年 1 月 13 日，第 9 版。

② 《各庄领用暗记券经已调停解决》，《申报》，1936 年 1 月 18 日，第 10 版。

③ 中国人民银行上海市分行金融研究所编：《上海商业储蓄银行史料》，前言第 13—14 页。

④ 《白银日记》(1936 年 3 月 21 日)，《陈光甫日记》，第 175 页。

⑤ 《上海商业储蓄银行史料》，第 368—369 页。

⑥ 《蒋介石日记》(1935 年 12 月 31 日)，斯坦福大学胡佛研究所藏。

对中央银行的职能改革。1936年2月4日行政院例会，财政部提出修改中央银行法草案，当经通过，送交中央政治委员会。草案呈送交中政会后，“因关系整个金融，密查极为详密慎重”，至1937年3月才审查完毕，同月24日由中政会通过，“中央银行”拟改名称为“中央储备银行”。6月25日，立法院经议决照财政经济法制委员会，通过审查，全文共十二章六十二条，又中央银行改组过渡办法十二条。未及公布，中日全面战争发生。①国民政府对中央银行的改组准备，目的是加强中央银行通过货币政策控制金融市场的能力，发挥真正的“银行之银行”的职能。

1935年的中央银行法与1937年立法院通过的中央银行修正草案有很大区别：前者的中央银行组织本质上是一家国家银行，资本总额一亿元，由国库拨足。后者则是全国银行业的准备银行，依照股份有限公司组织而成。而“中央储备银行”计划资本五千万元法币，分三种股票：由国民政府认购的甲类二十万股，符合要求且在国内营业的本国银行认购的乙类五万股，由本国人承购、上限为五百股的内类十五万股。新的中央银行将成为全国的“储备银行”。舆论曾指出，1937年通过的提案包括中央银行总裁和副总裁各一人，均是专任，不得兼任其他任何职务。实际上，计划中的“中央银行”的理事都不得兼任中央或地方公务员，商股选举的理事，也不得在金融业有兼职。央行与财政部的管辖权实行分割，一方面，将“使人民深信政府决不致利中央银行发行纸币以弥补财政上的赤字”；另一方面，中央银行也将全权代理国库、国民党事业、地方公营事业收支和国民政府各机关在国内外的一切银行事务。遗憾的是，由于日本的全面入侵和战时财政与金融的薄弱基础，这一立法程序被迫中断。②

正如蒋介石说：“通过公债增加中、交二行资本，统一金融，此为财政之策第一步之实施。”③为了更好地发挥央行在市场与财政两方面的调控作用，中央银行的改组原本也在政府计划之中。在正式提出中、交两行改组之前，国民政府就先确立了中央银行的增资计划，并最终纳入1亿元金融公债案。④孔祥熙于1936年2月4日向行政院提交了“修正中央银行法案”，包括为依照股份制公司组织中央银行，使中央银行能真正成为“银行之银行”。在扩大资本的基础上，政府宣称原有官商股比例拟改为商股60%、官股40%，并拟组织股东总会。其中，商股规定由各省市府认购5万股，本国经营银钱业法人认购35万股，本国人民认购20万股。这一文本

① 盛慕杰：《法币三周年来之进展》，《申报》，1937年11月7日，第9版。

② 参见《中央银行史料》(上册)，第257-267页；盛慕杰：《法币三周年来之进展》，《申报》，1937年11月7日，第9版。

③ 《蒋介石日记》，1935年3月23日，“本周反省录”。

④ 《中央银行史料》上卷，第233-234页；《中华民国二十一年及二十二年两会计年度财政报告》，《申报》，1935年5月14日，第11版。

上的更动与国民政府早期陈光甫的意见相同。

从国家对银行业整体的控制来看,民间资本是否有能力筹足这些股本令人怀疑;银行的扩大后的17人理事会仍由9名官派理事占多数,只有监事会的9名成员将由股东总会从"一百股以上之股东中"选出5人的多数名额。这些纸面上的变更不只是向民营资本的让步,而是意图使中央银行能够同时适应政府财政与市场调控的双重需要。进而,财政部计划调整中央银行各种业务划分与职责,这与中、交两行的改组有关联。按照计划,中、中、交三行改组之后,中央银行将被授予发行法币及关金券的特权,同时"经理国府所铸本位币辅币之发行,经理国库及承募内外债,并经理还本付息事宜"。政府公债的发行和货币发行将全由中央银行掌握。而中国银行、交通银行原有的国际汇兑与建设实业的特许地位将进一步得到确立,为此孔祥熙的提议中,中央银行将"仅以低利经收存款,仅办理公务机关国内外汇兑"。①

币制改革后,国内物价保持稳定,市场的不安与谣言逐渐散去。1936年的物价逐月差价最高为1.5%,最低0.2%,平均仅0.8%,均低于往年。同时,国内原料品价格涨度大于制造品,由于农产品物价坚稳,农业直接获益;内地及农村地区的购买力有所好转,也有利于城市工商业的中期复苏。不仅人民对于币制具有相当信心,而且对外汇的稳定也起了重要作用。除了因投机早期中国出口货物价格的变动外,国际进口价格也十分稳定。由于新币制奖励出口,减少入超,进口趋势亦将趋好。至1937年7月7日,法币发行量从币制改革时的5亿元增为14亿元,均有充分准备,法币较之金属货币有更好的流动性,金融游资增加,金融市场渐趋活泼。通货环境的宽松使得全国各类物价继续回涨,经济恢复态势良好。②

此外,法币改革也是国家财政改良的重要基础。1935年至1937年,财政部一再强调实现收支平衡,孔祥熙宣称在18个月后国家预算实现收支平衡,以此制止发行纸币带来的通胀。至1936年月底,国民政府历年发行各种国内公债、库券凭证等共负债十四万六千余万元,每月应付本息基金至一千五百万元之多。但政府实际的偿付能力有限,自1931后,外患内忧与经济恐慌致使各种税收难以有效增长,1935年7月以后,关税逐月短收,除垫付外债和赔款外,内债本息基金平均每月短少约四百万元。为调整财政收支,不得不于1936年1月底采取发行延期支付的统一公债换价(总额14.6亿元)和复兴公债(总额3.4亿元)。其原理是市场对旧公债的消化能力减弱,以新换旧,可以消除公债造成的通货膨胀。其次,国民政府

---

① 《行政院通过发行两种新公债》,《申报》,1936年2月5日,第3版。

② 《通讯第32号》(1936年11月11日)、《总行第20次行务会议记录》(1937年7月7日),《上海商业储蓄银行史料》,第388—395页。

为增加税收，于 1936 年 10 月开办所得税以增加税收。次年 3 月 5 日和 19 日，立法院更先后通过财政收支系统法施行条例和预算法，计划自 1938 年起实施。这也是国民政府增强财政力量、维护新币制的举措，得到金融界的拥护。①

在外汇管理方面，虽然新币制在文本上和银价脱离关系，但是 60% 的法币准备全为现银。1935 年年底，国际银价猛烈下跌，资金纷纷转换外汇逃离中国。新币制的成功便取决于汇价的稳定。1936 年 12 月 11 日起，中央银行为维持法价起见，开始以对英镑一先令二便士三七五和对美元二十九元半的卖价，无限制地供给外汇，至年末汇市逐渐恢复常态。自新法币实行后，中国货币对外汇率停止贬值，缓解了整个对外贸易的出超情势，而香港迅速跟随国民政府放弃银本位，并与英镑挂钩。② 国民党中央在币制改革的效果稳定后，开始致力于扶助产业，由中央制定产业统制办法，使各同业自行统制对外贸易等。③

1936 年 1 月底，欧洲大陆方面抛出美元，英金趋贵，美金趋贱。法币汇价受到波动，英汇缩到中国中央银行的底卖价，美汇涨至中央银行底买价。那时中央银行若仍保持原有限界价，则投机者可依一先令二便士三七五向中央银行购进英汇，按 30 元行市售出美汇，同时在伦敦出售英汇购进美汇，获利甚厚。中央银行为稳定法币价值起见，在四日暂将美汇挂牌提高，由 29.75 元放长为 30.25 元，底线价是 30.5 元和 30 元。英汇未动。至 2 月 13 日，英、美汇价回进五元以内，中央银行又将英汇挂牌缩小为 30 元，买价是 30.25 元，卖价是 29.75 元。这样，中央银行的外汇运作暂时维持了法币的汇价。④

这两次由中央银行维持法币汇价的努力，也使得财政部了解到完全独立的法币制度意味着中国完全依靠自己有限的外汇储备应对国际金融市场的巨大风险，同时还要在一触即发的中日战争中幸存下来。这也促使了国民政府派出代表与美国协商订立中美白银货币协议，为法币的稳定谋求长期的出路。

---

① 《中央银行史料》(上册)，第 177—178、183 页；盛慕杰：《法币三周年来之进展》，《申报》，1937 年 11 月 7 日，第 9 版。

② 《上海商业储蓄银行史料》，第 368 页。

③ 《实业部呈复办理币制改革后应助成产业之发展案》(1936 年 2 月 8 日)，台北“国史馆”藏，档号：会 5.3/6.31。

④ 盛慕杰：《法币三周年来之进展》，《申报》，1937 年 11 月 7 日，第 9 版。国民政府在施行法币时，法币底汇价即规定对英为一先令二便士半和对美为二十九元七五，汇价底限价最高是一令二便士六二五和三十元，最低是一先令二便士三七五和二十九元半。即英汇价可由挂牌价增减八分之一的价格内波动，美汇价可在挂牌价增减四分之一的价格内波动。汇价在这限界内波动，中央银行可不必参加市场去干涉买卖，但波动到价格限界时，中央银行便不能不出而维持。即汇价跌至最低限界，中央银行可以无限制地卖出，汇价高涨至最高限界价，中央银行便可无限制地买进。但是英汇价是以前五年的平均价，美汇价则以英美汇价四元九角二分到五元为套价而裁定；假使英美汇价波动到在这高低价以外，法币的界限价格便要受到影响。

第三节 领衔对美售银谈判

赴美谈判的背景与成行

早在法币改革之前,国民政府已试图通过外交方式获得英、美两国的具体支持。1935 年 1 月 4 日,财政部长孔祥熙电陈蒋介石称,白银问题经与美方磋商,渐有头绪,美方亦希望中国派员前往接洽。孔祥熙认为宋子文在 1933 年就赴华盛顿、伦敦与美、英两国接洽过白银问题,故推荐宋子文与美方谈判。蒋介石表示:"极赞成子文兄赴美交涉。"① 到了 1 月 20 日,蒋拟电给孔祥熙:

> 美国白银交涉如文兄赴美则日更妒忌破坏,以其必疑非纯为白银问题也,弟意不如推银行界中如公权或达铨二兄中之一人前往,于事或反有济一面,另推一二人赴日以游历为名与之周旋使日为要。其心如能请新之或光甫二兄中之一人赴日,则事更圆满,弟再三考虑,文兄此事赴美,实无益也。如兄为然,可否请与公权、新之、光甫诸兄详细商,如其同意,请于一二日内,约同来京面叙一切,并望准备速行也。作民兄有北返否,如其未行,请其过京时便道一叙为盼。中正。②

从电文可见,蒋介石与孔祥熙并没有视陈光甫为赴美谈判的唯一人选。除了宋子文,张嘉璈是国民政府的铁道部长,吴鼎昌在北伐以后则成为蒋介石阵营的一员。不过,在中美经济谈判的问题上,蒋介石还是试图咨询银行家群体的意见。他还给浙江兴业银行总经理徐新六致电,邀请徐与金融界元老叶景葵共赴南京商议。③

事实上,国民政府先观望了英国的态度,希望在中国有着深厚商业利益的英国能够提供借款,支持币制改革。不过,英国始终以中、日关系的改善为前提,并主张相关各国共同接洽谈判。4 月 10 日,蒋介石从获得的外交情报判断,英国无非要

---

① 吕芳上主编:《蒋中正先生年谱长编》(第四册),台北:国史馆、国立中正纪念堂管理处、财团法人中正文教基金会,2014 年版,第 509 页。

② "蒋中正致孔祥熙电"(1935 年 1 月 20 日),台北"国史馆"藏,蒋介石档案,档号:002-010200-00126-016。

③ "蒋中正致徐新六电"(1935 年 1 月 20 日),台北"国史馆"藏,蒋介石档案,档号:002-010200-00126-016。

求“国际投资与对日解决悬案”，他写道，“英人狡诈，惟利是图也”。[①] 6月，英国所派财政专家李滋·罗斯(Frederick Leith-Ross)到达中国以后，主动倡议在上海召开中、美、英、日、法五国财政专家会议，共同研究对华币制援助问题。但其他各国并无共商的兴趣。日本更是极力反对，并在外交上对华压迫，试图消除其同盟支持中国币制改革的设想。

至9月，蒋介石已经对英国的援助感到无望，感叹孔祥熙一意依赖英国借款，对统一发行货币政策决而不行。他在日记中写道：“一意以英款为可靠，且不信已之政策，而遥望李斯洋鬼之赐惠，舍本逐末，可痛之至。”[②]不过，在陈光甫的记述中，宋子文也主张必须获得借款才能推动法币改革：“白银飞涨之时，中国不肯马上脱离银本位，即是恐怕力量不足，觉到非一笔大借款无此胆量毅然决然改变币制。”[③]

当然，财政部长孔祥熙对英国也另有准备，并没有将中国的法币改革计划全盘托出。[④]南京国民政府很快转向自行启动法币改革进程。中国的法币改革需要依靠充足的外汇为基础，而由于美国白银政策对国际银价的抬高，中国获取外汇准备的重要途径受阻，按照国际白银市价的趋势和国内白银走私的程度，中国将损失大量外汇。美国对中国的支持不仅只是币制改革的一线希望，还是法币长期稳定、货币制度足以应对日本侵略的基础条件。

在对华策略上，美国财政部长摩根索和国务卿赫尔(Cordell Hull)对是否单方面支持中国发生了严重分歧。赫尔认为美国不应当接受中国指派政府代表宋子文赴美谈判，这会刺激到日本。美国政府谨慎的态度也使得在华美资银行对中国法币改革表示冷淡，延缓了向国民政府移交白银的进度。虽然罗斯福在这一问题上支持美国财政部单独与中国进行谈判，他和摩根索还是受到美国国内白银集团的巨大压力。美国若尽可能减少中美白银谈判的政治色彩，也能顾及其与英国、日本的关系。[⑤]

在此情况下，美国更不可能考虑有留日背景的张嘉璈或吴鼎昌赴美谈判。而据驻美大使施肇基所言，宋子文曾举荐王正廷赴美国谈判，而美方需要的是了解中国币制的金融专家。于是，拥有留美背景的陈光甫成为中、美双方都可以接受的人选。1936年2月，摩根索通过驻美大使施肇基告诉孔祥熙，“不必举行外交谈判”，但“只有财政部高级官员或者银行家”才能向美方直接阐明中国的币制计划，而不需要将每个细节请示上级。基于这一考虑，摩根索拟根据专家建议邀请陈光甫赴

---

① 《蒋介石日记》(1935年4月10日)，斯坦福大学胡佛研究所藏。
② 《蒋介石日记》(1935年9月30日)，斯坦福大学胡佛研究所藏。
③ “白银日记”(1936年3月21日)，《陈光甫日记》，上海书店出版社2002年版，第174页。
④ 《中华民国货币史资料》(第2辑)，第235—241页。
⑤ 参见仇华飞：《中美经济关系研究1927—1937》，人民出版社2002年版，第497、520—522页。

美,并辅以财政部的专家或高级专员。摩根索强调要避免“使其他国家怀疑有任何重要外交谈判正在进行”。两天后,孔祥熙回复施肇基:陈光甫将于两星期内动身赴美。①

2月起,陈光甫在董旋笙、贝祖诒和外籍顾问杨格的帮助下,研究与美国财政部谈判售银问题、与棉麦借款和水灾借款的延期事宜,“废(费)一月之工夫居然略有头绪”。②是月,美国财政部向中国购入白银5 000万盎司,中国折合购入美金3 250万元暂存纽约各银行,其中1 000万元已被换成黄金,准备运回国。在白银谈判开始前,中国对美方已经有6 900万盎司的售银作为合作基础。③

1936年3月3日,感冒中的陈光甫前往南京谒见孔祥熙。④ 7日,国民政府正式委派陈光甫为中国银行考察团首席代表赴美,随团代表还有实业部国际贸易局局长郭秉文、中孚银行副总经理顾翊群等人。不过,这个代表团是以专程赴欧美进行金融考察活动的名义出国的。行前陈光甫还被任命为财政部高等顾问,一是因为他负有直接同美国政府谈判的特殊使命,二是高等顾问代表了专家身份,减少了政府正式官员出访的色彩。对于陈光甫而言,谈判的任务比较仓促。从他在旅途中写给杨介眉的信来看,他在启程时还并不完全了解出访目的,“意料所不及”,甚至担心施肇基不能配合。⑤

为了避免谈判的高调进行,政府向各家报纸隐瞒了陈光甫出国考察的真正任务。以《申报》为例,3月4日陈光甫临行前夕,该报称陈光甫“历年遨游世界,遍历全国”,“开岁以来,国内金融已趋安定,陈氏乃得有余裕,决心于短时期内、出国一行,详细考察欧美商业近状,俾得充实其个人对于世界大势之认识、以推进其银行之业务”。⑥ 次日,《申报》再次透露南京方面的消息:“陈、顾此行,纯系私人考察”,“专为考察该国农村贷款制度”,而顾翊群是经济专家,专门研究美国经济状况。⑦然而,因私出国的陈光甫却准备了官方护照,并在临行前去了一次南京。⑧ 8日,《申报》强调陈光甫到南京市为了领取护照,并且当晚就回了上海,将坐乘日本的皇后轮赴美考察银行业务与社会金融制度。⑨其后,在中国旅行社的安排下,陈光甫一行又延展至13日,改乘上大来轮船公司“批亚士总统号”出发赴美。

---

① 《施肇基致孔祥熙电》(1936年2月6日)、《孔祥熙致施肇基电》(1936年2月8日),洪葭管主编:《中央银行史料》(上册),中国金融出版社2005年版,第350页。

② “白银日记”(1936年3月20、21日),《陈光甫日记言论集》,第90—93页。

③ “美国财长宣布决定与中国合作”(1936年2月18日),《银行周报》第20卷第6期。

④ 《陈光甫感冒未愈,晋京行期展缓》,《申报》,1936年3月5日,第11版。

⑤ 《陈光甫致杨介眉函》(1936年2月19日),《中央银行史料》(上册),第351页。

⑥ 《陈光甫将赴欧美考察》,《申报》,1936年3月4日,第11版。

⑦ 《陈光甫等赴美考察目的》,《申报》,1936年3月5日,第3版。

⑧ 《时人行踪录》,《申报》,1936年3月7日,第10版。

⑨ 《陈光甫等九日乘轮赴美》,《申报》,1936年3月8日,第7版。

旅途中，陈光甫逐渐开始了解中国币制计划的完整内情。1936 年 3 月，他在赴美途中阅读到 1935 年 2 月，国民政府财政部托驻美大使施肇基递交美国国务院的说贴，其中包括中国政府向美国政府出售价值 2 亿元白银的计划。说贴陈明美国白银政策使得中国经济十分受困，币制改革需向美国借款 1 亿元，中国政府“主张中国新币制与美金元连成一贯”。陈光甫至此才得知“改革币制，政府始终先欲借款”。①可见，陈光甫此前并不完全了解中美两国政府购买白银的详情和计划。实际上，在 1935 年美国政府已经向中国购买了 1 900 万和 5 000 万盎司白银。②

不过，陈光甫十分小心地向全国经济委员会提出辞去棉业统制委员会主任委员，提请由常务委员叶琢堂代理，辞职理由是“以银行业务关系”，赴美洲考察经济。此时，国民政府军事委员会委员长侍从室在南京成立不久，全国经济委员会将陈光甫的辞呈交给了军事委员会，经侍从室第一处主管钱大钧将军呈给蒋介石。蒋介石批示：“可。”③这也说明陈光甫出行前已经在低调行事，临行前一天，孔祥熙在南京对陈光甫一行做了当面指示。④

《申报》宣称陈光甫、郭秉文、顾翊群三人各有具体考察分工，陈光甫主要考察美国金融和商业。⑤出发前，陈光甫亲口告诉中央社记者，“此行先至美国、再赴欧洲，历游英、法、德、义诸国而返，行期约为三个月”，“纯以个人名义”。⑥当船经停日本神户时，他还再次接受采访，谈及世界经济与中国财经的大变化，需要“在华盛顿搜集参考材料，在美工作完举，则经欧洲回国，以研究同样事项为目的”。⑦

3 月 26 日，陈光甫到达美国旧金山，行踪十分低调，媒体只拍摄到了他在车中用帽子遮挡自己面部的瞬间。到达华盛顿以后，他对美国政府官员进行了礼节性拜访，美国国务院进行了谨慎的接待。此前，驻美大使施肇基已向美方确认陈光甫作为政府官员的身份。⑧随后，陈光甫与美国财长摩根索进行了秘密会谈。任东来、仇华飞等人对这次会谈过程进行了细致的研究和描述。⑨这次会谈首先要使得美国理解完全不同的中国金融体系(比如由四家银行发行法币)，继而在对外名义为一般性会谈的过程中确定正式协议的内容。此次谈判涉及了大量具体的金融问

① “白银日记”(1936 年 3 月 21 日)，《陈光甫日记》，上海书店出版社 2002 年版，第 174 页。

② 《美财长宣布协助我国新币制》，《申报》，1936 年 5 月 20 日，第 3 版。

③ “钱大钧呈蒋介石件”(1936 年 3 月 9 日)，台北“国史馆”藏，蒋介石档案，档号：002-080200-00469-059。

④ 《孔祥熙谈华北缉私办法》，《申报》，1936 年 3 月 13 日，第 3 版。

⑤ 《陈光甫郭秉文顾翊群今日联袂出国》，《申报》，1936 年 3 月 13 日，第 9 版。

⑥ 《陈光甫郭秉文顾翊群昨晚同轮放洋》，《申报》，1936 年 3 月 14 日，第 9 版。

⑦ 《陈光甫过日，谈赴欧美任务》，《申报》，1936 年 3 月 17 日，第 5 版。

⑧ 《美国国务院远东司司长霍恩倍克的备忘录》(1936 年 3 月 4 日)，《中央银行史料》(上册)，第 352 页。

⑨ 参见仇华飞：《中美经济关系研究 1927—1937》，人民出版社 2002 年版，第十二章内容；任东来：《1934—1936 年间中美关系中的白银外交》，《历史研究》，2000 年第 3 期；Ho KwongShing Lawrence，China's Quest for American Monetary Aid：The Role of Chen Guangfu，1935—1944，doctoral dissertation，University of Hong Kong，2010. 另外汪熙、吴景平等都曾有过相关研究。

题,陈光甫主要负责对这些问题的解释,进而争取购银协议的签订。

美国方面数次对媒体表示,陈光甫访美是“征求对于一般币制政策之意见,故谈话之时间或将甚久”。美方财政部对售购白银事宜的低调处置似乎也成为主导谈判的筹码,但摩根索对于陈光甫表示,“帮助中国稳定货币,对于世界和平是非常重要的”。美国财政部暗中数次表态,希望国民政府愿意继续低调地配合美方。中国驻美使馆发言人继而对外表示:“中国之管理通货制度成绩美满,故并无改变之意。”中国驻美大使施肇基陪同陈光甫晋谒国务卿赫尔与财政部长摩根索,并在孔祥熙的指示下,对外宣称陈光甫作为中国银行的董事到访纽约筹设立分行,同时受托协助办理该行未决的金融事务。①施肇基还说:“中国政府不拟改变货币政策,而使华币与美元或英镑发生关联”,据他所知,美国并不打算再向中国购买白银。② 4月6日,宋子文在中国银行接见新闻记者时谈到,“我国之外汇并未特殊倾向美金先令或日金,至于将来如有重大之变更,当再行决定我国之倾向”。他还否认了陈光甫赴美是为了接洽借款的说法。③

签订中美白银协定

1936年4月7日,中方代表团与美国财政部开始正式会谈。在之后40多天的谈判中,除了让美国理解中国金融和货币计划,陈光甫还需与摩根索讨论南京政府币制改革事宜、白银价格问题和外汇牌价问题。实际的谈判并不容易。中方的目的是由美方同意购买白银,维持法币稳定;而美方并不急于签订协议,并希望中方能够在国内铸造白银货币,扩大白银用途。④陈光甫回忆称,经过第一、二次会谈,摩根索了解了中方的金融情况,但并不想马上购买中国的白银,理由是需要先设计一个支持中国的合理方案,并且中国应当继续作为一个用银国,而不是放弃银本位。不过,陈光甫敏锐地抓住了美国的两个诉求:第一,由于美国通过市场收购白银的数量有限,而黄金不断进入美国,难以达到白银法案需要的黄金对白银总量3∶1的比重,美国国内白银法案的效果被极大地削弱了,正需要中国长期协同美方平衡国际白银价格;第二,美国不希望中国加入英镑集团。据此,陈光甫协助中、美两国财政部设计了最后的购银方案,并说服孔祥熙放弃了中方在银币成色上的方案,避免与英国的铸币方案雷同。⑤

在技术问题上,陈光甫凭借专业的金融知识向美方顺利地阐释中方的实际情

---

① 《孔祥熙致施肇基电》(1936年2月13日),《中央银行史料》(上册),第351页。
② 《陈光甫等谒美当局商讨财政问题》,《申报》,1936年4月9日,第4版。
③ 《宋子文昨接见新闻界》,《申报》,1936年4月7日,第9版。
④ 郑会欣:《“中美白银协定”述评》,《民国档案》,1986年第2期。
⑤ “陈光甫口述回忆录”(1961年),美国哥伦比亚大学珍本手稿馆藏,第80—81页。

况和立场；在协定条件的商谈上，他基本按照孔祥熙确定的方针进行磋商。会谈开始阶段，在国内的孔祥熙有时只向施肇基发出指示，比如4月10日他致电施肇基确认国内法币的外汇准备拟由35%增至50%的决定。① 当然，施肇基会将重要指示和材料转达陈光甫。施肇基也会单独回复孔祥熙的电文，尤其是将每一次陈光甫参与的会议情况进行详细汇报。②到谈判结束，陈与施联名发了一个关于谈判的要点的电文给孔祥熙，这一电文的内容包含政府官员一般不会记述的内容，明显反映了陈光甫的许多看法。电文谈及了孔祥熙通过在华农业经济学家卜凯（John Lossing Buck）与美方传递消息的风险，在谈及信息保密问题时，还写道：

> 财长的报告，秘密讯息和其他有关消息，必须绝对保密。任何泄露必被投机家所利用。为什么此间一些新领导人能抵抗一切攻击，就是因为他们不利用官方的消息。举例来说，我们的朋友提到为了防止怀疑摩根索的父亲由于他的儿子做了财政部长就离开了证券市场。谣言盛传，在去年冬季，我们有些人就利用了重要消息的透露，赚了很多的钱。③

4月25日，孔祥熙从上海向昆明的蒋介石发出特急电文，称美国财政部长在与陈光甫的谈话中，“极表好感，允在可能范围内帮助我国整理币制，此外恐不能有大希望”。④ 4月30日，驻美大使施肇基设宴招待陈光甫一行与美国政府及财界要员，媒体判断双方不久就将进入最后谈判。⑤ 5月1日，华盛顿传出消息，称中美两国将成立关于两国通货问题的白银协定，但不涉及商业借款及中美贸易问题，并且“所有财政专家之技术工作顷已结束”，只待最后会议。⑥ 11日，美国财政部长摩根索终于公开表示，“不久即可与中国银行团代表陈光甫一行缔结重要之协议”。⑦中美白银协定签署前一天，施肇基大使才透露陈光甫与美国财政部的谈话十分顺利，“不日当可成功”，且仍坚称陈光甫此次主要目的是替中国银行在纽约办理开设分行之事，可见国民政府方面对此次会谈的慎重态度。⑧当然，谈判过程的保密在客观上也有效阻止了国际银价由于美国政府收购白银而快速上涨。⑨

---

① 《孔祥熙致施肇基电》(1936年4月10日)，《中央银行史料》(上册)，第354页。

② 参见《中央银行史料》(上册)，第353—354页。

③ 《陈光甫、施肇基致孔祥熙电》(1936年5月24日)，《中央银行史料》(上册)，第358页。出处中有注，“去年冬天”之事指“统一公债发行前，孔祥熙的亲信们所干的事”。

④ “孔祥熙致蒋介石急电”(1936年4月25日)，台北“国史馆”藏，蒋介石档案，档号：002-080200-00265-049。

⑤ 《施大使款待陈光甫等》，《申报》，1936年4月30日，第7版。

⑥ 《中美经济谈话即结束》，《申报》，1936年5月3日，第8版。

⑦ 《中美货币谈话达到最后阶段》，《申报》，1936年5月13日，第7版。

⑧ 《中美商妥购银协定说》，《申报》，1936年5月16日，第7版。

⑨ 《美官方无明确表示银价上腾投机所致》，《申报》，1936年4月21日，第6版。

1936年5月12日,罗斯福总统今日在白宫接见了由施肇基及摩根索引导下的陈光甫等一行,晤谈40分钟左右,但对中美协定内容仍严守秘密。① 5月15日,在一个多月的谈判后,"中美白银协定"方案经美国财政部最后拟定,中方同意后正式签订。南京国民政府以扩大白银用途、维持独立的货币制度、保证法币不与英镑挂钩等条件,换取美国政府对中国白银的购买。协定内容主要包括几项重点:

一、中国保证币制独立,不与世界任何货币集团联锁;

二、中国除外汇、黄金外,保持现金准备中的25%为白银;并取消关于艺术与工业用银的限制;铸造半元、一元银辅币;

三、美国承购中国白银7 500万盎司,另接受5 000万盎司作2 000万美元贷款的担保。②

协议签订后,中美双方都各自发表了积极的声明。18日,摩根索向报界发表谈话,称美国政府曾向中国政府表示愿意购买国民政府中央银行的大批白银,"并在某种条件之下,以美元供给之,作为稳定法币之助";美国政府的此次所为,"欲协助中国,并为国际货币稳定事宜,有所尽力"。他还表达了国务院和参议院对此一协定的赞成。施肇基则代孔祥熙做了声明,包括售银款项将作为平衡基金,"用以统制法币汇价之变动"。陈光甫答复记者时说:"目前中国发行纸币,计共七万九千万元,而现银准备达四万万元。将来开铸新币,所用白银成分将使于银价剧变之时,不致有融化运出之虞。"③

此间,相关协定内容也逐渐流传出来。《白银协定》的订立不仅使中国的法币获得稳固保障,且不至完全受美元、英镑或日元单一方面的牵制。这一协定在实现中国向美国出售大量白银换取外汇支持的主要目标下,同时要求中国持有占货币总量25%的白银,并加铸辅币。这样中国既无法完全脱离白银本位,而又离不开美国提供的外汇支持,无形中实现了中国法币与美元的挂钩。实际上,这一协定也使得美元在当时与英镑的霸权争夺中,又胜一筹,加强了美国在东亚局势中的发言权。国际评论认为:"中国之决议,实为复币主义之胜利,中政府已打破前取销[消]白银制时似曾加入之英镑团。"也有评论指出法币"并无稳定之本位,以为强固之基础,自仍属一种统制的币制耳"。④

---

① 《陈光甫等谒见罗斯福》,《申报》,1936年5月14日,第7版。

② 参见仇华飞:《中美经济关系研究(1927—1937)》,第536页;郑会欣:《"中美白银协定"述评》,《民国档案》,1986年第2期。

③ 中国第二历史档案馆编:《中华民国史档案资料汇编》(第五辑第一编 外交二),江苏古籍出版社1994年版,第1287页;《美财长宣布协助我国新币制》《我国新币制政策,各国至感兴趣》,《申报》,1936年5月20日,第3版。

④ 《我国新币制政策,各国至感兴趣》,《申报》,1936年5月20日,第3版。

此次谈判，陈光甫得到了摩根索的良好评价。后者表示陈光甫对双方在币制问题上的谅解很有帮助。罗斯福总统也公开表示了对中美谈判的相当满意，称协定“系两国谈话最佳之成就”，并对陈光甫的政治见解表示赞赏。①陈光甫的出访还向美国高层直接表达了中国已经做好了与美国合作的准备。有民主党参议员与陈光甫会晤后，感受到“（中国）国家观念之渐次发达，现在边远各省已渐与中央接近”，表示中国民族主义带来的团结将足以应付日本将来的侵略。②

谈判结束后，主要舆论都给予协定以积极评价，认为“足大增高中国货币之后备力量”。③ 有人认为中、美、英三国极有可能达成新的协定，因为中美之间已经有了突破性的合作。谈判结束后，陈光甫经纽约赴法国、意大利，再行回国。日本媒体甚至谣传称陈光甫又在英国寻求国际信用银团，以加强中国的白银市场。④另外，《中美白银币协定》成立后，出于两国银行界合作需要，中国银行在纽约设立的分行，由王正序、美国人柏泽斯为分行经理。这是历史上，中国银行业直接参与美国金融市场的开始。⑤

中美白银协定的积极影响

1930 年代后期，美国不愿卷入中日冲突，也不愿在政治上表达对中国的支持，但中美经济关系日趋紧密，美国工商界金融界对中国开始关注。1937 年美国对华资本输入已是对华输入国的第一位。陈光甫与美国的第一次谈判为中美经济合作创造了充分的条件。正如时评指出：若美国能在经济合作上，帮助中国的经济建设，“便是一种扩大和平力量的工作”。⑥正如陈光甫转述美方友人之语，《白银协定》规定的 7 500 万元，“就两国的关系说来，并不是一件很大的事情，要点是维持了双方接近和合作的途径。总统和财长的友谊，必须用一切努力保全下来。将来和过去一样，美国能在很多方面帮助中国，一定要注意保持这个门开着。”⑦

回国后，陈光甫等人发表了书面谈话，表示美国罗斯福总统及财政部、国务院要员及国会领袖如毕德门等对中国的货币改革深感兴趣，“且不吝尽协助之劳”；而

---

① 仇华飞：《中美经济关系研究（1927—1937）》，第 536 页；《中美银协定助我健全新币制》，《申报》，1936 年 5 月 21 日，第 6 版。

② 《与陈光甫一席话　美议员所获印象》，《申报》，1936 年 4 月 15 日，第 6 版。

③ 中国第二历史档案馆编：《中华民国史档案资料汇编》（第五辑第一编 外交二），江苏古籍出版社 1994 年版，第 1288 页。

④ 《陈光甫在伦敦》，《申报》，1936 年 6 月 17 日，第 9 版；《金融界人士谈中英国际银团内容》，《申报》，1936 年 6 月 18 日，第 12 版。

⑤ 中国征信所编：《上海工商业异动概况》，《申报》，1936 年 11 月 12 日，第 13 版。

⑥ 星：《中美经济合作之观察》，《申报》，1937 年 7 月 1 日，第 7 版。

⑦ 《陈光甫、施肇基致孔祥熙电》（1936 年 5 月 24 日），《中央银行史料》（上册），第 358 页。

美国社会各方“对我国种种努力亦表示同情”。陈光甫建议财政部以促进法币稳定为主旨,从速履行中方所担任条件,并早日改进中央银行,使之成为“通货与信用之独一管理者,而便全国金融趋于正轨”。[①]

1937年7月12日中美签订金银互换协议,孔祥熙与摩根索发表共同宣言:1936年5月,美国财政部与中国财政部代表所达成的货币合作,对于中国新币制的推行很有帮助;中美两国将继续一年前成文的协议,在相互接受的条件下,中国政府将向美国购买大量黄金,美国为协助中国政府增加黄金准备和依照购银法起见,将向中国续购白银,并扩大中国中央银行在保障两国互利的条件下获得的美汇。[②]

全面抗战爆发后,美国长期坚持战争中立原则,孤立主义持续对罗斯福政府施压,直到太平洋战争的爆发。《中美白银协定》为中国进一步争取美国贷款援助和对法币的支持打下重要基础。1937年6月,孔祥熙结束了在欧洲的访问,前往美国。随后,孔祥熙与罗斯福就中美经济的进一步合作进行交谈,中美签订了《中美金银交换协定》,与摩根索共同发表中美联合声明。[③] 1938年,日本对中国大举入侵的危急时刻,陈光甫再次赴美,先后与摩根索达成2 500万美元“桐油借款”(1938年12月)和2 000万美元“滇锡借款”(1940年3月)。在全面抗战形势最恶劣的防御阶段,这两笔商业形式的借款成为国民政府获得来自外国政府的最早的经济外援。陈光甫的这些外交成果都是在美国只关心本国国家利益的前提下努力达成的,客观上对中国抗战作出了重要贡献。

1937年2月,陈光甫在上海商业储蓄银行自办刊物《海光》上发表文章《商业银行于环境》,他指出国民政府通过法币改革增强了对金融的管理能力,一方面,币制基础得到巩固,政府信用得以树立;另一方面,政府银行得到加强,上海遭遇的同业竞争日益剧烈。从经济发展的角度看,银行业绝不能因商业银行利益的削弱,停止已有的货币金融制度改革;商业银行应“欢迎环境之改进,并随时促进之,不得怨尤环境之转变”。他还认为商业银行的使命,在于辅助工商业,金融组织和环境的改善减小了商业银行辅助工商业的风险,增强了存户资金的保障,提升了中国商业银行的效用。不仅如此,依据德国与法国的经验,政府银行与商业银行在同一领域内共同经营,是可以共存共荣的。

南京国民政府在货币金融领域的改革措施,改善了金融业的整体发展环境。一方面,不少商业银行人士担心,一般民营银行的业务,“政府银行皆照样举办”;另一方面,南京政府曾经忙于内战,无力管制币制金融的乱象,一般商业银行的兑换、

---

① “国内要闻”(1936年7月21日),《银行周报》,第20卷第28期。

② 仇华飞:《中美经济关系研究(1927—1937)》,人民出版社2002年版,第610页。

③ “Immediate Release”(1937年7月9日),美国哥伦比亚大学珍本手稿馆藏,陈光甫文件第1盒第4文件夹。

汇兑、发行及领券业务均较为自由；法币改革以后，“政府对于币制金融，具有相当管理能力，因此商业银行之经营，其自由已受若干限制，而各种额外收益，亦有消失可能”。①陈光甫则告诫全行，银行的利益仍立足于辅助工商业，而且要从重视业务数量转为重视服务质量。比如，“在存款方面，应努力便利顾客，博得其信任。在放款方面，应审慎调查，绝对不吃倒帐。在开支方面，应力求撙节。在人事方面，应不断训练陶冶，增加办事效率、杜绝舞弊等等”。减轻服务成本，推广服务范围，即便面临环境的转变，银行仍然能有所进展。②

从金融业的环境看，陈光甫经历的二十年“以金融混乱为开端，而以币制改革为结束”。上海商业储蓄银行创立之初，金融以银两为计算单位，以钱庄为“中心势力”，“政府自顾不暇，任金融业自由经营，无整个之组织可言”，金融市场风潮迭起；经过南京国民政府的十年努力，现代金融业日益发达，脱离银本位的羁绊，发行得以统一，汇兑趋于稳定。中国面临的战争危机同时加强了银行家对国家和民族的认同，陈光甫认为“全国人士之精神财力，当集中于抵御外侮及发展产业”。对于外侮或最终需要“作殊死战”，才能祛除。此后，中国的经济发展将“蔚为大观”：首先要在全国普及修筑铁路，成为内地物产流畅的基础；其次，“不论政府统制与否，国内轻重工业之次第设立”，健全组织，完成工业革命；再者，复兴水利，导淮导运，兴修灌溉，成为繁荣农村之基础。

对于政府，陈光甫期盼中央准备银行早日成立，成为金融市场的中心组织，健全通货管理，促进商业银行经营的合理化。他认为，完善的中央准备银行能帮助划清政府银行与商业银行间的不同“机能”，而商业银行在中国的产业发展才能具有“无限之前途”。陈光甫开始乐观地看到 1937 年 6 月的中国将结束“在黑暗混乱中讨生活”的第一时代，迎来具有光明前途的第二时代。他鼓励全行同人秉持“服务社会”的宗旨，“能运用人力，超越时代，而永久贡献其使命。”③然而，中国经济复兴的巨大期望很快被日本全面侵华击得粉碎，紧随而来的“第二时代”转眼成为 20 世纪中国的至暗时刻。

---

① 《商业银行与环境》(1937 年 2 月)，《陈光甫日记言论集》，第 195 页。

② 《商业银行与环境》(1937 年 2 月)，《陈光甫日记言论集》，第 195—197 页。

③ 《以本行之第二时代一文告同人》(1937 年 6 月)，《陈光甫日记言论集》，第 197—199 页。

结　论

中国现代意义上的政商关系起源于清末。清政府早期官督商办的洋务模式培育了盛宣怀、严信厚这些最早的“红顶商人”，20世纪初的清末新政诞生了与官场联系紧密的私人企业家（如张謇、周学熙）。[①]这些中国最早的现代企业家引进了西方的社会生产制度，创办了最早的现代化企业。清政府还资助了一大批青年学生赴先进国家留学（如陈锦涛、张嘉璈），其中不少成为中国现代经济发展的推动者，陈光甫是其中之一。陈光甫早年旅居的汉口既是内地重要的传统商埠，也充满列强带来的新事物和新文化。官派留美学习、筹办南洋劝业会、参与江苏财政事务都是陈光甫与清政府之间的具体联系。此间，他认识到没有约束的政府行为往往会对于市场产生负面影响。陈光甫凭借自己的努力获得了走向世界的机会，在美国学习先进的经济制度和商业模式。较诸其他留学生，长期的底层工作和生活塑造了他坚忍和务实的品格。对西方文明的推崇和现代商业的熟悉与他对中国社会的乡土情怀和传统价值观相融合。

依靠理性探知人性的困境，在于那些构成特定人格的因素之间往往并不存在天然的逻辑关系。中国人使用“儒商”一词将商人逐利的本性与带有理想色彩的社会实践进行调和。事实上，抛却儒家文化观念的商业行为在传统社会中遭到长期的排斥，“儒商”是一种既能保障财富增长，又遵循集体主义传统的商业习惯。当传统社会开始向现代转型，资本利益的增长与基于私有产权的各类社会观念成为留洋学生、“知识分子”、工商业者、银行家等各类新兴社会群体的共同诉求和特征，是社会新生力量的共识和组织基础。这些社会群体的壮大必然带来经济观念和制度的更新。伴随传统社会的凋谢与更新，现代私人经济部门的发展与社会整体福利间的平衡也开始成为20世纪初各先进国家关注的社会问题。普遍的变化因应了全球经济发展和国家利

① 参见陈锦江：《清末现代企业与官商关系》，中国社会科学出版社2010年版。

益的竞争。这种对资本利益的诉求与社会普遍问题的关切同样反映在近代中国银行家群体身上。

在北京政府时期，陈光甫从一名职业经理人成为银行业的重要人物。以留学生群体为纽带，他从省政府的财库走向十里洋场，结识了工商界的重要人物，获得在银行界崭露头角的机会。在他创办上海商业储蓄银行的同时，上海商业储蓄银行也极大地成就了陈光甫。上海商业储蓄银行的发展离不开江浙地区工商业和新兴银行家群体的共同支持。与这些新兴群体的良好关系是陈光甫在金融业获得成功的社会基础，也是解读陈光甫后来大部分人生选择的钥匙。当政治走向违背工商群体的共同利益，陈光甫敢于表达与权势相左的见解，或者通过沉默示意；当群体利益与现实政治妥协，他也会隐其锋芒，长袖善舞，在商言商。当然，陈光甫身上不仅能看到工商业的利益诉求，还有他颇具个性的沉稳谨慎、深远洞见和勇于革新的企业家精神。

政府与市场的关系是中国经济发展（尤其是经济结构的变化）的重要制度基础，政治经济体制的转变直接影响了这一关系。中国近代银行业自其产生就与政府财政紧密相连。1916 年，陈光甫站在市场的一方，支持中国银行上海分行与政府的“停兑令”抗衡；1921 年银行业对政府的两次银团贷款偿还均不顺遂。在这些社会经济事件中，社会新群体原本共享的利益与理念，不断成熟、发展，出现了上海银行公会等具有影响力和自治功能的新型社会组织。此外，陈光甫一方面通过人际网络很快与新式的铁路、教育部门等建立起业务关系；另一方面，他本人也与国民党人有所交往。至 1927 年左右，中国最重要的职业银行家都对由孙中山开创的革命事业持肯定或支持的态度。

当国民党试图推翻北京政府时，社会动荡与革命战争带来了对经济的破坏，陈光甫保持着冷静和克制。直到上海局势的急速变化，武汉政府过激的社会经济政策将陈光甫推向蒋介石的势力。在他的斡旋下，南京国民政府从上海工商界（尤其是银行业）获得了最基本的财政支持。新的政商联盟并不牢固，结束江苏兼上海财政委员会的工作以后，陈光甫并没有随即转入财政部或江海关二五国库券基金保管委员会的工作。为补救银行业遭受的损失，他远赴汉口协助金融市场的恢复。蒋介石和宋子文的橄榄枝没有成功将他的商业抱负与政府利益捆绑。他意识到：“现时皆可为民众利益起见，用革命手段废除之，但银行家懵懵不明此潮流之所趋。”①

在与国民政府的相处中，他自知银行家必定处于劣势。他的日记中别有意味地记载了参观屠宰场的场景：“宰牛之法，先以锥刺入牛脑，牛即倒地，然后以刀割断其颈中大动脉，而去其血，剥其皮。庞然巨躯之牛，五分钟即宰竣。人类之威力可惊，强权之横暴可畏。”②尽管如此，在国家统一和主权完整的前提下，他始终坚

① 《陈光甫日记》，1928 年 8 月 3 日。

② 《陈光甫日记》，1930 年 12 月 21 日。

持市场独立于政府财政的必要性。在各政治势力重陷纷乱、无力挟制金融的时期，他和上海商业储蓄银行免于政府财政需求的泥沼，专心壮大了自身实力。陈光甫对政治有着敏锐的观察和判断，保持着对现实政治的疏离。

在经济思想方面，陈光甫与蒋介石、宋子文、孔祥熙等人并非水火难融。20 世纪 30 年代初期，经济危机席卷全球，各国贸易壁垒造成国际贸易活动的衰退，同时日本对中国的军事与经济侵略逐步升级。统制经济与民族主义经济遂成为一种潮流，陈光甫承认政府干预的重要性，也主张政府的经济管理需向社会开放。以全国经济委员会为代表的国民政府经济建设体系正是政府与工商界相互合作的典型案例。通过主持棉业统制委员会，陈光甫积极参与了中国棉业与纺织业的市场机制改革，并率先引导银行资本进入农村，取得了一定成效。对政府经济管理的参与也加强了陈光甫与各级政府部门的交往；只是在实际资本投入中，上海商业储蓄银行依旧以商业性业务为根本、奉客户资金安全为圭臬。

在南京国民政府的最初十年，中国本土银行业迅速发展，金融制度和国家金融体系逐步完善起来。其间，陈光甫代表银行业提出了不少建设性意见。随着国家银行资本急剧扩张，陈光甫不仅与这些庞大的银行开展许多合作，也勇于竞争，善于创新。上海商业储蓄银行参与的合作与竞争基本采用市场化的方式。市场竞争催生企业革新，这是此一阶段民营银行保持发展的重要动力。上海商业储蓄银行经营的创新和变化都是准确预判环境变化、顺势做出调整的结果，而非与外在条件对抗。1937 年，陈光甫说:“现在政府基础，比较稳固，政府银行之信用，亦较坚强，因此同业之中，不无感受剧烈竞争之苦。”面对市场竞争的加剧，他始终认为:“吾人应欢迎环境之改进，并随时促进之，不得怨尤环境之转变；纵然怨尤，环境之转变亦无从阻止也。”①

作为银行界的领袖，陈光甫对国民党政权的态度从反感趋向温和，也体现了其处理与政商关系能力的成熟:首先，他放弃了对政府的公开批评和政治上的对立，继而诉求政府为市场提供长远的制度保障；其次，他参与政府经济政策的咨询和实际推行，谋求银行业的团结，敏锐寻找制度改革的“红利”；第三，在财政问题上，他开始积极应对各级政府需求，表达支持态度，但上海商业储蓄银行实际承担较少。这些变化都更符合银行家群体的利益。1935 年，南京政府的干预深刻改变了银行业的基本格局，银行业没有正面对抗的举动，并从政府干预的积极效果中获益——南京政府在应对白银危机和金融风潮时起到了不可缺少的关键作用。

从 1911 年陈光甫开始经理银行事务起，至抗战全面爆发共二十六年。他自述二十六年间的政治环境“以内战暴发为开端，而以停止内战为结束”，银行业饱尝政治的混乱，“历历在目”，“所谓百战余生者，未尝不足以喻本行”。20 世纪 30 年代

① 《商业银行与环境》(1937 年 2 月)，《陈光甫日记言论集》，第 195—196 页。

中期，“内战渐息，岁收亦丰，政府经济建设，如筑路导河等等，逐步推进，渐有成效”。就金融环境而言，中国政府从“自顾不暇，任金融业自由经营”，发展至“统一发行，稳定汇兑”的局面。1937年的中国“统一基础终趋巩固，此后内战机会既已大见减少，一切吏治与军备亦显有进步，堪为否极泰来之象征也”。陈光甫目睹了中国经济从清末的积弱积贫中选择走向经济统制，南京国民政府时期国民经济得到统筹发展，经济建设渐有成效。他期盼“黑暗与混乱业已告一段落”，中国迎来新的时代。①

中国近代的新式银行家们身处中国与世界的交汇。留学经历和现代经济部门的发展都使得他们感受到中国与世界经济的密不可分。参与国际贸易及相关金融活动之外，他们的专业能力与人际网络为他们参与国民外交、争取民族经济利益创造了条件。陈光甫自发参与争取利权的国民外交，短暂卷入革命外交，代表中国远赴欧洲，参与国际经济事务，继而进入国家间政府外交的领域。他在各类中外交往(不仅是银行业务)中，逐渐发挥了在商贸和金融领域的专长，同时拓展了以美国为主的商业合作关系。1935年法币改革后，他在中美白银协定谈判中的角色无可替代，为币制改革与中美战时经济合作铺垫了牢固的基础。民族危机日深，个人与国家命运的联系愈紧。国家的危急情形和自身的民族认同感超过了党国外交体制的严格束缚，专业出众的银行家在战时中外经济关系中承担起重要的外交使命。

从历届民国政府的角度看，民初北京政府缺乏政治和经济的统一治理能力。不仅如此，政府的信用和权威伴随政权的动荡不断衰退。中央政府财政对银行业的依赖愈发强烈，却不能向银行业履行基本的政府信用，也不能有效改良金融制度、维护金融安全。从中央到地方，公私财产的权利并不明晰，政府与银行家们的关系主要依靠人际关系维持，抑或成为前者的强取豪夺。在银行家看来，北京政府的确做出过现代化的努力，但困于政治上的落后，成果寥寥，更无力扶持经济和推行有效的市场管理。在整理国债、货币改革以及中外重大利权交涉等方面，北京政府的执政能力和影响力都令人怀疑。这些都促使中国本土银行业不断自我革新，提升资本使用效率，同时成为具有舆论影响力的一股社会力量。

国民革命直接损害了银行业的利益。国民党方面对列宁式革命的背离及稍后公开的“宁汉分裂”，同样带来社会动荡与银行业的损失。直至1932年底，国民政府的执政能力非常有限，剧烈的党内斗争造成全国性的内战和破坏。在日本侵略之际，这种分裂仍然持续，引起了包括银行业在内的社会各界的强烈不满。国民党高层深受内争和外患困扰，对党外社会力量感到焦虑和厌恶，但也无暇应对。基于这些情形，南京政府对于银行业主要采取直接而强硬的手段，即用高利率、低折扣

① 《陈先生以本行之第二时代一文告同人》(1937年6月)，《陈光甫日记言论集》，第197—198页。

的方式向银行业强制摊派军政垫款和政府债券。显然,经历了 1927 年与蒋介石并不十分愉快的联手后,陈光甫和不少私营银行家始终将所经营主要资本利润独立于公债投资以外。他们保持着对政府的批判性意见,甚至引发反对当届政府的激烈声音。

1932 年以前,国民党内争不断,南京政府疲于应对政治动荡造成的财经困境,执政效果差强人意。从国民革命到国难会议之际,国民党本质上以银行业为利用和榨取的对象,对工商、实业、金融的建设领域的各种呼声视而不见,引起各界不满。1932 年以后,蒋介石和汪精卫的联手使政局相对稳定,国民党中央得以筹划和指导经济建设。在中日战争随时爆发的情况下,这种建设很大程度上受制于政府的战略需要与整体计划。为了发挥经济界的作用,国民政府在国家经济统制中邀请银行家和实业家们参与经济治理事务,通过讨论和推动具体经济事务,发挥市场的作用。政府的这一做法得到了陈光甫等经济界人士的积极响应,产业界的力量加强了政策的成效;银行业较快恢复了对中央政府的信心以及同地方政府的接触。

与此同时,国民政府仍然面对内外困局,政府逐渐转向对日本的防御作战准备。国家战略的执行需要对经济资源进行更为集权与直接的控制。蒋介石经常忧愁政令施行的低效,也苦于党外各种力量在社会舆论上的掣肘。于是,国民党不惜暴力打压政治上的反对派,消除杨杏佛、史量才等为代表的政治舆论,借此打击了与他们联系紧密的经济界的政治异议;南京政府同时极力扩张国有金融资本,在 1935 年有计划地迅速取得对金融业的基本控制。不过,政府仍允许银行家对国家的财经制度和政策表达异议,保留银行业与政府关于具体政策的协商权利。同时,国民政府借助经济界的配合树立权威,承担稳定市场和健全制度的相应义务。虽然政府的经济指导具有行政化色彩,许多针对脆弱市场的干预措施有效且及时,蒋介石及其行政体系开始熟悉货币、利率等市场机制,间接改善了财政状况。

1936 年,陈光甫对法币改革的前景和作用表示乐观。他观察到,币制改革缓解了国内通货紧缩,物价(尤其是出口物价)有所上涨,而国内生活用品价格"未见陡涨"。其次,由于中国脱离了银本位,以上海为中心的外汇市场不再由汇丰银行一家或某一国操纵;外汇市场和国际贸易出现了"六十年来未有"的平稳环境,中国国际收支自出超变为入超。第三,政府毅然停止兑现白银,在不采用通货膨胀政策的条件下维持了法定汇价,坚定了国民的信心。国内现银因此有增无减,"每星期增加约六百万元,发行准备金六成之上","其成绩有出人意料之外"。[①]国民政府果决的改革措施一度为中国经济增添了明朗的前景。

---

① "白银日记"(1936 年 3 月 23 日),《陈光甫日记言论集》,第 94 页。

开始复兴的中国经济仍面对与列强悬殊的国力差距以及不平等的世界贸易体系，以外汇为支撑的法币制度需要英、美大国的支持。陈光甫作为金融专家和政府顾问赴美谈判，牵动国民政府金融改革的核心。国民政府的外交制度逐渐走上正轨，中美两国外交关系升格，民间重要国际交往也紧随政府外交政策的动向。陈光甫的作用受制于美国财政部的优势地位和国民政府（尤其是孔祥熙）的授意和电令。白银协定签订后，国民政府大量黄金、白银汇存英、美作为坚实的法币准备基金，使中国积累了金融抵御能力，得以与日本在货币战中搏杀，在全面抗战初期支持了国民政府的战局。①陈光甫在此次谈判中的表现得到了美国政府的认可与事实支持，不仅达成了中方目的，也为战时中美关系的演进奠定了良好的基础。当然，中国国民经济的发展和政治稳定是银行家发挥外交作用的根本基石。直至1937年抗日战争全面爆发，南京国民政府、银行家与整个民族的每一个个体都卷入了共同的命运剧变。

陈光甫与民国政府的关系有明显的阶段性。1937年以前，中国的政治变动对陈光甫的银行事业并没有直接的促进作用，政府干预对市场产生的间接影响则因时而异。上海商业储蓄银行确实参与了南京国民政府主导的棉业改革和农村借贷等事业，不过这些都与陈光甫对中国经济的长期思索有很大关联。陈光甫试图避免与国内政治的利益捆绑，同时又主张中国的国家利益，呼吁中国的政治进步与改良。作为银行家，陈光甫致力于金融机构和市场的专业化、制度化和国际化，也开拓与政府正常、健康的商业关系。他的银行以“服务社会”作为银行宗旨，并与中国诸项社会事业（现代工商业、社会信用、现代教育、基础建设、农村建设等）的现代化方向同步。总的来看，陈光甫的个人事业主要依靠上海商业储蓄银行稳健而现代化的经营，同样还有整个工商金融界的进步与共同支持。

在以往研究中，银行家的不同个性隐藏在群体特征之下。事实上，正是每一个银行家不同的性格、思想与实践构成了近代银行业与政府关系的丰富内涵。不容忽视的是，银行家个人都受制于近代中国政治与经济发展的过渡性。金融业不能脱离国民经济的基础，又易遭受社会环境的冲击。近代中国本土银行业的社会资本来源稀缺，实业基础不够发达，但银行业自身的发展及对工商业的促进取得了可见的成绩。近代中国的银行家或是企业家们，不仅在中国传统经济通往现代经济的方向上架起了桥梁，还力图消除中国社会与全球文明间的隔阂。这尤其离不开陈光甫等私营银行家们的锐意进取和改革创新。②

银行家与近代中国政府的关系很大程度上由银行家个体构成的行业群体体

---

① 《因准备基金充足，国币连高涨》，《申报》，1938年9月26日，第4版。

② See Cheng Linsun, *Banking in Modern China: Entrepreneurship, Professional Managers and the Development of Chinese Bank*, 1897—1937, Cambridge: Cambridge University Press, 2003.

现。以上海银行公会、上海市(总)商会、上海钱业公会等为代表的社会组织是这种商界群体联合的标志。随着20世纪10年代上海民间银行资本的发展和银行家群体的壮大,银行界意识到有必要建立内部团结互助、对外维护共同利益的同业组织。上海商业储蓄银行是1915年最初提议的7家银行之一,各银行代表最初就在上海商业储蓄银行数次讨论,议定公会章程。陈光甫在1918年当选第一届副会长,之后长期发挥重要作用。1931年公会改组为上海市银行业同业公会,采取委员会制,作为集体会员加入上海市商会。1933年9月末,陈光甫经公会改选,担任主席委员,直至1937年9月因受命国民政府委任组建贸易调整委员会,请假离职直至二度赴美谈判。[①] 银行家的个人活动一方面受到同业组织与政府的关系影响,也能借助同业公会发挥更大的积极作用。上海银行公会也在银行家们的参与下,对金融秩序与市场进步发挥了积极作用。

在近代中国的各个阶段,国家的权力总是远远强于银行业。即便是1916年中国银行对中央政府的反抗也是局部的。在与政府的利益纠葛中,银行业真正能动用的法律手段、社会舆论和租界庇护十分有限,而政治势力可以采用各种政治与经济手段获得优势,甚至采用直截了当的肉体暴力。这种状态与中国政治经济的传统与新发展都有关系,有时也受到经济局势和国际舆论的影响。民国时期的中国政府同样是时代变迁的新产物,尤其是暴力手段逐渐成为政治上糟糕的选择。相对稳定的政权都意识到民族生存和国家主权的巨大危机,以及发展现代经济的必要性。尤其是南京国民政府在探索国家治理方式上作了努力,所有的成果终将经历一场旷日持久的战争考验。

历届民国政府(尤其是国民党政府)依靠缺乏制约的政治权力,控制经济命脉、改进国家治理、重构资源分配,一面试图铲除异己势力,树立威权;一面尝试建立由政府控制的现代经济和金融体系。在近代中国,国家权力对社会和经济的渗透逐渐具体化、干预逐渐合法化。近代中国政治经济体制的整体演进绝不是政府与市场(或国家与社会)对等博弈的二元结构;归根到底是上层建筑在中性意义上的集权需要与尚不发达的社会生产力的矛盾体现,两者的发展程度悬殊却相互依赖,矛盾与调和共存。这种国家经济体制的利与弊在抗战全面爆发以后的近代历史中不断地显露出来,直至崩溃。在陈光甫的个人活动背后是中国近代银行家和银行业的整体变迁。到1937年,中国最重要的银行家们在国内外的经济关系中已身处政治权力之下,普遍地与政府联系在一起。

---

① 参见吴景平:《上海银行公会改组风波(1929—1931)》,《历史研究》,2003年第2期;王晶:《上海银行公会研究(1927—1937)》,上海人民出版社2009年版。

附 录

附录一 上海商业储蓄银行股东分类统计表(1915—1921年)

(单位:元)

资本总额	工商业者		金融业者		官僚		买办		其他		不能分析部分	
	投资金额	占资本总额(%)	投资金额	占资本总额(%)	投资金额	占资本总额(%)	投资金额	占资本总额(%)	投资金额	占资本总额(%)	金额	占资本总额(%)
5 万元时期(1915.4.13 收足)	23 000	46.00	5 000	10.00	—		22 000	44.00	—		—	
10 万元时期(1915.5.22 收足)	25 500	25.50	34 500	34.50	17 500	17.05	22 000	22.00	—			
20 万元时期(1916.2.22 收足)	59 900	29.95	47 500	23.75	45 000	22.50	42 600	21.30	5 000	2.50		
30 万元时期(1916.12.31 收足)	72 000	24.00	62 500	20.83	50 000	16.67	70 900	23.63	11 500	3.83		
100 万元时期(1919.12.31 收足)	497 200	49.72	102 400	10.24	81 700	8.17	75 200	7.52	45 900	4.95		
250 万元时期(1921.12.31 收足)	970 300	38.81	213 300	8.53	318 400	12.74	198 300	7.93	123 700	4.95	676 000	27.04

资料来源:中国人民银行上海市分行金融研究所编:《上海商业储蓄银行史料》,上海人民出版社 1990 年版,第 36—44 页。

附录二　上海商业储蓄银行主要股东投资数额分类统计表(1915—1921年)

金融业者　　　　(单位:元)

股东姓名	简历	金额					
		1915.4.13	1915.5.22	1916.12.22	1916.12.31	1919.12.31	1921.12.31
陈光甫(辉德)	本行	5 000	5 000	5 000	5 000	8 500	12 900
杨寿彤(杨通)	广西银行	—	10 000	10 000	20 000	20 500	29 000
李馥荪	浙江实业银行	—	18 000	18 500	18 500	17 000	22 000
蔡璞纯(谷清)	杭州中国银行经理	—	1 500	1 500	1 500	1 500	
孔祥熙(庸之)	山西裕华银号	—	—	10 000	10 000	10 000	10 000
伍渭英	无锡交通银行经理	—	—	—	2 000	2 000	12 000
杨荫荪(德森)	北京新亨银行	—	—	—	1 000	1 000	5 000
陆冠群	上海同丰钱庄本行	—	—	—	—	1 000	2 000
杨介眉	本行	—	—	—	—	3 000	
李锡纯(耆卿)	南京交通银行经理	—	—	—	—	3 000	3 000
杨敦甫	本行	—	—	—	—	1 000	4 000
唐寿民	本行	—	—	—	—	500	5 000
顾馥林	本行	—	—	—	—	1 000	4 000
张公权(嘉璈)	中国银行	—	—	—	—	5 200	5 700
叶贡山	本行	—	—	—	—	1 000	
张叔平(镜寰)	本行	—	—	—	—	2 000	
蒋鹤亭(惠先)	本行	—	—	—	—	1 000	5 000
李煜堂	华商保险公司	—	—	—	—	2 000	2 000
金仲藩	本行	—	—	—	—	3 600	5 000
林康侯	上海银行公会	—	—	2 500	2 500	3 000	4 000
蔡衡武	本行	—	—	—	—	6 000	6 000
叶养吾	股票掮客	—	—	—	2 000	2 000	2 000

（续表）

股东姓名	简历	金 额					
		1915.4.13	1915.5.22	1916.12.22	1916.12.31	1919.12.31	1921.12.31
常州商业银行		—	—	—	—	2 000	2 000
贝哉安	本行	—	—	—	—	—	5 000
李观森	汇票掮客	—	—	—	—	—	10 000
薛敏老	中兴银行协理	—	—	—	—	—	4 000
贝淞荪	中国银行	—	—	—	—	—	5 000
刘锡基	先使保险公司	—	—	—	—	—	5 000
杨伯庚	本行				—	—	5 000
新股东	本行同人				—	11 人 4 600	50 人 25 800
新股东	非本行同人				—	—	16 人 13 900
合计		5 000	34 500	47 500	62 500	102 400	213 300

工商业者

股东姓名	简历	金 额					
		1915.4.13	1915.5.22	1916.2.22	1916.12.32	1919.12.31	1921.12.31
施再春	信和土行主人	10 000	10 000	10 000	10 000		
楼映斋	肖山通惠公纱厂	10 000	10 000	10 000	10 000	16 000	16 000
徐申如(光溥)	硖石双山丝厂	—	2 500	2 500	2 500	2 500	2 500
张謇(蔷公)	大生纱厂	—	—	1 500	1 500	1 500	5 000
史量才	申报馆	—	—	3 000	3 000	3 000	
夏筱芳	商务印书馆	—	—	10 000	10 000	10 000	10 000
林尔锵(降秋)	台湾富商	—	—	17 900	30 000	10 000	10 000
梁望秋	经营煤号	—	—	2 000	2 000	2 000	2 000
孙景西	阜丰面粉公司	3 000	3 000	3 000	3 000	5 000	
宁钰亭	天津振华造纸厂	—	—	—	—	—	10 000
平湖葛家	上海开泰木行	—	—	—	—	15 500	25 000
吴寄尘(兆曾)	大生纱厂沪账房主任	—	—	—	—	10 000	10 000
周扶九	扬州盐商	—	—	—	—	50 000	50 000
徐静仁	溥益纱厂经理	—	—	—	—	10 000	10 000

(续表)

股东姓名	简历	金　额					
		1915.4.13	1915.5.22	1916.2.22	1916.12.32	1919.12.31	1921.12.31
毕云程	郑州豫丰纱厂协理	—	—	—	—	2 500	2 500
黎润生	永同昌号	—	—	—	—	1 000	5 000
宣子野	宣艾侯之父	—	—	—	—	5 000	10 000
周也达	周益大布号	—	—	—	—	1 200	2 500
大生纱厂		—	—	—	—	150 000	150 000
茂新面粉公司		—	—	—	—	200 000	200 000
史悠凤	五金商	—	—	—	—	—	10 000
史久丰	五金商	—	—	—	—	—	5 000
史久鼎	五金商	—	—	—	—	—	5 000
林鹤寿	宽寿地产公司	—	—	—	—	—	20 000
孙铁舟	证券商	—	—	—	—	—	10 000
蔡伯良	英美烟公司	—	—	—	—	—	4 000
郭标	永安公司	—	—	—	—	—	6 000
唐大公	唐拾义药厂	—	—	—	—	—	7 000
龚子范	永丰余金号	—	—	—	—	—	6 400
欧彬	先施公司	—	—	—	—	—	5 000
黄静泉	元和糖杂粮号	—	—	—	—	—	20 000
聂云台	大中华纱厂	—	—	—	—	—	4 500
谭华	地产商	—	—	—	—	—	7 500
华绎元	华宏仁栈	—	—	—	—	—	10 000
庄乐峰	煤矿	—	—	—	—	—	20 000
谢云英	连纳洋行	—	—	—	—	—	5 000
申新纱厂		—	—	—	—	—	100 000
福新面粉厂		—	—	—	—	—	100 000
新股东	(投资金额 1919 年在 1 000 元以下的 6 人，1921 年在 4 000 元以下的 92 人)			—	—	2 000	104 400
合计		23 000	25 500	59 900	72 000	497 200	970 300

官僚

股东姓名	简历	金　额					
		1915.4.13	1915.5.22	1916.2.22	1916.12.31	1919.12.31	1921.12.31
朱介人(朱瑞)	浙江都督	—	7 500	23 000	23 000	25 500	25 500
程雪楼(德全)	江苏都督	—	—	1 000	1 000	6 000	16 500
苏坤山	程德全部下	—	—	—	5 000	12 000	10 000
梁士诒	总统府秘书长	—	—	5 000	5 000	10 000	—
唐露园(元湛)	驻沪特派员	—	—	6 000	6 000	1 000	2 000
金伯屏(邦平)	实业部次长	—	—	—	—	4 000	10 000
梁启超	北洋财政总长	—	—	—	—	5 000	5 000
许璞臣(廷珍)	大连关	—	—	—	—	1 000	1 000
钟文耀	沪宁局长	—	—	—	—	2 000	2 000
黄溯初	研究系	—	10 000	10 000	10 000	—	—
应季中	曾任职民政司	—	—	—	—	3 000	—
朱宝奎	清侍郎(朱传霖之父)	—	—	—	—	12 000	122 500
周冀云	沪电报局	—	—	—	—	—	60 000
萨桐荪	两广督暑交涉局局长	—	—	—	—	—	10 000
刘襄孙	清上海道	—	—	—	—	—	10 000
张荣昺(欣木)	南京邮政局	—	—	—	—	—	4 000
罗国瑞(福先岳生)	曾任交通部技正技监	—	—	—	—	—	20 000
郑孝胥(苏戡)		—	—	—	—	—	5 000
胡维德	曾任驻法、日、公使	—	—	—	—	—	12 100
新股东	(投资金额1919年在1 000元以下的1人,1921年在4 000元以下的5人)	—	—	—	—	200	2 800
合计		—	17 500	45 000	50 000	81 700	318 400

买办

股东姓名	简历	金额					
		1915.4.13	1915.5.22	1916.2.22	1916.12.31	1919.12.31	1921.12.31
庄得之	礼和洋行买办	22 000	22 000	31 600	41 900	45 200	68 000
陈焕之	洋行买办	—	—	1 000	1 000	5 000	10 000
管趾卿	西门子洋行买办	—	—	10 000	28 000	10 000	70 000
杨奎候	安达银行买办	—	—	—	—	10 000	10 300
陈毓生	太古堆栈买办	—	—	—	—	5 000	10 000
郁均候	慎昌洋行买办	—	—	—	—	—	5 000
黄振荣	好时洋行买办	—	—	—	—	—	5 000
谢绳祖	慎昌洋行机器部买办	—	—	—	—	—	5 000
朱斐章	泰隆洋行买办	—	—	—	—	—	5 000
新股东	(1921 年投资金额在 4 000 元以下的 6 人)	—	—	—	—	—	10 000
合计		22 000	22 000	42 600	70 900	75 200	198 300

其他

股东姓名	简历	金额					
		1915.4.13	1915.5.22	1916.2.22	1919.12.31	1919.12.31	1921.12.31
黄席珍	教会	—	—	—	5 000	—	5 000
曹雪赓	青年会华总干事	—	—	—	1 000	1 000	2 000
钟慧琼	女青年会干事	—	—	—	—	1 500	—
陈庆平(履吉)	普爱堂账房	—	—	—	—	1 000	1 000
宋老太(宋子文之母)	牧师	—	—	5 000	5 000	10 000	10 000
江顺德(文治)	教会	—	—	—	—	6 200	12 400
王伯群	教会	—	—	—	—	5 000	15 000
严顺贞	教会	—	—	—	—	2 000	4 200
郭秉文	上海商科大学	—	—	—	5 000	2 000	8 000
周锡三	商务印书馆编辑	—	—	—	—	1 000	1 000
梅华铨	律师	—	—	—	—	8 000	3 500

（续表）

股东姓名	简历	金　额					
		1915.4.13	1915.5.22	1916.2.22	1919.12.31	1919.12.31	1921.12.31
伍连德	西医	—	—	—	—	5 000	5 000
何英祥	牙医	—	—	—	—	2 000	5 000
黄琼仙	医生	—	—	—	—	—	5 000
颜福庆	医生	—	—	—	—	—	4 500
中国红十字会		—	—	—	—	—	20 000
新股东		—	—	—	—	1 200	22 100
合计		—	—	5 000	11 500	45 900	123 700

资料来源：中国人民银行上海市分行金融研究所编：《上海商业储蓄银行史料》，上海人民出版社 1990 年版，第 36—44 页。

附录三　全国经济委员会棉业统制委员会暂行组织条例（1933 年 10 月 7 日呈奉国民政府核准备案）

第一条　全国经济委员会为改进发展全国棉业纺织业并使其合理化起见，依组织条例第七条之规定，设置棉业统制委员会。

第二条　棉业统制委员会对于全国棉业纺织业，有指导监督及施行统制奖惩之权。

第三条　棉业统制委员会设委员若干人，由全国经济委员会常务委员就纺织、植棉、金融等各界中提请国民政府派充之。

第四条　棉业统制委员会设主任委员一人，常务委员五人，由全国经济委员会常务委员就该会委员中提请国民政府指定之。

第五条　棉业统制委员会为分组研究起见，得分设经济、原料、制造、运销四组，各组组员由主任委员延聘之。

第六条　棉业统制委员会委员及各组组员均为名誉职。

第七条　棉业统制委员会设总务股办理文书会计杂务事项。

第八条　棉业统制委员会，设技术股，设计研究左列事项：

一、关于植棉之改良推广事项

二、关于纺织工厂之组织设备及管理事项

三、关于纺织机械及其附属品之制造事项

四、关于棉花棉纱及其制造品之运销事项

五、关于棉业纺织业市场交易之标准制度之规定事项

六、关于棉业纺织业之税则研究事项

七、关于棉业纺织业之劳工福利设施事项

八、关于棉业纺织业之金融调剂事项

九、关于棉业纺织业之人才训练事项

十、关于棉业纺织业之调查与统计事项

十一、关于棉业合作制度之提倡事项

十二、关于其他棉业纺织业事项

第九条 总务股置股长一人,股员六人至十人,技术股置股长一人,技术专员十五人至二十五人,由主任委员提请全国经济委员会分别聘用或延用之。

第十条 棉业统制委员会因办事上之必要,得酌用雇员。

第十一条 棉业统制委员会每周开常会一次,临时会无定期,均由主任委员召集之。

第十二条 棉业统制委员会议决事件,由主任委员分别执行,或由全国经济委员会办理之。

第十三条 本条例自呈奉国民政府核准日施行。

附录四 棉业统制委员会取缔棉花搀水搀杂取缔条例(1934年7月)

第一条 本国棉花以含水分11%为法定标准。

第二条 本国棉花在市场买卖以含水13%为最高限度。

第三条 本国棉花所含水分超过最高限度者,绝对禁止买卖。

第四条 意图谋不法利益、故意搀水搀杂者处三年以下有期徒刑,得并科或易科一千元以下罚金。

第五条 纱厂打包厂或花行经手买卖之棉花,须在包外加盖厂名行名,以便查究。

第六条 纱厂打包厂或花行收买潮湿超过水分最高限度之棉花者,应停止其买卖与使用,并得处二千元以下罚金。

第七条 纱厂购买棉花,遇有超过标准水分,而不过最高限度者,应按其水分照价扣除。其有不满标准水分者,亦应照价补偿。

第八条 凡订期或现货买卖之棉花,较双方或公订标准棉多含棉子及其他夹杂物超过0.5%以上者,应停止其买卖与使用,并处二千元以下罚金。

第九条 凡订期或现货买卖之棉花,较双方或公订标准棉多含棉子及其他夹杂物超过0.5%以上者,应照其百分数加倍扣除。

第十条 细绒棉之混行粗绒棉,其买卖价格,应照粗绒棉价格计算。

第十一条 棉花须经法定检验机关检验合格后,方准进口。

第十二条 棉业统制委员会及各商品检验局有派员向棉业行厂查核之权。

第十三条 检验人员对于检验棉花时,如有串通舞弊、故意留难或挑剔等情,除应负刑事责任外,其因而损害营业人之利益者,并应负赔偿责任。

第十四条 本条例施行日期,以命令定之。

资料来源:《棉统会取缔棉花搀水昨发取缔条例十四条》,《申报》,1934年7月15日,第13版。

附录五 上海商业储蓄银行历年来承做政府借款之估计（至1934年12月底）

（单位：元）

政府机关	历次借款约计	现在欠额约计	有无催收项	备注
中央政府				
财政部	12 319 904	5 442 001		内有300余万元为意庚款，其余多系公债押款。
外交部	250 000			
交通部	67 390	67 390		上海电话局借三万四千元余多属购入票据。
铁道部	309 777	186 119	97 017	催收系津浦局借款63 017元及交通部车债34 000元。
海军部	500 000			系江南造船厂。
建设委员会	977 500	453 952		淮南煤矿电气公债借款。
盐务稽核所	历次短期垫款未估计	1 060 725		多属贴现放款，内有10万元为定期押款。
棉业统制会		7 827		事业费。
共计	14 424 571	7 218 014	97 017	
省政府	历次借款约计	现在欠额约计	有无催收项	备注
江苏	906 983	318 864		收买粮食押款15 000元，其余多属水利建设公债押款。
浙江	254 055	212 500		内丝茧借款6万余元，财政厅借款15万元。
安徽	289 334	65 484	2 168	多系财政厅借款，催收系金库券押款。
江西	208 460	177 817		内174 412元为工路附捐借款。
湖北	458 150	45 714		

(续表)

省政府	历次借款约计	现在欠额约计	有无催收项	备　　注
湖南	559 800	314 800		内105 000元为四路总部借款,80 000元为公路局借款。
河南	290 000	131 512		治黄借款。
山东	97 950	2 333	2 333	山东财政厅借。
河北	31 216	16 286		内华北战区救济委员会以战区债票抵押2 286元,黄河堤工填款5 000元。
陕西				有引渭借款225 000元尚未用。
广东	62 538	62 538		广州第一区蔗糖营造厂借款。
共计	3 158 486	1 347 848	4 501	
市县政府	历次借款约计	现在欠额约计	有无催收项	备　　注
吴县	16 912	100		消防水管委员会借款。
无锡	7 300	1 800		县政府借款1 800元。
常州	43 095	4 595		公产公款处借款4 095元。
溧阳	32 731	16 095		内食粮运输处借款11 864元。溧阳县平粜借款4 000余元。
镇江	21 000	11 000		内县政府借款5 000元,款产处借款6 000元。
丹阳	500	500		县政府筑路亩捐借款。
扬州	8 000	2 043		江都县政府透支。
南通	68 800	52 694	1 890	催收系财政局借款。
南京	48 000	16 078		财政局借款13 768元,警察厅借款1 310元。
江宁	90 681	81 681		县政府借款。
句容	3 000	3 000		句容县政府农业运销借款。

（续表）

市县政府	历次借款约计	现在欠额约计	有无催收项	备　注
芜湖	4 200	4 200		县政府借款 1 500 元，押款 1 000 元教育局借 1 800 元。
滁州	14 518	11 800		内县政府农产押款 11 341 元。
宣城	4 547	4 547		宣城财务委员会借 2 434 元，饷械委员会借 2 113 元。
临淮	10 500	5 300		内明光民食调节委员会押款 4 800 元。
蚌埠	41 745	32 765	31 120	维持会借石友三饷 26 020 元，同业摊借 47 师饷 5 100元。
板浦	3 000	3 000		县政府借款。
九江	2 250			警饷借款。
南昌	1 650			系“剿匪”捐款。
汉口	50 000	51 242		市政府借。
沙市	9 200			
郑州	4 200	3 100	3 100	商会欠款。
开封	2 552	1 752		商会借款。
吉安	2 000	2 000		购入金融维持会票据。
天津	379	379		财政部特派员公署押款。
青岛	90 790	35 494		内财政局透支 25 426 元。
济宁	4 749	400		购入平市官钱局票据。
烟台	2 300			
共计	588 599	345 565	36 110	
其他				
石友三	50 000	50 000	50 000	石军劫款。
长江上游“剿匪”司令部	25 590			以特税抵。
共计	75 590	50 000	50 000	
总计	18 247 246	8 961 427	187 628	

资料来源：中国人民银行上海市分行金融研究所编：《上海商业储蓄银行史料》，上海人民出版社 1990 年版，第 36—44 页；上海商业储蓄银行编：《本行历年军政借款情形》。

附录六　国际问题研究会工作计划(1932年5月)

本会工作拟分为一研究二出版及演讲三社交此三种工作，又各包含若干重要之纲领，以为进行之鹄的。兹择要分别列举如下：

甲　研究

一、国际间一切组织

A. 国际联盟

B. 国际劳工大会

C. 军缩会议

D. 世界教育会议

E. 国际商会

F. 其他各种还有国际性质之一切集会(据最近调查已达五百余种之多)

二、各国互相间关系

A. 停付战债问题

B. 修改和约问题

C. 太平洋问题

D. 关税壁垒问题

E. 欧洲联邦问题

F. 军缩问题

G. 限制移民问题

H. 世界金融恐慌问题

I. 其他互相间关系之研究(国别)

三、各国内部情况

A. 政治制度

B. 法治精神

C. 经济状况

D. 劳动问题

E. 文化事业

F. 军事设备

G. 其他特殊问题

四、中国与各国外交关系

A. 历史上关系

B. 政治上关系

C. 经济上关系

D. 条约上关系

五、中国外交方针

A. 外交政策之确立问题
B. 邦交亲善之确定问题
C. 东北事件之措置问题
D. 上海事件之措置问题

乙　出版及演讲

一、定期刊物
A. 国际周刊
B. 西文国际周刊
二、临时刊物
A. 有系统研究之重要问题单行本
B. 重要论文之译印
C. 重要演讲稿之译印
三、年鉴及丛书
A. 国际年鉴
B. 各国分别事类之国际丛书
四、不定期演讲
A. 专家公开之学术演讲
B. 学术界之公开辩论

丙　社交

一、外国来宾之招待
A. 各国游历团
B. 各国调查团
C. 公私来华考察人员
二、赴外考察人士接洽与招待
A. 请托与本会有联络之各国社团予以便利
B. 各国私人友朋之介绍
C. 居在国某种问题委托研究以收海内外合作之效
三、当地中外人士感情之联络
A. 较深切之了解及认识
B. 政治同情
C. 经济协助
四、与各国对我有特殊关系之人士或团体合作
A. 了解中国情况
B. 精神或物质上予以援助
C. 派员访问
D. 特约研究及通讯

发起人姓氏：
李　铭　张啸林　杜月笙　史量才　王晓籁　张公权　钱新之

陈蔗青　刘鸿生　郭　乐　徐新六　郭　顺　聂璐生　徐寄庼
萧继荣　刘湛恩　刁敏谦　林康侯　朱少屏　张纲伯　宋春舫
陈立廷　胡筠秋　黎照寰　郭秉文　胡庶华　冯炳南　刘大钧
何尚平　王世鼐　黄任之　蔡无忌　邹秉文　陈光甫　賨延芳

资料来源:《陈光甫致胡适函》(1932 年 6 月 13 日),台湾中央研究院,胡适档案馆藏,档号:HS-JDSHSC-1284-002。

附录七　储蓄银行法(1934 年 7 月 4 日国民政府公布)

第一条　凡以复利方法收受零星存款者为储蓄银行,合于前项规定而不称储蓄银行者视同储蓄银行。

第二条　储蓄银行应为股份有限公司组织,非经财政部核准不得设立。

普通银行依前项之规定得兼营储蓄银行业务,但以收足资本至少达国币 100 万元为限。

第三条　储蓄银行之资本总额至少须达国币 50 万元。前项规定之资本额,在商业简单地方,得呈请财政部核减,但不得减至 10 万元以下。

第四条　储蓄银行除下列各款业务外,不得兼营其他业务。

(一) 随时收付之活期存款。

(二) 整存整付之定期存款。

(三) 零存整付或整存零付及分期付息之定期存款。

(四) 保管业务。

(五) 代收款项及汇兑。

(六) 代理买卖有价证券。

(七) 公益团体及合作社之款项收付。

(八) 公益团体及合作社之通知存款。

第五条　前条第一款之存款数额,每户不得超过国币 5 000 元;各户合计不得超过前条各款存款总额十分之四,并不得使用支票。

前条第二款或第三款之存款数额,每户不得超过国币 2 万元。

第六条　储蓄银行之定期存款,其最长期限及最高利率,应由所在地银行业同业公会或同业斟酌情形决议限制,呈请财政部核准备案:其无银行同业公会或同业时,应呈由所在地主管官署转请财政部核准备案。

第七条　储蓄银行经营第四条所规定之业务,非依下列各款方法不得运用其资金。

(一) 购入政府公债库券及其他担保确实经财政部认可之有价证券。

(二) 以政府公债库券及其他担保确实经财政部认可之有价证券为质之放款。

(三) 以继续有确实收益之不动产为抵押之放款。

(四) 以他银行定期存单或存折为质之放款。

(五) 购入他银行承兑之票据。

(六) 存放于他银行。

（七）对于农村合作社之质押放款。

（八）以农产物为质之放款。

第八条 储蓄银行对于前条第一款第二款之有价证券为同一公司发行者，其收受总额不得超过该公司已缴资本及公积金额十分之一。

储蓄银行对于前条第三款之放款总额，不得超过其存款总额五分之一。

储蓄银行对于前条第四款之放款总额，不得超过共存款总额十五分之一。

储蓄银行对于前条第五款之购入票据，不得超过其存款总额二十分之一。

储蓄银行对于前条第六款之存款数额，不得超过其存款总额十五分之一；但有以政府公债库券及其他担保确实经财政部认可之有价证券为质者，不在此限。

普通银行兼营储蓄银行业务时，储蓄部对于银行部承兑之票据及其存放数额，准用前二项之规定。

储蓄银行对于前条第七款及第八款之放款总额，不得少于存款总额五分之一。

第九条 储蓄银行至少应有储蓄存款总额四分之一相当之政府公债库券及其他担保确实之资产，交存中央银行特设之保管库，为偿还储蓄存款之担保。

前项规定之存款总额，以每半年末日之结存总额为准。

第十条 储蓄银行之借贷对照表及财产目录，至少须于每三个月公告一次，并呈报财政部或呈由所在地主管官署转呈财政部备案。

前项公告方法，应于储蓄银行章程内订定之。

第十一条 财政部对于储蓄银行得随时派员或委托所在地主管官署检查其业务内容及其全部财产之实况。

有存款总额二十分之一以上之储户，对于前条之公告及其业务有疑尽时，得联名呈请财政部或所在地主管官署派员会同储户所举代表检查之。

第十二条 普通银行兼营储蓄银行业务时，其全体股东董事监察人，视为储蓄部之股东董事及监察人。

第十三条 普通银行兼营储蓄银行业务时，应将储蓄部与银行部之资产.负债划分独立，储蓄部之资产不得因银行部之破产而受影响。

第十四条 有奖储蓄应禁止之。

本法施行前已办之有奖储蓄，应即停收储蓄存款，其结束办法由财政部拟订呈请行政院核定。

第十五条 储蓄银行之财产不足偿还各储户债务时，董事监察人应负连带无限责任，前项董事监察人之连带无限责任，非卸职登记二年后不得解除。

第十六条 违反第二条或第三条之规定者，处 1 000 元以上 5 000 元以下罚金，财政部并得令停止其营业。

违反第四条、第五条、第六条、第七条、第八条、第九条、第十条、第十二条、第十三条之规定者，处董事监察人及清算人 100 元以上 3 000 元以下罚金。

违反第十四条之规定者，处董事监察人，无董事监察人者处其股东，二年以下之有期徒刑，并科 1 000 元以上 5 000 元以下罚金。

第十七条 本法自公布日施行。

资料来源：《中华民国金融法规档案资料选编》，第 580—583 页。

附录八　废止内战大同盟会草章(1932 年 5 月 10 日)

第一条　本会认为外侮纷来，源于内乱，内乱靡已，由于内战，特集合全国人民，为废止内战之运动。

第二条　本会废止内战之运动，得依下列次序行之：

(一) 平时本会应发布公开之文字或演说，陈述内战之罪恶，阐发和平之功效；

(二) 如有政治纷纠发生，足以引起内战时，本会应劝告双方信任若何民意机关(正式国民代表机关未成立前，法定民间职业团体可替代之)调处之，任何一方绝对不得以武力解决；

(三) 不幸内战竟发生时，本会团体会员及个人会员应一致拒绝合作，更得采用非武力之适宜方法制止之。

第三条　本会除专为废止内战运动外，不得为他种之行为。

第四条　凡赞成本会宗旨者，不论个人、团体、性别、职业、党派，勿须介绍，均得签名入会，并得由本会公开发表之。

第五条　会员违背第二条第三项之规定，加入内战之任何一方合作者，本会得宣布其事实，予以公开除名之处分。

第六条　本会得设总事务所于□□①，并得设分事务所于必要地点。

第七条　本会得设常务委员若干人，任期一年，组织常务委员会，综理本会事务。因会员众多，为手续简单便利起见，第一任常务委员之名额及人选，由发起人法定公推之，第二任起由常务委员会决定公推之。必要时得设事务职员，亦由常务委员会决定选任之。

第八条　本会得设名誉委员若干人，由常务委员会推举之。

第九条　本会不收会费，其经费得向赞助团体及个人募捐，但不得向中央及地方政府或任何公家机关请求补助。

第十条　本会应需一切事务的章程，由常务委员会制定之。

第十一条　本会成立年限暂定为五年，但三年内若无内战发生，认为勿须再运动废止时，得提前解散之。

资料来源：《陈光甫日记》，1932 年 5 月 10 日，第 167—169 页。

---

① 原文空缺。

参考文献

档案文献：

1. 上海市档案馆所藏，上海商业储蓄银行全宗（Q275）、上海银行公会全宗（S173）、上海市银行业联合准备委员会档案（S177）等

2. 台湾“国史馆”所藏，蒋介石档案、阎锡山史料

3. 台湾中央研究院胡适档案馆所藏，胡适档案

4. 台湾国民党党史馆所藏，政治档案、汉口档案

5. 美国斯坦福大学胡佛研究所所藏，蒋介石日记

6. 美国哥伦比亚大学 C.V. Starr 东亚图书馆所藏，陈光甫档案

报刊：

1.《东方杂志》

2.《国民政府公报》

3.《海光》

4.《申报》

5.《银行周报》

6.《中央日报》

7.《传记文学》

英文论著：

1. Cheng Linsun, *Banking in Modern China: Entrepreneurship, Professional Managers and the Development of Chinese Bank*, 1897—1937, Cambridge: Cambridge University Press, 2003.

2. Ho KwongShing Lawrence, *China's Quest for American Monetary Aid: The Role of Chen Guangfu*, 1935—1944, *doctoral dissertation*, University of Hong Kong, 2010.

3. Marie-Claire Bergère, *The Golden Age of the Chinese Bourgeoisie*, 1911—1937, tr. by Janet Lloyd., Cambridge: Cambridge University Press, 1989.

4. Parks M. Coble, *The Shanghai Capitalists and the Nationalist Government*,

1927—1937, Cambridge, Massachusetts: Council on East Asian Studies, Harvard University, 1980.

5. Parks M. Coble, *Chinese Capitalists in Japan's New Order: The Occupied Lower Yangzi*, 1937—1945, Oakland: University of California Press, 2003.

英文论文:

1. Andrea McElderry. "Robber Barons or National Capitalists: Shanghai Bankers in Republican China," *Republican China*, Vol. XI, November 1985, No. 1, pp. 52-67.

2. Pui-tak Lee, "Chinese Financial Entrepreneurship: The Case of K. P. Chen", *Journal of Asian Business*, Vol. 14, No. 1, 1998, pp. 23-40.

中文史料:

1. 财政部财政科学研究所、中国第二历史档案馆编:《国民政府财政金融税收档案史料1927—1937》,中国财政经济出版社 1997 年版。

2.《陈光甫先生言论集》,上海商业储蓄银行印行,1949 年。

3. 耿云志主编:《胡适遗稿及秘藏书信》,合肥:黄山书社 1994 年版。

4. 洪葭管:《中央银行史料》(上、下),中国金融出版社 2005 年版。

5. 交通银行总行、中国第二历史档案馆合编:《交通银行史料》第一卷(1907—1949)上、下册,中国金融出版社 1995 年版。

6. 吕芳上主编:《蒋中正先生年谱长编》第一至五册,台北:国史馆、国立中正纪念堂管理处、财团法人中正文教基金会,2014 年。

7. 千家驹编:《旧中国公债史资料(1894—1949)》,中华书局 1984 年版。

8. 上海市档案馆编:《陈光甫日记》,上海书店出版社 2002 年版。

9. 上海市档案馆编:《一九二七年的上海商业联合会》,上海人民出版社 1983 年版。

10. 上海市档案馆编:《上海银行家书信集(1918—1949)》,上海辞书出版社 2009 年版。

11. 上海商业储蓄银行编:《本行历年存放款情形》。

12. 姚崧龄:《张公权先生年谱初稿》(上册),社会科学文献出版社 2014 年版。

13. 中国第二历史档案馆编:《全国经济委员会会议录》,广西师范大学出版社 2003 年版。

14. 中国第二历史档案馆编:《中华民国史档案资料汇编》第五辑第一编"财政经济",江苏古籍出版社 1994 年版。

15. 中国人民银行北京分行金融研究所、《北京金融志》编委会办公室编:《北京金融史料银行篇》第 4 册,中国人民银行北京分行金融研究所,1992 年版。

16. 中国人民银行上海市分行金融研究所编:《上海商业储蓄银行史料》,上海人民出版社 1990 年版。

17. 中国人民政治协商会议天津市委员会文史资料委员会、中国银行股份有限公司天津市分行合编:《卞白眉日记》第一、二卷,天津古籍出版社 2008 年版。

18. 中国人民银行总行参事室编:《中华民国货币史资料》第二辑,(1924—1949),上海人民出版社 1991 年版。

19. 中国社会科学院近代史研究所整理:《黄炎培日记》,华文出版社 2008 年版。

20. 中国银行总行、中国第二历史档案馆编:《中国银行行史资料汇编》(上编),档案出版社 1991 年版。

21.《蒋中正总统档案·事略稿本》,新店市:"国史馆",2003 年版始。(1927—1932 年部分)

中文论著:

1. [美]阿瑟·恩·杨格:《一九二七至一九三七年中国财政经济情况》,陈泽宪、陈霞飞译,中国社会科学出版社 1981 年版。

2. 白华山:《上海政商互动研究(1927—1937)》,上海辞书出版社 2009 年。

3. 仇华飞:《中美经济关系研究(1927—1937)》,人民出版社 2002 年版。

4. 程霖:《中国近代银行制度建设思想研究(1859—1949)》,上海财经大学出版社 1999 年版。

5. 董昕:《中国银行上海分行研究(1927—1937)》,上海人民出版社 2009 年版。

6. 杜恂诚:《民族资本主义与旧中国政府》,上海社会科学院出版社 1991 年版。

7. 杜恂诚:《中国金融通史》(第三卷),中国金融出版社 1996 年版。

8. 杜恂诚主编:《上海金融的制度、功能与变迁》,上海人民出版社 2002 年版。

9. 冯筱才:《在商言商:政治变局中的江浙商人》,社会科学文献出版社 2004 年版。

10. 冯筱才:《政商中国:虞洽卿与他的时代》,社会科学文献出版社 2013 年版。

11. 高阳:《陈光甫外传》,台北:南京出版社 1981 年版。

12. 贺水金:《1927—1952 年中国金融与财政问题研究》,上海社会科学院出版社 2009 年版。

13. 洪葭管:《中国金融通史》第四卷,中国金融出版社 2008 年版。

14. 洪葭管、张继凤:《近代上海金融市场》,上海人民出版社 1989 年版。

15. 姜良芹:《南京国民政府内债问题研究(1927—1937)——以内债政策及运行绩效为中心》,南京大学出版社 2003 年版。

16. 蒋立场:《上海银行业与国民政府内债研究(1927—1937)》,上海远东出版社 2012 年版。

17. [美]孔飞力:《中国现代国家的起源》,陈兼、陈之宏译,生活·读书·新知三联书店 2013 年版。

18. 李达嘉:《商人与共产革命 1919—1927》,中央研究院近代史研究所,2015 年。

19. 李一翔:《近代中国银行与企业的关系(1897—1945)》,台湾东大图书公司,1997 年版。

20. 刘慧宇:《中国中央银行研究(一九二八——九四九)》,中国经济出版社 1999 年版。

21. 刘平:《近代中国银行监管制度研究》,复旦大学出版社 2008 年版。

22. 刘维开:《国难期间救亡图存问题之研究》,"国史馆"印行,1995 年。

23. 陆仰渊、方庆秋主编:《民国社会经济史》,中国经济出版社 1991 年版。

24. 石涛:《南京国民政府中央银行研究(1928—1937)》,上海远东出版社 2012 年版。

25. 寿充一:《陈光甫与上海银行》,中国文史出版社 1990 年版。

26. 孙大权:《中国经济学的成长——中国经济学社研究(1923—1953)》,上海三联书店 2006 年版。

27. 孙晓村主编:《陈光甫与上海银行》,中国文史出版社 1991 年版。

28. 汪敬虞主编:《中国近代经济史(1895—1927)》,人民出版社 2000 年版。

29. 王晶:《上海银行公会研究(1927—1937)》,上海人民出版社 2009 年版。

30. 万立明:《上海票据交换所研究(1933—1951)》,上海人民出版社 2009 年版。

31. 吴景平:《宋子文评传》,福建人民出版社 1998 年版。

32. 吴景平:《宋子文政治生涯编年》,福建人民出版社 1998 年版。

33. 吴景平:《宋子文思想研究》,福建人民出版社 1998 年版。

34. 吴景平主编:《上海金融业与国民政府关系研究(1927—1937)》,上海财经大学出版社 2002 年版。

35. 吴景平、马长林主编:《上海金融的现代化与国际化》,上海古籍出版社 2003 年版。

36. [美]小科布尔:《上海资本家与国民政府》,中国社会科学出版社 1998 年版。

37. 熊月之主编:《上海通史》第 8 卷《民国经济》,上海人民出版社 1999 年版。

38. 徐茅等:《中国十大银行家》,上海人民出版社 1999 年版。

39. 薛念文:《上海商业储蓄银行研究(1915—1937)》,中国文史出版社 2005 年版。

40. 薛毅:《国民政府资源委员会研究》,社会科学文献出版社 2005 年版。

41. [美]杨格:《一九二七至一九三七中国财政经济情况》,中国社会科学出版社 1981 年版。

42. 杨奎松:《中国近代通史》第八卷,江苏人民出版社 2007 年版。

43. 杨天石主编:《中华民国史》第六卷,中华书局 2011 年版。

44. 姚会元:《江浙金融财团研究》,中国财政经济出版社 1998 年版。

45. 姚崧龄:《陈光甫的一生》,台北:传记文学出版社 1984 年版。

46. [美]易劳逸:《流产的革命:1927—1937 国民党统治下的中国》,陈谦平、陈红民等译,中国青年出版社 1992 年版。

47. 虞宝棠:《国民政府与民国经济》,华东大学出版社 1998 年版。

48. 张公权:《中国通货膨胀史(一九三七——一九四九年)》,杨志信译,文史资料出版社 1986 年版。

49. 张宪文等:《中华民国史》(四卷),南京大学出版社 2006 年版。

50. 张郁兰:《中国银行业发展史》,上海人民出版社 1957 年版。

51. 张仲礼主编:《城市进步、企业发展和中国现代化》,上海社会科学院出版社 1994 年版。

52. 郑焱、蒋慧:《陈光甫传稿》,湖南师范大学出版社 2009 年版。

53. 中国社会科学院近代史研究所民国史研究室、四川师范大学历史文化学院编:《一九三〇年代的中国》,社会科学文献出版社 2006 年版。

54. 周天度、郑则民、齐福霖、李义彬等著:《中华民国史》第八卷(上、下),中华书局 2011 年版。

55. 朱荫贵:《近代中国:金融与证券研究》,上海人民出版社 2012 年版。

56. 朱玉湘:《中国近代农民问题与农村社会》,山东大学出版社 1997 年版。

57. 朱镇华:《中国金融旧事》,中国国际广播出版社 1991 年版。

58. 卓遵宏:《中国近代币制改革史(一八八七——一九三七)》,台北:国史馆,1986 年版。

中文论文：

1. Greg Lewis,《陈光甫、孔祥熙与中美经济关系的失败》,载杨天石、侯中军编《战时国际关系》,北京:社会科学出版社 2011 年版。

2. 白华山:《上海市地方协会与抗日救亡运动》,《上海革命史资料与研究》第 10 辑，上海古籍出版社 2010 年版。

3. 白华山:《史量才与上海市地方协会》,《学术月刊》,2002 年第 1 期。

4. 陈文彬:《社会信用与近代上海银行业的发展——以上海商业储蓄银行为中心》,《学术月刊》,2002 年第 11 期。

5. 冯筱才:《自杀抑他杀:1927 年武汉国民政府集中现金条例的颁布与实施》,《近代史研究》,2002 年第 2 期。

6. 胡忠泽:《我国旅游业的先驱(陈光甫先生)》,《旅游时代》,1985 年第 3 期。

7. 李培德:《论中国金融企业家精神——以陈光甫为例》,《档案与史学》,2000 年第 2 期。

8. 李培德:《上海解放前夕的上海银行家》,《社会科学》,2008 年第 10 期。

9. 刘筱龄:《抗战时期中美华锡借款的成立与运用》,《国史馆馆刊复刊》,1995 年第 9 期。

10. 刘筱龄:《抗战时期中美桐油借款之研究》,《国史馆馆刊复刊》,1993 年第 14 期。

11. 谟研:《“四·一二”反革命叛变与资产阶级》,《历史研究》,1977 年第 2 期。

12. 仇华飞、张磊:《从白银危机看 1936 年中美货币协议签订的得失》,《史林》，1998 年第 1 期。

13. 任东来:《1934—1936 年间中美关系中的白银外交》,《历史研究》,2000 年第 3 期。

14. 宋佩玉:《陈光甫与中英美平准基金委员会》,《社会科学研究》,2006 年第 4 期。

15. 宋时娟:《江海关二五附税国库券基金保管委员会始末》,《档案与史学》,2000 年第 3 期。

16. 谭备战:《试论抗战前国有企业私有化的原因——以建设委员会商业化运营为中心的考察》,《中国经济史研究》,2008 年第 4 期。

17. 唐传泗、黄汉民:《试论 1927 年以前的中国银行业》,载《中国近代经济史研究资料》第 4 辑,上海社会科学院出版社 1985 年版。

18. 王晶:《1932 年的公债风潮:国民政府与上海金融界关系述评》,《档案与史学》,2000 年第 3 期。

19. 王正华:《1927 年蒋介石与上海金融界的关系》,《近代史研究》,2002 年第 4 期。

20. 吴景平:《江苏兼上海财政委员会述论》,《近代史研究》,2000 年第 1 期。

21. 吴景平:《近代中国内债史研究对象刍议——以国民政府 1927 至 1937 年为例》,《中国社会科学》,2001 年第 5 期。

22. 吴景平:《从银行立法看 30 年代国民政府与沪银行业关系》,《史学月刊》2001 年第 2 期。

23. 吴景平、王晶:《“九一八”事变至“一二八”事变期间的上海银行公会》,《近代史研究》,2002 年第 3 期。

24. 吴景平:《近代上海金融中心地位与南京国民政府之关系》,《史林》,2002 年第 2 期。

25. 吴景平:《折冲于官商之间:1929—1931 年上海银行公会改组风波述评》,《历史研究》,2003 年第 2 期。

26. 吴景平:《蒋介石与 1935 年法币政策的决策与实施》,《江海学刊》,2011 年第 2 期。

27. 席长庚:《我国历史上的商业银行》,《中国金融学院学报》,1996 年第 5 起。

28. 邢建榕:《“四·一二”前后的陈光甫与蒋介石》,《史林》,1988 年第 1 期。

29. 邢建榕:《〈陈光甫日记〉及其史料价值》,《档案与史学》,2001 年第 4 期。

30. 杨培新:《论中国金融资产阶级的封建性》,《近代史研究》,1985 年第 2 期。

31. 尹亚伟:《陈光甫创办中国旅行社》,《民国春秋》,2000 年第 5 期。

32. 张振江、任东来:《陈光甫与中美桐油、滇锡贷款》,《抗日战争研究》,1997 年第 1 期。

33. 赵宏:《民族金融巨子——陈光甫》,《中国工商》,1996 年第 12 期。

34. 郑会欣:《〈中美白银协定〉述评》,载中美关系史丛书编辑委员会编《中美关系史论文集》,重庆出版社 1988 年版。

35. 郑会欣:《扬子电气、淮南矿路两公司的创立与国有企业私营化》,《历史研究》,1998 年第 3 期。

36. 郑会欣:《中国建设银公司股份的演变》,《历史研究》,1999 年第 3 期。

37. 郑会欣:《战前中国建设银公司的投资经营活动》,《中国经济史研究》,2004 年第 1 期。

38. 郑焱、蒋慧:《陈光甫述评》,《湖南师范大学学报》(社会科学版),2004 年第 6 期。

39. 郑焱、蒋慧:《陈光甫政治态度探析》,《求索》,2007 年第 4 期。

40. 钟思远:《陈光甫——旧中国最成功的银行家》,《海南金融》,1995 年第 11 期。

41. 朱荫贵:《两次世界大战间的中国银行业》,《中国社会科学》,2002 年第 6 期。

42. 朱荫贵:《试论南京国民政府时期国家资本股份制企业形成的途径》,《近代史研究》,2005 年第 5 期。

43. 朱荫贵:《对近代中国经济史研究中心线索的再思考》,《社会科学》,2010 年第 6 期。

44. 朱荫贵:《晚清社会经济制度之改变:从内在角度的考察》,《清史研究》,2014 年第 2 期。

后　记

复旦十年。倘若没有身边亲人、师长与同伴的关心和帮助，没有他/她们一同陪伴经历的失落、彷徨、希望与喜悦，依我性格中原有的软弱和狭隘，绝无前行至今日的可能。

自本科四年级，导师吴景平教授从繁复的基础史料训练中，逐渐培养我对近代史的整体认识，在通往历史研究的道路上给了我学术生命。我的学习成果和技艺深深有愧于导师的苦心传授，他在史料学、文献解读、研究方法和整体史观各方面的授业仍需我今后不断温习。初入师门，老师多次教育我关心身边的人和社会，善于成全他人才是强者；当我遇到挫折，他告诉我凡事不要自以为能，做好自己能做的事；当我心灰意冷，他鼓励我用信心面对，眼前的困难日后都会显得微不足道。他对每一个学生的付出和教诲远超出学术本身，亦将成为我继续前行的动力。

对于父母，我满怀感激和愧疚。仅因我对求真的一丝执念，他们不得不忍受因学业延长造成的各种烦恼。在读研究生的整整六年里，未能更好地提高父母的生活质量，还让他们劳心劳力。他们能长久包容和理解儿子的自由和无用，为我承担和遮挡，成为这些年来最坚固的后盾。

我的学习经历还要感谢其他许多师长。最初从力学系转入历史系，傅德华老师手把手教会我各类工具书的使用，朱荫贵教授的课程让我对经济史萌生兴趣，曹振威老师指导我完成了第一个学术计划，冯筱才教授鼓励我跨过原始档案的阅读门槛，金光耀教授、王立诚教授、陈新教授、高晞教授的课程扩展了我的知识结构，并一直对我的学习计划给予支持。另外，李宏图、冯贤亮、张荣华、司佳和张仲民等老师及复旦已故的宋立文、萧思健老师都曾启发或鼓励过我。台湾地区的赖泽涵教授、陈立文教授、高纯淑老师、黄萍瑛老师对我在台学习和生活都有极大关爱和帮助。斯坦福大学林孝庭研究员惠予我第一次出国访学的机会。在美期间，先后受到王成志、林孝庭和吉田丰子三位老师以及周国轩先生的关照。牛津大学 Rana Mitter 教授帮助我赴英访学，并于百忙之中给予研究建议；王肇东研究员与我进行了有益的交流。在论文的准备、写作和答辩过程中，Parks Coble 教授、Greg Lewis 教授、Mike Palmer 教授、陈谦平教授、苏智良教授、朱荫贵教授、高晞教授和陈雁教授都曾提供指导或修改意见，在此特致感谢。

同时，一直蒙受师门的樊芸、武健群、何品、蒋立场、宋时娟、潘晓霞、石涛、王丽、曹嘉涵、皇甫秋实、贾钦涵、范国平、卢艳香、宋青红、张宁静、尤云弟、李丽等各位师兄师姐的关心。从师弟妹身上也获益良多，尤其是袁煦筠、申艳广、宁汝晟、贺俊逸、高作楠、李晴、杜薇、陈雯等在我研究过程乃至论文答辩准备中提供了帮助。我的老友范鹏、周原、叶秋妍、林佩绮、李晶晶、洪郁凯、阮一骏、王维佳、杨可伦、陈沐恩在最后一年里始终鼓励我完成论文。郭岩伟学长、王锐、赵四方、钱云、归彦斌、钟无末、熊昌锟等同窗亦在多年的学习中对我多有帮助。此外，学长林伯瀚、梁学文、吴柏岳、庄建华、江定育，学姐陈凯文、林一琳、张秀民、何理及友人阿迪力江、陈晨、陈昭鹏、迪娜古丽、傅小舟、龚小刚、顾宁、何成、吴安、胡晓轶、黄江军、黄永远、金菊园、赖妮、李晋德、李俊、刘杰、倪涛、任伟、邵佳乐、史宏飞、孙力、唐鸿翔、王佳俊、汪能、修磊、宣辰、薛峰、杨隽、姚远、张涛、张晓宇、郑砚秋等等，在这些年里都曾施予援手或有所关照。希望今后能够回馈身边的每一位师友。

2016 年 7 月

本书的出版要感谢上海文化发展基金会图书出版专项基金的资助、上海远东出版社陈占宏先生的助力以及两位专家的推荐意见，非常感谢他们！这部书稿尚有不如意处，由作者本人承担责任。在此，保留三年前的后记，以便今后回忆起什么。毕竟，人可以找出千百种抛弃或删改过去的理由，而能让自己坚持走下去的往往只有一两条。

2020 年 6 月